# 中药企业研究开发管理与实践

# Management and Practice of Research and Development for Chinese Traditional Medicine Enterprises

黄志军　赵刚　向阳◎编著

中国经济出版社
CHINA ECONOMIC PUBLISHING HOUSE
北　京

**图书在版编目（CIP）数据**

中药企业研究开发管理与实践 / 黄志军，赵刚，向阳编著. -- 北京：中国经济出版社，2025. 1. -- ISBN 978 - 7 - 5136 - 7880 - 3

Ⅰ. F426. 7

中国国家版本馆 CIP 数据核字第 20248UG742 号

责任编辑 闫明明
责任印制 马小宾

**出版发行** 中国经济出版社
**印 刷 者** 北京富泰印刷有限责任公司
**经 销 者** 各地新华书店
**开　　本** 710mm × 1000mm 1/16
**印　　张** 28
**字　　数** 366 千字
**版　　次** 2025 年 1 月第 1 版
**印　　次** 2025 年 1 月第 1 次
**定　　价** 128. 00 元
**广告经营许可证** 京西工商广字第 8179 号

**中国经济出版社** **网址** http://epc. sinopec. com/epc/ **社址** 北京市东城区安定门外大街 58 号 **邮编** 100011
本版图书如存在印装质量问题，请与本社销售中心联系调换（联系电话：010 - 57512564）

# 编委会


**主　编**　黄志军　赵　刚　向　阳

**编　委**　朱立彬　熊登科　丁全如　金　莹

曾庆恢　任　霞　杨　顽　吴木琴

徐绍新　周　琪　赵志峰　吴雪英

明凯利　方　洋　刘娟娟　李　霞

陈　骞　陈胜新　姚　润　程　利

欧阳娅　周　侗　高玉静

# 丛书序

中国本土企业家和管理学人经过40多年的筚路蓝缕，辛勤耕耘，在管理实践和研究方面取得了长足成就，对我国现代企业管理制度的建立以及助力企业高质量发展发挥了重要作用，也逐步被国际学术界和企业界所接受和认可，进入了需要结合本土实践来对中国管理进行理论创新发展的新阶段。

为支撑中国管理研究的理论创新和实践总结，我们搭建了相应平台，汇聚了各界专家，针对中国管理实践重要问题展开研究探索，做了三个方面工作。

第一，开展中国管理实践学术研讨。以《管理学报》杂志社为依托，自2010年迄今通过联合国内多所知名院校，发起主办了13届“中国·实践·管理”论坛，在响应国家自然科学基金委员会管理科学部“直面中国管理实践”号召，探讨中国管理实践重大问题，推动中国管理实践科学发展方面做出了重要贡献，形成了一批优秀学术成果，积累了良好的品牌效应，为中国管理实践研究院的成立奠定了较好的学术基础。

第二，搭建面向中国管理实践研究发展的开放平台。秉承“直面中国管理实践，推动管理知识创造，助力实践科学发展”的宗旨，成立中国管理实践研究院。该院承担两大职能，扮演四种角色。①两大职能。一是将管理学报“中国·实践·管理”论坛10余年来的学术资源积累，转化为高质量的知识产品和咨询服务，为中国市场上的各类企业成长赋能；二是收集整理来自中国管理实践一线的经验与问题，为管理学者提供丰富的科研线索与教学素材，为管理学者“把论文写在祖国大地上”助力。②四种角色。一是连接器，连接学界和企业，为产研融合、产教融合搭建桥梁。二是转化器，将学术成果转化为培训产品和咨询项目。三是传感器，将管理问题与科研线索传递给学术圈，倡导和协助学者们做“真研究”、教“真学问”。四是资源池，即整合运营国内直面中国管理实践的企业家资源、学者资源等。

第三，推动中国管理实践研究成果整理与传播。以“中国管理实践系列丛书”“中国管理实践评论”期刊和相应的新媒体公众号和社群等为载体，整合传播政产学各界各类研究成果，赋能中国企业高质量发展，以实际行动贯彻党的二十大提出的“以中国式现代化全面推进中华民族伟大复兴”任务要求。

“中国管理实践系列丛书”拟邀请长期耕耘于中国管理一线的优秀企业高管群体（也是中国管理实践研究院的特聘专家群体），围绕企业发展过程中的战略、创新、管理、营销、人力资源、财务、供应链等相关领域主题，进行系统思考和总结，提炼出根植本土的管理理论体系、实践模式与方法工具等，为更多的企业提供发展的借鉴启示，为更多的学者提供宝贵的第一手资料，为更多的政府决策者提供丰富的决策参考，为更多的青年人实现产业报国理想提供思维方法帮助。例如，由健民集团副总裁黄志军博士团队主编的《中药企业研究开发管理与实践》就是这样一本高质量的中国管理实践知识成果输出。

我们也期待更多的优秀企业家、优秀学者、优秀政府智库专家等加盟我们的平台，参与中国管理实践学术研讨，合作传播中国管理实践经验与智慧，为更多的根植中国本土的管理实践成果走向国际舞台、推动经济社会发展贡献力量！

是为序。

博士，教授、博士生导师
华中科技大学管理学院院长
《管理学报》杂志社社长兼主编
中国管理实践研究院院长
杨　治

2024 年 7 月

# 序
Preface

中医药的发展是在不断的传承与创新中进行的。纵观近现代中医药的发展史，中药企业在推动中医药发展的过程中起到了非常关键的作用。

新中国成立以来，我国中药企业的发展突飞猛进，在新药研发、智能制造、质量控制等方面取得了令人瞩目的成绩。然而，中药企业在推动我国中医药行业创新发展、引领技术突破升级、主导新药产品创制、保障人民生命健康方面，一直肩负着重要的历史使命，理应在研发方面舍得投入，提高效率，勇于创新，敢于突破。

近年来，我国在中药行业监管与研发创新方面进行了重大改革，系列的政策法规与技术指导原则密集发布，中药研发发展到了一个新的阶段。2017 年，《中华人民共和国中医药法》实施；2019 年，新修订的《中华人民共和国药品管理法》实施；2020 年，新版《药品注册管理办法》实施；2023 年，《中药注册管理专门规定》发布实施；等等。这些大的政策法规对后续中药研发的走向产生了深远影响。

尤其是2017 年以来，中药新药审评审批改革力度空前，技术要求不断提升，配套的相关法规与技术指导原则不断出台，中药研发与注册走上了高质量的发展轨道。历经数年的迷茫与摸索，中药企业已逐渐找到新药研发的信心与方向，在新的政策环境与技术发展条件下，“中药企业如何进行研发”的问题逐渐明朗，中药企业的研发热情也逐渐高涨。

本书由健民药业集团股份有限公司组织撰写。健民集团是我国知名中成药企业，有着较为丰富的中药研发管理和实践经验，近几年陆续获批了几个新药。此次推出《中药企业研究开发管理与实践》一书，全面、系统地分析总结中药研发全流程，从基础理论到实践操作，从政策解读到案例分析，每一个章节都凝聚了作者团队对中药研发领域的深刻理解和精准把握。我相信，本书将成为中药研发从业者的宝贵指南，帮助他们在中药研发过程中把握正确方向，提升效率。

研发创新始终是推动我国中医药事业发展的动力源泉，希望本书能够顺利出版，能对我国中药的研发创新起到一定的促进作用。

衷心希望从事中药研发的学者与工作者一同努力，谨记习总书记的嘱托，切实把中医药这一祖先留给我们的宝贵财富继承好、发展好、利用好！

中国工程院院士

2024 年 7 月

# 前言
Preface

作为本书的主编，我很高兴能向广大中药新药研发领域的从业者介绍这本书。全书共分为14章，内容涵盖了中药研发的各个方面，包括中药研发概况、中药研发相关政策法规与技术要求、研发流程、临床研究、中药新药上市许可申请、已上市产品的二次开发、研发支撑条件建设与管理、政府科技计划项目申报、中医药知识产权申报与管理、中药与天然药物的其他应用与探索等，本书旨在为中药研发从业者提供一本全面、系统的实践指南。本书有以下4个特点。

**系统性：全面覆盖中药研发的各个环节**

本书的一大特点是系统性。中药研发是一个复杂而系统的工程，涉及多个环节和步骤。从中药材的选用与质量控制到药理毒理学研究，再到临床试验与新药上市，本书力求覆盖中药研发的各个环节，为读者提供一个完整的知识体系。在编写过程中，我们参考了大量法规文件、技术标准和实践案例，力求将中药研发过程中的关键知识点系统地呈现给读者。

本书结构清晰，内容涵盖了中药研发的全环节。例如，在第1章中，详细介绍了我国中药研发的概况，包括中药新药注册的历史沿革和近些年中药研发政策动态等。第 2 章对国外植物药研发的情况进行了介绍，特别是美国、欧洲和日本的植物药政策法规与技术要求。第 3 章和第 5 章重点讲解了中药研发相关政策法规与技术要求，以及中药新药的立项与启动。通过这些系统性的讲解，读者可以全面了解中药发展概况及研发各个环节的具体要求。

**实用性：结合实际案例深入分析关键问题和解决方案**

中药研发不仅需要理论知识，更需要实践经验和操作技能。因此，本书特别注重实用性，力求通过结合实际案例，深入分析中药研发过程中的关键问题和解决方案。在每一章中，我们都精选了一些典型案例，详细剖析了在中药研发过程中可能遇到的难题和应对策略。例如，在第 6 章中，详细讲解了中药新药质量研究的基本原则和主要内容，并结合实际案例，分析了中药材的选用、炮制、工艺研究等关键环节的具体操作方法和注意事项。

通过这些实用性的讲解和案例分析，读者可以更好地理解中药研发过程中的实际操作方法和技术要点，从而提升实践能力和解决问题的能力。我们希望，通过本书的指导，读者能够在实际工作中少走弯路，提升研发效率和成果转化率。

**前瞻性：探讨中药研发的未来趋势及发展机遇**

在全球化背景下，中药研发不仅要面对国内的市场需求，还要积极开拓国际市场。因此，本书特别注重前瞻性，探讨了中药与大健康产业、合成生物学在中药领域的应用及中药研发的未来趋势等。

本书在第 2 章详细介绍了国外植物药研发的最新动态和中药在国际市场上的注册情况，为开拓国际市场提供有益参考；第 10 章介绍了已上市产品的二次开发，分析了二次开发的重要性，探讨了实施过程中可能遇到的技术难题和市场策略，并提供了相应的解决方案和建议；第

13 章聚焦于中医药知识产权申报与管理，希望帮助读者建立起对中医药知识产权重要性的认识，不仅能提升现有产品的竞争力，还能在全球化的市场竞争中保护好和利用好自己的知识产权。

**指导性：提供政策解读、技术指导和操作流程**

中药研发涉及的政策法规和技术标准较为复杂，为了帮助读者更好地理解和应用相关法规，本书特别注重指导性，提供了详尽的政策解读、技术指导和操作流程。本书在第 3 章详细介绍了中药注册管理相关政策法规、技术指导原则和要求，包括药品注册通用的政策法规、中药注册分类及申报资料的基本要求等。通过这些详细的讲解，读者可以全面了解中药注册的政策背景和具体要求，从而在实际工作中更好地进行研发和申报工作。

此外，我们在每一章提供了详细的操作流程和步骤，帮助读者更好地掌握中药研发的具体操作方法。例如，本书在第 8 章详细介绍了中药新药临床研究的具体步骤和注意事项，包括临床试验设计、临床试验伦理审查、临床试验受试者招募等环节的具体操作方法和注意事项。通过这些指导性的内容，读者可以更好地进行中药新药的临床研究工作，提升研究的科学性和规范性。

我们深知中药研发是一项复杂且系统的工作，它要求将理论知识与实践经验紧密结合。本书正是基于这一理念，旨在通过系统性的知识体系、深入的案例分析、前瞻性的趋势探讨及指导性的政策解读，为读者提供提升研发能力和水平的宝贵资源。

本书是团队智慧与努力的结晶。特别感谢健民药业集团董事长何勤先生和总裁汪俊先生的支持和指导！感谢所有同事、合作伙伴及专家学者在本书编写过程中的鼎力支持与鼓励，你们的专业见解、宝贵经验和无私帮助，是本书得以完善并最终呈现给读者的关键。

感谢每一位读者的支持与厚爱。您的信任是我们前进的动力。我们希望本书能成为您在中药研发道路上的得力助手，助您不断前行，与我们一同为中药事业的繁荣发展贡献力量。

黄志军

2024 年 7 月

# 目录
Contents

第 1 章

# 我国中药研发概况

## 1.1 中药新药注册历史沿革

习近平总书记指出，中医药学是中国古代科学的瑰宝，也是打开中华文明宝库的钥匙。中药是继承和发扬中医药事业的重要载体，中药产业作为我国独具特色和优势的民族产业，历来备受关注。习近平总书记要求广大中医药工作者深入发掘中医药宝库中的精华，充分发挥中医药的独特优势，坚持“四个自信”，推进中医药现代化，推动中医药走向世界，切实把中医药这一宝贵财富继承好、发展好、利用好，在建设健康中国、实现中国梦的伟大征程中谱写新的篇章。中药新药研发是传承与发展中医药的关键环节，对推动中医药现代化，走向世界具有重要意义。当前，中药研发迎来天时、地利、人和的大好时机。

新药研发离不开药品监管。改革开放以来，我国的药事管理进入法治化轨道，中药新药注册法规经过了历次演变，逐步趋于规范与完善。

### 1.1.1 中药新药注册法规历史演变

1985 年 7 月施行《中华人民共和国药品管理法》（以下简称《药品管理法》），标志着我国药品监督管理工作进入法治化阶段[1]。同年，原卫生部颁布了《新药审批办法》，首次将新药分成中药、西药和生物制品三大类别，明确了新药的定义（系指我国未生产过的药品）。《新药审批办法》的颁布标志着我国中药注册审批工作步入正轨。

1987 年 3 月，原卫生部发布《〈新药审批办法〉有关中药问题的补充规定和说明》，使中药新药研制工作逐步科学化、规范化。

1988 年，原卫生部颁布《关于新药审批管理若干补充规定》，并发布了 15 类药物的临床试验指导原则[2]。

1992 年，原卫生部发布《关于药品审批管理若干问题的通知》，开始对新药审批、审评统一归口管理，中药新药审批法规体系建设和新药审评技术要求进入成长阶段[1]。

1999 年，国家药品监督管理局重新修订《新药审批办法》（局令第 2 号），明确规定“新药系指我国未生产过的药品。已生产的药品改变剂型、改变给药途径、增加新的适应症或制成新的复方制剂，亦按新药管理”。

2002 年，国家药品监督管理局颁布《药品注册管理办法（试行）》（第 35 号局令），将新药定义修订为未在国内上市销售的药品。该办法将中药细化为 11 个注册类别，第 1 ~ 7 类为新药（第 7 类为中药注射剂），第 8 类、第 9 类为改变给药途径和改变剂型品种（按照新药管理），第 10 类为改变工艺的制剂，第 11 类为仿制药。

2005 年，国家食品药品监督管理局颁布《药品注册管理办法》（局令第 17 号），新药定义延续试行办法中的描述。

2007 年，国家食品药品监督管理局颁布新修订的《药品注册管理办法》（局令第 28 号），新药定义延续了试行办法中的描述。中药注册分类仍偏重药物的化学属性，化学属性越明确，分类级别越高。

2008 年，国家食品药品监督管理局颁布《中药注册管理补充规定》进一步明确了中药注册管理的总体要求，中药新药研制必须以中医药理论为指导，强调临床实践基础，突出中医药特色[3]；质量方面强调明确处方组成、药材基原、药材产地与关键工艺参数的重要性等。此外，该规定首次提出并定义来源于古代经典名方的中药复方制剂。

2020 年，国家市场监督管理总局颁布新修订的《药品注册管理办法》（国家市场监督管理总局令第 27 号），配套的中药注册申报资料要求于 2021 年实施，中药注册分类突出临床价值，不再强调化学属性，分为创新药、改良型新药、古代经典名方复方制剂、同名同方药等。

### 1.1.2　中药新药注册分类历史演变

原卫生部于1985年颁布的《新药审批办法》为最早的中药注册分类法规，共分为5类。1992年，原卫生部对该办法进行了修订和补充，在第1类中新增“中药材中提取的有效成分及其制剂”，并将中药材新的药用部位及其制剂调至第2类；在第2类中明确提出“中药注射剂”；第3类中新增“以中药为主的中西药复方制剂”及“从国外引种或引进养殖的习用进口药材及其制剂”；在第4类新增“国内异地引种和野生变家养的动植物药材”。

1998年，国家组建国家药品监督管理局；1999年国家药品监督管理局颁布《新药审批办法》（局令第2号），新药被明确定义为“我国未生产过的药品”；中药注册仍分为5类，且均按新药管理，主要在前述第1类、第2类中新增“复方中提取的有效成分”“复方中提取的有效部位群”。

《新药审批办法》实施期间中药注册分类情况如表1－1所示。该办法实施过程中，逐步形成了有效部位、有效成分类中药制剂及中药注射剂的概念[4]。

**表1－1　《新药审批办法》实施期间中药注册分类情况**

| 注册分类 | 1985年 | 1992年 | 1999年 |
| --- | --- | --- | --- |
| 第1类 | 中药材的人工制成品 | 中药材的人工制成品 | 中药材的人工制成品 |
| | 新发现的中药材 | 新发现的中药材及其制剂 | 新发现的中药材及其制剂 |
| | 中药材新的药用部位 | 中药材中提取的有效成分及其制剂 | 中药材中提取的有效成分及其制剂 |
| | — | — | 复方中提取的有效成分 |
| 第2类 | 改变中药传统给药途径的新制剂（注射剂） | 中药注射剂 | 中药注射剂 |

续表

| 注册分类 | 1985 年 | 1992 年 | 1999 年 |
|---|---|---|---|
| 第 2 类 | 天然药物中提取的有效部位及其制剂 | 中药材新的药用部位及其制剂 | 中药材新的药用部位及其制剂 |
| | — | 中药材、天然药物中提取的有效部位及其制剂 | 中药材、天然药物中提取的有效部位及其制剂 |
| | — | 中药材以人工方法在体内的制取物及其制剂 | 中药材以人工方法在动物体内的制取物及其制剂 |
| | — | — | 复方中提取的有效部位群 |
| 第 3 类 | 新的中药制剂（包括古方、秘方、验方和改变传统处方组成者） | 新的中药制剂 | 新的中药复方制剂 |
| | — | 以中药为主的中西药复方制剂 | 以中药疗效为主的中药和化学药品的复方制剂 |
| | — | 从国外引种或引进养殖的习用进口药材及其制剂 | 从国外引种或引进养殖的习用进口药材及其制剂 |
| 第 4 类 | 改变剂型但不改变给药途径的中成药 | 改变剂型或改变给药途径的药品 | 改变剂型或改变给药途径的制剂 |
| | — | 国内异地引种和野生变家养的动植物药材 | 国内异地引种和野生变家养的动植物药材 |
| 第 5 类 | 增加适应症的中成药 | 增加新主治病证的药品 | 增加新主治病证的药品 |

2001 年《药品管理法》修订，2002 年实施的《药品注册管理办法（试行)》（局令第 35 号）替代了原《新药审批办法》，首次明确了药品注册的概念，中药分类也从原来的 5 类增至 11 类，前 10 类均属新药。

2005 年，国家食品药品监督管理局正式颁布《药品注册管理办法》(局令第 17 号)。该办法将 2002 年试行办法规定的中药注册分类调整为 9 类，取消原第 7 类“未在国内上市销售的中药注射剂”，并将原第 10 类“改变国内已上市销售药品工艺”的情形纳入补充申请。其中，前 8 类按新药管理，形成了以药学物质基础为核心的中药注册分类模式的雏形。

2007 年，国家食品药品监督管理局颁布《药品注册管理办法》（局令第28号)，将前6类规定为新药，将第9类“已有国家标准的中药、天然药物”改为“仿制药”。

2020年，国家市场监督管理总局颁布《药品注册管理办法》(国家市场监督管理总局令第27号)。新办法不再仅以药学物质基础作为划分注册类别的依据，而是强调遵循中医药发展规律，以临床价值为导向，在鼓励创新研制及二次开发的同时，加强重视古典医籍精华的梳理和挖掘，以促进中药传承发展，将中药的注册分类总体上由9类简化为4类，即中药创新药、中药改良型新药、古代经典名方中药复方制剂及同名同方药。新办法的施行，标志着我国中药新药注册管理进入全新发展时期。

《药品注册管理办法》实施期间，各时期中药注册分类如表1-2所示[4]。

**表1-2　《药品注册管理办法》实施期间中药注册分类情况**

| 注册分类 | 2002年(试行) | 2005年 | 2007年 | 2020年 |
|---|---|---|---|---|
| 第1类 | 未在国内上市销售的从中药、天然药物中提取的有效成分及其制剂 | 未在国内上市销售的从植物、动物、矿物等物质中提取的有效成分及其制剂 | 未在国内上市销售的从植物、动物、矿物等物质中提取的有效成分及其制剂 | 中药复方制剂；<br>单一药味提取物及其制剂；<br>新药材及其制剂 |
| 第2类 | 未在国内上市销售的来源于植物、动物、矿物等药用物质制成的制剂 | 新发现的药材及制剂 | 新发现的药材及制剂 | 改变已上市中药给药途径的制剂；<br>改变已上市中药剂型的制剂；<br>中药增加功能主治；<br>改变已上市中药生产工艺或辅料 |
| 第3类 | 中药材的代用品 | 新的中药材代用品 | 新的中药材代用品 | 古代经典名方目录制剂；<br>其他来源于古代经典名方的中药复方制剂 |
| 第4类 | 未在国内上市销售的中药材新的药用部位制成的制剂 | 药材新的药用部位及其制剂 | 药材新的药用部位及其制剂 | 同名同方药 |

续表

| 注册分类 | 2002年（试行） | 2005年 | 2007年 | 2020年 |
| --- | --- | --- | --- | --- |
| 第5类 | 未在国内上市销售的从中药、天然药物中提取的有效部位制成的制剂 | 未在国内上市销售的从植物、动物、矿物等物质中提取的有效部位及其制剂 | 未在国内上市销售的从植物、动物、矿物等物质中提取的有效部位及其制剂 | — |
| 第6类 | 未在国内上市销售的由中药、天然药物制成的复方制剂 | 未在国内上市销售的中药、天然药物复方制剂 | 中药复方制剂；天然药物复方制剂；中药、天然药物和化学药品组成的复方制剂 | |
| 第7类 | 未在国内上市销售的由中药、天然药物制成的注射剂 | 改变国内已上市销售中药、天然药物给药途径的制剂 | 改变国内已上市销售中药、天然药物给药途径的制剂 | |
| 第8类 | 改变国内已上市销售药品给药途径的制剂 | 改变国内已上市销售中药、天然药物剂型的制剂 | 改变国内已上市销售中药、天然药物剂型的制剂 | |
| 第9类 | 改变国内已上市销售药品剂型的制剂 | 已有国家标准的中药、天然药物 | 仿制药 | |
| 第10类 | 改变国内已上市销售药品工艺的制剂 | — | — | |
| 第11类 | 已有国家标准的中成药和天然药物制剂 | | | |

## 1.2 中药研发政策

2015年，国家食品药品监督管理总局发布《关于开展药物临床试验数据自查核查工作的公告》（公告2015年第117号）。该公告要求所有已申报并在总局待审的药品注册申请人，均须按照《药物临床试验质量管理规范》等相关要求，对照临床试验方案，对已申报生产或进口的待审药品注册申请药物临床试验情况开展自查，确保临床试验数据真实、可靠，相关证据保存完整。该核查被行业称为中国医药领域的“7·22”事件。该事件整顿了中国制药行业长期存在的问题，也为后来制药行业的健康发展打下了坚实的基础。

“7·22”事件后，为明确未来15年我国中医药发展方向和工作重点，促进中医药事业健康发展，2016年，国务院印发了《中医药发展战略规划纲要（2016—2030年）》。2017年，中共中央办公厅、国务院办公厅印发了《关于深化审评审批制度改革鼓励药品医疗器械创新的意见》，以加快药品和医疗器械的审评审批流程。同年，《中华人民共和国中医药法》（以下简称《中医药法》）正式实施，保障了中医药事业发展。

为了更好地继承好、发展好、利用好中医药这一宝贵财富，国家出台了《中共中央 国务院关于促进中医药传承创新发展的意见》等一系列中医药传承创新发展的政策意见及措施，旨在切实履行药品监管职责，坚守药品安全底线，激发中药传承创新，推进中药高质量发展。其中，值得重点关注的有以下5个方面。

### 1.2.1 《中药注册管理专门规定》

为全面落实《中共中央 国务院关于促进中医药传承创新发展的意见》，并与新修订的《药品管理法》《药品注册管理办法》有机衔接，国家药品监督管理局对《中药注册管理补充规定》进行了修订，并更名为《中药注册管理专门规定》。《中药注册管理专门规定》共11章82条，对中药人用经验的合理应用以及中药创新药、中药改良型新药、古代经典名方中药复方制剂、同名同方药等注册分类的研制原则和技术要求进行了明确。

《中药注册管理专门规定》强调中药新药研发遵循“临床—实验室—临床”的规律和特点，强化“以临床价值为导向、重视临床获益与风险评估、生产全过程质量控制”等研制理念；明确中药的疗效评价应当结合中医药临床治疗特点，体现中医药优势，丰富以临床价值为导向的多元化中医药临床疗效评价方法。

通过对《中药注册管理专门规定》的修订完善，进一步降低申请人的研发风险，提高创新质量，加快创新速度。

### 1.2.2 充分尊重中药人用经验

中医药具有悠久的人用经验和数据，人用经验实践反映了中药安全性和有效性的特点。国家药品监督管理局将已有的中药人用经验整合入中药的审评证据体系，积极构建中医药理论、人用经验和临床试验“三结合”的中药安全性、有效性审评证据体系，颁布了《基于“三结合”注册审评证据体系下的沟通交流指导原则（试行）》《基于人用经验的中药复方制剂新药临床研发指导原则（试行）》《药物真实世界研究设计与方案框架指导原则（试行）》《真实世界证据支持药物注册申请的沟通交流指导原则（试行）》《基于人用经验的中药复方制剂新药药学研究技术指导原则（试行）》等一系列指导原则。在研制时，注册申请人可根据中药人用经验对中药安全性、有效性的支持程度和情形，选择不同的临床研究路径，从而极大地激发中药新药研发的活力。

### 1.2.3 简化古代经典名方中药复方制剂上市审批流程

2018 年，国家中医药管理局公布《古代经典名方目录（第一批）》；同年，国家药品监督管理局发布《古代经典名方中药复方制剂简化注册审批管理规定》，指出符合要求的古代经典名方中药复方制剂申请上市可仅提供药学及非临床安全性研究资料，免报药效学研究及临床试验资料。2020 年，《药品注册管理办法》将“古代经典名方中药复方制剂”按中药 3 类新药注册分类，拓展古代经典名方中药复方制剂范围。随后，先后发布的《按古代经典名方目录管理的中药复方制剂药学研究技术指导原则（试行）》《古代经典名方中药复方制剂说明书撰写指导原则（试行）》等开辟了纯中医视角的注册申报路径。古代经典名方中药复方制剂的简化审批大幅缩短了研发周期，减少了研发费用，激发了中药企业的研发热情，推动了中药行业发展。

### 1.2.4　实行临床试验默示许可

2018 年，国家药品监督管理局发布《关于调整药物临床试验审评审批程序的公告》（2018 年第 50 号），明确药物临床试验审评审批由以往的“审批制”正式转入更加高效的“到期默认许可制”。该公告规定，在我国申报药物临床试验的，自申请受理并缴费之日起 60 日内，申请人若未收到国家食品药品监督管理总局药品审评中心否定或质疑意见，可按照提交的方案开展药物临床试验。3 个月后，药品审评中心公布首批临床试验默示许可公示，意味着临床试验默示许可制度正式落地。

在新药临床试验审评审批改革前，我国新药临床试验审批程序较为复杂，包括形式审查、现场核查、初步审查、技术审评等多个环节，其中，技术审评时限为 90 个工作日。在此期间，新药临床试验申请会受到省级药品监督管理部门形式审查、国家级药品监督管理部门终审的双重审批。此外，两次审批都是非动态的静止式审批，即要求申请者在 I 期临床试验前提交所要求的全部纸质材料，如审查综述、药学研究、药理毒理研究、临床试验方案等。材料不齐全的，需要在 4 个月内一次性补齐，不允许在审查期间补充或更改。

临床试验默示许可制度的实施，在维持药品安全性和有效性的同时，能够加快新药上市许可审查速度、促进新药技术发展，并能有效应对重大疾病和突发医疗事件治疗中药品不足或供不应求的问题，是简化许可流程、缩短许可审批时间、提高行政办事效率的创新改革。

### 1.2.5　药品上市许可持有人制度

药品上市许可持有人（MAH）制度在多个城市试点取得显著成效后，纳入 2020 年《药品注册管理办法》并正式实施，药品上市许可持有人对药品的整个生命周期负责。

MAH 制度实施前，药品上市许可和药品生产许可捆绑管理，药品的持有人只能是药品生产企业，在取得药品生产批准证明文件（批准文号）后，方可生产与销售。药品批准文号只颁给具备生产条件的制药企业，生产企业注册药品时必须自行生产，药品批准文号不得转让、买卖，取得药品证书后可委托生产，被委托的生产企业承担主体责任。

MAH 制度实施后，药品上市许可和药品生产许可可以分离、独立，药品持有人扩大至取得药品注册证书的企业或者药品研制机构，药品持有人在注册药品时可以自行生产药品，也可以委托药品生产企业生产，药品上市许可可以转让、变更。MAH 制度的实施提高了药品研制机构对药品生产管理的参与度，激发了研发创新动力。

## 1.3 中药研发现状

### 1.3.1 中药注册整体情况

后疫情时代，中药无论是在我国还是在全球范围内都将迎来更大的发展潜力。近年来，随着《中医药发展战略规划纲要（2016—2030 年）》《中医药法》《促进健康产业高质量发展行动纲要（2019—2022 年）》《中共中央 国务院关于促进中医药传承创新发展的意见》等多项鼓励中药新药研发与创新、促进中药产业高质量发展的政策措施相继落地，中药注册审评审批情况整体回暖。

#### 1.3.1.1 临床试验受理及获批情况

如图 1 -1 所示，2014—2023 年，我国中药新药申报临床试验数量呈先减少、后增加的趋势，其中，在 2019 年达到谷底（仅 17 件）；之后，随着中药注册相关指导原则和技术要求出台，研发创新变得活跃，申报临床试验数量逐年增加。2014—2023 年，我国中药新药申报临床试验获准数量与申报临床试验数量呈现相似的趋势，其中，2023 年临床试验默示许可获准 63 件，同比增长 40%；临床试验获准率呈现逐年升高的趋势，2016—2023 年，获准率在 60% ~90% 波动，如图 1 -2 所示。

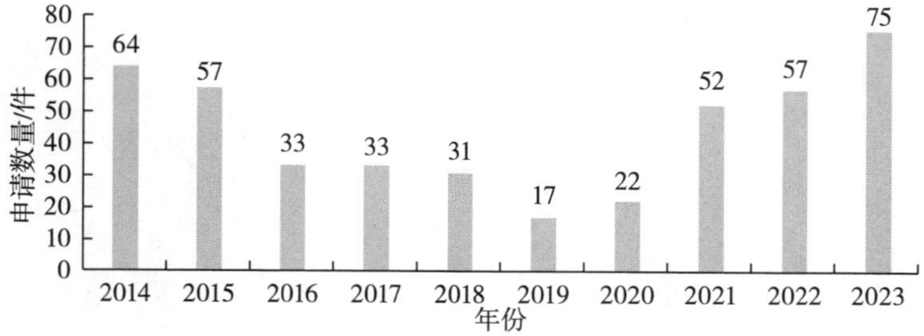


**图 1 -1　2014—2023 年我国中药申报临床试验数量（以受理号计）**

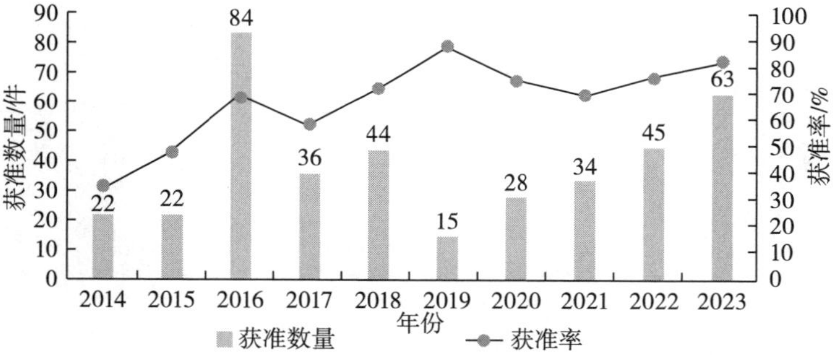


**图 1 -2　2014—2023 年我国中药申报临床试验获准数量及获准率（以受理号计）**

### 1.3.1.2　申请上市及获批情况

2014—2023 年我国中药申请上市数量如图 1 -3 所示。随着 2015 年 “7 · 22” 药物临床试验数据自查核查工作的开展，中药上市申请数量于 2016 年跌入谷底，2018 年后逐渐回暖。

2014—2023 年我国中药新药获批上市情况如图 1 -4 所示，获批率逐步趋于稳定，为 50% 左右。

2020 年，《药品注册管理办法》颁布实施后，我国中药新药获批上市情况如表 1 -3 所示，其中，包括 1. 1 类新药 13 个，1. 2 类新药 4 个，2. 2 类新药 1 个，3. 1 类经典名方 4 个，3. 2 类经典名方 4 个，4 类同名同方药 1 个（数据截止到 2023 年底）。

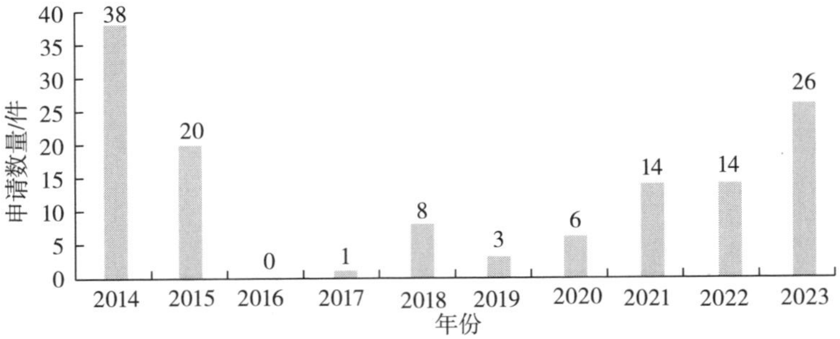


**图 1－3　2014—2023 年我国中药申请上市数量（以受理号计）**

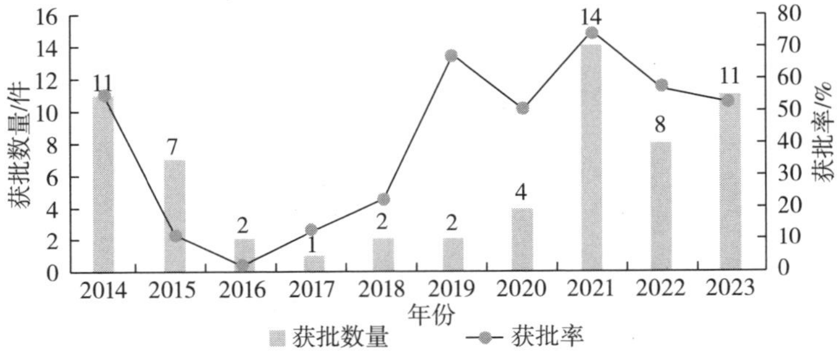


**图 1－4　2014—2023 年我国中药新药获批上市数量及获批率（以受理号计）**

**表 1－3　按 2020 年《药品注册管理办法》中药新药获批生产品种**

| 序号 | 药品名称 | 注册分类 | 企业 |
|---|---|---|---|
| 1 | 银翘清热片 | 中药 1.1 类 | 江苏康缘药业股份有限公司 |
| 2 | 玄七健骨片 | 中药 1.1 类 | 湖南方盛制药股份有限公司 |
| 3 | 芪蛭益肾胶囊 | 中药 1.1 类 | 山东凤凰制药股份有限公司 |
| 4 | 坤心宁颗粒 | 中药 1.1 类 | 天士力医药集团股份有限公司 |
| 5 | 虎贞清风胶囊 | 中药 1.1 类 | 一力制药股份有限公司 |
| 6 | 解郁除烦胶囊 | 中药 1.1 类 | 石家庄以岭药业股份有限公司 |
| 7 | 七蕊胃舒胶囊 | 中药 1.1 类 | 健民药业集团股份有限公司 |
| 8 | 参葛补肾胶囊 | 中药 1.1 类 | 新疆华春生物药业股份有限公司 |
| 9 | 芪胶调经颗粒 | 中药 1.1 类 | 湖南安邦制药股份有限公司 |
| 10 | 参郁宁神片 | 中药 1.1 类 | 广东思济药业有限公司 |
| 11 | 小儿紫贝宣肺糖浆 | 中药 1.1 类 | 健民药业集团股份有限公司 |
| 12 | 通络明目胶囊 | 中药 1.1 类 | 石家庄以岭药业股份有限公司 |

**续表**

| 序号 | 药品名称 | 注册分类 | 企业 |
|---|---|---|---|
| 13 | 香雷糖足膏 | 中药 1.1 类 | 合一生技股份有限公司 |
| 14 | 淫羊藿素软胶囊 | 中药 1.2 类 | 北京珅诺基医药科技有限公司<br>北京康而福药业有限责任公司 |
| 15 | 黄蜀葵花总黄酮口腔贴片 | 中药 1.2 类 | 山东省药学科学院 |
| 16 | 广金钱草总黄酮胶囊 | 中药 1.2 类 | 武汉光谷人福生物医药有限公司<br>武汉康乐药业股份有限公司 |
| 17 | 枳实总黄酮片 | 中药 1.2 类 | 江西青峰药业有限公司 |
| 18 | 小儿豉翘清热糖浆 | 中药 2.2 类 | 济川药业集团有限公司 |
| 19 | 苓桂术甘颗粒 | 中药 3.1 类 | 江苏康缘药业股份有限公司 |
| 20 | 枇杷清肺颗粒 | 中药 3.1 类 | 吉林敖东洮南药业股份有限公司 |
| 21 | 一贯煎颗粒 | 中药 3.1 类 | 神威药业集团有限公司 |
| 22 | 济川煎颗粒 | 中药 3.1 类 | 江苏康缘药业股份有限公司 |
| 23 | 清肺排毒颗粒 | 中药 3.2 类 | 中国中医科学院 |
| 24 | 化湿败毒颗粒 | 中药 3.2 类 | 广东一方制药有限公司 |
| 25 | 宣肺败毒颗粒 | 中药 3.2 类 | 山东步长制药股份有限公司 |
| 26 | 散寒化湿颗粒 | 中药 3.2 类 | 江苏康缘药业股份有限公司 |
| 27 | 百令胶囊 | 中药 4 类 | 浙江佐力药业股份有限公司 |

### 1.3.2　中药研发代表性企业简介

国内中药研发实力较强的代表性企业有江苏康缘药业股份有限公司（以下简称“康缘药业”）、石家庄以岭药业股份有限公司（以下简称“以岭药业”）、天士力医药集团股份有限公司（以下简称“天士力”）等。

#### 1.3.2.1　康缘药业

康缘药业是集中药研发、生产、销售于一体的大型中药企业，拥有发明专利授权 669 件，中药新药 56 个，化学药新药 9 个。[5] 研发实力连续 3 年位列“中药研发实力排行榜”榜首。产品线主要聚焦呼吸与感染疾病、妇科疾病、心脑血管疾病、骨伤科疾病等中医优势领域，创新药明星产品有银杏二萜内酯葡胺注射液、热毒宁注射液等。

2019—2023年康缘药业研发投入持续增加。其中，2023年研发投入7.8亿元，占营业收入的比例为16%，超过净利润40%（如图5－1所示）。

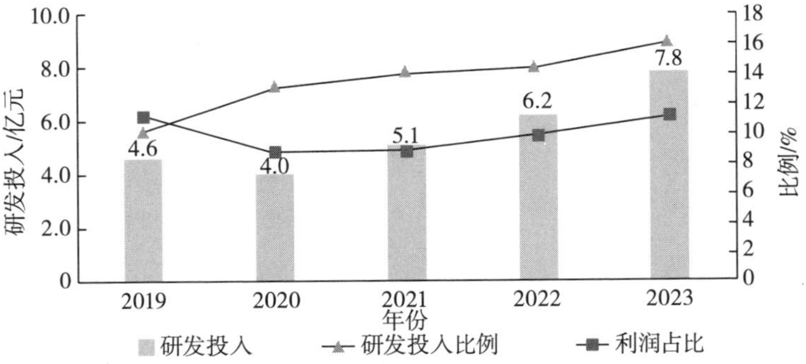


**图1－5　2019—2023年康缘药业研发投入情况**

在持续超常规的研发投入下，康缘药业创新研发硕果累累。“7·22”事件后，康缘药业有筋骨止痛凝胶、银翘清热片、苓桂术甘颗粒、散寒化湿颗粒、济川煎颗粒5个中药新药获批上市。

康缘药业实施创新中药驱动战略，同时涉足化药、生物药等领域，形成了以中药、化药、生物药创新发展为主线，以中医药文化养生产业和健康产品为两翼的发展体系，产品线丰富，奠定了中药创新企业龙头地位。目前，康缘药业中药在研品种50多个，处于临床研究阶段的有31个，其中，Ⅰ期临床阶段3个、Ⅱ期临床阶段18个、Ⅲ期临床阶段7个、上市申请阶段3个。此外，康缘药业还有化药和生物创新药20多个。

### 1.3.2.2　以岭药业

以岭药业由中国工程院院士吴以岭于1992年创建。以岭药业系统构建了络病理论体系，形成了“中医络病诊疗方法”，并列入国家级非物质文化遗产名录。

以岭药业高度重视研发创新，以科技创新作为企业发展的核心竞争力，研发投入力度逐年加大。其中，2023年研发投入达到9.35亿元，占营业收入的比例为9.06%（如图1－6所示）。“7·22”事件后，以岭药业有连花清咳片、通络明目胶囊、益肾养心安神片、解郁除烦胶囊4个中药新药获批生产。

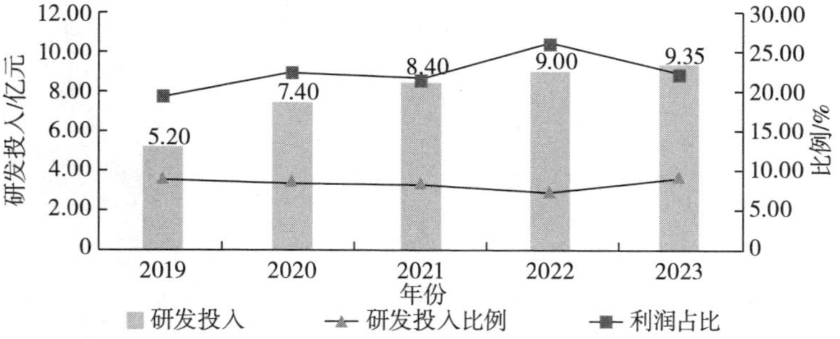


**图 1－6　2019—2023 年以岭药业研发投入情况**

以岭药业以中医络病理论为基础指导中药新药研发，聚焦心脑血管、呼吸、内分泌、神经、消化、免疫、泌尿等疾病领域，目前，中药在研品种 10 多个；处于临床研究阶段的有 7 个，其中，Ⅱ期临床阶段 3 个、Ⅲ期临床阶段 3 个、上市申请阶段 1 个。[6]

此外，以岭药业还成立了全资子公司以岭万州国际制药有限公司，专门负责化生药板块，涉及原料药、仿制药、创新药，目前，G201 胶囊、XY03－EA 片、XY0206 片 3 个创新药处于临床研究阶段，1 个创新药——苯胺洛芬注射液处于报产前沟通交流阶段。

### 1.3.2.3　天士力

天士力成立于 1994 年 5 月，已发展成以大健康产业为主线，以制药业为中心，涵盖科研、种植、生产、营销等领域的高科技企业集团。明星产品复方丹参滴丸为首例通过美国食品药品监督管理局（FDA）新药临床试验申请（IND）的复方中药制剂。

天士力持续加大研发投入力度，坚定推动科技型研发创新。2019—2023 年天士力研发投入情况如图 1－7 所示。由图 1－7 可知，2023 年，天士力的研发投入高达 13.2 亿元，占同期营业收入比例为 15.2%，处于同行业领先水平。

近 10 年，天士力有 3 款中药产品获批上市，分别为芍麻止痉颗粒、坤

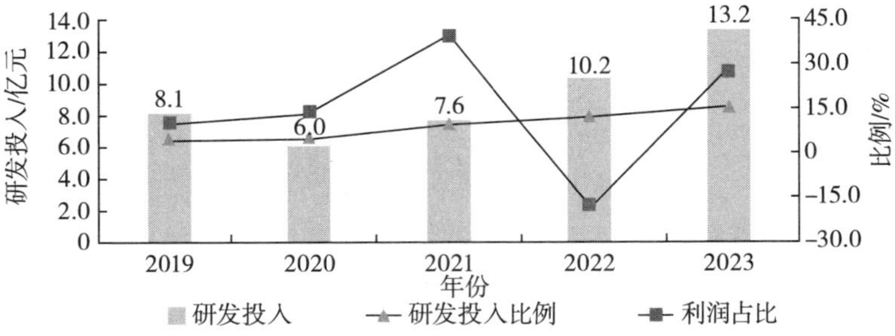


**图 1－7　2019—2023 年天士力研发投入情况**

心宁颗粒与复方丹参滴丸（新增糖尿病视网膜病变适应症）。坤心宁颗粒是国内唯一有明确循证医学证据、治疗女性更年期肾阴阳两虚证的中药创新药，已被纳入 2022 年版国家医保目录。

天士力秉承“创造健康，人人共享”的企业使命，聚焦心脑血管、消化代谢、肿瘤三大疾病领域，坚持现代中药、生物药、化药协同创新发展。目前，天士力在研项目有 90 多个，包括中药在研品种 25 个；2 个品种处于报产阶段；19 个品种处于临床研究阶段，其中，Ⅱ期临床阶段 12 个、Ⅲ期临床阶段 7 个。天士力在生物药聚焦蛋白/抗体、细胞与基因治疗两大领域，在研品种 12 个；化药采用仿创结合研发模式，在研品种 52 个，多个品种处于临床研究阶段。[7]

## 1.4　中药企业研发投入现状

在中成药集采、国家医保目录动态调整、中医药传承创新等行业趋势下，中药研发创新受到空前重视，医药行业战略模式逐渐由营销驱动向研发创新转型。加大研发投入，占领创新高地是企业蓬勃发展的基石。

### 1.4.1　研发投入概况

根据各企业公布的 2023 年年报信息[5－14]，2021—2023 年中药上市公司 Top10 研发投入情况如图 1－8 所示。由图 1－8 可知，各企业研发投入费用普遍逐年递增，其中，天士力连续两年研发投入在 10 亿元以上。各企业研发投入占同期营业收入的比例普遍在 2% ~8%，其中，天士力及康缘药业 2023 年研发投入占比超过 15%。

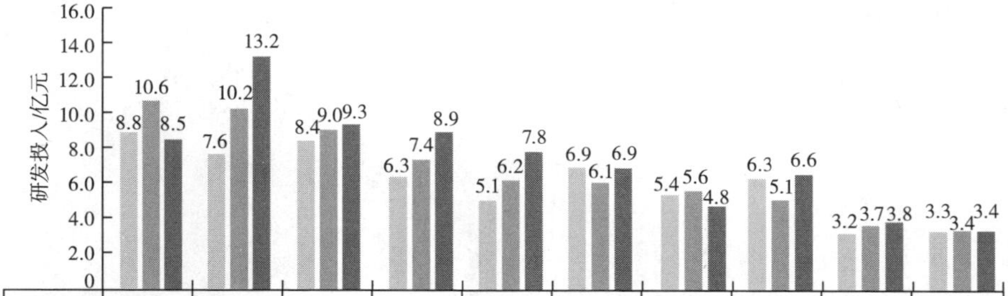


| | 白云山 | 天士力 | 以岭药业 | 华润三九 | 康缘药业 | 中国中药 | 济川药业 | 步长制药 | 同仁堂 | 云南白药 |
|---|---|---|---|---|---|---|---|---|---|---|
| 2021年 | 1.27 | 9.58 | 8.28 | 4.12 | 13.97 | 3.64 | 7.14 | 4.02 | 2.19 | 0.91 |
| 2022年 | 1.50 | 11.82 | 7.15 | 4.07 | 14.28 | 4.28 | 6.26 | 3.43 | 2.38 | 0.94 |
| 2023年 | 1.13 | 15.17 | 9.06 | 3.59 | 15.96 | 3.78 | 4.97 | 4.99 | 2.14 | 0.88 |

注：表格数据为研发投入占同期营业收入的比例（单位：%）。

**图 1 – 8　2021—2023 年中药上市公司研发投入 Top10**

2021—2023 年，各企业归属上市公司利润占同期营业收入的比例普遍在5% ~15%，而济川药业连续 3 年利润占同期营业收入的比例超过 20%（见图 1 – 9）。通过对研发投入与利润情况进行分析可知，研发投入占同期归属上市公司利润的比例普遍在 20% ~40%，康缘药业连续 3 年研发投入超过同期归属上市公司利润，且在 40% 以上。步长制药 2023 年研发投入约为同期归属上市公司股东利润的两倍，如图 1 – 10 所示。

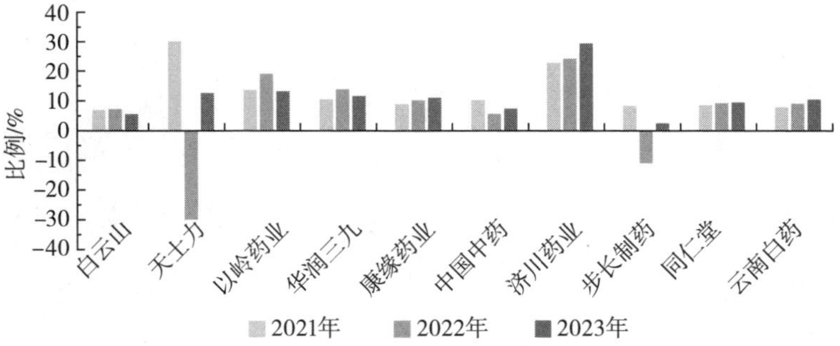


**图 1 – 9　2021—2023 年中药上市公司利润占同期营业收入的比例**

研发投入及利润随着营业收入的增加而增加，研发投入与利润总和占营业收入的比例在一定范围内稳定波动。2023 年，白云山、华润三九、中国中药、步长制药、同仁堂、云南白药研发投入与利润总和占同期营业收入的比例在 9% ~20%，而天士力、以岭药业、康缘药业、济川药业研发投入与利润总和占同期营业收入的比例超过 30%（见图 1 – 11）。

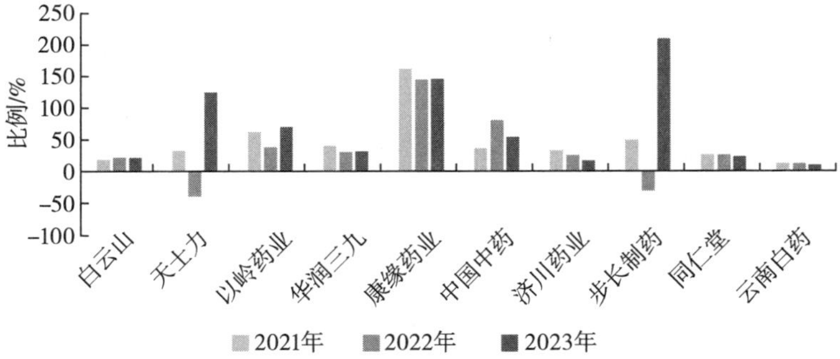


**图 1 – 10　2021—2023 年中药上市公司研发投入占同期利润的比例**

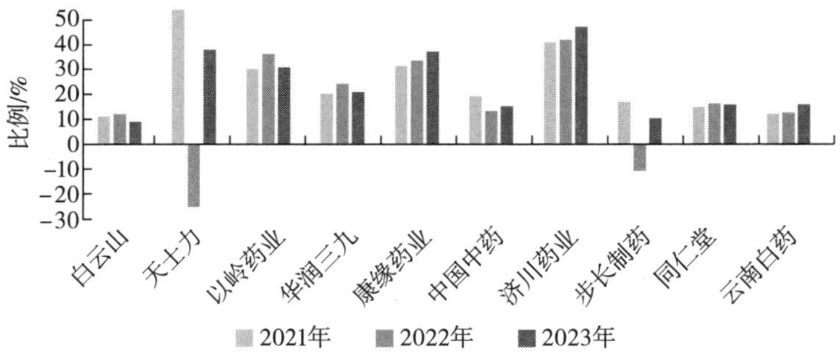


**图 1 – 11　2021—2023 年中药上市公司研发投入与利润总和占同期营业收入的比例**

## 1.4.2　研发投入方向

随着医药产业加快转型升级，中药企业逐渐向化药、生物药、大健康产品领域拓展；同时，寻求国际化合作与开发，着手布局国际市场，以提升自身的竞争力和影响力。部分中药企业研发方向如表 1 – 4 所示。传统中药企业在持续加强中药研发创新及投入时，积极向化药、生物药、大健康产品领域协同发展。随着仿制药一致性评价的开展，传统中药企业在化药领域，特别是针对仿制药的研发投入逐渐加大。据报道，天士力在研化药项目达 59 个，占总研发项目的 60% 以上。[7] 2023 年，白云山 3 项在研化药 1 类新药研发投入为 0.64 亿元，达到总研发投入的 8%。[8]

**表 1-4　部分中药企业研发方向**

| 企业名称 | 研发方向 |
|---|---|
| 白云山 | 中药创新药、化药仿制药、大品种二次开发、特医食品和保健食品开发等 |
| 天士力 | 中药创新药、重点品种二次开发、经典名方、国际研发注册、化药创新药、化药仿制药、生物药、数字化研发平台建设等 |
| 以岭药业 | 中药创新药、配方颗粒、经典名方、化药创新药、化药仿制药、原料药、生物药、大健康产品、研发平台建设等 |
| 华润三九 | 中药创新药、化药创新药、改良型新药、仿制药、配方颗粒、经典名方、药材资源、产品力提升等 |
| 康缘药业 | 中药创新药、改良型新药、经典名方、化药创新药、仿制药、生物药等 |
| 中国中药 | 中药创新药、经典名方、配方颗粒、药材资源、质量标准提升等 |
| 济川药业 | 中药创新药、改良型新药、仿制药、原料药等 |
| 步长制药 | 中药创新药、化药创新药、仿制药、生物药、医疗器械、疫苗 |
| 同仁堂 | 经典名方、重点品种二次开发、药材资源质量研究等 |
| 云南白药 | 中药创新药、核药、经典名方、重点品种二次开发等 |

### 1.4.3　研发投入思考

股东在企业研发创新过程中的作用不言而喻。一方面，创新是企业获得竞争优势和长期成功发展的关键因素，而股东是创新成功的最终受益者；另一方面，创新活动通常伴随较高的不确定性，而股东又是创新失败的主要承担者。管理者是公司实际管理人员，是重要决策的执行者。因此，股东与管理者对企业发展至关重要。

在研发投入上，股东和管理者达成共识至关重要，不仅影响公司的短期财务表现，还决定公司的长期竞争力和创新能力。笔者认为，达成这种共识需要做到以下 3 点。

（1）共享愿景。制定企业的长期战略，确定企业的发展方向和目标，使股东和管理层就企业的长期发展目标和短期收益达成共识。充分发挥管理层的治理作用，实现收益共享、风险共担的目标。推行管理层期权激励计划，制定研发投入与利润绑定考核方案，推动企业长期发展目标和研发战略的实现。

（2）加强有效沟通。管理层应与大股东积极沟通，寻求大股东的支持，保证每年的研发投入目标得以实现。

（3）做好研发风险控制。面对技术及政策等因素的变化，管理层应及时评估研发项目风险，并根据实际情况调整研发策略，最大限度地降低研发投资风险。

（黄志军　周　琪）

## 参考文献

[1]陶晶，操玮，陆巍，等．中药注册管理的历史沿革及现状分析[J]．中成药，2014，36(7)：1509－1512.

[2]张晓东，李连达．我国药品注册管理法规体系的形成及现状思考[J]．中国新药与临床杂志，2010，29（2）：155－157.

[3]詹学锋．《中药注册管理补充规定》的解读[J]．医药导报，2008(7)：876－877.

[4]瞿礼萍，唐健元，张磊，等．我国中药注册分类的历史演变、现状与问题[J]．中国中药杂志，2022，47(2)：562－568.

[5]江苏康缘药业股份有限公司 2023 年年度报告。

[6]石家庄以岭药业股份有限公司 2023 年年度报告。

[7]天士力医药集团股份有限公司 2023 年年度报告。

[8]广州白云山医药集团股份有限公司 2023 年年度报告。

[9]华润三九医药股份有限公司 2023 年年度报告。

[10]中国中药控股有限公司 2023 年年度年报。

[11]湖北济川药业股份有限公司 2023 年年度报告。

[12] 山东步长制药股份有限公司 2023 年年度报告。
[13] 北京同仁堂股份有限公司 2023 年年度报告。
[14] 云南白药集团股份有限公司 2023 年年度报告。

第 2 章

# 国外植物药研发概况

## 2.1 美国植物药研发概况

### 2.1.1 美国植物药政策法规与技术要求

#### 2.1.1.1 美国植物药法规概况

美国上市的植物产品形式主要有食品、膳食补充剂、药品［非处方药（OTC）、处方药］、化妆品或医疗器械。美国食品药品监督管理局（FDA）主要是根据产品用途确定其分类，非植物药类产品需要声明“该产品不能用于疾病的诊断、治疗、治愈或预防”。

2004 年 6 月，美国 FDA 发布了第一份正式的植物药指南——《植物药新药研究指南》，该指南承认植物产品可在美国以药品身份进行注册销售；2016 年，美国 FDA 发布了修订版《植物药研发指南》。

#### 2.1.1.2 美国《植物药研发指南》概况

该指南包含 7 个方面的内容，分别为简介、背景、一般管理办法（OTC 和处方药）、植物药研发新药临床申请、Ⅰ期和Ⅱ期临床研究申请、Ⅲ期临床研究申请、植物药新药上市申请。[1]

#### 2.1.1.3 美国《植物药研发指南》要点[2]

（1）成分工艺、质量控制考虑植物复合物特性：对活性成分不作鉴定和进一步纯化的要求，强调原药材的质量控制（批号间的一致性，源头可控）。

（2）对于已作为膳食补充剂合法上市或未合法上市但有广泛人用经验

的产品，可提供相关文献或现有资料替代动物毒理研究，以此来支持Ⅰ期或Ⅱ期临床申请，非临床研究可减免或延迟开展。

（3）临床试验要求必须设计充分、有良好的对照，临床安全性和有效性要求、评价方法等与非植物药一致。

（4）临床试验强调多批次和多积累，以支持“疗效的一贯性”。

### 2.1.1.4 美国植物药上市的注册途径

在美国，植物药上市的途径有两种：OTC专论和新药申请（NDA）。[3]

（1）OTC专论：已在美国上市销售了相当长的时间，销售规模可观，且适应症属于OTC范畴的植物药，可申请OTC并编入OTC专论。

（2）NDA：未在美国上市，且已有的安全性和有效性证据不符合OTC专论要求，或建议的适应症不属于OTC范畴的植物药，须提交NDA。

美国植物药上市的法定程序见图2－1。

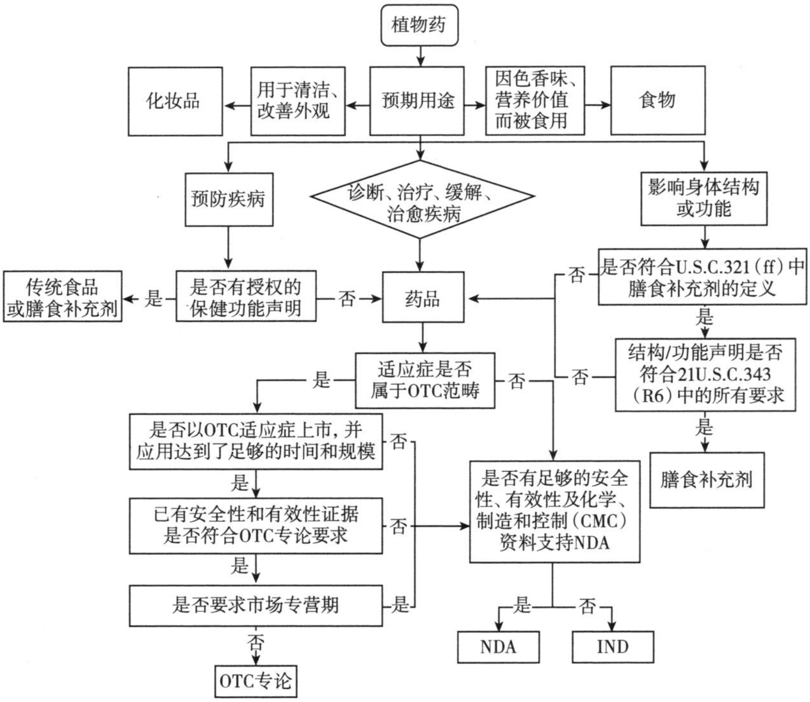


**图2－1 美国植物药上市的法定程序**

美国 FDA 认识到植物药具有成分复杂、活性成分不明确的特点，而且传统植物药具有广泛的人用经验，因此，对其初期临床研究（相当于Ⅰ/Ⅱ期临床）和扩大临床研究（相当于Ⅲ期临床）的申报要求，会根据药物的具体情况做出相应的调整，详见图 2－2。

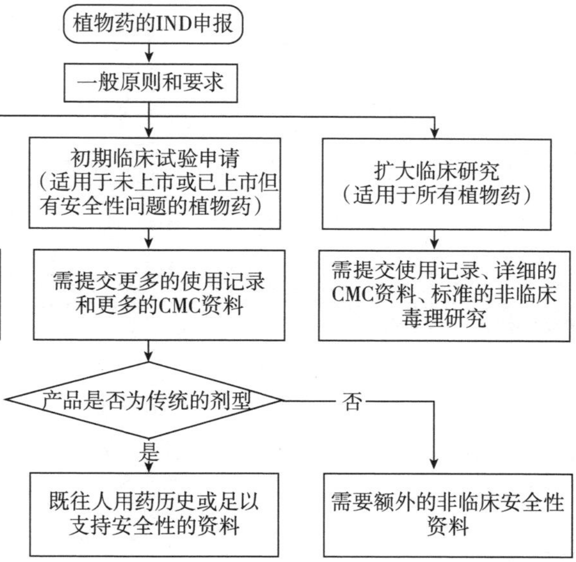


**图 2－2　美国植物药的 IND 申请**

## 2.1.2　美国植物药上市情况

迄今为止，美国 FDA 共批准了 5 种植物药，其中，3 种为外用制剂，另外 2 种分别为口服制剂和注射剂，详见表 2－1。

**表 2－1　美国 FDA 批准的 5 种植物药**

| 药品名称 | 活性成分 | 上市时间 | 适应症 |
|---|---|---|---|
| Veregen（Polyphenon E 软膏） | 绿茶提取物茶多酚 | 2006 年 10 月 | 用于外生殖器及肛周疣的治疗 |
| Picato（Ingenol mebutate 凝胶） | 巨大戟醇甲基丁烯酸酯 | 2012 年 1 月 | 用于日光性角化病的局部治疗 |
| Synribo( Omacetaxine mepesuccinate 注射液） | 高三尖杉酯碱 | 2012 年 10 月 | 用于治疗慢性粒细胞白血病 |

续表

| 药品名称 | 活性成分 | 上市时间 | 适应症 |
|---|---|---|---|
| Fulyzaq（Crofelemer 缓释片） | 低聚原花青素混合物 | 2012 年 12 月 | 用于缓解 HIV/AIDS 患者接受抗逆转录病毒治疗时出现的非感染性腹泻症状 |
| Filsuvez（Oleogel – S10 凝胶剂） | 桦树皮提取物 | 2023 年 12 月 | 大疱性表皮松解症 |

## 2.1.3 中药在美国申请注册情况

据不完全统计，我国已有 10 余种中药产品向美国 FDA 提交了 IND，如表 2 – 2 所示。但截至目前，暂无中药品种获得 FDA 药品上市许可。

**表 2 – 2　我国向美国 FDA 提交 IND 的部分中药品种**

| 中药品种 | 临床试验登记名称 | 开发企业 | 适应症 | 临床研究进展 |
|---|---|---|---|---|
| 复方丹参滴丸 | Dantonic Capsule/T89 | 天士力制药集团股份有限公司 | 心绞痛 | Ⅲ期 |
| 穿心莲提取物 – HMPL004 | — | 和记黄埔医药有限公司 | 克罗恩病、溃疡性结肠炎 | Ⅲ期终止 |
| 杏灵颗粒 | — | 上海杏灵科技药业股份有限公司 | 冠心病、心绞痛 | 减免Ⅰ、Ⅱ期 |
| 威麦宁胶囊 | — | 华颐药业有限公司 | 肺癌 | 减免Ⅰ期临床 |
| 桂枝茯苓胶囊 | Kanion Capsule/KYG0395 | 江苏康缘药业股份有限公司 | 原发性痛经 | Ⅱ期已完成 |
| 扶正化瘀片 | Fuzheng Huayu | 上海现代中医药股份有限公司 | 丙型肝炎纤维化 | Ⅱ期已完成 |
| 血脂康胶囊 | Xuezhikang（XAK） | 北京北大维信生物科技有限公司（绿叶控股） | 高脂血症 | Ⅱ期已完成 |
| 康莱特胶囊 | Kanglaite gelcap（KLTc） | 浙江康莱特药业有限公司 | 前列腺癌 | Ⅱ期终止 |
| 康莱特注射液 | Kanglaite Injection | 浙江康莱特药业有限公司 | 非小细胞肺癌 | Ⅱ期终止 |
| 连花清瘟胶囊 | KT07 Capsule | 石家庄以岭药业股份有限公司 | 流感病毒感染 | Ⅱ期已完成 |

# 2.2　欧洲植物药研发概况

## 2.2.1　欧洲植物药政策法规与技术要求

欧盟拥有深厚的植物药用历史，其在全球范围的发展居于领先地位，并且具备强大而广泛的国际影响力。

2001 年 11 月，欧盟委员会（以下简称“欧委会”）颁布《欧共体人用药品注册指令》（Directive 2001/83/EC）[4]。该指令详细规定了关于人用药的上市许可、生产与进口、包装和标签、药物警戒、监管及相关审批程序等方面的内容。

2004 年 3 月，欧洲议会和欧盟理事会发布《欧盟传统植物药注册程序指令》（Directive 2004/24/EC）[5]。制定该指令的主要目的是消除各成员国对植物药注册管理不统一的状况，同时推动欧盟植物药统一、协调发展。根据该指令，欧盟植物药具体上市申请路径如图 2－3 所示。

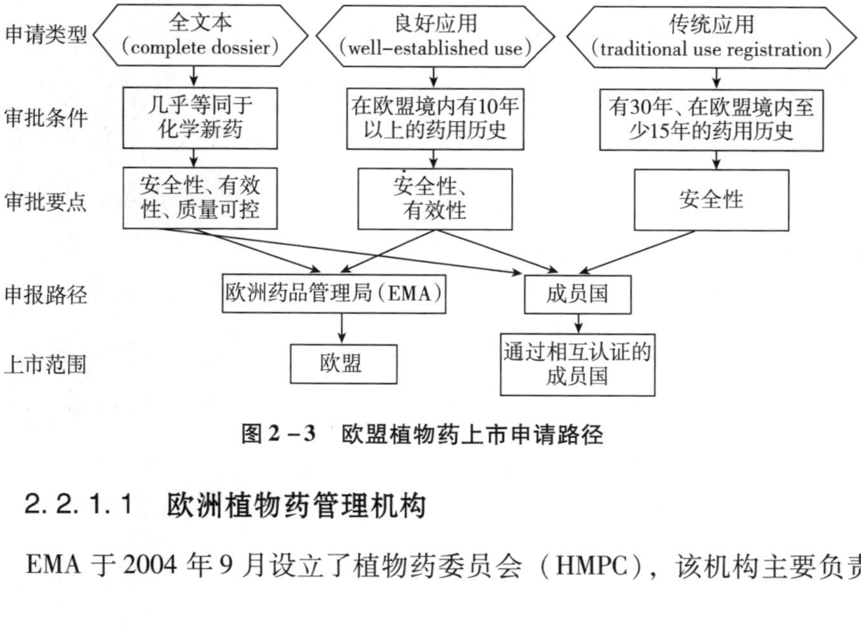


**图 2－3　欧盟植物药上市申请路径**

#### 2.2.1.1　欧洲植物药管理机构

EMA 于 2004 年 9 月设立了植物药委员会（HMPC），该机构主要负责植物药的审批和监管。其具体工作内容涵盖以下几个方面：制定欧盟植物药质量标准，撰写欧盟植物药物质、植物药制剂或二者混合物的专论（EU monographs），处理各成员国对植物药注册提出的问题。

### 2.2.1.2 欧洲植物药不同路径的申请资料要求

（1）全文本申请：基本等同于化学新药，全套资料的申请必须提供如图2－4所示的5个模块资料。全文本申请难度最大，目前尚无植物药以全文本申请路径通过注册。

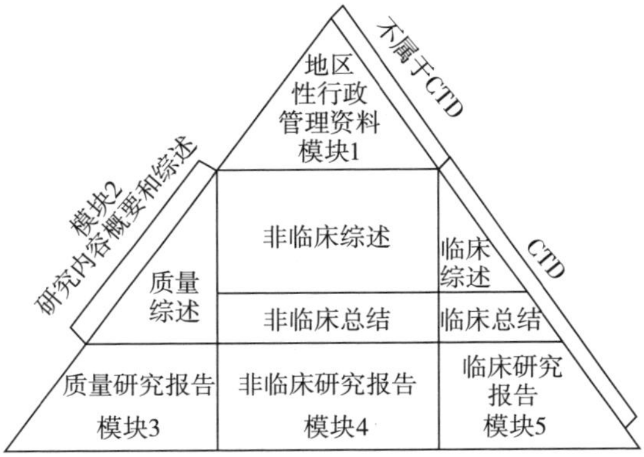


**图2－4 欧洲植物药全文本申请所需5个模块资料**

（2）良好应用（WEU）申请：要求较高，其中包括产品的活性成分在欧盟境内有超过10年的药用历史、明确的疗效和一定的安全性。符合条件的药品，可以用正式版的文献资料代替图2－4中模块4和模块5的内容。然而，目前中成药尚不适合申请WEU，因为通常情况下，要申请WEU，须以药品身份销售了10年以上，并且需要提供在国际期刊上发表的非临床和临床相关文献。

（3）传统应用（TUR）申请：需满足在欧盟境内有超过15年的药用历史，且不强调其药品身份。例如，以食品、食品补充剂身份销售多年且标明了一定疗效的中成药，可通过TUR路径申请。该申请路径审批关注的重点为产品的安全性。[6,7]

## 2.2.2　欧洲植物药上市情况

截至 2021 年 7 月，欧盟已批准植物药产品 2000 多件。[8] 欧盟主要成员国 TUR 申请审评情况如表 2－3 所示，WEU 申请审评情况如表 2－4 所示。

**表 2－3　欧盟主要成员国 TUR 申请审评情况**　　单位：件

| 国家 | 已受理 | 审评中 | 已批准 | 未批准 | 撤回 |
|---|---|---|---|---|---|
| 德国 | 513 | 61 | 285 | 106 | 61 |
| 英国 | 450 | 58 | 348 | 18 | 26 |
| 波兰 | 315 | 62 | 215 | 19 | 19 |
| 奥地利 | 224 | 14 | 209 | 0 | 1 |
| 法国 | 171 | 127 | 33 | 0 | 11 |
| 西班牙 | 162 | 7 | 100 | 54 | 1 |
| 匈牙利 | 115 | 50 | 65 | 0 | 0 |
| 瑞典 | 87 | 5 | 76 | 0 | 6 |
| 爱尔兰 | 85 | 35 | 49 | 0 | 1 |
| 荷兰 | 80 | 13 | 54 | 2 | 11 |

**表 2－4　欧盟主要成员国 WEU 申请审评情况**　　单位：件

| 国家 | 已受理 | 审评中 | 已批准 | 未批准 | 撤回 |
|---|---|---|---|---|---|
| 德国 | 447 | 67 | 289 | 24 | 67 |
| 奥地利 | 74 | 18 | 56 | 0 | 0 |
| 克罗地亚 | 73 | 13 | 41 | 7 | 12 |
| 捷克 | 73 | 16 | 36 | 6 | 15 |
| 罗马尼亚 | 66 | 37 | 29 | 0 | 0 |
| 波兰 | 65 | 24 | 27 | 2 | 12 |
| 立陶宛 | 61 | 10 | 26 | 9 | 16 |
| 法国 | 59 | 30 | 25 | 0 | 4 |
| 瑞典 | 56 | 4 | 46 | 0 | 6 |
| 斯洛文尼亚 | 53 | 4 | 49 | 0 | 0 |

## 2.2.3　中药在欧洲获批情况

据不完全统计，中药在欧洲的获批情况如表 2－5 所示，适应症领域包括呼吸、心脑血管、精神神经等。

表2-5　部分中药在欧洲的获批情况

| 药品名 | 功能主治/适应症 | 厂家 | 国家 | 获批年份 |
|---|---|---|---|---|
| 华佗再造丸 | 脑血管疾病 | 广州白云山奇星药业有限公司 | 俄罗斯 | 2010 |
| 地奥心血康 | 冠心病、心绞痛 | 成都地奥制药集团有限公司 | 荷兰 | 2012 |
| 丹参胶囊 | 轻度痛经症状缓解 | 天士力制药集团股份有限公司 | 荷兰 | 2016 |
| 板蓝根颗粒 | 感冒、流感 | 广州市香雪制药有限公司 | 英国 | 2017 |
| 愈风宁心片 | 心脑血管疾病 | 北京同仁堂股份有限公司 | 荷兰 | 2019 |
| 连花清瘟胶囊 | 流感 | 石家庄以岭药业股份有限公司 | 乌克兰、俄罗斯等 | 2020 |
| 逍遥片 | 精神压力和疲劳 | 天士力制药集团股份有限公司 | 荷兰 | 2021 |
| 芪风固表颗粒 | 益气固表 | 湖南安邦制药有限公司 | 波兰 | 2022 |
| 四味脾胃舒片 | 健脾和胃、消食止痛 | 湖南安邦制药有限公司 | 波兰 | 2022 |
| 丹七片 | 活血化瘀、通脉止痛 | 湖南安邦制药有限公司 | 波兰 | 2022 |
| 消栓通络片 | 活血化瘀、温经通络 | 湖南安邦制药有限公司 | 波兰 | 2022 |

## 2.3　日本汉方药研发概况

### 2.3.1　汉方医药的发展概述

日本汉方医药起源于中医药，经过1000余年的独立发展，虽呈现日本民族化的特征，但本质上仍属于东方的整体论医学体系，与中国的传统医学一脉相传。日本汉方医药发展简史如表2-6所示。

表2-6　日本汉方医药发展简史

| 时期 | 发展简史 |
|---|---|
| 隋唐时期 | 起源——中医传入日本，日本开始学习引用中医药学 |
| 宋元时期（约日本镰仓时代） | 发展——日本开始融入自己的药学实践经验，逐步改变了对中国本草文献的单纯摘录模仿形式 |
| 近代（明治维新时期） | 衰落——日本实行“废医存药”政策，汉方医学几近灭绝，但给古方留下了生存和发展的空间，逐步将《伤寒杂病论》中的理论和思辨成分剔除，只应用原方，在讲究“方证相对”的基础上，发展形成了日本今天的“汉方医学” |

**续表**

| 时期 | 发展简史 |
|---|---|
| 1970 年以来 | 兴起——由于汉方药在针对以老年疾病为主的疑难病症方面优势渐显，逐步得到日本社会各界的重视，日本政府于 1976 年允许使用《伤寒杂病论》中 210 个古方生产汉方药，并将汉方药纳入医保体系的报销范畴，在随后的几十年逐步增加纳入医保报销的汉方药数量，使日本汉方药产业得到快速发展 |
| 当前 | 复兴——日本社会掀起学习传统医学的热潮，有 80 多所医科大学将汉方医学作为必修课。日本 29 万名西医医生中有近 90% 正在或曾经使用汉方药给患者治病，几乎所有药局、药妆店都有汉方药柜台，日本人服用汉方药的比例超过 70%，以汉方为主的中成药在日本得到了广泛应用，政府将汉方药的发展列入医药产业规划，汉方药产业发展提升了日本的经济社会效益 |

日本由于近代的“废医存药”政策和民族意识，一直试图抹去汉方及生物药制剂的中医学痕迹，以致汉方医学与东方传统文化的联系被切断，至今日本官方仍不认可汉方医生，也不认可汉方医生处方权。现代汉方医学是日本“废医存药”政策下畸形发展的产物，从严格意义上说，并不是独立的医学体系。

### 2.3.2　日本汉方药的特点

日本现代汉方药是在“废医存药”政策下发展起来的，加上医药监管政策和制度的不同及历史基础差异，与中医药有明显的区别。另外，自近代以来，日本汉方学界对《伤寒杂病论》《金匮要略》等典籍中的方剂进行了较全面的研究和发掘运用，积累了较丰富的临床经验，形成了自己的特点。

（1）品种数少：日本市售所有汉方制剂的处方基本来源于《一般用汉方制剂生产销售承认基准》，该基准现行版为 2017 年增补修订，含有处方 294 个，绝大部分出自《伤寒杂病论》《金匮要略》等中医经典名著。若为基准之外的，则需提供处方合理性依据，并进行药理毒理学和临床研究，因此，在日本研发新汉方制剂的难度较大，且需大量资金支持，企业研发意愿不高，迄今尚未有新的医用汉方制剂研发上市的案例。因而，日本汉方药处方来源和创新扩容受到限制。

（2）提倡方证对应。汉方药剔除中医理论，只研究“随证投药，不拘病因”，强调“证有规定，方无加减”，定证、定方，一个方证对应一个病理状态，关注临床症状，实现汉方证治标准化。而中医讲究辨证论治，探寻方药对应疾病病理本质的变化，存在“一方多证、一证多方”。

（3）汉方药西用。汉方药的功能主治表述主要使用西医病名，由西医开具，医师基本不具备中医辨证论治的能力，因而具有西用的特点。日本“汉方医”没有行医资格，其行医或开具汉方药处方，须通过政府组织的西洋医学考试，获得医生资格（西医资格），药剂师同样如此。

（4）用药详细。汉方药一个处方可开发为多个产品，其说明书的描述较详细。比如，一份补中益气汤可以分裂成 13 张方子（甚至 33 张方子），且详细分成了医疗用和其他用处，适应症点到点对号入座，用法、用量标注较详细，如表 2 –7 所示。[9]

**表 2 –7　13 种补中益气汤处方药情况**　　单位：克

<table>
<tr><th>编号</th><th>药品名称</th><th>日服制剂量</th><th>日服提取物量</th><th>功效</th><th>用法用量</th></tr>
<tr><td>1</td><td>大杉补中益气汤提取物 G</td><td>12</td><td>6.2</td><td rowspan="10">胃肠道虚弱、精神不振、易疲劳引起的症状：体质虚弱、疲劳倦怠、病后虚弱、食欲不振、盗汗</td><td rowspan="5">饭前或饭后，2～3 次</td></tr>
<tr><td>2</td><td>克雷西补中益气汤提取物细粒</td><td>7.5</td><td>6.4</td></tr>
<tr><td>3</td><td>JPS 补中益气汤提取物颗粒（调剂用）</td><td>7.5</td><td>4.7</td></tr>
<tr><td>4</td><td>顺子补中益气汤 FC 提取物细粒（医疗用）</td><td>7.5</td><td>4.9</td></tr>
<tr><td>5</td><td>顺子补中益气汤 FC 提取物片（医疗用）</td><td>7.5</td><td>4.9</td></tr>
<tr><td>6</td><td>太虎堂补中益气汤提取物颗粒</td><td>7.5</td><td>5.6</td><td>饭前或饭后，3 次</td></tr>
<tr><td>7</td><td>太虎堂补中益气汤提取物散</td><td>7.5</td><td>5.6</td><td>饭前或饭后，3 次</td></tr>
<tr><td>8</td><td>帝国补中益气汤提取物颗粒</td><td>7.5</td><td>3.6</td><td>饭前，3 次</td></tr>
<tr><td>9</td><td>（东洋）补中益气汤提取物细粒</td><td>7.5</td><td>4.8</td><td>空腹时，3 次</td></tr>
<tr><td>10</td><td>本草补中益气汤提取物颗粒 – M</td><td>7.5</td><td>5</td><td>饭前或饭后，3 次</td></tr>
</table>

**续表**

| 编号 | 药品名称 | 日服<br>制剂量 | 日服<br>提取物量 | 功效 | 用法用量 |
|---|---|---|---|---|---|
| 11 | 小太郎补中益气汤提取物细粒 | 12 | 7 | 胃肠功能下降、疲劳、头痛、恶寒、盗汗、迟缓性出血等。用于结核病及病后增强体力、胃弱、贫血、体质虚弱、低血压、痔疮、脱肛 | 饭前或饭后，2～3 次 |
| 12 | 三和补中益气汤提取物细粒 | 9 | 5.3 | 体力虚弱、贫血、胃肠功能下降、疲劳、食欲不振、盗汗。用于病后或术后虚弱、胸部疾病增强体力、贫血、低血压、胃弱、胃肠功能下降、多汗 | |
| 13 | 津村补中益气汤提取物颗粒（医疗用） | 7.5 | 5 | 消化功能下降、四肢乏力、体质虚弱。用于病后增强体力、结核病、食欲不振、胃下垂、感冒、痔疮、脱肛、子宫下垂、半身不遂、多汗 | |

汉方药对每种疾病的处方用药制定了较严格的用药指征，对方剂的加减较谨慎。例如，苓桂术甘汤以眩晕心悸、心下逆满、气上冲胸等作为应用指征，除严格按照《伤寒杂病论》原文运用外，还通过拆方研究得出桂枝、甘草可治心悸，茯苓可治心悸、眩晕、小便不利，白术可治口渴下利、浮肿，所以，此方治心悸而小便不利的作用较好。

（5）用药剂量小。日本汉方药整体上临床使用剂量偏小。有研究表明，汉方药平均剂量相当于张仲景时期的1/15～1/10，相当于中国现代中医临床处方用量的1/5～1/3，汉方中有超过80%的药物平均剂量在2～5克。[10]

（6）质量控制严格。日本比较重视对汉方药的质量控制，实行标准化生产，对生药材种植及汉方药生产全过程的质量控制较严格，汉方制剂整体上品质较好，但2024年先后报道的日本小林制药红曲制品安全性事件和日本极东公司正露丸数据造假事件，反映了日本汉方药在质量控制和政府监管等方面并非完美无缺，仍存在现实困局。

（7）开展循证医学研究。日本重视开展汉方药的循证医学研究，循证医学可以使传统医学临床经验在取得实证支持的基础上，纳入现代医学体系。循证医学要求只有具有系统性评价和随机对照试验等强度高的证据，才能归纳为有力的建议证据；而专家意见和动物试验等相对无力的证据，只能归入有力但强度不高的建议。日本最大的传统医学组织——东洋医学会在2001年设立了循证医学特别委员会，开展了大量研究工作，并获得了一定的汉方药实用性的证据，促进了汉方药的发展。汉方药循证医学的开展以西医为中心，存在一定的不足，目前仍在探索符合汉方药特点的评价方法。

### 2.3.3　日本汉方药政策法规和技术要求

#### 2.3.3.1　日本药品监管

日本涉及药品监管的机构主要有日本厚生劳动省（MHLW）和日本医药品医疗器械综合机构（PMDA）。

MHLW涉及药品部分的职能主要包括处理临床试验与上市审评，以及上市后安全性监测（审批与核发许可证）、制定促进研究与开发及生产和销售政策等。MHLW下属的药事与食品卫生审议会（PAFSC）主要负责药械法等规定权限的事项处理，如针对申报的新药，进行进一步的技术评价，并对最终是否批准其上市提出专家意见。

PMDA的职能分为审评、上市后安全对策和健康损害救助3部分，以药品和医疗器械的临床试验申请、新药申请、制定质量管理体系、上市后药物安全性监测评估和行业标准等为监管重点。

日本创新药物审批管理体系见图 2－5。[11]

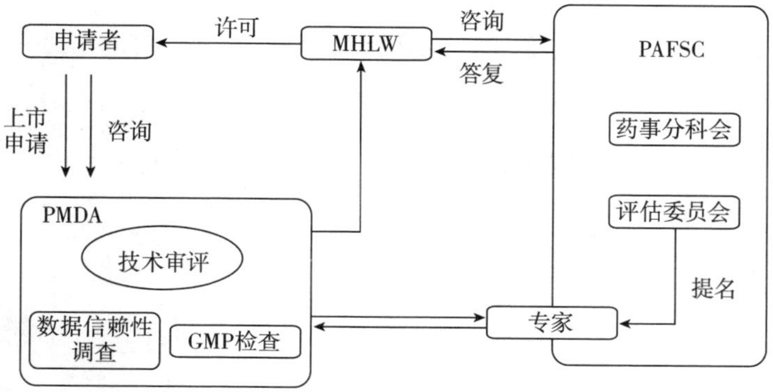


**图 2－5　日本创新药物审批管理体系**

### 2.3.3.2　日本汉方药主要法规

（1）2003 年日本颁布的《药用植物种植和采集的生产质量管理规范》（GACP）主要内容包括药材的栽培、采集与采收、初加工、包装、运输和储藏，人员与教育，设备，文件管理，质量管理等项目，该规范对生药材种植加工等有较详细的规定。日本生药材部分种植加工规范要求见表 2－8。

**表 2－8　日本生药材部分种植加工规范要求**

| 管理环节 | 部分规范要求 |
|---|---|
| 栽培 | 禁止牛进入种植地区，尽量不用化肥和农药 |
| 采集与采收 | 采收不应在潮湿的环境中或湿度较高的条件下完成，应尽可能在干燥、湿度较低的条件下进行 |
| 包装 | 包装材料应当取得买卖双方的一致同意 |
| 运输和储存 | 运输和临时储存的条件应尽可能在购销双方之间达成共识 |
| 人员与教育 | 处理药用植物材料的工作人员应具有丰富的个人卫生保健知识 |
| 设备 | 尽可能避免使用木制设备，如使用木制设备，则不应进行化学处理 |
| 文件记录 | 每个环节都需要详细记录，务必记录每批采收的药材使用的肥料、杀虫剂和除草剂；使用溴甲烷或磷化氢消毒草药材料，应通知买方并在出货文件中记录 |

续表

| 管理环节 | 部分规范要求 |
| --- | --- |
| 质量管理 | 组织厂家和买方的代表与具有种植生产质量管理规范及卫生质量管理规范知识的专家定期进行工作检查与核实 |

（2）2012年，日本颁布的《生药及汉方生药制剂制造与品质管理相关基准》，对从生药到制剂各个环节都有严格的规定。生药在种子、种苗阶段就开始进行严格的筛选，对生药的鉴别、含量测定等进行较全面的检测。

对于汉方制剂，凡是在《日本药局方》（也称《日本药典》）中明确规定成分含量的药材，在制剂中也必须做含量测定，且制剂中含量测定的成分一般不少于3种。生产厂家需提供汉方制剂（成品）、浸膏（半成品）与标准汤剂一致性比较的资料。

（3）2017年，日本颁布的《一般用汉方制剂生产销售承认基准》，详细记载了各处方的配伍、用法用量与功能主治，其中，配伍用法用量多以区间范围注明，功能主治主要用西医病名表述。

日本厚生劳动省于1975年颁布《一般用汉方处方承认审查内规》，其中，收载处方210个；2008年，《一般用汉方处方承认审查内规》修订更名为《一般用汉方制剂承认基准》；2017年，《一般用汉方制剂承认基准》修订更名为《一般用汉方制剂生产销售承认基准》（以下简称《基准》），其中，收载处方294个，主要来源于《伤寒杂病论》《金匮要略》《太平惠民和剂局方》等中国经典医籍，少量来源于日本汉方医籍。

日本汉方制剂实行目录制管理。日本汉方药的审批主要基于《基准》，市售汉方制剂的处方基本来源于此。

（4）2021年版《日本药局方》，由凡例、生药通则、制剂通则、通用试验法，以及各论、通用信息等组成。

《日本药局方》是由日本厚生劳动省根据药事与食品卫生审议会的意见制定的药品基本标准，为日本业界准则，已实施100余年。现行版收载的生药相对较全面，主要有以下特点。

①在植物基原方面，可能存在同名异物、同物异名或者同名但用药部位不同等情况；检查项涉及重金属、农残等；没有功能主治、用法用量和使用注意等说明。

②在质量标准方面，使用的检测方法相对简单，薄层鉴别仅以 Rf 值和斑点颜色进行描述，较少使用对照品和对照药材；生药含量测定一般采用液相色谱法测定 1 ~2 个指标成分。除指标性成分之外，分析项目一般还包括成分组成比较管理、挥发性成分含量测定等。

③在制剂类型方面，偏向于传统中药制剂类型，以汤剂、颗粒剂等为主，较少收载运用新型技术和方法制作的剂型。

#### 2.3.3.3　日本汉方药的注册管理及技术要求

根据日本《药事法》，汉方制剂分为医疗用汉方制剂和一般用汉方剂两类，见表 2 –9。

**表 2 –9　日本汉方制剂注册分类**

| 注册分类 | 说明 |
| --- | --- |
| 医疗用汉方制剂 | 日本厚生劳动省认定的 148 个处方相当于我国的处方药，日本社会保险和国民健康保险可报销 |
| 一般用汉方制剂 | 主要来源于《伤寒杂病论》《金匮要略》《太平惠民和剂局方》等，现有处方 294 个，包含医疗用汉方制剂对应的 145 个处方，相当于我国的 OTC，不在日本社会保险和国民健康保险的报销范围内；近年来，市场规模保持较好的发展势头，但在整个汉方药市场占比仅约 20% |

其中，一般用汉方制剂收载于《基准》中，每一处方均明确了配伍、用法用量及功能主治。日本厚生劳动省基本认可其有效性和安全性，规定制药企业在申报这些基本处方制剂生产许可时可简化手续，对制备工艺中只使用水作为溶剂的制剂，可免除药理和临床研究，直接申请生产许可。

日本任何药企均可生产《基准》中收载的汉方药，可自主确定剂型、制定制备工艺及质量标准。《基准》中大部分处方的药材配伍量仅规定一个范围，申请者可在此范围内自主确定药材配伍量。

对于《基准》未收载，但1968—2015年被日本厚生劳动省批准生产的汉方制剂，其他企业也可申请生产，且若只使用水作为提取溶剂，则仅需开展工艺研究和质量标准研究，免除药理和临床研究。日本不同生产企业研制生产的同一品名汉方药，处方配伍量、制剂工艺、产品规格及质量标准等均可能存在差异。

#### 2.3.3.4 日本药品上市后监测制度

日本在1979年以法律形式确立了药品上市后监测制度，主要包括药品不良反应和感染症报告制度、再审查及其安全性定期报告制度和再评价制度，其中，核心制度为再审查及其安全性定期报告制度和再评价制度。

再审查及其安全性定期报告制度针对的是获批上市的新药，通过设立再审查期，收集药品安全性和有效性数据，监管机构重新对新药进行评估，以确保药品的获益大于风险。药品申请企业在药品获批上市后，需主动收集药品的安全性、有效性和产品质量数据，在再审查期满后3个月内向PMDA提出再审查申请。再审查涉及申请资料审查、合规性现场检查、新药审评小组的科学性审查等程序过程，根据审查结果可以做出不通过（撤销批准）、有条件通过（需删除或修改某些适应症或修改说明书）及完全通过的决定。再审查期限根据不同的品种而有所不同，通常约为8年。

再评价制度针对的是所有上市药品，是基于医药学最新发现及新法律法规出台等对上市药品做出再评价。由于过去批准的药品可能存在安全性和有效性方面的问题，为使所有产品提供的安全性、疗效特征等与目前获得的最新信息保持一致，开展再评价。日本药品再评价内容主要包括阐明汉方制剂的药理作用、毒性研究、以临床有效性为研究目的的循证医学研究和不良反应监测等，一般以企业自主研究为主。

#### 2.3.3.5 日本汉方药知识产权保护情况

日本重视汉方药国际专利申请与保护，已注册了世界专利数据库中

70%以上的中药或汉方药专利，但主要围绕生药栽培、质控及检测技术等方面进行专利布局，而非原创性汉方药方的专利。汉方药代表性企业津村株式会社专利布局情况见表 2－10[12]。

**表 2－10　津村株式会社专利布局情况**　（%）

| 专利布局 | 专利占比 | 内容 | 举例 | 现状 |
| --- | --- | --- | --- | --- |
| 生药栽培 | 16.3 | 人参、茯苓、黄芩、猪苓等公司重点制剂品种的组成药味 | 一种低成本大量获取黄芩种子的方法（2016 年）；<br>一种有害元素含量低于常规，且小檗碱含量稳定的日本黄连水培法（2018 年） | 对汉方制剂质量进行全过程控制 |
| 质量控制 | 83.7 | 生药鉴别、微生物限度和农药残留检查、成分分析技术和生物测定等 | 一种新的添加（甲基）丙烯酸的微生物培养基检测方法（2015 年） | |

由于医药品行业政策法规和技术要求的限制，当前汉方药的国际市场并未打开。截至目前，还没有一个日本植物药制剂通过 FDA 认证。这表明汉方药的国际专利布局与数量优势并不代表汉方药在国际市场上的发展，也非汉方药发展的主要原因。

### 2.3.4　日本汉方药的研发特点

#### 2.3.4.1　研发投入

日本制药企业对研发较重视，以日本三共、津村株式会社、钟纺 3 家汉方药生产企业为例，研发费用率近年来均在 5%以上，总投入相对平稳，其中，津村株式会社 2021 年研发支出约 3.66 亿元，占其销售收入的比重约为 5.6%。津村株式会社 2011—2021 年研发费用投入情况见图 2－6。由于日本汉方新药上市制度方面的限制及汉方药市场发展空间较小等，目前日本相关企业在汉方新药方面较少或没有进行研发投入，如津村株式会社研发投入主要在已上市药品循证研究和原料生药种植研究两个领域。

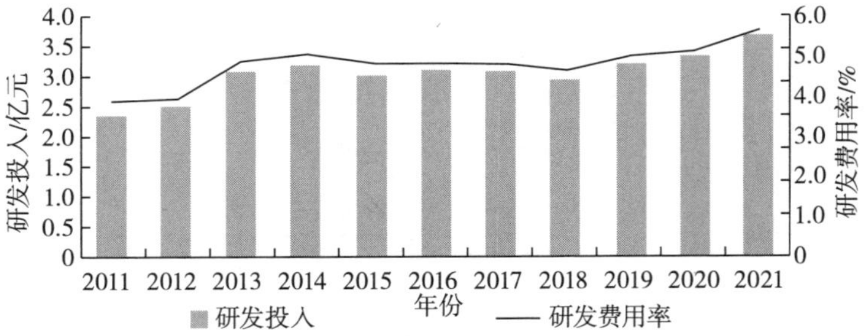


**图 2-6 津村株式会社 2011—2021 年研发费用投入情况**

### 2.3.4.2 研发技术要求

日本汉方药注册申报技术要求见表 2-11。

**表 2-11 日本汉方药注册申报技术要求**

| 处方来源 | 技术要求 | 其他 |
|---|---|---|
| 仿制：以《基准》为主 | ①若制备工艺中不使用水以外的溶剂，则只需要开展药学研究，免除药理、临床研究，直接报产；<br>②药品生产申请者可在处方给定的范围内自主确定各药材配伍量；<br>③药品生产者可自主确定剂型、制剂工艺及质量标准 | ①以仿制为主，较少研发新的汉方制剂（最近 10 余年来，尚未有新的汉方制剂上市）；<br>②不涉及中医理论，处方配伍的合理性也无须通过中医理论来验证 |
| 仿制：1968—2015 年批准生产的《基准》以外的汉方制剂 | | |
| 新的汉方制剂 | 药学研究、药理研究、临床研究 | |

### 2.3.4.3 研发技术特点

日本汉方药研发技术特点见表 2-12。

**表 2-12 日本汉方药研发技术特点**

| 研究内容 | 技术特点 |
|---|---|
| 制剂研究 | ①制剂以水煎煮为主要工艺，少量以生药粉末入药，剂型主要为颗粒剂；<br>②工艺上只认可浸膏剂或浸膏化制剂，不认可浸膏与药材粉末混合的制剂；<br>③多采用温浸提取、减压浓缩、喷雾干燥，甚至真空冷冻、干燥等技术，尽可能减少药物有效成分的破坏；<br>④工艺研究的基础是与“标准汤剂”对比，即汉方制剂（成品）、浸膏（半成品）需与标准汤剂进行对比研究。“标准汤剂”为根据古籍方法制备的煎液，由专家讨论后确定具体制法 |

**续表**

| 研究内容 | 技术特点 |
| --- | --- |
| 质量研究 | ①强调全过程的质量控制，对药材、半成品、制剂分别建立质量控制标准，包括特征图谱，保证药材、中间体和成品的关联性与一致性；<br>②制定较高的产品质量标准，例如，凡是在《日本药局方》中明确成分含量标准的药材，在制剂的质量标准中均须制定含量测定标准，且指标成分一般不少于 3 种，同时制定上下限度；重视重金属、农残量等安全项的控制 |
| 用药依从性 | 颗粒口感好、粒度较均一 |
| 基础研究 | 一般不采用药理学、药物化学等现代技术手段来研究汉方药的作用机理，但近年来重视在药理、毒理、制剂成分分析的标准化和规范化等方面开展基础研究，以更好地与西方医药学接轨 |
| 临床研究 | ①重视通过在临床运用中认识汉方药的治疗作用，积累治疗经验；<br>②适应症多使用西医病名，如慢性硬膜下血肿、更年期综合征等；<br>③采用西医学与汉方医学相结合的方式来评价病理机制，如研究建立五脏机能系统与性别、年龄、体格指数、生物化学检查项目的关联性；<br>④重视循证医学研究 |
| 制药技术 | 重视提升汉方药产业技术。通过在汉方药具体生产环节，如清洗、粉碎、物料运输、干燥、混合蒸煮、浓缩、过滤、成型、无菌包装等工序中，导入其他产业成熟的先进技术，提升汉方药制造水平 |

## 2.3.5　中药与汉方药比较

中国中药与日本汉方药比较见表 2－13。

**表 2－13　中国中药与日本汉方药比较**

| 比较内容 | | 中国中药 | 日本汉方药 |
| --- | --- | --- | --- |
| 综合比较 | 产品形态 | 饮片、配方颗粒、中成药等 | 主要为汉方制剂 |
| | 企业格局 | 中成药企业约 2300 家，较分散 | 汉方药厂约 200 家，主要集中在津村株式会社、Kracie 公司、钟纺、三共、小太郎等近 20 家，其中，津村株式会社一家独大 |
| | 市场规模 | ①上市中成药品种数约 9000 个，批文接近 58000 个，分属于约 6300 个处方；<br>②2023 年，中药行业（中成药及中药饮片）市场规模约 8300 亿元，占我国药品收入近 25% | ①汉方制剂品种数接近 300 个，批文约 3100 个，其中，医疗用汉方制剂批文约 700 个；<br>②近年来，汉方药市场规模约 130 亿元，占日本药品市场规模不足 2% |

**续表**

| 比较内容 | | 中国中药 | 日本汉方药 |
|---|---|---|---|
| 药材部分 | 种植规范 | 执行 GAP 种植期间，全国建设 GAP 基地的企业共 129 家，全国共认证了 81 个中药种植（养殖）品种，其中，北京同仁堂最多（8 个品种） | 制定了《药用植物栽培及质量评价》（GACP），要求生产过程中尽量不用化肥和农药，尽可能降低重金属含量和农药残留，生长过程中抽检；重视源头控制和可追溯体系建设（津村药业已先后在我国建立了 70 多个 GAP 药材种植基地） |
| | 种质资源 | 种质资源收集、育种科研及技术推广等不断推进 | 对种质种源较重视，并开展相关研究工作 |
| | 包装/运输/储存 | 按 GAP 规定，例如：<br>①附批包装记录、质量合格标准、易碎品采用坚固包装箱盒等；<br>②药材批量运输时，不应与其他有毒、有害、易串味物质混装；<br>③药材仓库应具有防鼠、防虫、防禽畜的措施，地面应整洁、无缝隙、易清洁等 | 执行 GACP 要求，例如：<br>①只要有可能，对所使用的包装材料应当取得买卖双方的一致同意；<br>②无论何时，运输和临时储存的条件应尽可能在购销双方之间达成共识；<br>③存储要求与中国类似 |
| | 炮制 | 需炮制 | 应用生药，一般不进行炮制 |
| | 药材研究 | 近年来，在药材资源调研、育种及种植、采收和加工炮制、质量控制、现代成分研究及开发应用等方面的研究不断推进和深入 | ①借助同时代科技的进步，着力于生药材养育、栽培、品质评价、过程管理等方面的研究；<br>②重视药材质量研究和保证，以道地药材产地问题（如指定产地）、有效成分含量问题（如成分的确认、标准化及追踪）、“三残”物质控制问题（如用生药材残渣萃取后制成的堆肥代替化肥、生促剂等）为核心；<br>③对 294 个汉方制剂中涉及的全部生药材均进行了有效成分或有效成分群及其标准控制的研究；<br>④采用现代科学手段，将草药中的有效成分凝聚、提炼，开发成现代制剂或保健品等，但也存在一些问题。例如，2024 年 3— 4 月持续发酵的“小林制药”含红曲成分保健品出现安全性事件。根据目前调查情况，可能是红曲在发酵提取过程中产生的有毒成分软毛青霉酸及其他未知成分所致。这反映了在生药材现代化研究过程中，除了提取有效的“预期成分”，也可能把“非预期成分”，甚至“有害杂质”进行了提取和浓缩或引入，因而放大了其“潜在的风险” |

**续表**

<table>
<tr><th colspan="3">比较内容</th><th>中国中药</th><th>日本汉方药</th></tr>
<tr><td rowspan="9">药材质量</td><td colspan="2">基原外观</td><td>全检</td><td>全检</td></tr>
<tr><td colspan="2">含量</td><td>大部分品种有</td><td>一般均有</td></tr>
<tr><td colspan="2">浸出物含量</td><td>部分品种有</td><td>大部分品种有</td></tr>
<tr><td colspan="2">农残</td><td>药典要求 33 种</td><td>250 种（津村株式会社要求）</td></tr>
<tr><td colspan="2">重金属</td><td>药典部分品种有（28 个）</td><td>全检</td></tr>
<tr><td colspan="2">微生物</td><td>不检（用于直接服用的饮片须全检）</td><td>全检</td></tr>
<tr><td colspan="2">黄曲霉素</td><td>药典部分品种有（22 个）</td><td>对风险品种进行检测</td></tr>
<tr><td colspan="2">二氧化硫</td><td>不得超过 150 毫克/千克（矿物类除外），特殊规定的除外</td><td>对风险品种实施无硫化加工</td></tr>
<tr><td colspan="2">药屑及杂质</td><td>药典要求不得超过 3%</td><td>不得超过 1‰（津村株式会社要求）</td></tr>
<tr><td rowspan="3">制剂部分</td><td rowspan="3">制剂工艺</td><td>剂型</td><td>剂型多样，以常规剂型为主</td><td>剂型相对单一，以颗粒剂为主（90%），兼有少量片剂、胶囊剂、口服液等</td></tr>
<tr><td>工艺</td><td>①工艺水平不断提高；<br>②中成药工艺多涉及水提、醇提、水提醇沉、提挥发油等工艺或组合工艺；<br>③执行 GMP，对各生产工序、生产环境进行监控，对关键工序、中间品等进行检测</td><td>①工艺相对简单，以传统水煎工艺为主，少量以药材粉末入药；<br>②要求生产企业开展汉方制剂（成品）、浸膏（半成品）与标准汤剂的同一性比较，作为一致性验证的基础；<br>③对原料药到制剂的形成过程进行质量控制，尽可能地避免指标成分的损失和破坏</td></tr>
<tr><td>制剂稳定性</td><td>①重视制剂稳定性研究和考察，提升已上市品种的稳定性；<br>②近年来，国家药品监督管理局药品审评中心发布了《中药均一化研究技术指导原则（试行）》《中药制剂稳定性研究技术指导原则（试行）》等多个相关研究技术指导原则</td><td>①制剂稳定性较好，力求浸膏收率和成分含量的稳定；<br>②药材不完全直接投料，存在将药材提取制成浸膏后经过混批勾兑，以确保单位制剂浸膏量的稳定，同时减少批次间的差异；<br>③利用品质风险评估方法对影响关键质量属性的生产工艺参数进行设定和管理</td></tr>
</table>

续表

| 比较内容 | | | 中国中药 | 日本汉方药 |
|---|---|---|---|---|
| 制剂部分 | 质量标准 | 整体上 | ①随着已上市老品种质量标准的提升及新药质量标准的技术要求提高，药品质量标准提高工作不断推进；<br>②新药质量标准研究阶段基本上对全部药味进行了质量控制研究 | ①国家尚未有统一的成品标准，生产企业执行自拟标准；<br>②自 2015 年版《日本药局方》开始收载汉方制剂的浸膏粉，对不同企业的提取物进行标准统一 |
| | | 常规检查 | 干燥减重、崩解时限等 | 干燥减重、崩解时限等 |
| | | 浸出物含量 | 部分品种有，分水溶性浸出物、醇溶性浸出物、醚溶性浸出物等 | 多数品种有：稀乙醇或 95% 乙醇提取的浸出物，建立了浸出物含量标准 |
| | | 指标成分含量 | 大多为 1 个含测成分，规定含量下限。近年来，申报上市的品种已要求制定上下限度 | 含测指标成分一般不少于 3 个，同时制定上下限（大多数指标为 1 ~ 3 倍，少数指标为 1 ~ 4 倍） |
| | | 鉴别 | ①以薄层鉴别为主，部分含有显微鉴别和理化鉴别，少数含有色谱仪器鉴别等，鉴别项大多未能覆盖全部处方药味；<br>②主要采用对照薄层鉴别法 | ①鉴别检查比例较高，尽可能要求处方中所有药味进行薄层鉴别控制，未上薄层的药味在申报阶段需要提交系统的研究资料并说明原因；<br>②主要采用 Rf 值法，较少使用对照品、对照药材等 |
| | | 指纹图谱 | 药典部分品种已建立 | 部分品种已建立 |
| | | 微生物 | 全批次检测 | 全批次检测 |

### 2.3.6 主要汉方药企业简介

汉方药生产代表性企业主要有津村株式会社和 Kracie 公司。

津村株式会社成立于 1893 年，为日本最大的汉方药制剂企业，近年来营业收入约 80 亿元人民币，主要生产医疗用汉方制剂（相当于处方药），产品数达 129 种，占日本医疗用汉方药制剂市场份额超过 83%，但在原材料涨价及日本医保控费下，津村近年面临一些困境，毛利率有所下降。该公司年销售额前 10 的品种均超 10 亿日元（约 5000 万元人民币），包括大建中汤、抑肝散、补中益气汤、六君子汤、芍药甘草汤等，且保持增长的趋势。在研发方面，津村株式会社主要围绕循证医学和原料生药种植展开研究，特别是以植物性生药 100% 种植化为目标开展的研究是其特色和优势研究领域。近年来，津村株式会社通过收购、合作等多种方式持续布局中国市场，在生药材领域，重视生药质量，自建药材种植基地，从药材种植、加工、检验到销售等进行一体化布局；在制剂领域，主要关注老年人、女性、癌症辅助治疗等方面。此外，津村株式会社在欧美等其他国际市场获得了一定的发展，如其六君子汤被西方医学界用来辅助抗癌治疗。与此同时，津村侏式会社在开拓欧美等海外市场方面也面临较大困难，如自 2015 年起，津村株式会社积极推动大建中汤进军美国市场，且已在美国完成临床试验 8 个，但截至目前，尚未通过 FDA 认证。

Kracie 公司成立于 1887 年；1934 年进军制药领域，主要生产 90 余种一般用汉方制剂（相当于 OTC），占日本一般用汉方制剂市场份额的约 30%。近年来，该公司注重研发新的汉方草药提取物或植化活性成分的制剂开发等。此外，该公司还涉及洗发水、护发素、沐浴等日化产品，面部护理品及健康食品、饮品等业务，营业收入约 43 亿元人民币，其中，药品业务占比约 37%。该公司主要产品有当归芍药散片、汉方葛根汤提取物片、薏苡元素美白药片、八味地黄丸等。近年来，该公司重视中国市场，先后在中国青岛、威海建立原料加工厂。

整体上，由于日本汉方药审批制度及各国医药行业的政策制度限制和技术要求等，汉方药市场发展仍面临诸多困难。当前，日本药企在汉方制剂研发方面积极性并不高，更多的是基于产业链的延伸和附加布局。

（任　霞　吴雪英　明凯利）

## 参考文献

[1] FDA. Botanical drug development guidance for industry[EB/OL].(2016-12-27)[2017-11-02]. https://www.fda.gov/downloads/drugs/guidancecomplianceregulatoryinformation/guidances/ucm458484.pdf.

[2]窦金辉. 美国《植物药指南》和植物药发展简介[J]. 世界科学技术—中医药现代化,2017,19(6):936-939.

[3] FDA Guidance for industry: botanical drug products [EB/OL].(2017-02-20). https:/www.fda.gov/downloads/aboutFDA/centersoffices/-officeofM-dicalProductsandTobacco/CDER/ucm106136.pdf.

[4]European Commission. Directive 2001/83/EC[EB/OL].(2016-07-11). http://eur-lex.europa.eu/LexUriServ/LexUriServ.do? uri = OJ: L: 2001:311:0067:0128:en:PDF.

[5]欧洲议会和理事会关于修订2001/83/EC指令中传统草药品部分的指令草案[EB/OL].(2003-04-17). http://www.mofcom.gov.cn/article/bg/200304/20030400084100.shtml.

[6]萧惠来. EMA对草药产品申请上市许可或注册的非临床资料的要求[J]. 药物评价研究,2017,40(12):1677-1681.

[7]萧惠来. 欧盟草药临床安全性和有效性评估指导原则介绍[J]. 药物评价研究,2017,40(3):285-291.

[8]瞿礼萍,王梅,邹文俊. 欧盟草药药品注册管理现状与中药欧盟注册策略[J]. 中草药,2021,52(20):6135-6143.

[9]张羽岐. 中成药天外有天,日本汉方启示录[EB/OL].(2022-01-12). https://mp.weixin.qq.com/s/hv-yJzzaXbpFIdO9sPS9Xw.

[10]冯青,柳井杜莎,黄一珊,等. 我国经方常用药物在日本汉方医学中的用量探析[J]. 中草药,2012,44(9):1211-1214.

[11]陈永法,王毓丰,伍琳. 日本创新药物审批管理政策及其实施效果

研究[J]. 中国医药工业杂志,2018,49(6):839 – 846.

[12]刘岳琪,宿军慧,曹君杰,等. 日本汉方药企业近十年申请专利的分析及思考:以津村制药和 Kracie 为例[J]. 世界科学技术—中医药现代化,2022,24(5):1970 – 1980.

第 3 章

# 中药研发相关政策法规与技术要求

小祝是一名刚毕业的大学生，主要从事中药新药研发工作，他需要尽快熟悉和掌握哪些相关政策法规和技术指导原则才能更好地胜任工作岗位呢?

## 3.1 中药注册管理相关政策法规

### 3.1.1 药品注册通用的政策法规

2019 年版《中华人民共和国药品管理法》提出药品全生命周期管理理念，加强药品研制、生产、经营、上市、上市后管理等各环节全过程、全链条的监管。2020 年版《药品注册管理办法》提出药品注册管理的方式，包括关联审评审批、药物临床试验审批实施默示许可、药品变更实行分类管理；依据产品创新程度和风险特点，实行基于风险的审评、核查和检验模式；科学设置药品注册检验流程；强化事中事后监管。我国涉及药品管理和注册通用的政策法规和技术要求如表 3-1 所示。

**表 3-1 我国涉及药品管理和注册通用的政策法规和技术要求**

| 政策法规和技术要求 | 颁布年份 | 来源 |
| --- | --- | --- |
| 《药物临床试验数据现场核查要点》 | 2015 | 国家食品药品监督管理总局 |
| 《中华人民共和国药品管理法》 | 2019 | 全国人大常委会 |
| 《药品注册管理办法》 | 2020 | 国家市场监督管理总局 |
| 《药物研发与技术审评沟通交流管理办法》 | 2020 | 国家药品监督管理局药品审评中心* |
| 《药品注册核查要点与判定原则（药学研制和生产现场）（试行）》 | 2021 | 国家药品监督管理局食品药品审核查验中心 |
| 《药品注册核查要点与判定原则（药理毒理学研究）（试行）》 | 2021 | 国家药品监督管理局食品药品审核查验中心 |

续表

| 政策法规 | 颁布年份 | 来源 |
|---|---|---|
| 《药品注册核查要点与判定原则（药物临床试验）（试行)》 | 2021 | 国家药品监督管理局<br>食品药品审核查验中心 |
| 《药品注册生产现场核查和上市前药品生产质量管理规范检查衔接工作程序（试行)》 | 2021 | 国家药品监督管理局<br>食品药品审核查验中心 |
| 《药品上市后变更管理办法（试行)》 | 2021 | 国家药品监督管理局 |
| 《药品注册核查工作程序（试行)》 | 2021 | 国家药品监督管理局<br>食品药品审核查验中心 |

注：* 国家药品监督管理局药品审评中心以下简称“药品审评中心”

### 3.1.2 中药注册政策法规

中药注册重点考虑中药的属性和特殊性，强调中药的传承与创新，重视中药理论指导与人用经验，以临床价值为导向，对中药注册重新分类。中药注册管理专用的政策法规见表3－2。

**表3－2 中药注册管理专用的政策法规**

| 政策法规 | 颁布年份 | 来源 |
|---|---|---|
| 《中华人民共和国中医药法》 | 2016 | 全国人大常委会 |
| 《古代经典名方中药复方制剂简化注册审批管理规定》 | 2018 | 国家药品监督管理局 |
| 《中药注册受理审查指南（试行)》 | 2020 | 药品审评中心 |
| 《中药变更受理审查指南（试行)》 | 2021 | 药品审评中心 |
| 《中药注册管理专门规定》 | 2023 | 国家药品监督管理局 |

## 3.2 中药新药相关技术指导原则和要求

### 3.2.1 药学研究相关技术指导原则和要求

药学研究相关技术指导原则和要求见表3－3。

**表 3－3　药学研究相关技术指导原则和要求**

| 项目 | 技术指导原则/要求 | 颁布年份 | 来源 |
|---|---|---|---|
| 药材 | 《中药、天然药物原料的前处理技术指导原则》 | 2005 | 药品审评中心 |
| | 《含毒性药材及其他安全性问题中药品种的处理原则》 | 2008 | 国家食品药品监督管理局 |
| | 《中药资源评估技术指导原则》 | 2017 | 药品审评中心 |
| | 《中药新药用药材质量控制研究技术指导原则（试行）》 | 2020 | 药品审评中心 |
| | 《中药新药用饮片炮制研究技术指导原则（试行）》 | 2020 | 药品审评中心 |
| | 《中药新药研究各阶段药学研究技术指导原则（试行）》 | 2020 | 药品审评中心 |
| 制剂工艺 | 《中药、天然药物提取纯化研究技术指导原则》 | 2005 | 药品审评中心 |
| | 《中药、天然药物制剂研究技术指导原则》 | 2005 | 药品审评中心 |
| | 《中药、天然药物注射剂基本技术要求》 | 2007 | 国家食品药品监督管理局 |
| | 《中药外用制剂相关问题的处理原则》 | 2008 | 国家食品药品监督管理局 |
| | 《中药工艺相关问题的处理原则》 | 2008 | 国家食品药品监督管理局 |
| | 《中药改剂型品种剂型选择合理性的技术要求》 | 2010 | 国家食品药品监督管理局 |
| | 《中药、天然药物改变剂型研究技术指导原则》 | 2014 | 国家食品药品监督管理总局 |
| | 《已上市中药生产工艺变更研究技术指导原则》 | 2017 | 国家食品药品监督管理总局 |
| | 《中药均一化研究技术指导原则（试行）》 | 2020 | 药品审评中心 |
| | 《中药复方制剂生产工艺研究技术指导原则（试行）》 | 2020 | 药品审评中心 |
| 质量标准 | 《中药新药质量标准研究技术指导原则（试行）》 | 2020 | 药品审评中心 |
| | 《中药新药质量研究技术指导原则（试行）》 | 2021 | 药品审评中心 |
| | 《中药配方颗粒质量控制与标准制定技术要求》 | 2021 | 国家药品监督管理局 |
| | 《中药制剂特征图谱研究技术指导原则（试行）》 | 2024 | 药品审评中心 |
| 稳定性 | 《中药制剂稳定性研究技术指导原则（试行）》 | 2024 | 药品审评中心 |
| 上市后变更 | 《已上市中药药学变更研究技术指导原则（试行）》 | 2021 | 国家食品药品监督管理局 |

续表

| 项目 | 技术指导原则/要求 | 颁布年份 | 来源 |
| --- | --- | --- | --- |
| 同名同方 | 《同名同方药研究技术指导原则（试行）》 | 2022 | 药品审评中心 |
| 经典名方 | 《按古代经典名方目录管理的中药复方制剂药学研究技术指导原则（试行）》 | 2021 | 药品审评中心 |
| | 《其他来源于古代经典名方的中药复方制剂药学研究技术指导原则（试行）》 | 2023 | 药品审评中心 |

### 3.2.2 药理毒理学研究相关技术指导原则

药理毒理学研究相关技术指导原则见表3－4。

表3－4 药理毒理学研究相关技术指导原则

| 指导原则 | 颁布年份 | 来源 |
| --- | --- | --- |
| 《中药、天然药物一般药理学研究技术指导原则》 | 2007 | 药品审评中心 |
| 《中药、天然药物急性毒性研究技术指导原则》 | 2007 | 药品审评中心 |
| 《中药、天然药物长期毒性研究技术指导原则》 | 2007 | 药品审评中心 |
| 《中药、天然药物免疫毒性（过敏性、光变态反应）研究技术指导原则》 | 2007 | 药品审评中心 |
| 《中药、天然药物局部刺激性和溶血性研究技术指导原则》 | 2007 | 药品审评中心 |
| 《药物非临床研究质量管理规范》 | 2017 | 国家食品药品监督管理总局 |
| 《中药生物效应检测研究技术指导原则（试行）》 | 2020 | 药品审评中心 |
| 《中药新药毒理研究用样品研究技术指导原则（试行）》 | 2022 | 药品审评中心 |

### 3.2.3 临床试验相关技术指导原则

临床试验相关技术指导原则见表3－5。

表3－5 临床试验相关技术指导原则

| 项目 | 指导原则 | 颁布年份 | 来源 |
| --- | --- | --- | --- |
| “三结合”证据体系 | 《真实世界证据支持药物研发与审评的指导原则（试行）》 | 2020 | 国家药品监督管理局 |
| | 《真实世界研究支持儿童药物研发与审评的技术指导原则（试行）》 | 2020 | 药品审评中心 |

**续表**

| 项目 | 指导原则 | 颁布年份 | 来源 |
| --- | --- | --- | --- |
| “三结合”证据体系 | 《用于产生真实世界证据的真实世界数据指导原则（试行）》 | 2021 | 药品审评中心 |
| | 《基于人用经验的中药复方制剂新药临床研发指导原则（试行）》 | 2022 | 药品审评中心 |
| | 《基于“三结合”注册审评证据体系下的沟通交流指导原则（试行）》 | 2022 | 药品审评中心 |
| | 《真实世界证据支持药物注册申请的沟通交流指导原则（试行）》 | 2023 | 药品审评中心 |
| | 《药物真实世界研究设计与方案框架指导原则（试行）》 | 2023 | 药品审评中心 |
| 临床试验一般原则 | 《中药新药临床研究一般原则》 | 2015 | 药品审评中心 |
| | 《药物临床试验的一般考虑指导原则》 | 2017 | 国家食品药品监督管理总局 |
| | 《证候类中药新药临床研究技术指导原则》 | 2018 | 国家药品监督管理局 |
| 临床试验方案设计 | 《药物临床试验非劣效设计指导原则》 | 2020 | 药品审评中心 |
| | 《药物临床试验富集策略与设计指导原则（试行）》 | 2020 | 药品审评中心 |
| | 《药物临床试验亚组分析指导原则（试行）》 | 2020 | 药品审评中心 |
| | 《药物临床试验多重性问题指导原则（试行）》 | 2020 | 药品审评中心 |
| | 《药物临床试验适应性设计指导原则（试行）》 | 2021 | 药品审评中心 |
| | 《药物临床试验随机分配指导原则（试行）》 | 2022 | 药品审评中心 |
| | 《药物临床试验期间方案变更技术指导原则（试行）》 | 2022 | 药品审评中心 |
| 临床试验用药 | 《临床试验用药物生产质量管理规范（征求意见稿）》 | 2018 | 国家药品监督管理局办公室 |
| | 《中药新药临床试验用药品的制备研究技术指导原则（试行）》 | 2023 | 药品审评中心 |
| 数据分析 | 《药物临床试验的生物统计学指导原则》 | 2016 | 药品审评中心 |
| | 《临床试验数据管理工作技术指南》 | 2016 | 国家药品监督管理局 |
| | 《药物临床试验数据递交指导原则（试行）》 | 2020 | 药品审评中心 |
| | 《药物临床试验协变量校正指导原则》 | 2020 | 药品审评中心 |
| | 《药物临床试验数据管理与统计分析计划指导原则》 | 2021 | 药品审评中心 |
| | 《药物临床试验中心化监查统计指导原则（试行）》 | 2022 | 药品审评中心 |

续表

| 项目 | 指导原则 | 颁布年份 | 来源 |
| --- | --- | --- | --- |
| 报告撰写 | 《药物临床试验数据管理与统计分析的计划和报告指导原则》 | 2016 | 药品审评中心 |
| | 《药物临床试验期间安全性信息汇总分析和报告指导原则（试行）》 | 2023 | 药品审评中心 |

### 3.2.4 中药品种保护申报相关指导原则

为了加强中药品种全生命周期管理，推进中药品种质量持续提升，保护中药生产企业的合法权益，推动中药工业高质量发展，我国对中药品种实施分级保护。2022 年版《中药品种保护条例（修订草案征求意见稿）》明确中药品种保护共分为 3 级，其中，一级保护和二级保护可享受市场独占。另外，只有首保，无相同品种保护和续保。中药品种保护申报相关指导原则见表 3－6。

**表 3－6　中药品种保护申报相关指导原则**

| 指导原则 | 颁布年份 | 来源 |
| --- | --- | --- |
| 《中药品种保护指导原则》 | 2009 | 国家食品药品监督管理局 |
| 《中药品种保护条例》 | 2018 | 国务院 |
| 《中药品种保护条例（修订草案征求意见稿）》 | 2022 | 国家药品监督管理局综合司 |

### 3.2.5 处方药转 OTC 申报相关指导原则和要求

处方药转 OTC 申报相关指导原则和要求见表 3－7。

**表 3－7　处方药转 OTC 申报相关指导原则和要求**

| 指导原则和要求 | 颁布年份 | 来源 |
| --- | --- | --- |
| 《处方药转换为 OTC 评价指导原则（试行）》 | 2012 | 国家食品药品监督管理局办公室 |
| 《OTC 适应症范围确定原则》 | 2012 | 国家食品药品监督管理局办公室 |
| 《含毒性药材中成药转换为 OTC 评价处理原则》 | 2012 | 国家食品药品监督管理局办公室 |
| 《乙类 OTC 确定原则》 | 2012 | 国家食品药品监督管理局办公室 |

续表

| 指导原则和要求 | 颁布年份 | 来源 |
| --- | --- | --- |
| 《OTC 适应症范围（中成药部分）》 | 2012 | 国家食品药品监督管理局办公室 |
| 《处方药转换 OTC 申请资料及要求》 | 2022 | 国家药品监督管理局药品评价中心 |

### 3.2.6　《中国药典》相关技术要求

除遵守以上政策法规和相关技术指导原则以外，中药药物研发还需要执行《中国药典》相关要求。《中国药典》常用技术要求见表 3－8。

**表 3－8　《中国药典》常用技术要求（薄层、含量等）**

| 技术要求 | 编号（四部） |
| --- | --- |
| 薄层色谱法 | 通则 0502 |
| 高效液相色谱法 | 通则 0512 |
| 原料药物与制剂稳定性试验指导原则 | 通则 9001 |
| 药物制剂人体生物利用度和生物等效性试验指导原则 | 通则 9011 |
| 缓释、控释和迟释制剂指导原则 | 通则 9013 |
| 分析方法确认指导原则 | 通则 9099 |
| 分析方法转移指导原则 | 通则 9100 |
| 分析方法验证指导原则 | 通则 9101 |
| 中药生物活性测定指导原则 | 通则 9105 |
| 药品微生物检验替代方法验证指导原则 | 通则 9201 |
| 非无菌产品微生物限度检查指导原则 | 通则 9202 |
| 药品微生物实验室质量管理指导原则 | 通则 9203 |
| 微生物鉴定指导原则 | 通则 9204 |
| 药品洁净实验室微生物监测和控制指导原则 | 通则 9205 |
| 中药有害残留物限量制定指导原则 | 通则 9302 |

# 3.3 中药注册分类及申报资料基本要求

## 3.3.1 中药注册分类

按照新的注册法规，中药注册分类见图3-1。

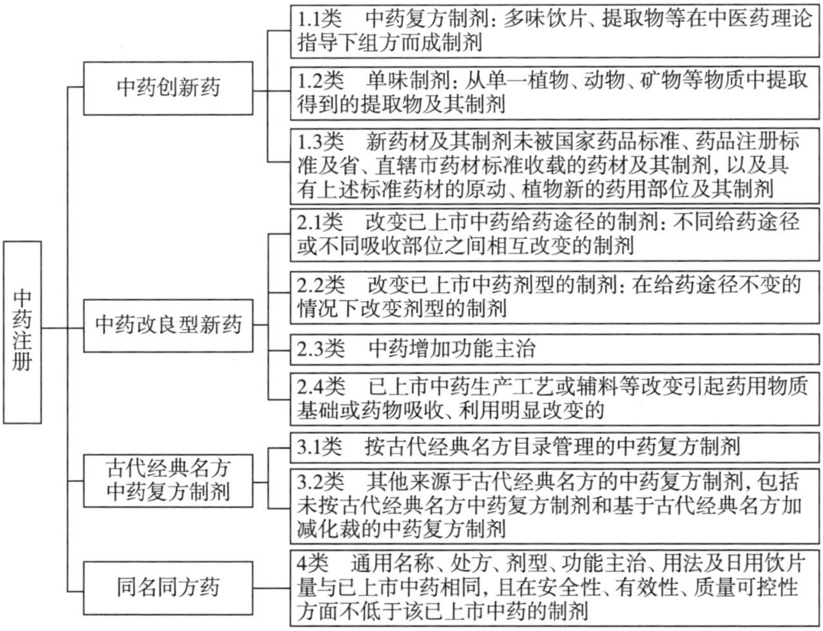


**图3-1　中药注册分类**

## 3.3.2 申报资料及基本要求

中药注册申报资料包含行政文件和药品信息、概要、药学研究资料、药理毒理研究资料和临床研究资料，各项申报资料格式模块化、电子化，提高了中药注册申报和审评效率。具体要求见表3-9。

**表3-9　申报资料指导原则与要求（按照药学、毒理、临床顺序排列）**

| 指导原则与要求 | 颁布年份 | 来源 |
|---|---|---|
| 《中药、天然药物综述资料撰写的格式和内容的技术指导原则——对主要研究结果的总结及评价》 | 2006 | 国家食品药品监督管理局 |

续表

| 指导原则与要求 | 颁布年份 | 来源 |
|---|---|---|
| 《中药、天然药物综述资料撰写的格式和内容的技术指导原则——药学研究资料综述》 | 2006 | 国家食品药品监督管理局 |
| 《中药、天然药物综述资料撰写的格式和内容的技术指导原则——药理毒理研究资料综述》 | 2006 | 国家食品药品监督管理局 |
| 《中药、天然药物处方药说明书内容书写要求》 | 2006 | 国家食品药品监督管理局 |
| 《中药、天然药物处方药说明书撰写指导原则》 | 2006 | 国家食品药品监督管理局 |
| 《中药、天然药物综述资料撰写的格式和内容的技术指导原则——临床研究综述》 | 2007 | 国家食品药品监督管理局 |
| 《中成药通用名称命名技术指导原则》 | 2017 | 国家食品药品监督管理总局 |
| 《中药注册分类及申报资料要求》 | 2020 | 国家药品监督管理局 |
| 《药品审评中心补充资料工作程序（试行）》 | 2020 | 药品审评中心 |
| 《中药新药研究过程中沟通交流会的药学资料要求（试行）》 | 2020 | 药品审评中心 |
| 《中药新药复方制剂中医药理论申报资料撰写指导原则（试行）》 | 2021 | 药品审评中心 |
| 《古代经典名方中药复方制剂说明书撰写指导原则（试行）》 | 2021 | 药品审评中心 |
| 《药品上市许可持有人变更申报资料要求》 | 2021 | 国家药品监督管理局 |
| 《已上市中药变更事项及申报资料要求》 | 2021 | 国家药品监督管理局 |
| 《关于药品注册申请电子申报有关要求的通知》 | 2022 | 药品审评中心 |
| 《已上市中药说明书安全信息项内容修订技术指导原则（试行）》 | 2022 | 国家药品监督管理局 |
| 《按古代经典名方目录管理的中药复方制剂药学申报资料撰写指导原则（试行）》 | 2024 | 药品审评中心 |

## 3.4　药品注册申请及审评审批流程

### 3.4.1　药品注册申请及审评审批流程

药品临床试验申请及上市许可申请流程分别见图 3－2 和图 3－3。

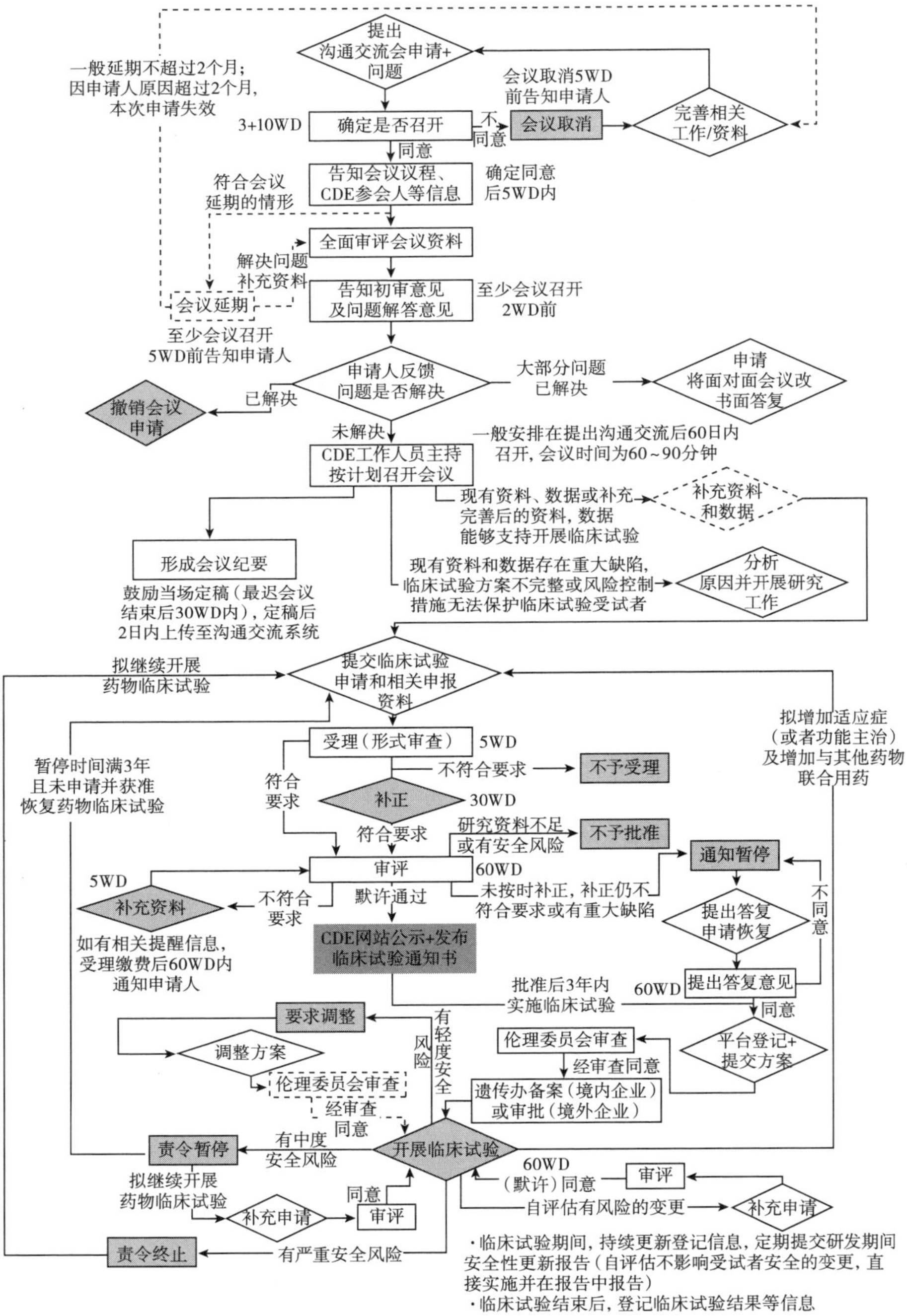


**图 3-2　药品临床试验申请流程**

注：WD 表示工作日。

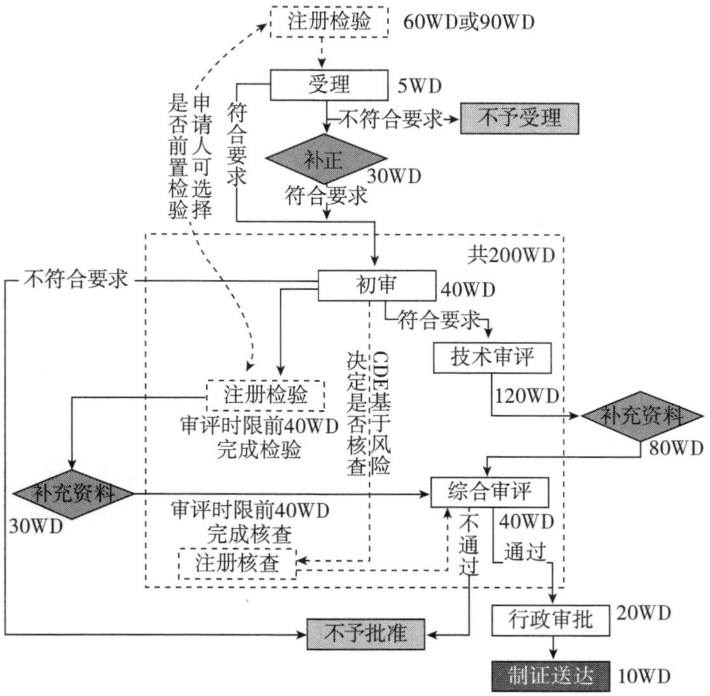


**图 3－3　药品上市许可申请流程**

注：WD 表示工作日。

## 3.4.2　流程说明

（1）审评审批时限以工作日计。

（2）临床试验申请阶段，无须开展注册核查和注册检验，待上市许可申请时一并开展注册核查。

（3）药品在上市许可申请前，一般应向国家药品监督管理局药品审评中心提出沟通交流会申请，流程与申请临床前沟通交流会申请流程基本一致。

（4）审评审批主要节点均可通过国家药品监督管理局药品审评中心（CDE）官网（https：//www. cde. org. cn）“申请人之窗”查询。

# 3.5 药品注册审评相关机构及职能

## 3.5.1 药品注册审评相关机构及职能

药品关系公众的用药安全，与公众健康息息相关，因此，针对药品上市和上市后的变更，均须按照相关政策法规和技术指导原则开展相关研究并进行注册或补充申请。药品的注册审评因不同的申请事项，审评机构也有所区别，相关机构及其主要职能见表3－10。

**表3－10 药品注册审评相关机构及其主要职能**

| 机构名称 | 药品注册中的职能 | 注册事项说明 |
|---|---|---|
| 国家药品监督管理局 | 主管全国药品注册管理，负责建立药品注册管理工作体系和制度，制定药品注册管理规范，依法组织药品注册审评审批及相关监督管理工作 | — |
| 国家药品监督管理局药品审评中心 | 负责药物临床试验申请、药品上市许可申请、补充申请等的审评 | 中药注册分类第1～4类<br>已上市中药的重大变更 |
| 中国食品药品检定研究院 | 注册检验 | 中药注册分类第1类 |
| 国家药典委员会 | 通用名称审核、国家药典委员会审定的标准修订审评 | 非独家品种的标准修订须联合申请 |
| 国家药品监督管理局食品药品审核查验中心 | 注册核查 | 临床试验申请不核查，上市申请一般要核查 |
| 国家药品监督管理局药品评价中心 | OTC适宜性审查 | — |
| 国家药品监督管理局行政事项受理服务和投诉举报中心 | 受理注册、制证送达 | — |
| 国家市场监督管理总局食品审评中心（国家中药品种保护审评委员会） | 中药品种保护注册的受理和技术审评 | |

**续表**

| 机构名称 | 药品注册中的职能 | 注册事项说明 |
| --- | --- | --- |
| 省、自治区、直辖市药品监督管理局（以下简称“省局”） | 负责境内药品再注册，备案、报告事项管理，参与药品注册核查，符合性检查，抽样等 | |
| 省级药品检验机构 | 注册检验 | 中药注册分类第 2 ~ 4 类，补充申请 |

## 3.5.2　举例

（1）中药创新药 1.1 类审评关联机构及职责见图 3－4。

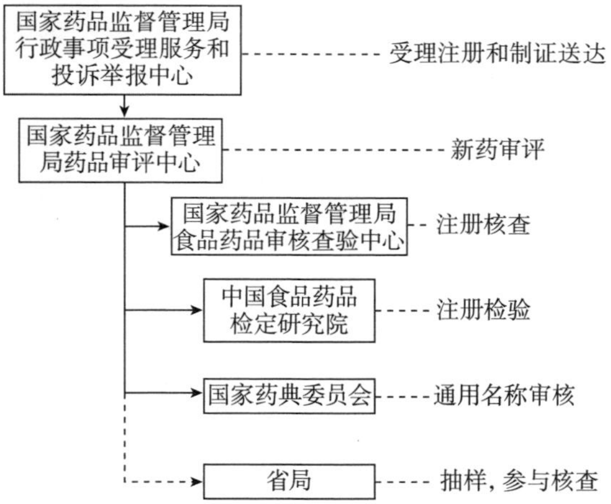


**图 3－4　中药创新药 1.1 类审评关联机构及职责**

（2）药品标准修订属重大变更情形的申请。

由企业自行提出的标准修订属重大变更情形的补充申请，分两种情形，各自申报路径不同。

第一种情形：“药品注册批件”所附标准由国家药品监督管理局药品审评中心审评的（如图 3－5 所示），上市后的标准修订属重大变更情形的补充申请须递交国家药品监督管理局药品审评中心，需要缴纳审评费。

| | | | |
|---|---|---|---|
| 国家食品药品监督管理局 | 发布 | ×××药品检验所 | 审核 |
| 国家药品监督管理局药品审评中心 | 审评 | ×××××××××××公司 | 提出 |

**图 3－5　上市后标准修订向 CDE 提出的补充申请情形**

第二种情形:《中国药典》收载的品种，或“国家药品标准颁布件”中“审定单位”明确为国家药典委员会的，如试行标准转正一般均由药典委审定，上市后的标准修订可向药典委提出申请，无须缴纳审评费。但若修订标准的品种为非独家品种，则须征得其他生产企业同意，一起联合向药典委申请。例如，野菊花颗粒，标准修订须联合 9 家生产企业向药典委进行申请，否则不予受理。无法实现联合申报的，可关注药典委组织的药品标准提升计划，也可单独向国家药品监督管理局药品审评中心提出补充申请（见图 3－6、图 3－7）。

**图 3－6　上市后标准修订向国家药典委员会提出的补充申请情形（a）**

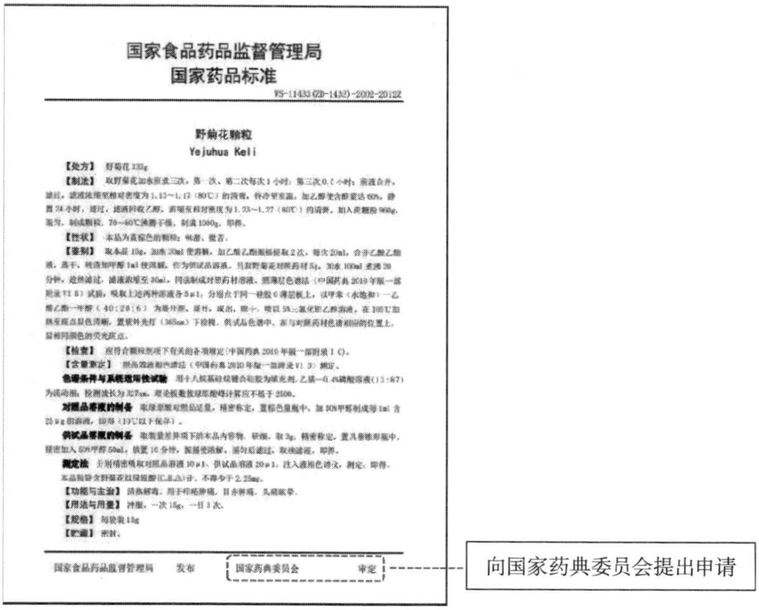
国家食品药品监督管理局
国家药品标准
WS-11433(ZD-1433)-2002-2012Z

野菊花颗粒
Yejuhua Keli

国家食品药品监督管理局　发布　国家药典委员会　审定


**图 3-7　上市后标准修订向国家药典委员会提出的补充申请情形（b）**

## 总结

本章整理归纳了中药注册管理相关政策法规、中药新药相关技术指导原则和要求、中药注册分类及申报资料基本要求、药品注册申请及审评审批流程、药品注册审评相关机构及职能，以期帮助读者对新药开发的全过程有较全面的了解。

（向　阳　刘娟娟）

# 第 4 章

# 中药研发管理“1-3-14”体系

## 4.1 “1－3－14”体系

中药研发既需要符合药品研发的一般规律，又需要符合中医药自身的发展规律和特点。中药研发企业需要建立符合国情、国策的中药研发体系。本书作者团队从事中药研发30余年，总结出中药研发管理“1－3－14”体系。具体而言，“1”即研发价值链；“3”即中药研发的技术平台、研发人才、研发资金；“14”即14个关键要素，包括中药药学实验平台、中试研究平台、非临床评价平台、临床研究平台、中药药学研究人才、非临床评价人才、临床研究人才、注册申报人才、研发管理人才、项目立项资金、药学研究资金、非临床评价资金、临床研究资金、研发机构运营资金。

中药研发管理“1－3－14”体系架构如图4－1所示。

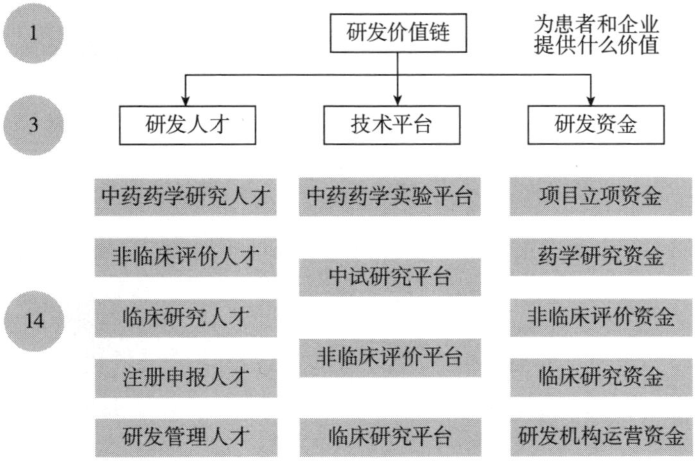


**图4－1　中药研发管理“1－3－14”体系**

## 4.2 “1－3－14”体系说明

### 4.2.1 中药研发价值链

“1－3－14”体系中的“1”回答了中药研发为患者和企业提供什么价值的问题，一条价值链串起中药研发的关键因素，推动中药研发高质量运行，企业开展中药研发的动力来源就是这条价值链。中药研发价值主要包括临床价值和经济价值。

临床价值是决定药品研发成功与否的核心因素。中药研发强调以临床价值为导向，满足临床未被满足的需求。临床价值主要体现在药品的有效性、安全性、质量可控性上。具体而言，对疾病痊愈或延缓发展，改善病情或症状，改善患者与疾病相关的机体功能，提高患者生存质量，与化学药品等合用增效减毒，减少毒副作用明显的化学药品使用剂量等，在获益的同时，药品本身不良反应小、毒性低、质量可控，均可认为药品具有临床价值。

经济价值则针对药品的商品属性而言，可降低患者用药成本，或者从药物经济学角度分析，治疗成本相对更合理，同时能为企业带来一定的利润。药品的经济价值应从市场、生产成本、资源可及性等方面进行全面分析和研发设计。

### 4.2.2 中药研发的三大支点

“1－3－14”体系中的“3”旨在回答中药研发的核心支撑点是什么，以及如何通过对研发人才、技术平台、研发资金的有效管理与分配，保证中药研发的顺利开展，从而实现其临床价值和经济价值最大化。

技术平台是基础，是指新药从开始研制到申请上市前的整个研发流程中涉及的所有技术平台，包括中药药学实验平台、中试研究平台、非临床评价平台、临床研究平台。这些平台既相对独立又有机结合，如何有效地整合，并高效地利用平台资源，需要研发企业深入调研，不断探索、优化研发模式，争取实现平台利用的最优化。

研发人才是关键，是指中药研发各环节中的技术与管理人才，包括中药药学研究人才、非临床评价人才、临床研究人才、注册申报人才、研发管理人才等。如何让这些人才在药品研发中形成合力，保质合规地快速推动项目进展，需要中药企业进行人才布局并建立与之相匹配的考核激励机制。

研发资金是保障，也是决定中药研发进度的重要因素之一，是指保证项目从立项到研发，再到注册申报整个流程所需的资金。中药企业在有限的资金条件下，如何进行资源分配，如何进行战略取舍，如何进行成本控制，如何在成本与产出之间找到最佳平衡点？这些问题是中药企业在开展研发活动之前就应明确的。中药研发周期长、风险高、投入大，企业应加强研发风险评估，尤其是在临床试验阶段，可分期进行项目风险评估，以降低资金投入的风险，同时加强对资金的管理。

总体来说，研发资金主要分为 5 类：项目立项资金、药学研究资金、非临床评价资金、临床研究资金、研发机构运营资金。研究资金投入分配比例可以参考：项目立项资金占比 2%～10%、药学研究资金占比 5%～10%、非临床评价资金占比 5%～10%、临床研究资金占比 50%～60%、研发机构运营资金占比 20%～30%。在研发资金的投入上，企业应有“大局观”，如已有临床试验批准件的品种技术转让，虽然转让价格较高，但实际上节省了临床前研究费用，以及一定的试错成本，受让价格在一定的范围内，反而是值得优先考虑的研发模式。

一般情况下，项目立项、药学研究、非临床评价 3 部分的研发投入可以做费用化处理，临床研究的研发投入可以做资本化处理，研发机构运营资金作为管理费用。

### 4.2.3　中药研发的关键因素

“1 –3 –14”体系中的“14”旨在回答如何实现中药研发价值落地的问题，包括14个关键因素。

（1）中药药学实验平台是中药研发开展药材研究、饮片炮制、工艺研究、质量标准研究、稳定性研究等活动的主要场所，主要包括制剂实验室和分析实验室，配备提取纯化设备、中药各剂型制剂小试设备、分析检验仪器、稳定性实验箱，并建立相应的管理制度、操作规程、实验记录、偏差处理等研发质量管理体系。

（2）中试研究平台，是指在实验室的基础上，较大规模地开展预处理技术，以进一步验证实验室与工业化生产之间的可行性及技术经济效益。其主要作用是对实验室确定的工艺路线进行中试和工程化转化，确保生产过程的稳定性，进一步优化工艺参数和生产流程。通过中试研究平台可以有效地提高产品质量、降低生产成本，是连接实验室研究与工业生产的重要桥梁。中药新药中试研究平台一般包括提取中试平台、固体制剂平台（颗粒剂、片剂、胶囊剂、丸剂等）、液体制剂平台（合剂、糖浆剂、煎膏剂等）、外用制剂平台（膏剂、乳膏剂、气雾剂等）、分析测试平台等。因中试研究平台需要较大的空间，并投入一定的资金，且利用率较低，企业可以根据自身研发实际情况进行选择。一是可以根据项目的需求长远规划、逐步建设；二是可以利用和共享第三方中试服务平台，减少资源的浪费。一般情况下，中药新药中试研究平台可按照GMP要求进行建设和管理。

（3）非临床评价平台，是指在药品研发过程中开展药理毒理学评价的机构。对这一部分的研究，企业通常委托有资质的机构［通过药物非临床研究质量管理规范（GLP）认证］开展。而作为研发主体的申请人，中药企业应熟悉和了解国内可开展此类研究的主要机构，以及各个机构擅长的动物模型或研究领域，重点关注试验质量、试验进度及相关费用。

（4）临床研究平台，是指通过《药物临床试验质量管理规范》（GCP）备案的可承接相应专业药物临床试验的临床机构。临床试验机构备案信息可通过国家药品监督管理局网站查询。临床试验是中药新药上市前的必经之路，是证实药物有效性、安全性的必要手段，是整个新药研发的重要阶段和影响审评的关键环节。因此，中药企业作为申办方和申报主体，应重点关注“临床试验机构的管理是否规范，质量体系是否完善，国家核查是否顺利通过”等问题。

（5）中药药学研究人才，是指能胜任中药提取、制剂工艺研究，质量标准研究，中试工程化研究，稳定性研究等相关工作的人才。一般由制剂研究员、分析研究员等组成项目小组，在项目经理的带领下完成各项药学研究任务。其中，具有丰富经验的项目经理和制剂工艺研究人才较为难得，中药研发企业应重点关注。

（6）非临床评价人才，主要是指具有药理学背景的研发人员，要求能胜任对受托评价机构的筛选与沟通、试验方案的设计与完善、试验质量的评估与监督、试验进度的把控与促进，对研究结果能及时做出判断，必要时与评价机构进行沟通讨论。

（7）临床研究人才的主要任务是对新药临床试验进行整体管理，包括临床试验方案的设计与撰写、临床试验中心的筛选与洽谈、伦理审查资料的准备与上会、临床试验快速启动与监察、临床试验质量的把控与保证、临床试验进度的把控与促进、与研究者及试验机构的有效沟通等方面的管理工作。具有丰富经验的医学专员和项目总监较难得，中药研发企业应重点关注。

（8）注册申报人才，主要是指负责新药临床试验申请、生产注册申报、知识产权申请与管理、政府科技项目申报、中药品种保护申请等方面的人才。该类人才要求具有丰富的研发经验、项目管理经验、注册经验，并且要有很好的文字功底。其中，药政咨询与新药注册专员较为稀缺，中药研发企业应重点关注。在很多中药研发企业里，这类工作由相关专业人员兼任，或由各类人才组成注册团队来承担相关任务。

（9）研发管理人才，主要是对研发人员进行考核与激励，以及管理与评价。一般来说，研发管理人才应当具有相应的专业背景和专业水平，同时具备一定的人员管理能力。研发管理人才及其管理手段应与组织规模及架构相匹配，当组织规模不够大时，应采取相对灵活的考评方式，以充分调动每一个研发人员的积极性；当组织规模扩大到一定程度时，则需要制定相对严格的考核与激励机制，通过相对公平、公正的制度来保证每一位研发人员的工作积极性。

（10）项目立项资金主要用于购买新药知识产权。项目立项质量的好坏决定了项目的成功与否以及研发难易程度。一般情况下，项目质量越好，知识产权的花费越高。例如，已有临床试验批准件的品种技术转让项目，可以直接开展临床试验，可节省至少 3 年研发时间，且研发风险相对较低。此外，受让医疗机构制剂的知识产权，也能在一定程度上节省研发时间，并且有一定的人用经验数据支撑，甚至有望减免非临床有效性试验和Ⅱ期临床试验。以上这些立项途径都是优质的新药知识产权采购来源，但随着人们对相关政策法规的过度解读，目前医疗机构制剂的知识产权转让价格普遍虚高，且医院流程繁杂，往往很难遇到合适的标的。此外，来源于院士、国医大师、全国名中医等的名方，以及名院名方的知识产权受让价也普遍较高，但在一定的价格范围内是值得购买的，中药企业需结合自身的承受能力以及项目研发实力综合考虑。

（11）药学研究资金主要用于小试、中试等相关药学研究，药学研究投入在各个项目之间差异不太大，主要包括材料费、试制费、标准品与试剂费、燃料动力费等。中药新药药学研究资金投入一般为 100 万 ~ 500 万元。

（12）非临床评价资金主要用于非临床有效性评价与非临床安全性评价。其中，非临床有效性评价资金的投入主要与产品的适应症有关，根据动物选择、模型选择、给药周期等的不同，资金投入差异较大；非临床安全性评价资金的投入主要与产品的给药途径和疗程有关，根据动物选择、给药周期、给药方式、评价内容等的不同差异也较大。总体来说，非临床评价资金投入一般为 100 万～500 万元。

（13）临床研究资金主要用于临床研究，该部分投入最大。对于中药 1.1 类新药研发而言，一般需开展Ⅱ期、Ⅲ期临床试验。根据产品的适应症、疗程、适用人群等的不同，临床试验资金的投入差异较大。临床研究资金的总投入一般为 2000 万～8000 万元，主要包括临床观察费、受试者补偿费、检查检验费、机构管理费、伦理审查费、质控费、药品运输费、药品管理费、稽查费、差旅费、数据管理费、统计分析费、临床协调员（CRC）服务费等。研发机构根据自身临床研究队伍的支撑情况，可选择“大包”模式，委托临床医药研发合同外包服务机构（CRO）、临床试验现场管理组织（SMO）等开展，也可以选择“小包”模式，对部分业务进行委托。

（14）研发机构运营资金主要包括人工费、咨询费、设备费、维修费、办公费及其他公共支出等，主要围绕机构运营、项目管理等活动发生。该部分投入根据企业的研发战略与重点研发方向的不同差异较大。例如，采取轻资产运作方式的研发公司可选择委托研究的形式开展研发，而无须购买相关中试设备。研发机构运营资金主要包括人工费、差旅费等。

（黄志军　赵　刚　向　阳）

# 第 5 章

# 中药新药的立项与启动

小项做中药研发已经 5 年有余，也算是一个经验比较丰富的“老兵”了。最近，领导给他指派了一项新的工作任务，让他参与中药新药的立项分析和调研工作。以往，小项都是埋头做实验，对项目筛选需要考虑哪些重点因素缺乏思考。

## 5.1 中药新药的立项思路

当前，中药新药的注册审评采用中医药理论、人用经验和临床试验相结合（以下简称“三结合”）的审评证据体系，综合评价其安全性、有效性和质量可控性，也就是临床价值。好的选题立项意味着中药新药开发成功了一半。其立项应立足临床价值，充分挖掘和发挥人用经验在中药注册审评中的价值，缩短研发周期，提高研发成功率。

### 5.1.1 基于“三结合”审评证据体系的中药复方制剂研发路径

中药复方制剂的研发强调以临床价值为导向，应“始”于临床，“验”于临床，“还”于临床，如图 5－1。

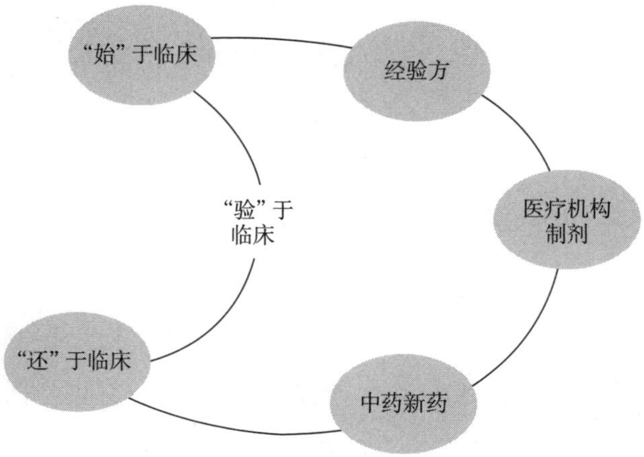


图 5－1　中药复方制剂研发指导思想

来源于临床实践的中药处方或制剂向中药新药转化的过程，即在中医药理论指导下，通过人用经验数据的积累，以及必要的临床试验验证，以患者为中心，以临床价值为导向，不断发现、探索和确认疗效的过程，其研发路径见图5－2。

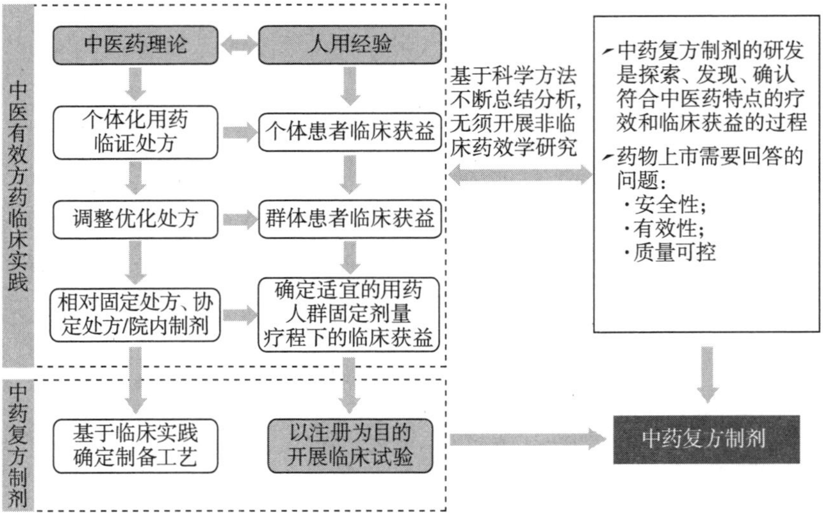


**图5－2 基于“三结合”审评证据体系的中药复方制剂研发路径**

## 5.1.2 人用经验证据在中药新药注册中的应用

人用经验，是指在临床实践中，通过观察、总结、归纳和验证，形成对疾病的认识和治疗方法，包含中药处方/制剂在临床应用过程中积累的对其适用人群、用药剂量、疗效特点和临床获益的认识与总结。获取人用经验的过程即为逐步探索明确中药复方制剂有效性、安全性及临床获益的过程，也是中药复方制剂研发过程中的重要阶段，其研究可贯穿研发全过程。

人用经验的意义在于为中药复方制剂新药的研发提供临床依据，有助于提高新药研发的效率和成功率。根据《中药注册管理专门规定》，对数据进行合理、充分的分析并给予正确结果解释的人用经验，可作为支持注册申请的证据。申请人可根据已有人用经验证据对药物安全性、有效性的支持程度确定后续研究策略，并提供相应的申报资料。

人用经验在中药新药注册中的应用见表 5－1。

**表 5－1　人用经验在中药新药注册中的应用**

<table>
<tr><th colspan="2">人用经验</th><th>应用</th></tr>
<tr><td colspan="2">处方来源于古代经典名方或者中医临床经验方，如处方组成、临床定位、用法用量等与既往临床应用基本一致，采用与临床使用药物基本一致的传统工艺，且可通过人用经验初步确定功能主治、适用人群、给药方案和临床获益等</td><td>可不开展非临床有效性研究</td></tr>
<tr><td colspan="2">中药复方制剂处方组成中的中药饮片均具有国家药品标准或者药品注册标准，处方不含毒性药味或者不含经现代毒理学证明有毒性、易导致严重不良反应的中药饮片，采用传统工艺，不用于孕妇、儿童等特殊人群，且单次给药毒性试验和一种动物的重复给药毒性试验未发现明显毒性（毒性药味是指《医疗用毒性药品管理办法》中收载的毒性中药品种）</td><td>一般不需要提供另一种动物的重复给药毒性试验，以及安全药理学、遗传毒性、致癌性、生殖毒性等试验资料</td></tr>
<tr><td colspan="2">来源于临床实践的中药新药，人用经验能在临床定位、适用人群筛选、疗程探索、剂量探索等方面提供研究、支持证据</td><td>可不开展Ⅱ期临床试验</td></tr>
<tr><td colspan="2">已有人用经验中药的临床研发，在处方、生产工艺固定的基础上，存在适用的高质量真实世界数据，且通过设计良好的临床研究形成的真实世界证据科学充分的，申请人就真实世界研究方案与国家药品审评机构沟通并达成一致</td><td>可申请将真实世界证据作为支持产品上市的依据之一</td></tr>
<tr><td rowspan="2">来源于医疗机构制剂的中药新药</td><td>处方组成、工艺路线、临床定位、用法用量等与既往临床应用基本一致，且可通过人用经验初步确定功能主治、适用人群、给药方案和临床获益等</td><td>可不开展非临床有效性研究</td></tr>
<tr><td>处方组成、提取工艺、剂型、直接接触药品的包装等与该医疗机构中药制剂一致</td><td>在提供该医疗机构中药制剂的药学研究资料基础上，可不提供剂型选择、工艺路线筛选、直接接触药品的包装材料等研究资料</td></tr>
</table>

## 5.1.3　基于人用经验的处方来源及优劣势

中药新药开发方向主要包括中药复方制剂、单一来源的提取物及其制剂，其中，中药复方制剂占据大多数。基于人用经验在中药复方制剂新药注册审评中的价值和意义，中药新药的选题应充分挖掘和发挥人用经验的作用。

基于人用经验的处方来源及优劣势见表5－2。

**表5－2　基于人用经验的处方来源及优劣势**

| 处方来源 | 优势 | 劣势 |
|---|---|---|
| 古代经典名方 | 有长期临床使用的历史和经验，疗效相对确切 | 临床应用多是加减方；<br>固定组成的古方、经方临床疗效仍有待确证 |
| 医疗机构制剂 | 处方来源于临床筛选，经过一定的临床验证，疗效确切；<br>具有一定的药学基础；<br>具有一定的药效和毒理研究基础或人用经验；<br>具有一定样本量的临床应用数据；<br>新药开发风险相对较低，成功率较高 | 处方创新性不足，与已上市中成药处方雷同；<br>临床定位不清、适应病症宽泛；<br>人用经验数据规范性欠缺，如合并用药、缺乏疗效终点判断等；<br>一般处方药味较多、日服用量较大；<br>制剂粗糙，工艺难以重现；<br>处方发明人与医院等知识产权不清晰 |
| 医疗机构协定方 | 处方来源于临床筛选，经过反复临床验证，疗效确切；<br>具有一定样本量的临床应用数据 | 处方创新性不足，与已上市中成药处方雷同；<br>临床定位不清、适应病症宽泛；<br>人用经验数据规范性欠缺，如合并用药、缺乏疗效终点判断等；<br>一般处方药味较多、日服用量较大；<br>制剂粗糙，工艺难以重现 |
| 名中医经验方 | 有一定的临床应用基础，疗效确切 | 人用经验数据规范性欠缺，溯源困难；<br>用药范围（地域、人群）存在不足；<br>处方组成不固定，药味有加减，剂量变化浮动较大 |
| 民间验方 | 有一定的临床应用基础 | 人用经验数据不规范，难以溯源；<br>用药范围（地域、人群）缺乏代表性；<br>处方组成不固定，药味有加减，剂量有调整；<br>部分药材来源不详、标准欠缺 |
| 科研方 | 基础研究相对充分 | 缺乏人用经验数据；<br>有效性、安全性有待验证 |

## 5.2　中药新药项目筛选与评估

### 5.2.1　项目筛选四原则

#### 5.2.1.1　科学性

（1）中药项目应以临床价值为导向，满足临床未被满足的需求。中药复方制剂应符合中医药理论。

（2）目标项目应与现有法规、技术指导原则和当前科学发展水平相吻合，如传统工艺与现代制剂技术的融合、开发的剂型满足《中国药典》相关要求、与主治病症匹配的药效动物模型等。

（3）要符合相关的临床研究指导原则，满足伦理要求，如急重症的药物临床试验，若不设阳性药对照而采用安慰剂对照，显然会使受试者的安全得不到保障。

（4）要符合中药学科发展的方向，如中药资源的可持续利用、全生命周期管理、整体质量控制，同时避免批准中西复方制剂申请等。

#### 5.2.1.2　创新性

中药研发的创新性主要体现在处方和技术两个方面。

在处方创新方面，中药复方制剂需要进行处方查重，若市场已有治疗相应适应症的中成药，而处方又雷同，如君药、臣药相同，仅佐药和使药等药味有所加减，则缺乏开发的价值；也可以开发新的有效部位和有效成分制剂。

在技术创新方面，目标项目应与竞品存在一定的差异化，如缩短病程、减轻症状、对某一症状疗效更突出、安全性更高等。此外，还可以基于依从性、有效性、安全性等方面进行创新，如基于依从性，开发适用于糖尿病患者的无糖剂型，儿童的适用剂型如颗粒剂、糖浆剂、口服液等。

#### 5.2.1.3 效益性

中药新药研发具有投入大、周期长、风险高、回报慢等特点，企业在研发决策时应充分考虑项目科研投入与预期效果的综合效益是否相当，衡量标准包括临床价值、经济效益和社会效益。选题时，应注意选择中医优势病种和临床常见病、多发病、疑难病等，并充分考虑人力、资金、生产、营销现状和政策风险，因势利导，抓住中医药高质量发展的政策机遇，开发市场前景广阔的中药新药。

#### 5.2.1.4 可行性

中药研发是一个多学科交叉的系统工程，从立项到上市要经历药学研究、药理学研究、毒理学研究、临床试验等环节，项目评估时应充分考虑其可行性及潜在风险。比如，项目所需的研发条件、资源是否匹配；药效动物模型是否成熟；毒理试验方案是否具备可操作性，尤其是婴幼儿、孕妇等特殊人群；临床试验是企业自己开展还是委托 CRO，试验进度与质量如何把控；生产转移往哪里转，商业规模生产条件是否匹配；等等。评估重点应关注项目的技术风险、资金计划、研究进度、审评政策及可能涉及的知识产权。

### 5.2.2 项目评估十要素

#### 5.2.2.1 处方初步筛选

（1）处方特色：处方来源于特色医院、特色专科的经验方，且与已上市的适应症相似的中成药对比，在治法治则、处方结构、处方用药等方面有一定的差异，可考虑开发；而对于功能主治类似，主要药味相同且缺乏特色的处方，要慎重开发。

（2）处方组成：药味不宜过多，且日服生药量不宜过大。

（3）处方来源：源于院士、国医大师、名中医、学科带头人、主任医师等，或曾应用于大型三甲医院的，可优先考虑。

（4）医疗机构拥有临床批件或临床试验批准通知书，或已具有医疗机构制剂文号的，可优先考虑。

（5）已有研究基础，如做过较规范的临床观察或试验，临床应用发表过文章，国家或地方资助的临床基础研究课题、实验研究结果良好，对立项具有参考价值。

#### 5.2.2.2　中医理论

（1）针对适应症的病因病机、治法治则，处方配伍清晰，能明确组方对拟定功能主治的中医药理论的合理性解释。

（2）适应症应为中医优势病种（95 个中医优势病种见附录 1）。

（3）不含十八反、十九畏及其他配伍禁忌。

#### 5.2.2.3　疗效初步评估

（1）中药疗效评价指标。

根据《中药注册管理专门规定》，中药的疗效评价应当结合中医药临床治疗特点，确定与中药临床定位相适应、体现其作用特点和优势的疗效结局指标。以下情形均可用于中药的疗效评价：

①对疾病痊愈或者延缓发展；

②病情或者症状改善；

③患者与疾病相关的机体功能改善或者生存质量改善；

④与化学药品等合用增效减毒或者减少毒副作用明显的化学药品使用剂量。

（2）疗效评估方法。

①根据已有的临床病案或文献报道及处方临床应用情况（如处方率、医疗机构制剂年销售数量等），初步判断其临床疗效；

②小样本临床试验观察。

可于处方筛选阶段开展小样本的临床试验观察。基于临床观察的合规性，一般应由临床医生或处方发明人或医疗机构组织开展，要求固定处方和用法用量，确定适用人群，按照预先设计的纳入、排除标准及临床主客观指标进行观察和记录，并确保有疗效终点判定和数据。观察病例在30例左右。

#### 5.2.2.4　处方安全性考虑

新药研发的最终目的是上市，除临床疗效外，安全性也必须引起高度重视，尤其是临床试验阶段，重大安全性问题不仅会给受试者造成伤害，还可能导致项目终止。为了尽可能地避免安全性问题，在处方筛选时，应对潜在的安全性因素进行评估，主要是处方药味可能存在的安全性。

（1）药材毒性。

在处方筛选时，尽量选用无毒药材，确需使用毒性药材的，可考虑选用与其功能主治相似的其他药味替代，或者使用毒性相对较小的炮制品，如制草乌、法半夏、胆南星等。此外，根据《中药注册管理专门规定》，若处方含毒性药味，应当开展必要的Ⅰ期临床试验。相关毒性药材见附录2。

（2）关注已报道的安全性问题。

中药新药立项应重点关注现代毒理学研究证明有毒性、易导致严重不良反应的中药饮片，如马兜铃科的药材关木通、马兜铃、青木香、寻骨风、广防己、朱砂莲等中已检出含有马兜铃酸，近年来，国内外研究证实，马兜铃酸具有明显的肾毒性和致癌作用，含马兜铃酸的中药材因安全性问题已被国家药品监督管理局取消药用标准。

#### 5.2.2.5　市场考虑

（1）目标项目最好能与企业现有及未来市场规划方向和营销资源相匹配。

（2）目标项目适应症的发病率、就诊率较高，市场容量较大。例如，小儿功能性腹痛发病率高，但就诊率较低，因此开发需综合评估其临床试验病源和未来市场。

### 5.2.2.6　竞品考虑

（1）分析已上市的类似适应症主要竞品的疗效、安全性、市场规模、日服或治疗周期的用药成本等数据，评价目标项目与竞品间的差异和优劣势。

（2）了解和分析拟报临床，或正在开展临床，或上市审评中的在研同类品种的研究信息和开发动态，评价目标项目与其之间的差异，并重点关注同类在研品种的研究进展、审评难点等对目标项目的影响或借鉴意义。

### 5.2.2.7　成本考虑

（1）原材料成本。

根据近年来药材、主要辅料、包材的市场价格走势，预估目标项目日服用原材料成本，一般重点关注贵细药材、尚未大规模种植的野生药材及其用量。

（2）制造成本。

制造成本重点关注工艺路线的成熟度。

举例 1：

某个项目为处方药味全粉末填充胶囊，所涉及的工艺相对简单：饮片灭菌—粉碎（制粒）—总混—填充—泡罩（或装瓶）—包装，制造设备易选型、生产周期短、生产过程可控，制造成本相对较低。

举例 2：

某个项目的工艺路线，提取纯化用到有机溶剂提取或萃取、大孔树脂、低温或冷冻干燥等工艺，生产周期较长，有机溶剂运输、储存与废液处理，以及有机溶剂残留检测等都会导致制造成本上升。

（3）检验成本。

检验成本主要关注对照品、检测试剂和检测仪器的购买及检验成本。例如，对照品西红花苷 - Ⅰ、西红花苷 - Ⅱ的购买成本较高；阿胶的鉴别需用到三重四极杆质谱检测器，其购置、维护或委托检验成本较高。

#### 5.2.2.8 药材资源或来源考虑

要充分评估处方中各药材的可及性及资源可持续性。处方中需谨慎考虑的部分药材见表5－3。

**表5－3 处方中需谨慎考虑的部分药材**

| 类别 | 药材 |
|---|---|
| 濒危药材 | 虎骨、豹骨、羚羊角、穿山甲等 |
| 稀缺药材 | 天然牛黄、麝香、熊胆、鹿茸（梅花鹿鹿茸、马鹿鹿茸）、天山雪莲、冬虫夏草、西红花、石菖蒲等 |
| 不可再生药材 | 矿物药龙骨、琥珀、赭石等 |
| 野生药材 | 金果榄、小红参等 |
| 需特殊加工药材 | 香墨、红粉等 |
| 进口药材 | 豆蔻、血竭、沉香、西洋参等 |

#### 5.2.2.9 药材标准

应关注处方中的药味是否有法定标准，包括《中国药典》、部颁标准及地方药材标准。若缺乏标准依据，研究工作量就会相对较大，需确定基原、产地、采收期、炮制、标准制定、对照品和对照药材制备与标定等。此外，根据《中药注册管理专门规定》，除处方含确有习用历史且被省级中药饮片炮制规范收载的中药饮片外，处方含无国家药品标准且不具有药品注册标准的中药饮片、提取物，应当开展必要的I期临床试验。

#### 5.2.2.10 生产条件的匹配程度

筛选项目尤其是已经确定工艺路线的转让项目，应对其工艺路线可行性进行评估，要与企业现有或未来规划生产条件相匹配，既要考虑项目研究期间临床试验用样品的制备生产条件，又要考虑未来项目上市后的商业化生产条件，还要考虑项目检测条件的配置。例如，项目处方中含有川贝母、乌梢蛇等，药材检验需要做DNA鉴别，虽短期内可以委托，但上市后规模生产，需要建立相应的检测实验室，配置PCR等仪器。

### 5.2.3　项目来源及其优劣势

中药新药项目来源途径较多，来源不同其优劣势也各不相同，见表5－4。

表5－4　中药新药项目主要来源及其优劣势

| 序号 | 项目来源 | 优势 | 劣势 |
| --- | --- | --- | --- |
| 1 | 临床批件的筛选与受让 | 研发周期较短 | 转让费用较高、处方工艺可调整空间不足 |
| 2 | 医疗机构制剂筛选与合作 | 疗效确切 | 合适的处方不多，重点评估处方差异化、明确的适应症 |
| 3 | 与中医药科研机构合作 | 风险较低 | 费用较高，产业化匹配性不足 |
| 4 | 与中医药院士、国医大师、名中医、中医学科带头人、中医主任医师等名医名家合作 | 处方有较好的临床价值 | 开发周期较长 |
| 5 | 与中医药高校合作 | 基础研究较充分 | 产业化联系不紧密 |
| 6 | 中介机构推荐 | 项目来源广泛 | 费用较高，需要精淘 |
| 7 | 文献古籍筛查 | 有临床应用经验，可以基础方加减化裁或组合配方 | 可供开发的方药资源有限 |
| 8 | 民间验方整理与筛选 | 有一定的临床应用经验 | 临床疗效有风险，部分药味缺乏标准 |
| 9 | 科研方 | 基础研究较充分 | 缺乏临床实践基础 |

## 5.3　新药项目立项程序与启动

### 5.3.1　立项流程

为规范技术创新项目立项、审批流程，增加项目立项的科学性和规范性，提高立项效率，有效规避开发风险，企业一般应制定技术创新项目立项及管理的相关制度，并成立技术创新项目管理委员会等类似组织。

#### 5.3.1.1 某企业新药立项流程举例

某企业新药立项流程见图5－3。

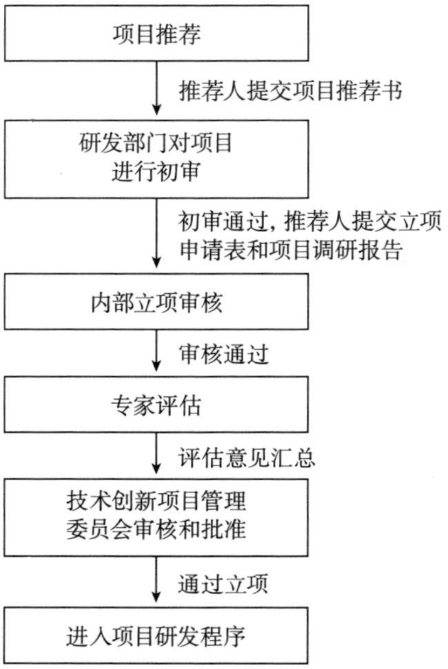


**图5－3 某企业新药立项流程**

#### 5.3.1.2 立项流程说明

（1）企业内部任何正式员工都有权利和义务向企业推荐有价值的项目，包括新技术、新产品、新技改项目等。

（2）项目推荐人应填写并提交项目推荐书（模板见附录3）。

（3）研发部门对推荐项目进行初审，初审通过后项目推荐人应提交项目立项申请表（模板见附录4）和项目调研报告（模板见附录5），企业研发、市场、营销、财务等相关部门进行内部立项审核。

（4）审核通过后，研发部组织、并邀请行业外部药学、临床等专家，对意向项目进行评估，形成评估意见。

（5）技术创新项目管理委员会对意向项目进行审核和批准。

（6）对于批准立项的项目，进入项目研发程序。

（7）技术创新项目管理委员会组成建议如下：

主任：总裁/总经理。

执行主任：技术研发副总裁。

委员：研发、市场、营销、制造、质量、财务、投资等部门的内部专家。

技术创新项目管理委员会负责履行新项目立项评价、审核和实施的管理工作，由执行主任召集相关部门参与。

## 5.3.2　合同谈判

### 5.3.2.1　谈判前调研

（1）对目标项目的处方来源、处方发明人、研究机构进行调研，明确谈判对象，有必要对谈判对象的背景、经营情况、财务状况、合作信用、转让原因等进行深入了解。

（2）对目标项目的研究背景、研究基础和知识产权等情况进行调研和分析。

（3）熟知当前中药新药项目转让或处方合作的行情。

### 5.3.2.2　谈判策略

一般采用小组谈判策略。

谈判小组成员建议：研发分管领导、研发部门领导、前期参与调研的主要人员、财务人员、法务人员。人员身份与谈判对象基本对等。谈判任务和职责分配给谈判小组成员。

正式谈判前，谈判小组就关键和注意事项、意向标的内部意见基本达成一致。

谈判过程主要围绕项目标的、合作方式、合作内容、费用及支付方式、知识产权归属等展开谈判。在平等自愿、充分表述各自意愿的基础上，双方协商达成一致，未达成合作意向的，可开展多轮谈判。

谈判现场需指定会议记录人，形成会议纪要，经双方确认。谈判达成的重要条款需双方现场签字确认。

谈判现场准备：投影仪、打印机、纸张、签字笔等，保障环境相对轻松和安静，不受外部干扰。

#### 5.3.2.3 项目合作方式

项目买断：常见的合作方式，可完全拥有项目的知识产权，责任清晰。

合作开发：作为联合申报主体或共同持有人，明确双方权利和责任。

#### 5.3.2.4 合同标的与主要内容

合同标的与主要内容见表5－5。

**表5－5 合同标的与主要内容**

| 序号 | 合同标的 | 主要内容 |
|---|---|---|
| 1 | 处方知识产权 | 一般为处方组成、中医理论（方解、适应症的病因病机、治法治则），有处方人用经验的，需提供人用经验数据（如病案、发表文献等） |
| 2 | 临床批件<br>或临床试验<br>批准通知书转让 | 需提供临床前全套研究资料，有人用经验的，需提供人用经验数据；<br>应约定注册核查事项 |
| 3 | 获得生产批件<br>或注册证书 | 临床前研究及全套资料；<br>临床试验及全套资料；<br>有人用经验的，需提供人用经验数据；<br>应约定注册核查、注册检验、审评会答辩等事项 |

#### 5.3.2.5 合同金额

不同的合同标的，合同金额差别较大：处方合作一般在数十万元至数千万元，医疗机构制剂或临床试验批准通知书在数百万元或更高，生产注册证书在数千万元或更高。

合同金额主要与适应症、新药类别、研究所处阶段、处方来源的权威性等相关。

#### 5.3.2.6　付款方式与节点

付款方式一般包括分期付款、“分期付款 + 上市后提成”两种方式。

为了控制风险，企业一般应根据项目特点和研究关键节点约定分期付款，节点大致分为以下几个。

（1）合同双方签字盖章。

（2）完成中试放大研究。

（3）完成临床前研究或提交 IND。

（4）取得临床试验批准通知书。

（5）完成Ⅱ期临床试验。

（6）完成Ⅲ期临床试验或提交 NDA。

（7）获得药品批准文号，建议支付合同金额的 10% ~20% 。

（8）上市提成：约定提成总额，分年度提成，提成到期年总额不足部分一次性补齐；或按年度销售额的一定比例提成，一般不高于 3% ，约定提成年限及总额。

#### 5.3.2.7　知识产权及研究成果约定

除合同约定外，一般情况下，受让方应享有标的项目及其后续研究成果的知识产权，包括药品临床试验批准通知书、注册证书、生产技术、新药生产权或处置权等。

如果合同签订时该项目已获专利授权，合同签订生效后，转让方应将专利权转到受让方名下。

#### 5.3.2.8　其他事项说明

（1）研究成果交付。

应约定研究开发成果交付的形式及数量，包括盖章版纸质资料、电子版资料、原始记录复印件及原件；约定研究开发成果交付的时间及地点。

（2）涉密条款。

①保密内容（应包括技术信息和经营信息）：有关合同及合同内容，

以及双方就准备或履行本合同而交换的任何口头或书面资料，包括但不限于处方、技术方案、技术秘密、商业机密及其他信息。

②涉密人员范围：直接或间接参与本项目研究以及直接或间接接触本项目信息的相关人员。

③保密期限：建议永久，至少不少于产品上市后10年。

④泄密责任：任何一方泄密导致另一方产生损失的，需承担相应的赔偿责任。

（3）违约责任。

合同应约定双方的违约责任，包括未履行合同，因一方原因导致研究开发工作停滞、延误或失败，未按期付款等违约责任。

（4）技术指导。

项目实施过程中的关键研发阶段，如中试研究、技术转移、沟通交流会、审评答辩会等，应约定双方的义务，项目提供方应协助受让方开展研发活动，提供技术指导和咨询。

（5）争议解决。

约定双方因履行本合同而发生的争议解决方式，一般应友好协商，协商不成的可提交起诉方所在地的仲裁委员会仲裁或依法向人民法院起诉。

（6）特殊情形。

双方应对解除合同、项目终止、因不可抗力导致的项目影响、技术或审评难度导致项目失败等情形进行约定，并承担相应的风险损失。

### 5.3.3 项目启动

#### 5.3.3.1 成立项目组

（1）项目负责人。

项目立项成功后，可采取自荐和指定两种方式，由研发部门确定项目负责人。新药项目一般按临床前和临床试验两个阶段分别确定项目负责人，临床前阶段的项目负责人建议由具有项目经验的药学人员承担，临床试验阶段的项目负责人建议由具有项目经验的医学人员承担。

项目正式开展之前，项目负责人需完成下列工作：

①确定项目整体目标、预计开发周期与费用预算；

②确定项目主要研究任务。

（2）组建项目组。

项目负责人根据项目阶段性任务组建项目组，并确定项目组成员及分工。

①项目组成员组成。

临床前阶段项目组核心成员建议 3 ~5 人，应包括工艺研究员、分析研究员、药理毒理负责人、医学负责人。

临床试验阶段，根据企业实际情况，可以自行开展临床试验，或者委托 CRO 开展，项目组成员至少应包括临床试验相关人员、工艺研究员、分析研究员。

②分工。

项目负责人：项目的直接管理人，负责项目整体实验设计，参与项目研究，把控项目质量和进度，申报资料撰写与申报，向研发部门和技术创新项目管理委员会汇报项目工作。

工艺研究员：负责和参与工艺、中试研究，参与临床试验用药品的制备及生产转移，撰写相关资料。

分析研究员：负责和参与原辅料、质量标准和稳定性研究，配合工艺研究完成相关检验，撰写相关资料。

药理毒理负责人：负责药理毒理试验方案的制定与审核、研究单位的筛选与确认，沟通项目研究质量和进展，审核试验报告。

临床试验相关人员：负责临床试验方案的制定与临床试验的开展，把控项目质量和进度，填报临床试验相关信息，审核试验报告，撰写相关资料。

### 5.3.3.2 签订责任书

研发部门与项目负责人签订项目责任书，模板见附录6。

## 5.3.4 中药项目开发周期

根据新药的不同类别，中药项目开发周期一般情况见表5－6。

**表5－6 中药项目开发周期**

| 药品类别 | | 研究内容 | | 研发周期 |
|---|---|---|---|---|
| | | 序号 | 研究项目 | |
| 中药创新药 | IND 申报 | 1 | 药材研究（采购、基原、产地） | 2～3 个月 |
| | | 2 | 药材炮制研究（视药味数量定） | 1～2 个月 |
| | | 3 | 小试研究 | 3～9 个月 |
| | | 4 | 质量研究 | 4～6 个月 |
| | | 5 | 3 批中试验证及检验 | 2～6 个月 |
| | | 6 | 稳定性研究（可与药理毒理研究同步开展） | 6 个月 |
| | | 7 | 药理毒理研究（含筛选研究单位） | 7～12 个月 |
| | | 8 | 申报临床资料整理 | 1～2 个月 |
| | | 9 | 申请沟通交流 | 3 个月 |
| | | 10 | 完善资料、申报临床 | 3～9 个月 |
| | | 合计 | 提交临床申请整体周期 | 26～52 个月 |
| | NDA 申报 | 1 | Ⅰ期临床试验与总结（存在减免的情况） | 12～18 个月 |
| | | 2 | Ⅱ期临床试验与总结（存在减免的情况） | 18～30 个月 |
| | | 3 | 申请沟通交流 | 3 个月 |
| | | 4 | Ⅲ期临床试验 | 24～48 个月 |
| | | 5 | 统计分析 | 3～6 个月 |
| | | 6 | 申报生产资料整理 | 1～2 个月 |
| | | 7 | 申请沟通交流 | 3 个月 |
| | | 8 | 完善资料，申报生产 | 12～18 个月 |
| | | 合计 | 提交生产注册申请整体周期 | 76～128 个月 |
| | 总周期 | | | 102～180 个月 |

**续表**

<table>
<tr><th colspan="2" rowspan="2">药品类别</th><th colspan="2">研究内容</th><th rowspan="2">研发周期</th></tr>
<tr><th>序号</th><th>研究项目</th></tr>
<tr><td rowspan="31">中药改良型新药</td><td rowspan="9">改变已上市中药剂型（免临床试验）</td><td>1</td><td>小试研究</td><td>2～3 个月</td></tr>
<tr><td>2</td><td>质量研究</td><td>1～2 个月</td></tr>
<tr><td>3</td><td>3 批中试验证及检验</td><td>1～2 个月</td></tr>
<tr><td>4</td><td>稳定性研究</td><td>6 个月</td></tr>
<tr><td>5</td><td>药理毒理研究（视变更目的可部分减免）</td><td>7～9 个月</td></tr>
<tr><td>6</td><td>申报资料整理（如有人用经验，需提供相关资料）</td><td>1～2 个月</td></tr>
<tr><td>7</td><td>申请沟通交流</td><td>1～2 个月</td></tr>
<tr><td>8</td><td>申报生产</td><td>10～18 个月</td></tr>
<tr><td>合计</td><td>提交生产注册申请整体周期</td><td>29～44 个月</td></tr>
<tr><td rowspan="8">改变已上市中药剂型（需临床试验）</td><td>1</td><td>申报临床</td><td>4～6 个月</td></tr>
<tr><td>2</td><td>Ⅱ期临床试验与总结（存在减免的情况）</td><td>18～30 个月</td></tr>
<tr><td>3</td><td>Ⅲ期临床试验</td><td>24～36 个月</td></tr>
<tr><td>4</td><td>统计分析</td><td>3～6 个月</td></tr>
<tr><td>5</td><td>申报生产资料整理</td><td>1～2 个月</td></tr>
<tr><td>6</td><td>申请沟通交流</td><td>1～2 个月</td></tr>
<tr><td>7</td><td>申报生产</td><td>10～18 个月</td></tr>
<tr><td>合计</td><td>提交生产注册申请整体周期</td><td>61～100 个月</td></tr>
<tr><td colspan="3">总周期</td><td>80～126 个月</td></tr>
<tr><td rowspan="11">增加功能主治</td><td>1</td><td>样品制备</td><td>1 个月</td></tr>
<tr><td>2</td><td>药理毒理研究（视增加功能主治情况选择）</td><td>5～7 个月</td></tr>
<tr><td>3</td><td>申报临床资料整理</td><td>1～2 个月</td></tr>
<tr><td>4</td><td>申请沟通交流</td><td>1～2 个月</td></tr>
<tr><td>5</td><td>申报临床试验</td><td>3～6 个月</td></tr>
<tr><td>6</td><td>Ⅱ期临床试验与总结</td><td>12～24 个月</td></tr>
<tr><td>7</td><td>Ⅲ期临床试验</td><td>18～30 个月</td></tr>
<tr><td>8</td><td>申报生产资料整理</td><td>1～2 个月</td></tr>
<tr><td>9</td><td>申请沟通交流</td><td>1～2 个月</td></tr>
<tr><td>10</td><td>申报生产</td><td>10～18 个月</td></tr>
<tr><td>合计</td><td>提交生产注册申请整体周期</td><td>53～94 个月</td></tr>
</table>

续表

| 药品类别 | 研究内容 | | 研发周期 |
|---|---|---|---|
| | 序号 | 研究项目 | |
| 古代经典名方中药复方制剂 | 1 | 文献考证 | 1～3 个月 |
| | 2 | 药材研究（采购、基原、产地、资源评估） | 3～6 个月 |
| | 3 | 饮片研究（视药味数量定） | 3～6 个月 |
| | 4 | 基准样品研究 | 6～12 个月 |
| | 5 | 制剂生产研究 | 3～6 个月 |
| | 6 | 制剂质量和质量标准研究 | 3～6 个月 |
| | 7 | 稳定性研究 | 18 个月 |
| | 8 | 非临床安全性研究（可与稳定性研究同步开展） | 7～12 个月 |
| | 9 | 申报生产资料整理 | 1～2 个月 |
| | 10 | 申请沟通交流 | 3 个月 |
| | 11 | 完善资料，申报生产 | 12～18 个月 |
| | 合计 | 提交生产注册申请整体周期 | 53～80 个月 |

注：1. 该周期不含设备新增、场地改造等情况；

2. 药学研究周期基于一个项目组 3～5 人测算，与中药新药类别、药味及辅料数量、制剂难易程度等相关；

3. 临床试验与适应症、研究机构数量、方案设计、受试者人群等因素相关；

4. 受文献考证不准确、基准样品和非临床安全性研究不充分等影响，古代经典名方中药复方制剂实际研发周期可能更长。

### 5.3.5 项目预算参考

中药新药研发项目预算参考见表 5－7。

**表 5－7 中药新药研发项目预算参考** 单位：万元

| 主要研究内容 | 直接费用 | 费用说明 |
|---|---|---|
| 药学研究 | 100～500 | 包括中试、生产转移，主要为原辅料、试剂、耗材 |
| 药理研究 | 30～200 | 与实验动物及模型难易程度、研究单位等因素有关 |
| 毒理研究 | 50～200 | 与实验动物、研究单位等因素有关 |
| IND | 25 | 注册费、咨询费等 |
| Ⅰ期临床试验 | 108～180 | 按 36 例，3 万～5 万元/例预算 |
| Ⅱ期临床试验 | 1440～2880 | 按 240 例，6 万～12 万元/例预算（与适应症、检验项目、疗程等因素有关） |

续表

| 主要研究内容 | 直接费用 | 费用说明 |
| --- | --- | --- |
| Ⅲ期临床试验 | 2880 ~ 5760 | 按 480 例，6 万 ~ 12 万元/例预算（与适应症、检验项目、疗程等因素有关） |
| 数据管理 | 100 ~ 120 | |
| 第三方稽查 | 80 ~ 100 | |
| 临床统计 | 50 ~ 100 | 与统计单位或统计负责人的知名度有关 |
| NDA | 50 | 注册费、咨询费等 |
| 总计 | 4913 ~ 10115 | |

注：本项目预算不含处方或技术转让费，不包括人工、设备、水电气、仪器折旧等费用。

## 5.3.6　项目风险与措施

### 5.3.6.1　质量与进度

项目负责人应对项目质量与进度负主要责任，根据项目特点和进度，分解项目阶段目标和任务，制订年度计划和目标，与项目组成员签订年度绩效责任书。

研发部门应建立研发质量管理体系，从组织机构和人员、研发物料、实验室管理（包括数据管理）、记录、文件、设施、设备、仪器等方面进行质量管理。制定项目考核管理办法和技术创新奖惩管理办法，按项目节点进行项目考核和奖惩；制定员工绩效考核管理办法，按年度绩效责任书确定的关键事项和目标进行考核。

项目药学研究质量可按照《药品注册核查要点与判定原则（药学研制和生产现场）（试行）》开展组内自查与组间互查。

项目临床试验质量可按照《药品注册核查要点与判定原则（药物临床试验）（试行）》开展自查，必要时委托第三方稽查进行核查。

### 5.3.6.2　资金使用

（1）合同资金，建议根据项目节点，组织内部专家进行资料验收，按节点支付。重大节点如完成Ⅱ期临床试验拟开展Ⅲ期临床试验，应组织外部临床专家和审评专家对项目继续开展的风险进行评估，降低资金持续投入的风险。

（2）临床差旅费的管理，建议建立明确的差旅报销标准，据实报销和补助。差旅期间因咨询、招待等产生的不可预期费用，应提前请示、事后审批。

（3）项目研究所用材料、试剂耗材等费用，建议根据实验需要适量采购，尤其是研究用药材，避免过期造成浪费，或者不够研究使用，导致采购和检验成本增加。

（4）项目研究期间的所有直接费用，建议以项目进行财务归集，便于后续财务审计。

### 5.3.7 内部保密协议

企业人力资源部应与项目组所有成员签订保密协议，约定双方保密内容、保密义务、违约或泄密责任、保密期限、争议解决等，由双方盖章和签字（保密协议模板见附录7）。

### 5.3.8 其他说明

项目研究期间利用研究所取得的成果，发表文章和申请专利时，一般应先申请专利，专利公开后再考虑发表文章。发表文章和申请专利应向企业提出申请，需在获得许可或审核批准后进行。

**总结**

中药新药的开发应体现其开发的价值，中药新药选题其实就是预评估其未来的价值，选题关键在于临床疗效的评估，甚至基于小样本的临床试验。医疗机构中药制剂、名医名方、民间验方等往往具有丰富的人用经验，是中药创新药的“源头”，中药新药选题立项应充分挖掘和利用这些“源头”的优势，科学地评估、精心地设计、合理地开发，为企业带来利益的同时，造福人类。

（向　阳）

# 第 6 章

# 中药新药药学研究

小祝接到了一款中药新药的药学研究任务，需要从中药材的选购开始。什么样的药材才是最合适的；中药材能否直接投料用于制剂生产；中药材有哪些炮制方法，炮制的参数如何制定，炮制后的饮片该如何进行提取、纯化、浓缩、干燥、成型工艺研究；如何研究中药的质量标准；如何规范开展中药稳定性研究，其中的关键注意点有哪些？小祝一时犯了难……

## 6.1 中药材研究

药材是中药新药研发和生产的原材料，其质量是影响中药新药安全、有效和质量可控的关键因素。

### 6.1.1 中药材的选用

中药材的“好”与“坏”，不能仅以“指标成分含量的高低”来评判，更不能以中药材价格来评判。简言之，在中药新药研究中，好的中药材必然是符合国家法定标准、产地固定、来源充足、价格适宜，最关键的一点是其质量属性基本与后期扩大规模生产所用药材一致。理论上说，新药开发研究所用药材需满足以下基本要求。[1]

（1）基原与药用部位准确。明确药材的原植/动物中文正式名、拉丁学名及药用部位。对于多基原药材，一般应固定使用其中一个基原，保证制剂质量的稳定。种植/养殖药材有明确选育品种的，一般应说明品种信息。矿物药应明确该矿物的类、族、矿石名或岩石名以及主要成分。

对于新药材、易混淆药材、难以确定基原的药材，原则上应采集原植/动/矿物的凭证标本，由专家或有资质的机构进行物种鉴定，并保留标本、照片及相关资料。必要时，还需与伪品进行对比研究，并结合产地调研等确认药材基原。

（2）固定产地。综合考虑药材的生长习性、临床用药经验和传统习惯、药材质量、资源状况及种植/养殖条件等合理选择药材产地。鼓励以道地产区作为药材产地，药材种植也可选择适宜生长区内生态环境与道地产区相似的地区。在保证药材质量稳定的前提下，可以选择多个产地。

（3）了解种植/养殖相关信息。明确种子、种苗的来源，鼓励选用来源于道地产区种质或优良品种繁育的种子、种苗。药用植物种植过程中，应加强农药、化肥等投入品的管理。药用动物养殖过程中，应严格遵守国家相关部门关于动物养殖、兽药安全使用等方面的规定。

（4）掌握采收和产地加工相关信息。采收和产地加工是影响药材质量的重要环节。一般应在满足法定标准的条件下，尊重传统经验，坚持质量优先、兼顾产量的原则。如为现行版《中国药典》收载品种，则应符合《中国药典》规定。

除以上基本要求，结合资源评估及研发实际，还需重点关注以下 3 个方面。[2]

（1）考虑所购买的药材是否被列为国家保护对象，是否收录在国家或国际珍稀濒危保护名录中，若被列为保护对象或被收录于保护名录中，则应重新考虑立题目的与依据，再次进行获益与风险评估。

（2）若中药材同时存在栽培品（养殖品）与野生品，则首选栽培品（养殖品），以保障中药资源的可持续利用。

（3）临床前所用药材的质量属性应与扩大规模生产所用药材质量属性基本一致。临床前研究所用药材应具有一定代表性，既要符合国家或地方标准规定，保证药材质量，又不能太过偏离市场上的平均质量水平，应选用来源于主产地的药材，保证供应充足、价格合适，以兼顾后期放大规模生产时药材购买的实际情况。

在开展药学研究的过程中，若特地选用“质量好、含量高”的药材，以确保中试样品“质量好”，以及药效学试验、非临床安全性试验和稳定性试验“样品好、有效性高、安全性好”，则可能导致中试样品不具有代表性，未来商业化产品难以达到批准质量标准的要求。

### 6.1.2　中药材资源评估

中药材的资源评估一般需要了解以下 3 点。[2]

（1）背景资料的调研和准备，包括市场规模的分析、处方及实际投料、中药资源基本信息、中药材产地基本信息、中药材质量信息。

（2）根据处方和预计年销售量计算被评估产品预计消耗量，计算公式如下：

预计消耗量（t）= 每个最小包装单位消耗中药材量（g）× 预计年销售最小包装总数 × 百万分之一

（3）预估能够获得特定药材资源的途径及可获得量。

根据背景资料评估药材 5 年及长期生产预计可获得量能否大于预计消耗量。

### 6.1.3　中药材产地选择

中药材产地选择一般需要考虑以下 3 点：

（1）经药材市场调查，药材在市场上流动性较大的产区和质量较优的产区；

（2）所选药材产地能满足成品上市后 5 年及长期生产所需；

（3）药材的道地产区及主产区近 10 年有没有发生变化。

### 6.1.4　中药材的检验

中药复方新药处方一般药味较多。在研究初期，购买的药材批次较多，检验工作量大，可优先检测关键项目，如含量测定、挥发油等。若合格，则继续检验；若不合格，则暂停该批次药材检验。

2020 年版《中国药典》规定，人参、三七、山茱萸、丹参、甘草、西洋参、黄芪等药材，需要检查“重金属及有害元素、各类农药残留、黄曲霉毒素”等项目，研究单位缺乏检验条件的，可委托有资质［检验检测机构资质认定（CMA）或中国合格评定国家认可委员会认证（CNAS）］的第三方检测机构检验，注意收集检测机构资质、委托检验合同、委托检验报告，需将委托检验项目结果合并到该品种的自检报告。

### 6.1.5 中药材的质量研究与质量标准

中药新药研究用药材/饮片的质量控制一般应满足各级法定药材标准，还应结合药材/饮片、关键中间体、制剂的相关性研究结果，确定药材/饮片的质控指标，以满足中药新药的质量设计要求。[1]

此外，还应关注特殊药材的质量控制问题。[3] 例如，部分动物药材，应关注引入病原体、激素、抗菌素使用的问题；一些药材霉变产生的真菌毒素污染等问题；雄黄、朱砂等矿物药材，应研究可能存在的不同金属价态对安全性的影响，必要时制定合理的限量要求。

中药材质量标准应能反映药材的整体质量属性。[1] 国家鼓励研究建立多指标检验检测方法，如浸出物测定、指纹/特征图谱、大类成分含量测定、多指标成分含量测定，以整体控制药材质量。此外，还应关注药材检测指标与制剂功能主治的相关性。

## 6.2 中药材炮制

### 6.2.1 常规中药材炮制方法

中药制剂生产均需采用饮片投料，生产前药材应按 2020 年版《中国药典》《国家中药饮片炮制规范》及各省份炮制规范等进行炮制。常见的炮制方法有切制、炮炙及其他。

#### 6.2.1.1 切制

切制品有片、段、块、丝等。片分为极薄片、薄片、厚片，段分为短段、长段，丝分为细丝、宽丝。切制虽然简单，但切制前需进行软化处理。软化的方法有喷淋、抢水洗、浸泡、润、漂、蒸、煮等。软化处理应按药材的大小、粗细、质地等分别进行，尽量少泡多润，防止有效成分损失。切后及时干燥或投料。

#### 6.2.1.2　炮炙

炮炙分为炒法、炙法、制炭、制霜、水飞、煅、蒸、煮、炖、煨等。常见的炮炙方法如下。

（1）中药复方中清炒品和麸炒品，一般冠名“炒……”或“麸炒……”，如“炒枳壳、炒栝楼子、炒九香虫、麸炒山药、炒山楂、炒牛蒡子等”。

（2）炙法有液体辅料的参与，如酒（黄酒）、醋（米醋）、盐（食盐）水、姜汁、炼蜜水等。

（3）制炭时，应“存性”，并防止灰化，更要避免复燃。

（4）制霜（去油成霜）法的本质是除去大部分油脂；目的一般是降低毒性、消除毒副作用，或者缓和药性。例如，木鳖子“制霜（去壳去油）”后药力缓和，毒性降低，可入丸散内服。

（5）水飞：利用粗细粉末在水中的悬浮性不同，将不溶于水的药材（如矿物、贝壳类等药物）与水共研，经反复研磨制备成极细腻的粉末。适用于不溶于水的矿物药（如朱砂、雄黄、炉甘石等）及贝壳类中药（如珍珠等）。

### 6.2.2　中药材的产地加工

来自北京中医药大学的张世臣等于 2018 年提出了工业饮片的概念及基于全程质量控制理念的工业饮片标准化体系建设思路。[4] 为了调动中药材产地生产企业、基地农户的积极性，国家和地方出台了中药材产地加工相关政策和要求，规范中药材产地加工及采购行为，加强趁鲜切制中药材质量管理。[5,6] 目前，中药材产地趁鲜加工品种均由各省实施目录管理，截至 2023 年 7 月 27 日，已有 27 个省份出台了相关政策，其中，23 个省份发布了中药材趁鲜切制品种目录，除去 2020 年版《中国药典》收载的 70 个品种，共有趁鲜切制品种 410 个（有重复）。[7]

### 6.2.3 炮制参数的研究

中药新药生产工艺及工艺规程等文件必须明确“从购买药材到成品入库”各关键工序上的所有参数，以保证成品工艺及质量的可重现。2020年版《中国药典》对于中药材炮制工艺及参数有统一规定，但具体到各品种项下的参数细节则没有明确规定，特别是干燥方式、干燥温度等，需要研究者参照2020年版《中国药典》相关规定对各项参数予以再度细化。[8]

#### 6.2.3.1 干燥工艺及参数举例

参照2020年版《中国药典》规定，药材产地加工及炮制规定的干燥方法如下。

（1）烘干、晒干、阴干均可的，用“干燥”——适于大部分普通药材，可以“烘箱60～70℃烘干”代替。

（2）不宜用较高温度烘干的，用“晒干”或“低温干燥”（一般不超过60℃）——适于部分含热不稳定性有效成分的药材，一般可以“烘箱60℃以内烘干”代替。

（3）烘干、晒干均不适宜的，用“阴干”或“晾干”——适于部分含热不稳定性有效成分或挥发性成分的药材，一般可以“烘箱50℃以内或40℃左右烘干”代替。

（4）少数药材需要短时间干燥，用“暴晒”或“及时干燥”。

制剂中的干燥方法一般用“干燥”或“低温干燥”；采用特殊干燥方法的，应在具体品种项下注明。

#### 6.2.3.2 炮制工艺参数举例及分析

中药制剂的生产工艺中应注明各药味的炮制工艺和具体参数。例如，某项目中所含中药材前处理工艺。

牛蒡子：除去杂质，洗净，60～70℃干燥。2020年版《中国药典》收载牛蒡子前处理工艺：除去杂质，洗净，干燥。该品种牛蒡子前处理工艺将2020年版《中国药典》中的“干燥”明确为“60～70℃干燥”。

薄荷：除去杂质，略喷清水，稍润，切成 5 ~ 10mm 的短段，及时低温干燥（阴干或 40 ~ 50℃ 干燥）。2020 年版《中国药典》收载薄荷前处理工艺：除去老茎和杂质，略喷清水，稍润，切短段，及时低温干燥。两者比较，该品种薄荷前处理工艺将 2020 年版《中国药典》中的“短段”明确为“5 ~ 10mm 的短段”，将“低温干燥”规定为“低温干燥（阴干或 40 ~ 50℃ 干燥）”。

经典名方部分药味的炮制方法因遵古而与《中国药典》所载不同，如泻白散中地骨皮先焙后粉碎，地黄饮子、清金化痰汤中麦冬参考 1963 年版《中国药典》去芯等。

## 6.3　工艺研究

### 6.3.1　提取工艺

中药提取溶剂一般为水或不同浓度的乙醇，常用的提取工艺有水煎煮、乙醇回流、乙醇渗漉、水（乙醇）浸渍、水蒸气蒸馏。常用的研究方法为正交试验法、单因素实验法等。

#### 6.3.1.1　水煎煮

水极性大，溶解范围广。水煎煮法来源于传统中药“汤剂”，简单易行，成本低，易于大批量生产。车间提取设备功能示意见图 6 – 1。

在中药新药研发过程中，一般采用正交试验法或单因素实验法优选最合适的工艺参数，其中，正交试验法应用较多。正交试验是一种常用的试验设计方法，旨在通过有限的试验次数，分析各因素对试验结果的影响，并优选最合理的因素组合。水煎煮工艺的影响因素为加水量、煎煮次数、煎煮时间，一般选用 $L_9$（$3^4$）正交表进行研究和分析。研究过程依次如下。

（1）在进行正式的正交试验之前，一般需要进行预试验，这一步往往被忽略，预试验的结果有助于因素水平表的设置。

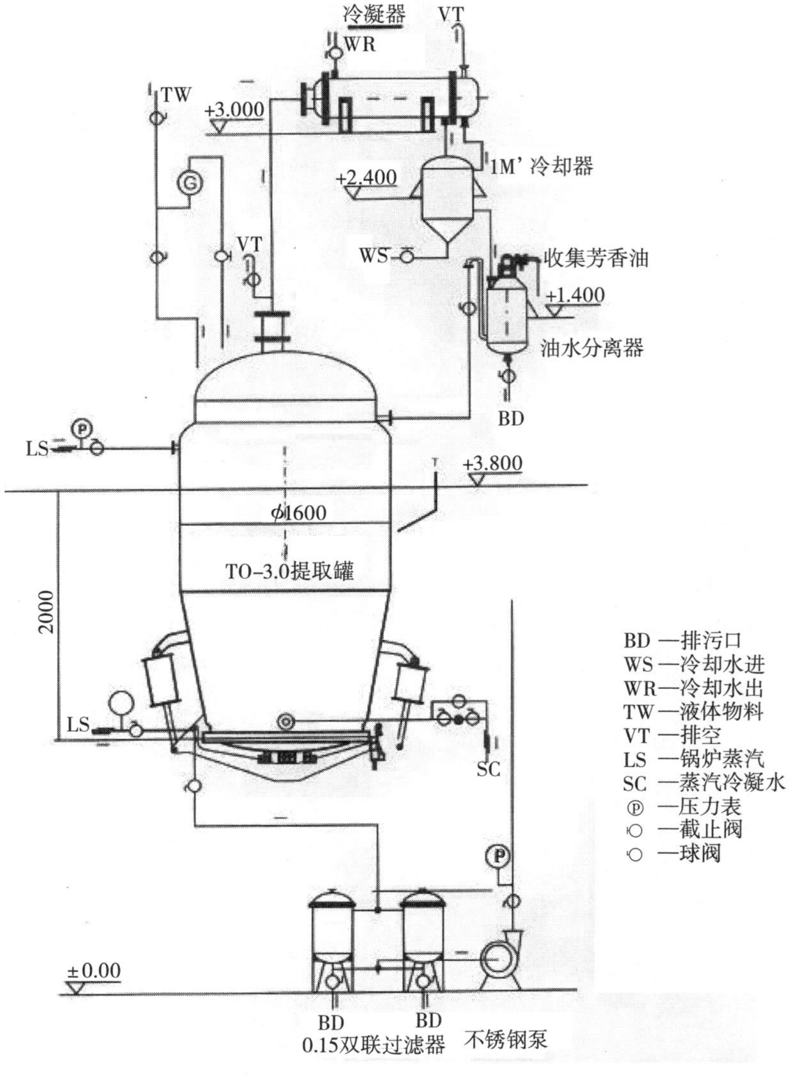


**图 6－1　车间提取设备功能示意（单位：mm）**

（2）建立因素水平表，选定考察指标。在上述预试验的基础上建立完整的因素水平表，因素的 3 个水平必须是实际生产中可以应用的参数，不能为了试验结果出现显著性的差异而特地将水平之间的差异设置得非常大；如果 3 个水平相距过近，则正交试验结果可能会没有显著性差异。

考察指标通常选择某个或某类成分的含量及干膏得率。

选用 $L_9$（$3^4$）正交表，通过 9 次试验筛选出合理的试验条件，4 个因素中必须有 1 个因素为误差项，研究者可以选择 3 个重要因素进行研究，如果 4 个因素均为考察项，通常选择离差平方和最小的因素作为误差项。否则，理论上需要通过 9×3＝27（次）（其中，3 代表每组重复试验 3 次）试验才能确定合理的试验条件。

（3）按照因素水平表和正交试验表中规定的条件试验，收集试验数据，计算试验结果。注意观察试验中途的试验现象及试验细节，注意点举例如下。

①通常选用可回流装置，如大容量烧瓶配冷凝管。不宜采用敞口容器进行煎煮。

②一般武火煮开之后，用文火煎煮。

③对煎煮时间的控制要精细，否则正交试验很难做出差异。煎煮时间到了之后，采用一切手段，如冷水冲淋或冷水浸泡，将烧瓶内容物快速冷却，随后迅速过滤。

④正交试验饮片取样量不宜过小。建议试验单味饮片量超过 20g、总量超过 100g。如果小试样品量过小，试验误差就会相对较大，且很难避免取样不均及试验损耗对试验结果的影响。

⑤尽量缩短“过滤完成到取样的时间”，过滤后的溶液最好能直接用于取样分析。

（4）结果分析。结果分析方法包括直观分析和方差分析，注意点如下。

①正交试验法优选出的工艺条件并非“最佳条件”，而是“最合理条件”。

②当含量指标与干膏得率指标在结果分析出现矛盾时，一般会适度倾向于含量指标。可以采用建立“评价指数”或“加权指数”的方式将指标性成分含量与干膏得率按一定权重比例建立一个权重指数，其中，指标性成分含量与干膏得率的权重比一般为 8∶2 或者 7∶3 等。

③所有因素均无显著性差异，通常意味着正交试验失败。正交试验注

意点和可能的失败原因见表6－1。

**表6－1　正交试验注意点及失败原因分析**

| 注意点 | 失败原因 |
| --- | --- |
| 选用可回流装置；<br>合理控制火力；<br>精准控制煎煮时间；<br>试验饮片量合理；<br>尽量减少取样前时间 | 试验因素之间存在交互作用；<br>试验细节没控制好，导致误差项的离差平方和过大；<br>方案设计不合理；<br>因素的水平设置不合理 |

（5）验证试验。采用上述优选的工艺条件，平行试验3次，比较3次平行试验结果及与上面9次正交试验最优结果的差异。理论上，3次平行试验结果不应有较大差异，且只能大于或略小于9次正交试验最优结果。

例如，某项目由地锦草、葛根等组成，其水煎煮工艺研究过程如下。

①水煎煮因素水平表设计。根据文献资料和预试验的结果，选择加水量（A）、煎煮次数（B）、煎煮时间（C）作为考察因素，分别设3个水平，利用$L_9(3^4)$正交表进行试验，因素水平见表6－2。

**表6－2　煎煮工艺因素水平**

| 水平 | 因素 | | | |
| --- | --- | --- | --- | --- |
| | A/倍 | B/次 | C/h | D（误差） |
| 1 | 8 | 1 | 1 | — |
| 2 | 10 | 2 | 2 | — |
| 3 | 12 | 3 | 3 | — |

②水煎煮正交试验及试验结果。称取地锦草、葛根等共117g，按照正交试验表规定的条件试验，考察指标为没食子酸含量和干膏得率，结果见表6－3。

**表6－3　$L_9(3^4)$正交试验结果**

| 因素 | A/倍 | B/次 | C/h | 没食子酸含量/mg | 干膏得率/% |
| --- | --- | --- | --- | --- | --- |
| 1 | 1 | 1 | 1 | 128.25 | 13.72 |
| 2 | 1 | 2 | 2 | 202.50 | 21.74 |

续表

| 因素 | A/倍 | B/次 | C/h | 没食子酸含量/mg | 干膏得率/% |
|---|---|---|---|---|---|
| 3 | 1 | 3 | 3 | 319.82 | 25.55 |
| 4 | 2 | 1 | 2 | 141.17 | 13.23 |
| 5 | 2 | 2 | 3 | 332.82 | 21.03 |
| 6 | 2 | 3 | 1 | 271.35 | 24.50 |
| 7 | 3 | 1 | 3 | 161.42 | 14.84 |
| 8 | 3 | 2 | 1 | 184.64 | 21.30 |
| 9 | 3 | 3 | 2 | 315.90 | 21.68 |
| 均值 $1_1$ | 216.857 | 143.613 | 194.747 | — | — |
| 均值 $2_1$ | 248.447 | 239.987 | 219.857 | — | — |
| 均值 $3_1$ | 220.653 | 302.357 | 271.353 | — | — |
| 极差 1 | 31.590 | 158.744 | 76.606 | — | — |
| 均值 $1_2$ | 20.337 | 13.930 | 18.810 | — | — |
| 均值 $2_2$ | 19.587 | 21.357 | 20.360 | — | — |
| 均值 $3_2$ | 19.273 | 23.910 | 20.027 | — | — |
| 极差 2 | 1.064 | 9.980 | 1.550 | — | — |

③水煎煮正交试验结果分析。

直观分析：从表 6－3 的结果可以看出，在以没食子酸含量及干膏得率为考察指标时，煎煮次数对试验结果影响最大，各因素的影响依次为B＞C＞A。

方差分析：以没食子酸含量、干膏得率为指标做方差分析，因素 B 具有显著性差异，因素 A、因素 C 无显著性差异（见表 6－4、表 6－5）。在以没食子酸含量为指标时，虽然因素 C 无显著性差异，但通过直观分析结果可以看出，因素 C 对没食子酸含量具有一定影响。

**表 6－4　正交试验方差分析（没食子酸含量）**

| 方差来源 | 离差平方和 | 自由度 | *F* 比 | *F* 临界值 | 显著性 |
|---|---|---|---|---|---|
| A | 1784.812 | 2 | 1 | 19 | |
| B | 38377.282 | 2 | 21.502 | 19 | * |

续表

| 方差来源 | 离差平方和 | 自由度 | $F$ 比 | $F$ 临界值 | 显著性 |
|---|---|---|---|---|---|
| C | 9151.000 | 2 | 5.127 | 19 | |
| 误差 | 1784.810 | 2 | — | — | |

注：$F_{0.05}$（2，2）=19；*表示有显著性差异。

**表6－5　正交试验方差分析（干膏得率）**

| 方差来源 | 离差平方和 | 自由度 | $F$ 比 | $F$ 临界值 | 显著性 |
|---|---|---|---|---|---|
| A | 1.791 | 2 | 1 | 19 | |
| B | 161.275 | 2 | 90.047 | 19 | * |
| C | 3.844 | 2 | 2.146 | 19 | |
| 误差 | 1.791 | 2 | — | — | |

注：$F_{0.05}$（2，2）=19；*表示有显著性差异。

综合考虑，确定的优选提取条件为 $A_1B_3C_2$，即煎煮3次，每次加8倍量的水，煎煮时间为2小时。

④水煎煮工艺验证试验。按照正交试验优选的工艺条件，重复试验3次，结果见表6－6。

**表6－6　验证试验结果**

| 样品 | 没食子酸含量/mg | 干膏得率/% |
|---|---|---|
| 1 | 319.6 | 24.6 |
| 2 | 325.2 | 25.7 |
| 3 | 321.2 | 25.3 |
| 平均 | 322.0 | 25.2 |

验证试验结果表明，采用优选条件试验，分别测定没食子酸含量和干膏得率，结果差异较小，且优于正交试验表中的任何一组。初步证明，优选提取工艺合理且稳定可行。

### 6.3.1.2　乙醇回流

乙醇回流法适用于某些有效成分已知且在水中溶解度不佳的药材。

缺点：乙醇为第三类溶剂（药品GMP或其他质量要求限制使用），对于防火、防爆有特殊要求；成本相对较高。

优点：对某些有效成分如生物碱类、黄酮类成分溶解度高，能针对性地提取，转移率较高。

乙醇回流的影响因素一般为乙醇浓度、提取次数、提取时间、乙醇用量，与水煎煮相比，影响因素增加了一个，在应用 $L_9$（$3^4$）正交表进行正交试验时，需要将其中一项设为误差项，这对因素水平表的设置及试验误差提出了更高的要求，否则正交试验极有可能失败。

乙醇回流研究方法同水煎煮法。

#### 6.3.1.3　乙醇渗漉

渗漉法一般采用一定浓度的乙醇作为渗漉溶剂，所得浸出液称为“渗漉液”。乙醇渗漉法适用于贵重药材、毒性药材、高浓度制剂及某些有效成分已知、对热不稳定且在水中溶解度不佳的药材；对新鲜的、易膨胀的、无组织结构的药材不宜选用（容易堵塞出水口）。

缺点：同乙醇回流法。

优点：乙醇渗漉法为动态浸出方法，溶剂利用率高；有效成分浸出完全，浸出效果优于浸渍法；工艺操作中省去了分离浸出液的时间。

乙醇渗漉的影响因素一般为药材粉碎程度、乙醇浓度、渗漉速度、浸泡时间等。在应用正交试验法优选适宜条件时，需要在预试验的基础上合理选择影响因素及水平。

乙醇渗漉研究方法同水煎煮，需注意以下 3 点。

（1）药材不宜粉碎过细，否则会堵塞出水口。

（2）药粉装入渗漉器之前要充分湿润、膨胀。防止加入溶媒后膨胀，筒内压力增加，进而堵塞孔隙，导致溶媒无法流出。

（3）药粉装入渗漉器时，应装填均匀，且松紧适宜。过松会导致溶媒很快流过药粉，浸出不完全或者消耗溶媒量过多；过紧会导致溶媒不易通过，渗漉无法进行。

#### 6.3.1.4　水（乙醇）浸渍

优点：适用于有效成分遇热易挥发或易破坏，受热易糊化、易黏，无组织结构、新鲜及易于膨胀的药材。

缺点：耗时长，提取效率不高。一般不适用于贵重药材和有效成分含量低的药材提取。

浸渍法除“药酒”外，应用较少。浸渍的影响因素一般为溶剂用量、浸渍温度、次数，采用有机溶剂浸渍的还需要考虑有机溶剂浓度，研究方法同上。

#### 6.3.1.5 水蒸气蒸馏

水蒸气蒸馏法一般用于提取挥发油，分为共水蒸馏法、通水蒸气蒸馏法及水上蒸馏法，原理为道尔顿分压定律。

水蒸气蒸馏法注意点如下：

（1）实验室提取挥发油一般采用2020年版《中国药典》规定的挥发油测定装置进行，该装置理论提取率为100%；

（2）挥发油得率与药材的新鲜程度、提取容器的设计制造密切相关；

（3）提取挥发油后的药渣通常会参与下一步工艺。

水蒸气蒸馏法提取挥发油，挥发油得率与浸泡时间、加水量、提取时间、温度相关，可以采用正交试验法优选合适的工艺参数。研究方法同水煎煮。

### 6.3.2 纯化工艺

在中药制备中，纯化工艺参照天然药物化学中的相关理论和方法。中药1.1类复方制剂新药的研发不鼓励盲目纯化，研究者应考虑纯化的必要性和适宜性。

#### 6.3.2.1 天然药物化学成分分离依据及方法简述

天然药物化学成分分离依据及方法见表6-7。

**表 6-7　天然药物化学成分分离依据及方法**

| 分离依据 | 分离方法 |
|---|---|
| 溶解度差异 | 调节温度（如结晶）；<br>改变混合溶剂的极性（水提醇沉、醇提水沉、醇醚法等）；<br>调节 pH（酸提碱沉、碱提酸沉）；<br>加入某种沉淀试剂 |
| 分配系数不同 | 萃取 |
| 吸附性差异 | 极性相似者易于吸附；<br>极性吸附剂（硅胶、氧化铝）；<br>非极性吸附剂（活性炭） |
| 分子大小差异 | 凝胶过滤法；<br>膜技术 |
| 离解程度不同 | 化学法（酸碱法）；<br>离子交换树脂法 |

### 6.3.2.2　常规中药纯化工艺——醇沉法

水提醇沉法是指先以水为溶媒提取中药有效成分，再以不同浓度的乙醇沉淀去除杂质的方法。其原理是，根据成分在水和乙醇中的溶解性不同，通过水和不同浓度的乙醇交替处理，可保留生物碱类、苷类、黄酮类、有机酸等有效成分，去除蛋白质、淀粉、黏液质、油脂、多糖等杂质。不同浓度的乙醇能去除不同类型的杂质，如表 6-8 所示。

**表 6-8　不同醇沉浓度去除杂质类型**

| 醇沉浓度 | 去除杂质 |
|---|---|
| 50% ~60% | 淀粉等 |
| 75% | 蛋白质等 |
| 80% | 几乎全部蛋白质、多糖、无机盐类 |

随着人们对疾病和化学成分认识的加深，很多中药中的多糖类、淀粉类等已经被证实为有效成分，在其制备工艺中应予以保留，故醇沉法不能盲目运用。

醇沉工艺的影响因素为醇沉浓度、浸膏相对密度、醇沉时间、乙醇加入方式等，可采用正交试验法优选合适的工艺参数。

醇沉工艺注意点如下。

（1）乙醇应逐步加入，防止一次性加入过量乙醇，导致有效成分被“夹带或包裹”一起沉出。

（2）正交试验的考察指标与6.3.1.2节乙醇回流提取工艺研究时有所不同，理论上，浸膏得率越小、某成分的转移率越高，醇沉工艺参数越好。结果分析时，一般会出现浸膏得率与指标性成分转移率互相矛盾的情况，最终选择工艺参数时需综合分析。

例如，温络通颗粒由淫羊藿、老鹳草、桂枝和红花组成[9]，其提取、纯化工艺中含醇沉工艺，研究过程简述如下。

①因素水平表设计。根据文献资料和预试验的结果，选择药液相对密度（A）、醇沉浓度（B）、静置时间（C）为考察因素，分别设3个水平，利用 $L_9$（$3^4$）正交表进行试验，因素水平见表6－9。

**表6－9　醇沉工艺因素水平**

| 水平 | 因素 | | | |
|---|---|---|---|---|
| | A | B /% | C/h | D（误差） |
| 1 | 1.00～1.05 | 50 | 12 | — |
| 2 | 1.05～1.10 | 60 | 18 | — |
| 3 | 1.10～1.15 | 70 | 24 | — |

②试验方法与结果。取按已确定的提取工艺制得的药液，平均分成9份，分别浓缩成相应的相对密度，按照正交试验表进行试验，考察指标为淫羊藿苷保留率（计算公式如下）及干膏得率，结果见表6－10。

淫羊藿苷保留率＝醇沉后淫羊藿苷总量÷初始总量×100%

**表6－10　$L_9$（$3^4$）正交试验结果**

| 因素 | A | B/% | C/h | D | 淫羊藿苷保留率/% | 干膏得率/% |
|---|---|---|---|---|---|---|
| 1 | 1 | 1 | 1 | 1 | 89.07 | 13.10 |
| 2 | 1 | 2 | 2 | 2 | 86.24 | 11.13 |

**续表**

| 因素 | A | B/% | C/h | D | 淫羊藿苷保留率/% | 干膏得率/% |
|---|---|---|---|---|---|---|
| 3 | 1 | 3 | 3 | 3 | 81.64 | 10.84 |
| 4 | 2 | 1 | 2 | 3 | 87.44 | 12.29 |
| 5 | 2 | 2 | 3 | 1 | 85.78 | 10.84 |
| 6 | 2 | 3 | 1 | 2 | 79.65 | 9.15 |
| 7 | 3 | 1 | 3 | 2 | 87.30 | 11.59 |
| 8 | 3 | 2 | 1 | 3 | 84.24 | 9.98 |
| 9 | 3 | 3 | 2 | 1 | 77.60 | 8.27 |
| 淫羊藿苷保留率均值 $K_1$ | 85.317 | 87.603 | 83.987 | 83.817 | — | — |
| 淫羊藿苷保留率均值 $K_2$ | 84.290 | 85.420 | 83.760 | 84.397 | — | — |
| 淫羊藿苷保留率均值 $K_3$ | 83.047 | 79.637 | 84.907 | 84.440 | — | — |
| 淫羊藿苷保留率极差 R | 2.270 | 7.973 | 1.147 | 0.623 | — | — |
| 干膏得率均值 $K_1'$ | 11.690 | 12.327 | 10.743 | 10.737 | — | — |
| 干膏得率均值 $K_2'$ | 10.760 | 10.650 | 10.563 | 10.623 | — | — |
| 干膏得率均值 $K_3'$ | 9.947 | 9.420 | 11.090 | 11.037 | — | — |
| 干膏得率均值 $R'$ | 1.743 | 2.907 | 0.527 | 0.414 | — | — |

③结果分析。

直观分析：从表 6-10 的结果可以看出，在以淫羊藿苷保留率为考察指标时，各因素的影响依次为 B > A > C；在以干膏得率为考察指标时，各因素的影响依次为 B > A > C，两者相同。

方差分析 a：如表 6-11 所示，在以淫羊藿苷保留率为指标时，因素 A、因素 B 有显著性差异。初步表明，淫羊藿苷随着醇沉出现了部分损失。综合分析，在以淫羊藿苷保留率为指标时，最合理的醇沉工艺为 $A_1B_1C_1$。

**表 6-11　以淫羊藿苷保留率为指标时正交试验方差分析**

| 方差来源 | 偏差平方和 | 自由度 | *F* 比 | *F* 临界值 | 显著性 |
|---|---|---|---|---|---|
| A | 7.753 | 2 | 10.664 | 19 | * |
| B | 101.865 | 2 | 140.117 | 19 | * |
| C | 2.213 | 2 | 3.044 | 19 | |

续表

| 方差来源 | 偏差平方和 | 自由度 | F比 | F临界值 | 显著性 |
|---|---|---|---|---|---|
| 误差 | 0.727 | 2 | 1.000 | — | |

注：$F_{0.05}$（2，2）=19；*表示有显著性差异。

方差分析b：如表6-12所示，在以干膏得率为指标时，B因素有显著性差异，其余因素均无显著性差异。初步表明，通过改变药液的含醇量，干膏得率能明显减小。综合分析，在以干膏得率为指标时，最合理的醇沉工艺为$A_1B_3C_1$。

**表6-12 以干膏得率为指标时正交试验方差分析**

| 方差来源 | 偏差平方和 | 自由度 | F比 | F临界值 | 显著性 |
|---|---|---|---|---|---|
| A | 4.566 | 2 | 16.664 | 19 | |
| B | 12.773 | 2 | 46.617 | 19 | * |
| C | 0.430 | 2 | 1.569 | 19 | |
| 误差 | 0.274 | 2 | 1.000 | — | |

注：$F_{0.05}$（2，2）=19；*表示有显著性差异。

比较不同考察指标的结果分析可知，B因素对试验结果的影响正好相反，当醇沉浓度最大时，干膏得率最小，淫羊藿苷损失最大。此时，应结合直观分析和方差分析结果综合评判。

综合考虑，本醇沉工艺优选工艺条件为$A_1B_2C_1$，即药液的相对密度为1.00~1.05，放冷后加入乙醇使药液含醇量为60%，静置12小时。

④验证试验。按上述确定的优选工艺进行醇沉，平行操作3次，测定淫羊藿苷保留率及干膏得率，结果见表6-13。

**表6-13 验证试验结果** （%）

| 试验号 | 淫羊藿苷保留率 | 干膏得率 |
|---|---|---|
| 1 | 87.21 | 10.42 |
| 2 | 84.48 | 10.27 |
| 3 | 85.05 | 9.99 |

表6-13的验证试验结果表明，采用优选提取条件试验，试验结果稳定，且与表6-10中最优结果相当。初步说明，优选工艺条件合理、稳

定、可行。

### 6.3.2.3　中药其他纯化工艺

（1）化学法（酸碱法）。

化学法是指利用中药成分在水中的溶解性与酸碱度有关的性质，在溶液中加入适量酸或碱，调节 pH，使这些成分溶解或析出，以达到分离的目的。该方法适用于有效成分或部位明确的情况。

例如，小檗皮提取物制备工艺流程见图 6－2。

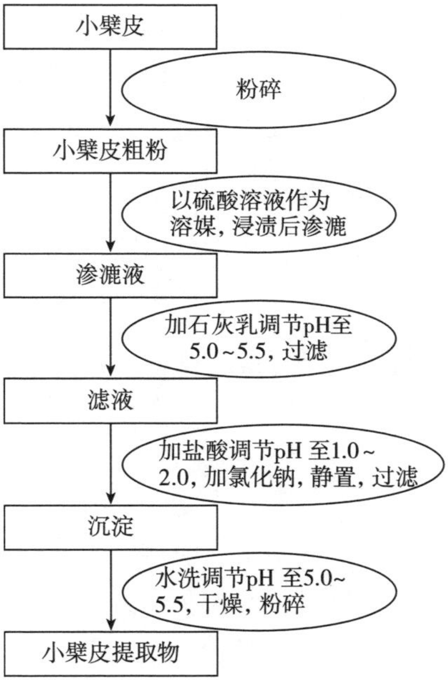


**图 6－2　小檗皮提取物制备工艺流程**

（2）微孔滤膜过滤法（超滤法）。

微孔滤膜过滤法是指利用滤过介质，将不能通过介质的成分截留，从而分离有效成分或杂质。

微孔滤膜是由高分子材料制成的薄膜滤过介质，可以有不同的孔径，孔径范围广（2～500μm）。微孔滤膜可以滤过不溶性杂质、高分子化合物、细菌及微生物。

中药成分复杂，微孔滤膜过滤时容易形成堵塞，故微孔滤膜过滤法在中药纯化中应用不多，常用于终端过滤，如合剂、糖浆剂、水针剂、大输液等灌装前的过滤。

（3）大孔吸附树脂法。

大孔吸附树脂是一种具有大孔网状结构的高分子吸附剂，是少数能用于工业化生产的现代化提取分离技术之一。对有机物选择性好，洗脱溶剂多为乙醇－水系统。现已成功运用于工业化生产，成为少数适用于工业化生产的现代化提取分离技术之一。

大孔吸附树脂类型较多，可适用于多种化合物的分离与纯化。其分离纯化的原理主要为吸附作用，其次为分子筛作用。不同极性、不同孔径的树脂对不同种类化合物的选择性不同。对于分子量相似的化合物，极性越小，吸附能力越强，越难洗脱；反之，亦然。对于极性相似的化合物，分子量越大，越易洗脱下来。

例如，贯叶金丝桃总黄酮提取物制备工艺流程见图6－3。

（4）离子交换树脂法。

离子交换树脂是一种具有离子交换能力和网状结构的高分子材料，有很强的吸附能力和选择性。按交换基团性质不同，离子交换树脂可分为阳离子交换树脂和阴离子交换树脂两大类。离子交换树脂在中药行业的工业化生产中应用程度不高。

离子交换树脂分离纯化过程较为简单，大致流程如图6－4所示，对于阳离子交换树脂，常用盐酸溶液作为洗脱液；对于阴离子交换树脂，常用盐酸溶液、氯化钠溶液或氢氧化钠溶液作为洗脱液。

### 6.3.3 浓缩、干燥工艺

药材经提取与分离后得到的提取液体积大、浓度低，在进行后续工艺之前必须经过浓缩、干燥等工序。中药新药研究必须对浓缩、干燥工艺条件进行研究，在研究数据的基础上合理选择工艺参数。[8]

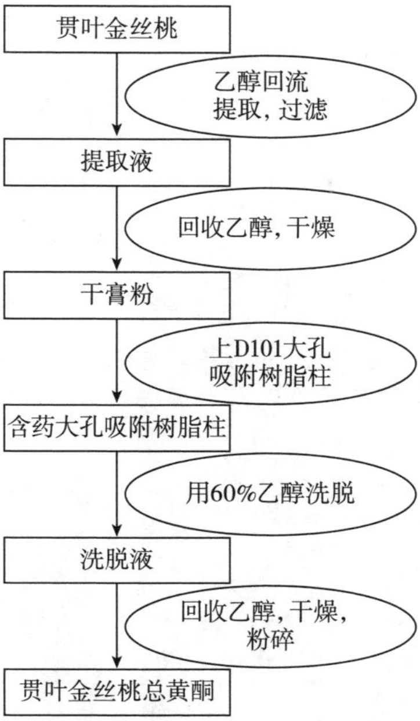


**图 6－3　贯叶金丝桃总黄酮提取物制备工艺流程**

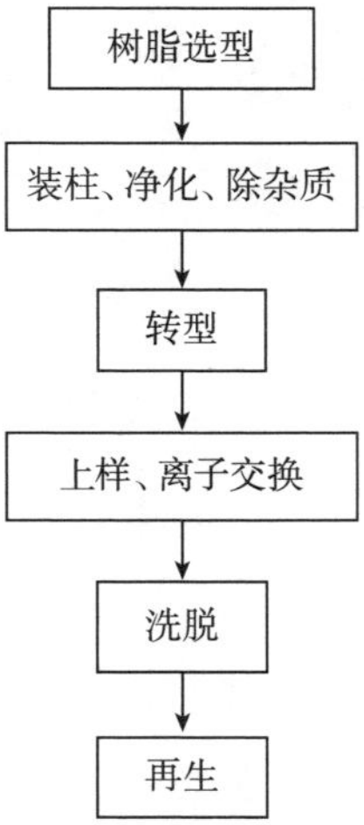


**图 6－4　离子交换树脂分离纯化流程**

#### 6.3.3.1　浓缩工艺

浓缩工艺分为常压浓缩、减压浓缩。常压浓缩设备及工艺较为简单，适用于有效成分相对稳定、耐高温的品种，由于环境保护、工作效率等，工业化生产现已较少采用，或者仅在溶液剂的某些配制工序中采用；减压浓缩温度较低，受热时间短，可以通过管路连接，便于工艺参数的控制，工业化生产应用较多。

实验室减压浓缩设备见图6－5，工业化生产设备见图6－6。

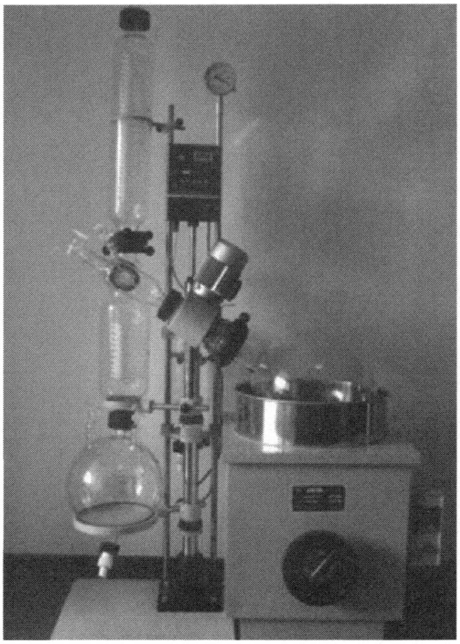

**图6－5　实验室减压浓缩设备**

**图6－6　工业化生产设备**

减压浓缩的影响因素主要有两个，实验室：温度、真空度、旋转薄膜浓缩器的转速、浓缩时间等。工业化：温度、真空度、蒸汽压力、浓缩时间等。

浓缩工艺一般采用单因素实验法进行研究。

真空度的提升与浓缩效率呈正相关关系，理论上，真空度越高浓缩效率越高，但建议在小试研究时考虑工业化生产时的真空度，如工业化生产时真空度能达到－0.08MPa，研究时便首选在该真空度下进行浓缩温度、浓缩时间的研究。

在工业化生产时，一般采用可持续生产的浓缩设备，故浓缩时长也是必须考察的因素之一。

#### 6.3.3.2　干燥工艺

物料干燥过程可以分成两个阶段：等速阶段和降速阶段。在等速阶段，水分从物料内部扩散的速率大于表面汽化速率，干燥速率与物料湿含量无关，取决于表面汽化速率。在降速阶段，物料内部水分的扩散速率小于表面汽化速率，干燥速率近似地与物料湿含量成正比，取决于水分内部扩散速率。某些浸膏（特别是含淀粉、糖类，非常黏稠）在干燥到一定程度时，干燥速率会非常低。此时，要提高干燥速率，不能一味升高干燥温度，而应该从提高物料内部水分扩散率着手，如干燥时加入辅料，将物料摊薄，采用喷雾干燥的方式或采用一步制粒（沸腾制粒）的方式直接制成颗粒。

一般情况下，干燥工艺的影响因素与浓缩工艺大致相同，主要为真空度和温度；考察方法基本相同，一般采用比较试验法。

常用干燥设备（方式）及其影响因素见表 6－14。此外，还有冷冻干燥、红外/远红外干燥、微波干燥等方式。

**表 6－14　常用干燥设备（方式）及其影响因素**

| 干燥设备（方式） | 影响因素 |
| --- | --- |
| 烘箱/烘房 | 温度、湿度 |
| 隧道式烘箱 | 温度、物料厚度、物料移动速度 |
| 减压干燥（真空干燥） | 温度、真空度、物料厚度 |
| 带式干燥 | 温度、真空度、干燥面积、物料移动速度 |
| 沸腾干燥（流化干燥） | 物料相对密度、温度、真空度、进风温度、进风速率等 |
| 喷雾干燥 | |

### 6.3.4　成型工艺[10]

成型工艺是指将原料、半成品通过制剂技术制成适宜剂型的过程。成型工艺应包含剂型选择、制剂处方前研究、制剂处方研究、成型工艺研究 4 个方面。

中药复方制剂成型工艺研究应根据提取、纯化等工艺后的中间产物性质和用量，结合临床适应症特点、用药经验、剂型特点等，选择适宜的剂型、生产工艺及设备。

#### 6.3.4.1 剂型选择

药物的剂型直接影响药物临床疗效、起效快慢及不良反应。剂型选择应主要考虑临床需要及用药对象、疾病治疗特点、药物理化性质及处方剂量、药物的安全性4个方面。

##### 6.3.4.1.1 临床需要及用药对象

剂型选择应借鉴前期临床用药经验，以满足临床医疗需求为宗旨。中药新药处方来源一般为医疗机构制剂或临床经验方，在以往的人用经验中，自有其应用规律和应用方式，这是剂型选择时首先要考虑的因素。

此外，剂型选择需结合临床需要和用药对象而定。儿童用药需考虑药物服用的顺应性问题，成年人用药则需考虑疾病治疗的临床需求。不同临床需求及用药人群剂型选择情况如表6－15所示。

**表6－15　不同临床需求及用药人群剂型选择**

| 临床需求及用药人群 | 剂型选择 |
|---|---|
| 起效快/儿童用药 | 颗粒剂、糖浆剂、合剂、口服液 |
| 起效适中 | 胶囊剂、片剂 |
| 起效慢 | 丸剂 |

##### 6.3.4.1.2 疾病治疗特点

不同疾病的发病规律、发病部位不同，其治疗特点及剂型选择也不同，见表6－16。

**表6－16　不同疾病治疗特点及剂型选择**

| 疾病治疗特点 | 剂型选择 |
|---|---|
| 慢性疾病 | 丸剂、片剂、胶囊、膏滋 |
| 发病部位伴有皮肤等外部病变特征 | 贴剂、贴膏剂、外用散剂 |
| 急性疾病 | 液体制剂、颗粒剂、分散片、散剂 |

##### 6.3.4.1.3　药物理化性质及药物处方量等

药物理化性质、药物处方量、半成品收率及性质、临床用药剂量，以及不同剂型的载药量是剂型选择的主要依据（见表 6－17）。

**表 6－17　药物本身理化性质对剂型选择的影响**

| 药物理化性质 | 剂型选择 |
| --- | --- |
| 有效成分对热不稳定 | 固体制剂 |
| 有效成分对光不稳定 | 胶囊剂或片剂 |
| 内容物引湿性强 | 胶囊剂或片剂 |
| 有效成分在酸性环境下不稳定 | 肠溶衣片或其他非口服途径给药的剂型 |
| 出膏率较大 | 颗粒剂或糖浆剂 |

##### 6.3.4.1.4　药物安全性

在选择剂型时，要充分考虑药物安全性，应关注剂型和给药途径可能产生的安全隐患（包括毒性和副作用）（见表 6－18）。

**表 6－18　药物安全性对剂型选择的影响**

| 药物安全性 | 剂型选择 |
| --- | --- |
| 药物对口腔有刺激性或者口服会导致口腔不良事件 | 胶囊剂或片剂 |
| 药物对胃有刺激性 | 肠溶衣片或其他非口服途径给药的剂型 |

##### 6.3.4.1.5　常规剂型

中药常规剂型见表 6－19。

**表 6－19　中药常规剂型**

| 制剂性状 | 剂型选择 |
| --- | --- |
| 固体制剂 | 颗粒剂、片剂、胶囊剂、散剂、丸剂、胶剂 |
| 液体制剂 | 糖浆剂、合剂、口服液、酊剂、酒剂、洗剂 |
| 半固体制剂 | 煎膏剂（膏滋）、膏药、软膏剂、乳膏剂、凝胶剂、贴剂、贴膏剂 |

（1）颗粒剂。

颗粒剂分为可溶颗粒、混悬颗粒、泡腾颗粒、肠溶颗粒、缓释颗粒和控释颗粒等，制备工艺流程见图6－7。

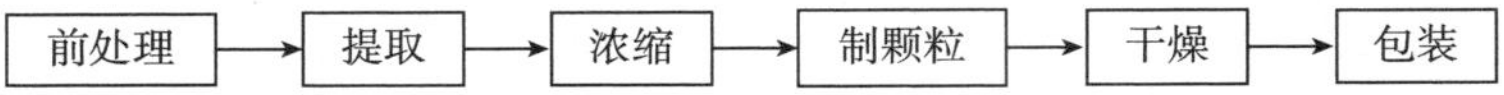


**图6－7　颗粒剂制备工艺流程**

工艺路线中存在提取挥发油的，根据2020年版《中国药典》颗粒剂项下规定，挥发油的加入方式有两种：一种为均匀喷入干燥颗粒中，密闭一定时间后分装；另一种为利用包合等技术处理后，作为辅料在制粒过程中加入。

颗粒剂的关键工序为“制粒”，颗粒质量直接影响颗粒剂的质量。目前，生产中常用的制粒方法有湿法挤出制粒、一步制粒、干法制粒等。

①湿法挤出制粒。湿法挤出制粒简称“湿法制粒”，关键步骤为“制软材”，软材的好坏直接决定颗粒的质量。普通摇摆式制粒机见图6－8。

一般，应考察不同辅料间的比例、浸膏与辅料的比例，考察指标为颗粒性状及制粒难易程度、合格颗粒的占比、颗粒流动性及制成颗粒的引湿性等。一般，湿法制粒中浸膏辅料比为1∶4或更小，品种不同，比例不同。在湿法制粒中，颗粒干燥温度一般控制在60～70℃，如果颗粒含挥发油，则喷入后控制干燥温度在60℃以内。

②一步制粒。一步制粒又称“流化喷雾制粒”或“沸腾制粒”，是指将浸膏和辅料放在一个容器内，完成浓缩、混合、干燥、制粒的过程。该方法具有生产效率高、收率高、耗时短、辅料用量小、利于劳动保护等优点，现已成为主要制粒方式，其制出的颗粒粒度较小。一步制粒设备见图6－9。

③干法制粒。干法制粒是指将浸膏干燥制成干浸膏粉，加入适宜的干燥黏合剂等辅料，压成薄片后再粉碎制成颗粒。

优点：适用于主药遇湿或热不稳定及不宜用湿法制粒的物料；辅料用

**图 6－8　摇摆式制粒机**

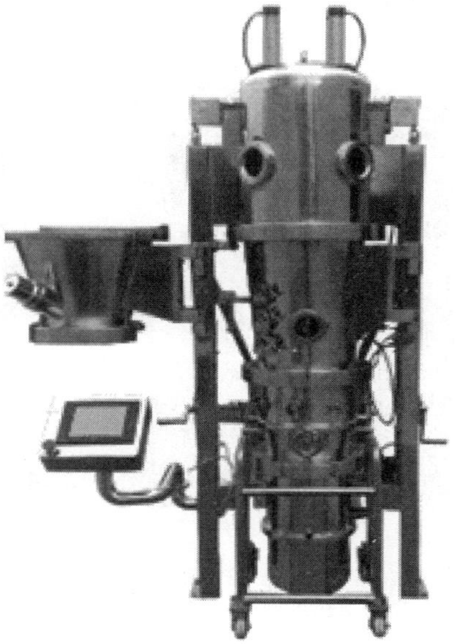

**图 6－9　一步制粒设备**

量相对较少，极限情况下浸膏辅料比可以大于 1∶1，达到 2∶1。

缺点：颗粒引湿性较强，流动性差，稳定性欠佳；对生产场地和设备要求较高；末端干燥设备，如喷雾干燥设备、带式干燥设备等价格昂贵、占地面积较大。

（2）片剂。

片剂剂量准确，服用、携带、运输等较方便；稳定性较好，受环境空气、光线、水分等因素的影响较小；适合机械化生产，自动化程度高。片剂的类型较多，如分散片、肠溶片、咀嚼片、口含片等；片剂外观可以设计成各种形状，如圆形、椭圆形、三角形、菱形等。

但片剂存在特殊人群（如婴幼儿）服用不便、载药量较小等不足。

片剂制备工艺流程如图 6－10 所示。

前处理 → 提取 → 浓缩 → 制粒 → 干燥 → 压片 → 包衣

**图 6－10　片剂制备工艺流程**

片剂常用辅料见表6－20。

**表6－20　片剂常用辅料**

| 辅料种类 | 用途 | 举例 |
|---|---|---|
| 稀释剂（填充剂） | 增加片剂的重量和体积 | 淀粉、糊精、糖粉、乳糖、可压性淀粉、微晶纤维素等 |
| 吸收剂 | 吸收挥发油及其他液体成分 | 硫酸钙、磷酸氢钙、轻质氧化铝等 |
| 润湿剂与黏合剂 | 调节黏性 | 水、乙醇、淀粉浆、羧甲基纤维素钠溶液、糖浆等 |
| 崩解剂 | 加速崩解 | 干淀粉、羧甲基淀粉钠、低取代羟苯基纤维素、交联聚维酮等 |
| 润滑剂 | 增加流动性 | 硬脂酸镁、滑石粉、微粉硅胶等 |

压片过程中常见的问题及解决方法见表6－21。

**表6－21　片剂压片常见问题及解决方法**

| 压片问题 | 原因 | 解决方法 |
|---|---|---|
| 裂片、松片 | 原材料引起裂片 | 可将纤维性强的药物提取，不能原粉参与压片；对含油量较大的药物，可在吸收或提油包合之后参与压片 |
| | 赋形剂引起的裂片 | 若颗粒细粉过多，则增加黏合剂的黏合力；若颗粒太粗，则减少黏合剂的黏合力 |
| | 颗粒含水量过高/低 | 控制颗粒含水量在3%～5% |
| 黏冲 | 颗粒太潮 | 降低颗粒含水量 |
| | 颗粒过黏 | 调整稀释剂或制粒方式 |
| | 润滑剂选择不当 | 调整或增加润滑剂比例 |
| 崩解迟缓 | 黏合太强 | 调整黏合剂种类或用量 |
| | | 调整浸膏含水量 |
| | 崩解剂崩解能力弱 | 调整崩解剂种类或用量，调整崩解剂加入方式 |

片剂包衣一般有糖衣和薄膜衣。糖衣外形美观，对片芯有较强的封闭作用，但存在工序多、时间长、污染大、成本高等缺点。现片剂广泛采用包薄膜衣的方式。

（3）胶囊剂。

胶囊剂的制备工艺同片剂，制成颗粒后“装胶囊”。

（4）糖浆剂。

糖浆剂是指含原料药物的浓蔗糖水溶液。

①优点及一般规定。

糖浆剂能掩盖药物的不良气味，尤其受儿童欢迎。与固体制剂相比，糖浆剂制备工艺不含干燥、制粒过程。

糖浆剂含蔗糖量不得低于 45%；应澄清，允许有少量摇之易散的沉淀；一般应检查装量、相对密度、pH 等。

②制备工艺。

糖浆剂制备工艺一般分为热溶法和冷溶法，混合法很少用，如图 6－11 所示。热溶法糖浆剂颜色比较深，适合对热稳定的药物和有色糖浆的制备。冷溶法糖浆剂颜色较浅，适用于对热不稳定的药物，但耗时较长，容易污染微生物。

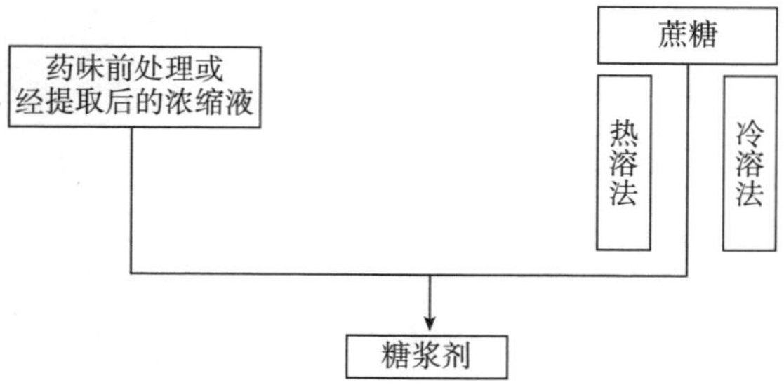


**图 6－11　糖浆剂制备工艺大致流程**

③易出现的问题及解决办法。

糖浆剂容易出现微生物超标。特别是工艺中提取了挥发性成分的糖浆剂，挥发油一般在配制后期加入，加入后一般没有加热煮沸灭菌的过程，容易出现微生物超标。解决办法：严控各工序，防止带入微生物；如为非连续生产，则注意多功能提取罐冷却器、冷凝器及油水分离器带入微生物的风险；注意挥发油的保存条件，不能在保存期带入微生物。

糖浆剂容易出现沉淀。糖浆剂放置产生沉淀的原因大致有两种：过滤完全后再次析出沉淀或过滤不完全。糖浆剂“过滤完全后再次析出”的沉淀，一般为“摇之易散的沉淀”，符合《中国药典》关于糖浆剂的相关规定。糖浆剂“过滤不完全”，放置后会产生远多于之前的沉淀，原因可能是糖浆剂成分复杂，属于热力学不稳定系统，未完全过滤的颗粒为该热力学不稳定系统提供了“沉淀的介质”。若沉淀“摇之不散”，则不符合《中国药典》相关规定，原因多为“过滤不完全”。

过滤本身并不难，重要的是如何在过滤的同时不影响过滤速度、收率及质量。例如，如果滤膜孔径过小，如 5 目，会导致过滤环节损失较大，速度太慢，且可能影响质量。根据中药糖浆剂的特点，有效过滤孔径 300 目，能解决大部分糖浆剂的“沉淀问题”。

（5）合剂（口服液）。

合剂是指饮片用水或其他溶剂，采用适宜的方法提取制成的口服液体制剂（单剂量灌装者也可称为“口服液”）。合剂的制备工艺和注意点与糖浆剂类似。

合剂若加蔗糖，除另有规定外，含糖量一般不高于 20%（g/mL）；应澄清，允许有少量摇之易散的沉淀；一般应检查装量、相对密度、pH 等。

### 6.3.4.2 制剂处方前研究

制剂原料的性质对制剂工艺、辅料、设备的选择有较大影响，在很大程度上决定了制剂成型的难易程度。所谓制剂处方前研究，是“将制剂原料的性质与制剂串联起来的研究”，是指研究了解制剂原料的性质与不同药物剂型的特点、制剂要求，便于有针对性地制成或研发成某种制剂、某类剂型。

制剂处方前研究应掌握的信息如表 6－22 所示。[10]

**表 6－22　制剂处方前研究应掌握的信息**

| 制剂 | 应了解的原料性质 |
| --- | --- |
| 固体制剂 | 溶解性、吸湿性、流动性、稳定性、可压性、堆密度等 |
| 口服液体制剂 | 溶解性、酸碱性、稳定性以及嗅、味等 |

以有效成分或有效部位为制剂原料的，应加强对其与辅料相互作用的研究，必要时还应了解其生物学性质。

### 6.3.4.3　制剂处方研究

制剂处方研究是指根据制剂原料性质、剂型特点、临床用药要求等，筛选适宜的辅料，确定制剂处方的过程。[10] 该项研究是制剂成型研究的基础，目的是使制剂处方和制剂工艺适应工业化生产的要求，保证生产时的合理性、可行性及批间一致性。

#### 6.3.4.3.1　常规辅料

辅料除具有赋予制剂成型的作用外，还可能改变药物的理化性质，调控药物在体内的释放过程，甚至改变药物的临床疗效、安全性和稳定性等。

中药复方制剂由于浸膏量大，制剂处方中辅料用量较小。目前，实际工作中制剂处方所用辅料存在一种普适情况，与 10 年前基本相同，即糊精、淀粉、糖粉、乳糖、羧甲基纤维素钠、硬脂酸镁等。此类辅料性质稳定，一般不与药物发生反应，不干扰药品检测，且价格相对较低。2020 年版《中国药典》收载药用辅料有 300 多种，中药复方制剂常用辅料列举如下。

（1）淀粉。

2020 年版《中国药典》收载不同来源的淀粉 5 种及可溶性淀粉、预胶化淀粉（可压性淀粉）各 1 种，后两种为前面 5 种不同来源淀粉的加工品，见表 6－23。

**表 6－23　2020 年版《中国药典》收载淀粉相关信息**

<table>
<tr><th>名称</th><th>来源</th><th>性状</th><th>溶解性</th><th>用途</th></tr>
<tr><td>小麦淀粉</td><td>禾本科植物小麦（Triticum aestivum L.）的颖果</td><td rowspan="5">白色或类白色粉末</td><td rowspan="5">水或乙醇中不溶</td><td>填充剂、崩解剂</td></tr>
<tr><td>马铃薯淀粉</td><td>茄科植物马铃薯（Solanum tuberosum L.）的块茎</td><td>稀释剂、黏合剂</td></tr>
<tr><td>木薯淀粉</td><td>大戟科植物木薯（Manihot esculenta Crantz）的块根</td><td>填充剂、崩解剂</td></tr>
<tr><td>玉米淀粉</td><td>禾本科植物玉蜀黍（Zea mays L.）的颖果</td><td>填充剂、崩解剂</td></tr>
<tr><td>豌豆淀粉</td><td>豆科植物豌豆（Pisum sativum L.）的种子</td><td>填充剂、崩解剂</td></tr>
<tr><td>可溶性淀粉</td><td>淀粉通过酸水解等方法加工，改善其在水中的溶解度制得</td><td colspan="2">①白色或类白色粉末，在水或乙醇中不溶，在沸水中溶解；<br>②有引湿性；<br>③应标明产品的淀粉来源</td><td>稀释剂、黏合剂</td></tr>
<tr><td>预胶化淀粉</td><td>淀粉通过物理方法加工，改善其流动性和可压性制得</td><td colspan="2">①白色或类白色粉末，在水中溶胀；<br>②有引湿性；<br>③应标明产品的淀粉来源；<br>④应标明粒度与粒度分布、水中溶解物的标示值</td><td>填充剂、崩解剂和黏合剂</td></tr>
</table>

中药制剂中使用较多的为表 6－23 中 5 种来源的普通淀粉。淀粉可压性较差，常与可压性较好的糖粉、糊精混合使用。

可溶性淀粉是通过轻度酸或碱处理得到的淀粉；吸附力强，可以改善药物的流动性；在制备颗粒的过程中，可以弥补糊精黏度大、不易制粒的缺陷，且制备的颗粒剂口感较好，常用于无糖颗粒的制备。

预胶化淀粉根据预胶化程度分为全预胶化淀粉（fully pregelatinized starch）和部分预胶化淀粉（partially pregelatinized starch）。预胶化程度不同，功能也不同。全预胶化淀粉在冷水中能够完全溶解，用于湿法制粒时可不加热直接制备淀粉浆；部分预胶化淀粉含有可溶的（凝胶化）和不可溶的成分，因而具有黏合与崩解的双重属性[11]，可压性、崩解性均较好，能有效解决片剂溶出度低、裂片等问题[12,13]。

（2）糊精。

2020 年版《中国药典》收载了 2 种类型糊精，不包括 α－环糊精、β－环糊精、γ－环糊精，见表 6－24。

**表 6－24　2020 年版《中国药典》收载糊精相关信息**

| 名称 | 性状 | 性质 | 用途 |
|---|---|---|---|
| 麦芽糊精 | 白色或类白色粉末或颗粒 | ①在水中易溶，在无水乙醇中几乎不溶；<br>②有引湿性；<br>③分子式一般为（$C_6H_{10}O_5$）$_n$；<br>④含葡萄糖当量值（*DE* 值）≤20；<br>⑤制粒中黏性大于糊精，口感优于糊精 | ①稀释剂、黏合剂、增稠剂和包衣材料；<br>②若使用糊精作为底料制成的颗粒中细粉较多，可考虑将之替换为麦芽糊精 |
| 糊精 | 白色或类白色无定形粉末 | ①在沸水中易溶，在乙醇或乙醚中不溶；<br>②有引湿性；<br>③应标明淀粉来源；<br>④分子式一般为（$C_6H_{10}O_5$）$_n$·$xH_2O$ | ①填充剂、黏合剂；<br>②有较强的黏结性，常与糖粉、淀粉混合作为片剂辅料，不适用于弹性大、纤维性强的物料压片 |

（3）蔗糖。

2022 年版《中国药典》收载蔗糖类辅料相关信息见表 6－25。

**表 6－25　2020 年版《中国药典》收载蔗糖类辅料相关信息**

| 名称 | 性状 | 性质 | 用途 |
|---|---|---|---|
| 蔗糖 | 无色结晶或白色结晶性松散粉末 | ①在水中极易溶解，在乙醇中微溶，在无水乙醇中几乎不溶；<br>②黏性较糊精强，片剂辅料中如含糖粉，久贮硬度容易增加 | ①矫味剂、黏合剂；<br>②一般不与微晶纤维素合用 |
| 可压性蔗糖 | 白色或类白色结晶性粉末或微小颗粒 | ①在水中极易溶解；<br>②含蔗糖（$C_{12}H_{22}O_{11}$）应为 95.0%～98.0%；<br>③可含有淀粉、麦芽糊精、转化糖及适当的助留剂 | 稀释剂、甜味剂 |

（4）微晶纤维素。

微晶纤维素在水中不溶，片剂中含量超过 20%，具有崩解效果。2020

年版《中国药典》收载微晶纤维素相关信息见表 6－26。

**表 6－26　2020 年版《中国药典》收载微晶纤维素相关信息**

| 名称 | 性状 | 性质 | 用途 |
|---|---|---|---|
| 微晶纤维素 | 白色或类白色粉末或颗粒状粉末 | ①在水、乙醇、乙醚、稀硫酸或5%氢氧化钠溶液中几乎不溶；②应标明产品型号，粒度分布和堆密度的标示值 | ①填充剂、崩解剂；②一般不用于颗粒剂，可用于粉末直接压片 |

（5）乳糖、无水乳糖、木糖醇、甘露醇。

乳糖和无水乳糖在中药制剂中应用率并不高。在化学药品固体制剂的组成辅料中，乳糖和微晶纤维素是口服剂型中最常用的辅料，约 45% 的辅料含不同比例的乳糖和微晶纤维素。2020 年版《中国药典》收载乳糖、无水乳糖、木糖醇、甘露醇相关信息见表 6－27。

**表 6－27　2020 年版《中国药典》收载乳糖等辅料相关信息**

| 名称 | 性状 | 性质 | 用途 |
|---|---|---|---|
| 乳糖 | 白色至类白色结晶性颗粒或粉末 | ①含 $C_{12}H_{22}O_{11}$ 应为 98.0%～102.0%；②在水中易溶，在乙醇、三氯甲烷或乙醚中不溶；③含水分应为 4.5%～5.5%；④研磨乳糖极力推荐湿法制粒工艺 | ①填充剂、矫味剂；②可压性好，可用于直接压片，吸湿性较糖粉弱，略甜，与氨基酸、苯丙胺有配伍禁忌 |
| 无水乳糖 | 白色至类白色结晶性颗粒或粉末 | ①含 $C_{12}H_{22}O_{11}$ 应为 98.0%～102.0%；②在水中易溶，在乙醇、三氯甲烷或乙醚中不溶；③依法测定，含水分不得超过 1.0%；④具有良好的流动性和优异的压片及再压实性能 | ①填充剂、矫味剂；②可压性好，可用于直接压片；③不含游离水和结晶水，传统上用于对水敏感的处方中 |
| 木糖醇 | 白色结晶或结晶性粉末 | ①含 $C_5H_{12}O_5$ 不得少于 98.0%；②在水中极易溶解，在乙醇中微溶；③是人体正常糖类代谢的中间体之一 | ①甜味剂、营养药、代糖；②在体内代谢不依赖胰岛素的参与，禁用于胰岛素诱发的低血糖症患者 |

续表

| 名称 | 性状 | 性质 | 用途 |
| --- | --- | --- | --- |
| 甘露醇 | 白色结晶或结晶性粉末，无臭 | ①含 $C_6H_{14}O_6$ 应为 98.0% ~ 102.0%；<br>②在水中易溶，在乙醚和乙醇中几乎不溶或不溶；<br>③爽口、造粒性好，溶解时吸热 | ①脱水药、代糖；<br>②广泛用于醒酒药、口中清凉剂等咀嚼片的制备 |

（6）羧甲基纤维素钠、羧甲基淀粉钠。

2020 年版《中国药典》收载羧甲基纤维素钠、羧甲基淀粉钠的相关信息见表 6 – 28。

**表 6 – 28　2020 年版《中国药典》收载羧甲基纤维素钠、羧甲基淀粉钠相关信息**

| 名称 | 性状 | 性质 | 用途 |
| --- | --- | --- | --- |
| 羧甲基纤维素钠 | 白色至微黄色纤维状或颗粒状粉末 | ①含 Na 应为 6.5% ~ 9.5%；<br>②在水中溶胀成胶状溶液，在乙醇、乙醚或三氯甲烷中不溶；<br>③极具引湿性；<br>④以 MPa · s 或 Pa · s 为单位标明黏度标示值；<br>⑤应标明黏度测定时的溶液浓度、测定条件 | ①崩解剂、黏合剂、增稠剂和填充剂；<br>②用作黏合剂时浓度一般在 1% ~ 2%，黏性较强，常用于可压性较差的物料 |
| 羧甲基淀粉钠 | 白色或类白色粉末 | ①在乙醇中不溶；<br>②有引湿性；<br>③应标明原料淀粉来源、型号；<br>④应标明粒度和粒度分布；<br>⑤A、B、D 型应标明膨胀体积的标示值或范围 | ①崩解剂、填充剂；<br>②吸水膨胀作用显著，一般用作崩解剂，用量为 4% ~ 8% |

#### 6.3.4.3.2　制剂处方筛选研究

制剂处方筛选研究，可根据药物、辅料的性质，结合剂型特点，采用科学、合理的试验方法和合理的评价指标进行。制剂处方筛选研究应考虑以下因素：临床用药的要求、制剂原辅料性质、剂型特点等。通过制剂处方筛选研究，初步确定制剂处方组成，明确所用辅料的种类、型号、规格、用量等。[10]

中药复方制剂由于成分复杂、有效成分不明确、浸膏量大等固有特点，尚无法针对性地进行制剂处方筛选研究。中药复方制剂的处方筛选研究一般是在完成剂型选择的基础上，根据经验在6.3.4.3.1节常规辅料中选用1~3种进行研究，使用最广泛的辅料为淀粉、糊精、淀粉。大部分中药复方制剂能使用这3种辅料解决处方筛选的问题，主要是基于经验进行选择。

### 6.3.5 包装选择

应根据产品的影响因素及稳定性研究结果，选择直接接触药品的包装材料和容器。选用的包装材料和容器应符合直接接触药品的包装材料和容器、药品包装标签管理等相关要求。[10]

为简化药品审批程序，直接接触药品的包装材料和容器、药用辅料由单独审批改为在审批药品注册申请时一并审评审批。[14]

常用包装材料按材质可分为高密度聚乙烯、低密度聚乙烯、聚丙烯、聚对苯二甲酸乙二醇酯、聚氯乙烯等，见表6-29。国家药品监督管理局药品审评中心信息公开项下有各厂家药品包装材料登记信息。

**表6-29 常用包装材料简介及用途**

| 包装材料 | 简介 | 用途 |
|---|---|---|
| 高密度聚乙烯（HDPE） | 软化点为125~135℃，使用温度可达100℃ | 一般制作成瓶，用于糖浆剂、合剂、口服液、丸剂、片剂的包装 |
| 低密度聚乙烯（LDPE） | 化学稳定性能较好，耐碱、耐一般有机溶剂 | 一般用于制备液体制剂包装瓶、安瓿及复合膜、袋等，如滴眼剂瓶、滴耳剂瓶、安瓿等 |
| 聚丙烯（Polypropylene，PP） | 半结晶的热塑性塑料，具有较高的耐冲击性，抗多种有机溶剂和酸碱腐蚀 | 常用于制备输液瓶、安瓿、量杯及复合膜、袋等 |
| 聚对苯二甲酸乙二醇酯（PET） | 分子式为（$C_{10}H_8O_4$）$_n$，结晶型饱和聚酯，在较宽的温度范围内具有优良的物理机械性能 | 常用于制备药用复合硬片、瓶、双轴取向膜等 |
| 聚氯乙烯（Polyvinyl Chloride，PVC） | 分子结构为—（$CH_2$—CHCl）$_n$—，是含有少量结晶结构的无定形聚合物 | 常用于制备药用复合硬片及复合膜、袋等 |

## 6.3.6　中试研究[10]

中试研究要考虑与商业规模生产的连接。中试研究过程要制定详细的工艺规程，并做好记录。

中试研究是对实验室工艺合理性的验证与完善，是保证工艺达到生产稳定性、可操作性的必要环节。通过中试研究，可明确所有关键步骤及其工艺参数控制范围，明确中间产物（如浸膏等）的得率范围，发现工艺可行性、劳动保护、环保、生产成本等方面存在的问题。

质量标准的制定、稳定性考察、药理毒理和临床研究所用样品都应经中试研究确定的工艺制备而成。中试研究设备与生产设备的技术参数应基本相符。中试样品如用于临床研究，则应当在符合《药品生产质量管理规范》条件的车间制备。

### 6.3.6.1　中试研究的规模与批次

一般情况下，中试研究的投料量为制剂处方量（以制成 1000 个制剂单位计算）的 10 倍以上。装量大于或等于 100mL 的液体制剂应适当扩大中试规模。以有效成分、有效部位为原料或以全生药粉入药的制剂，可适当减少中试研究的投料量，但要达到中试研究的目的。

中试研究一般需经过多批次试验，以达到工艺稳定的目的。中试研究半成品率、成品率应相对稳定。申报临床研究时，一般应提供 3 批稳定的中试研究数据[10]，包括批号、投料量、半成品量、辅料量、成品量、成品率、量质传递相关性和转移率范围等。申报生产许可时，应提供至少 3 批稳定的中试研究数据。

### 6.3.6.2　中试研究的质量控制

中试研究过程中应考察并收集各关键工序的工艺参数及相关的检测数据，注意建立中间体的内控质量标准。与样品含量测定相关的药材，应提供所用药材及中试样品含量测定数据，并计算转移率。

药学研究中所有化学对照品、中试研究中的药材以及各类原料、辅料、包装均应建立台账和完整的出入库记录。此项不仅是药学核查重点内容，还是申报资料重点内容。

### 6.3.7 商业规模生产[10]

商业规模生产重点考察在规模化条件下，产品质量的均一性、稳定性，特别是与临床试验用样品质量的一致性，并进行对比与评估。通过研究，明确适用于商业规模生产的所有工艺步骤及其工艺参数控制范围，明确原料、中间产物、质量风险点，保障工艺稳健、可行性。

商业规模生产应关注与设备的匹配性、生产各环节的流畅与便捷。产品质量的一致性、均一性及生产效率是衡量商业规模生产的重要指标。

### 6.3.8 工艺验证[10]

应在开展临床试验前完成关键环节、关键工艺参数的验证，在完成临床试验、申请上市许可前完成完整的工艺验证。工艺验证的生产环境要符合《药品生产质量管理规范》的要求，生产设备要与拟定的生产规模相匹配。

## 6.4 质量研究

中药新药的质量研究是指在中医药理论的指导下，利用各种技术、方法和手段，研究影响药品有效性和安全性的因素，确定药品关键质量属性的过程。质量研究的目的是确定质量控制指标和可接受范围，为药品生产过程控制和质量标准建立提供依据，保证药品的安全性、有效性和质量可控性[3]。

### 6.4.1 基本原则

#### 6.4.1.1 遵循中医药理论指导

中药制剂的物质基础复杂，在进行质量研究时，应尊重传统中医药理论与实践，根据不同药物的特点，结合在已有人用经验中的运用方式，有针对性地开展质量研究，反映中药整体质量。

#### 6.4.1.2　传统质量控制方法与现代质量研究方法并重

传统质量控制方法对中药的质量研究和质量控制具有重要意义，不能一概舍弃，应与现代质量研究方法结合使用。传统质量控制一般包括性状、水分测定、理化鉴别、显微鉴别等，相较于现代质量研究方法，传统质量控制方法简便、节省成本，某些时候反而更高效、更无法替代。

现代质量研究方法一般指 2020 年版《中国药典》中收载的现代分析技术，如薄层鉴别、浸出物测定、高效液相色谱法、原子吸收分光光度法、指纹图谱检测技术、DNA 条形码检测技术等，为可量化的识别和控制方法。在建立此类方法时，应考虑方法的成本、可操作性及耐用性。

#### 6.4.1.3　结合安全性、有效性研究结果进行质量研究

中药新药的质量控制方法和指标应能反映药品的安全性与有效性。要重点关注文献报道和临床试验中的安全性与有效性资料，如果有文献报道某类成分在药理毒理试验中发现了不良反应，则该类成分应是质量研究重点关注对象，在至少 3 批中试规模样品检测数据的基础上决定是否收入质量标准正文。

此外，对于不稳定的有效成分，也需要根据研究情况制定相应的标准，如丹参酮ⅡA、丹酚酸 B 等。

#### 6.4.1.4　质量研究应贯穿中药质量控制全过程

中药质量研究应体现在通过构建符合中药特点的全过程质量控制体系，保证中药新药质量相对稳定均一上。故中药质量研究应对原辅料购进与检验、药材前处理、生产工艺及设备选择、半成品、成品等所有环节进行研究，并针对不同环节特点进行质量控制。

如成品中有含量控制的成分，则药材购买、前处理和生产工艺中均要对该成分进行监控并计算转移率。理论上说，生产工艺中每一条提取路线均应至少有 1 个可量化的控制指标，在研发阶段用于筛选工艺参数，在生产阶段用于质量控制。

### 6.4.2 主要内容[3]

#### 6.4.2.1 药材/饮片

作为制剂源头，药材/饮片质量直接影响制剂质量，应加强药材/饮片生产全过程质量研究与控制。

中药新药用药材/饮片的质量控制，除应参考药材/饮片的药典标准外，还应结合药材/饮片、关键中间体、制剂的相关性研究结果，确定药材/饮片的质量控制指标，以满足中药新药的质量设计要求。在制定质量控制指标的限度时，一定要结合至少3批中试规模样品的测定结果，小试规模的样品不能用于质量控制指标限度的制定。

#### 6.4.2.2 关键中间体

关键中间体的研究是中药新药质量研究的重要内容，根据药品的不同特点，研究关键中间体的理化性质，以及与安全性、有效性相关的影响因素。关注关键中间体中与安全性相关的物质保留或富集情况。若工艺路线中有多条提取路线，则关键中间体不止一个，建议根据其制备工艺特点对每一个关键中间体进行质量研究。

6.4.2.2.1 理化性质

理化性质的研究对于关键中间体的质量控制、后续的制剂研究等具有重要意义。对于化学成分复杂、有效成分不明确的中药复方制剂，应关注其整体的理化性质研究。

对于液体和半固体，应根据后续制剂的需要和药用物质组成的研究情况，从性状、相对密度、pH、澄明度、流动性、含固量等质量信息中确定影响药品质量的关键质量属性。

对于饮片不经提取直接粉碎入药的，应重点关注药粉的粉碎粒度和粒径分布等。

对于浸膏粉，应在普通粉体研究（包括流动性、引湿性等）的基础上，对其整体特征进行研究，根据药物本身的性质和后续制剂的要求，确定其关键质量属性。

6.4.2.2.2　与安全性有关的因素

（1）内源性毒性成分。

处方中若含有毒性药味，则应结合毒理学研究结果合理分析内源性毒性情况，同时关注含有与已发现的毒性成分化学结构类似成分的药味，以及与已知毒性药味相同科属的药味。

对于药味毒性成分明确的，应建立毒性成分的限量检查方法，明确安全限量或规定不得检出。若毒性成分同时是有效成分，则应根据文献报道和安全性、有效性研究结果制定含量范围（上下限）。

（2）外源性污染物。

对于可能由药材/饮片中引入农药残留、重金属的，应分析其在关键中间体和制剂中的保留情况。根据至少 3 批中试规模样品的检测数据进行分析，如中试规模样品的关键中间体和制剂均未能检测到相关农药残留及重金属，则可以不列入成品质量标准，视情况研究建立必要的农药残留和重金属检查方法，以对关键中间体进行检测。

对于关键中间体制备过程中使用有机溶剂和树脂的，应研究分析其在关键中间体中的保留或富集情况，评估安全性风险，并制定合理的控制方法。

对于已发现的易受真菌毒素污染的药材/饮片，若采用原粉入药，则应结合关键中间体和新药稳定性研究结果，研究确定药材/饮片的真菌毒素控制方法。若有包含发酵过程的药材/饮片（如曲剂等），则应对可能产生的真菌毒素制定相应的检测方法并加以控制。

6.4.2.2.3　化学成分或组分

关于中药 1.1 类复方制剂的化学成分研究相对较少，重点关注与中药安全性、有效性相关的化学成分，关注处方中君药、贵细药或用量较大药味的化学成分或组分。

中药1.2类新药在制备过程中有目的地富集了与药效有关的化学成分/成分群，应重点、系统地研究提取物的组成、含量及比例，并通过单一成分含量、大类成分含量及组成、指纹/特征图谱等多种方式予以充分表征；同时，应对提取物中有效成分之外的成分种类和含量进行研究，以保证药用物质稳定可控。

#### 6.4.2.3 制剂

##### 6.4.2.3.1 制剂通则要求

不同剂型的一般要求可参照2020年版《中国药典》制剂通则的规定，常见中药剂型的通则要求见表6－30。

**表6－30 常见中药剂型的通则要求**

| 剂型 | 通则要求指标 |
| --- | --- |
| 片剂 | 崩解时限、片重差异、硬度、脆碎度、微生物限度 |
| 胶囊剂 | 水分、装量差异、崩解时限、微生物限度 |
| 颗粒剂 | 粒度、水分、溶化性、装量差异、装量、微生物限度 |
| 糖浆剂、合剂 | 澄清度、相对密度、pH、装量、微生物限度 |
| 丸剂 | 水分、重量差异、装量差异、装量、溶散时限、微生物限度（含量均匀度） |
| 散剂 | 粒度、外观均匀度、水分、装量差异、装量、无菌、微生物限度 |
| 贴剂 | 黏附力、含量均匀度、重量差异、释放度、微生物限度 |
| 贴膏剂 | 含膏量、耐热性、赋形性、黏附力、含量均匀度、微生物限度 |

去除微生物的方法应经过验证，并保证对药物成分无影响，且残留符合相关要求。半成品、成品的微生物限度检查方法除应符合2020年版《中国药典》的相关规定外，还需进行方法学验证，提供微生物限度检查方法验证方案及验证报告。[8]

##### 6.4.2.3.2 其他

对于中药1.2类新药，建议根据剂型的要求开展溶出度研究，建立相应的溶出度检查方法。

对于药用物质在制剂中含量较少或者某一药用组分在制剂处方中占比

较小的药品，混合均匀度是保证药品质量均一的关键步骤，应进行相关研究及验证。

## 6.5 稳定性研究

### 6.5.1 概述

根据研究目的和条件不同，稳定性研究内容可分为影响因素试验、加速试验和长期试验等。稳定性研究具有阶段性特点，不同阶段具有不同的目的。一般始于药品的临床前研究，贯穿药品研究与开发的全过程，在药品上市后还要继续进行稳定性研究。[15]

原料药物及制剂稳定性重点考察项目见表 6－31。[16] 研究者必须按要求保存相关记录和图谱，稳定性研究数据和图谱需要在申报资料中提交，且为药学核查重点项目。

对于包装在有通透性容器内的药物制剂，应当考虑药物的湿敏感性或可能的溶剂损失。

**表 6－31　原料药物及制剂稳定性重点考察项目**

| 剂型 | 稳定性重点考察项目 | 剂型 | 稳定性重点考察项目 |
|---|---|---|---|
| 原料药 | 性状、熔点、含量、有关物质、吸湿性以及根据品种性质选定的考察项目 | 凝胶剂 | 性状、均匀性、含量、有关物质、粒度，乳胶剂应检查分层现象 |
| 片剂 | 性状、含量、有关物质、崩解时限或溶出度或释放度 | 丸剂 | 性状、含量、有关物质、溶散时限 |
| 胶囊剂 | 性状、含量、有关物质、崩解时限或溶出度或释放度、水分，软胶囊要检查内容物有无沉淀 | 眼用制剂 | 如为溶液，则应考察性状、可见异物、含量、pH、有关物质；<br>如为混悬液，则应考察粒度、再分散性；<br>洗眼剂应考察无菌性；<br>眼丸剂应考察粒度与无菌性 |

续表

| 剂型 | 稳定性重点考察项目 | 剂型 | 稳定性重点考察项目 |
| --- | --- | --- | --- |
| 注射剂 | 性状、含量、pH、可见异物、不溶性微粒、有关物质，应考察无菌性 | 糖浆剂 | 性状、含量、澄清度、相对密度、有关物质、pH |
| 栓剂 | 性状、含量、融变时限、有关物质 | 口服溶液剂 | 性状、含量、澄清度、有关物质 |
| 软膏剂 | 性状、均匀性、含量、粒度、有关物质 | 口服乳剂 | 性状、含量、分层现象、有关物质 |
| 乳膏剂 | 性状、均匀性、含量、粒度、有关物质、分层现象 | 口服混悬剂 | 性状、含量、沉降体积比、有关物质、再分散性 |
| 糊剂 | 性状、均匀性、含量、粒度、有关物质 | 散剂 | 性状、含量、粒度、有关物质、外观均匀度 |
| 气雾剂（非定量） | 不同放置方位（正、倒、水平）、有关物质、揿射速率、揿出总量、泄漏率 | 气雾剂（定量） | 不同放置方位（正、倒、水平）、有关物质、递送剂量均一性、泄漏率 |

稳定性研究除需样品和检测设备外，还需控温、控湿、光照等设备，该类设备应能较好地对试验要求的环境条件进行控制和监测，如应能控制温度±2℃，相对湿度±5%，照度±500lx等，并能对真实温度、湿度与照度进行监测。

稳定性试验箱按产地分为进口和国产，较知名的进口厂家有 Weiss Technik、Q－Lab、ESPEC、Angelantoni、Cincinnati Sub－Zero 等。近年来，国产稳定性试验箱质量飞速提高，现已能满足相关法规的要求。较为知名的国产厂家有多禾试验设备（上海）有限公司、北京雅士林试验设备有限公司、上海林频仪器股份有限公司、北京中电兴仪试验设备有限公司、上海爱斯佩克环境设备有限公司、全一通测试仪器有限公司、上海苏盈试验仪器有限公司、北京兰贝石恒温技术有限公司等。

### 6.5.2 影响因素试验

影响因素试验是在比加速试验更激烈的条件下进行的，可以理解为一种破坏性试验。中药新药必须开展影响因素试验。

在影响因素试验中，原料药物供试品应是一定规模生产的，药物制剂供试品至少是中试规模样品。

### 6.5.2.1　放置条件

影响因素试验可采用 1 批原料药物或 1 批制剂样品进行。如试验结果不明确，则加试 2 个批号的样品。原料药物与制剂的包装及放置条件如下：

#### 6.5.2.1.1　原料药物包装及放置条件

原料药物是指提取物，或从中药、天然药物中提取的有效成分、有效部位，不包括中药材或中药饮片。将供试品置于开口容器中（如称量瓶或培养皿），摊成≤3mm 厚的薄层（疏松原料药物可略厚）。

#### 6.5.2.1.2　制剂包装及放置条件

制剂应为上市包装产品，除去外包装，并根据试验目的和产品特性考虑是否除去内包装。中药制剂浸膏含量较高，一般可不除去内包装。如果希望了解在更剧烈条件下影响产品稳定性的因素，则可除去内包装。

### 6.5.2.2　试验方法及试验条件

#### 6.5.2.2.1　高温试验

设置温度要高于加速试验温度 10℃，一般首先设置 60℃。

取样点：在 60℃条件下放置 30 天，于第 0 天、第 5 天、第 10 天、第 30 天取样检测。与第 0 天比较，若供试品发生显著变化，则在 50℃条件下同方法进行试验。如 60℃条件下供试品无显著变化，则不必进行 50℃试验。

考察项目：见表 6 - 31，参照质量标准规定。

#### 6.5.2.2.2　高湿试验

将供试品除去外包装，置于恒湿密闭设备中，于温度 25℃、RH（相对湿度）92.5% ±5% 条件下放置 10 天。

取样点：在第 0 天、第 5 天、第 10 天取样检测。检测项目还应包括吸湿增重等。若吸湿增重在5%以上，则应在温度25℃、RH 75% ±5%条件下同方法进行试验；若吸湿增重在5%以下，且其他考察项目符合要求，则不再进行此项试验。

考察项目：见表6－31，参照质量标准规定。关注供试品的吸湿潮解性能。

水性的液体制剂，可不进行此项试验。

6.5.2.2.3　强光照射试验

将供试品除去外包装，置于光照箱或其他适宜的光照装置内，可选择输出类似于D65/ID65发射标准的光源，或同时暴露于冷白荧光灯和近紫外灯下。在照度为（4500±500）lx条件下，且光源总照度应不低于$1.2\times10^6$lx·h、近紫外灯能量不低于200W·h/$m^2$，于适宜时间取样。

取样点：一般放置10天，在第0天、第5天、第10天取样检测。试验中，应注意温度与室温保持一致。

考察项目：见表6－31，参照质量标准规定。注意观察供试品的外观变化情况。

### 6.5.3　加速试验

中药新药稳定性研究一般需要进行加速试验，以尽快发现药品大致的稳定性、与包装材料的相容性，初步预测药品的有效期。

加速试验是在加速条件下进行的稳定性试验，目的是在较短的时间内，探讨药物的稳定性，了解原料或制剂的化学、物理和生物学方面的变化情况，初步预测样品的有效期，为制剂设计、质量研究、包装、运输、贮存等提供必要的资料。

#### 6.5.3.1　试验设计

加速试验应采用3批中试及以上规模样品进行，临床试验用样品和商业规模生产样品也应进行长期稳定性试验。

6.5.3.1.1　包装及放置条件

加速试验所用包装材料和封装条件应与拟上市包装一致。放置条件的设置应充分考虑药品在贮存、运输及使用过程中可能遇到的环境因素。

6.5.3.1.2　考察时间和考察项目

考察时间：一般要求考察 6 个月。若加速试验在 6 个月中任何时间点的质量发生显著变化，则进行中间条件试验，建议的考察时间为 12 个月。

考察项目：见表 6－31，按照质量标准检测。

### 6.5.3.2　试验方法及试验条件

6.5.3.2.1　试验条件和取样点

加速试验一般应在温度（40±2）℃、RH 75%±5% 条件下进行，在试验期间第 0、1、2、3、6 个月末取样检测。

若加速试验在 6 个月中任何时间点的质量发生显著变化，则进行中间条件试验，建议的考察时间为 12 个月，即在温度（30±2）℃、RH 65%±5% 条件下进行试验，于第 0、3、6、9、12 个月末取样检测。

6.5.3.2.2　其他

对温度特别敏感的药物，预计只能在冰箱中［(5±3)℃］保存，此种药物的加速试验，可在温度（25±2）℃、RH 60%±5% 的条件下进行，时间为 6 个月。

对拟冷冻贮藏的药物，应对一批样品在（5±3）℃或（25±2）℃条件下放置适当的时间进行试验，以了解短期偏离标准贮藏条件（如运输或搬运时）对药物的影响。

乳剂、混悬剂、软膏剂、乳膏剂、糊剂、凝胶剂、眼膏剂、栓剂、气雾剂、泡腾片及泡腾颗粒宜直接在温度（30±2）℃、RH 65%±5% 的条件下进行试验，其他要求与上述相同。

对于包装在半透性容器中的药物制剂，如低密度聚乙烯制备的输液袋、塑料安瓿、眼用制剂容器等，则应在温度（40±2)℃、RH 25%±5%的条件下（可用 $CH_3COOK \cdot 1.5H_2O$ 饱和溶液）进行试验。

### 6.5.4 长期稳定性试验

长期稳定性试验是在接近药品的实际贮存条件下进行的，所有中药新药稳定性研究均需要进行长期稳定性试验，借此评估药品与包材的相容性，初步确定药品在该包装条件下的有效期。

#### 6.5.4.1 试验设计

长期稳定性试验应采用3批中试及以上规模样品进行，临床试验用样品和商业规模生产样品也应进行长期稳定性试验。

对于申报临床研究的新药，应提供至少6个月的长期稳定性试验考察资料。对于申请上市许可的新药，应提供全部已完成的长期稳定性试验数据，一般情况下，应包括加速试验6个月和长期稳定性试验18个月以上的研究数据，以确定申报注册药品的实际有效期。在中药新药研究工作中，由于临床试验用时较长，研究者可以适当延长考察时间。

##### 6.5.4.1.1 包装及放置条件

长期稳定性试验所用包装材料和封装条件应与拟上市包装一致。这些放置条件的设置应充分考虑药品在贮存、运输及使用过程中可能遇到的环境因素。

##### 6.5.4.1.2 考察时间和考察项目

考察时间：一般应在试验期间第0、3、6、9、12、18、24、36个月末取样检测。

考察项目：同加速试验。

#### 6.5.4.2 试验方法及试验条件

##### 6.5.4.2.1 试验条件和取样点

考虑南方与北方气候的差异，长期稳定性试验可以在以下两个条件中任选其一进行试验［鉴于对室温/常温的一般规定，通常选择条件（1）］，分别于第 0、3、6、9、12、18、24、36 个月末取样检测。

（1）温度（25 ±2）℃，RH 60% ±5%。

（2）温度（30 ±2）℃，RH 65% ±5%。

6. 5. 4. 2. 2　其他

对温度特别敏感的药物，长期稳定性试验可在（5 ±3）℃条件下进行，取样时间点同上。

对于拟冷冻贮藏的药物，长期稳定性试验可在（ −20 ±5）℃的条件下放置至少 12 个月进行考察。

### 6. 5. 4. 3　其他新药研究以外各类变更申请需要的稳定性试验

其他新药研究以外各类变更申请需要的稳定性试验要求如下。[15]

（1）改变生产工艺（非 2. 4 类新药引起药用物质基础或药物吸收、利用明显改变的变更）应提供 6 个月加速试验及长期稳定性试验资料。

（2）变更药品处方中已有药用要求的辅料应提供 6 个月加速试验及长期稳定性试验资料。

（3）变更药品规格，一般情况下，应提供 6 个月的加速试验及长期稳定性试验资料，并与原规格药品的稳定性资料进行对比。

如果仅为装量规格的改变，不变更处方工艺、包装材料，则应进行稳定性分析，酌情进行稳定性研究。一般情况下，有效期可参照原装量规格药品有效期执行。

如果仅为“规格描述的规范化”，则在申请资料中说明，一般不需要进行稳定性研究试验。

（4）变更直接接触的药品包装材料或者容器，一般情况下，应提供变更前后两种包装材料或者容器中药品在不同包装条件下的 6 个月加速试验及长期稳定性试验资料，以考察包装材料的改变对药品质量的影响。

### 6.5.5 稳定性研究结果评价

药品稳定性的评价是对有关试验（如影响因素试验、加速试验、长期稳定性试验）结果进行的系统分析和判断。制剂质量不应有显著变化。

制剂质量的“显著变化”通常定义为[16]：①含量与初始值相差5%，或者采用生物或免疫法测定时效价不符合规定；②降解产物超过标准限度要求；③外观、物理常数、功能试验（如颜色、相分离、再分散性、黏结、硬度、每揿剂量）等不符合标准要求；④pH不符合规定；⑤12个制剂单位的溶出度不符合标准规定。

一般先根据影响因素试验结果，初步确定包装材料或容器，结合稳定性研究结果，进一步验证采用的包装材料和容器合理性。

药品的有效期应根据加速试验和长期稳定性试验的结果分析确定。一般情况下，以长期稳定性试验的结果为依据，取长期稳定性试验中与第0个月数据相比显著变化的最长时间点为有效期。

### 6.5.6 药品上市后的稳定性考察

2020年版《中国药典》原料药物与制剂稳定性试验指导原则（9001）规定：若放大试验比规模生产的数量要小，故申报者应承诺在获得批准后，从放大试验转入规模生产时，对最初通过生产验证的3批规模生产的产品仍进行加速试验与长期稳定性试验。

### 6.5.7 包材相容性试验

中药新药研究过程中，在按相关要求完成稳定性研究之后，一般不再要求进行包材相容性试验，因为新版《中国药典》指导原则中规定的稳定性研究内容与《药品包装材料与药物相容性试验指导原则》中所述内容相同。

## 总结

中药新药药学研究应明确药材的产地和基原，重点关注工艺路线及参数的合理性，确保生产工艺的可重现性。

（朱立彬　陈　骞）

## 参考文献

[1]国家药品监督管理局药品审评中心. 中药新药用药材质量控制研究技术指导原则(试行)(2020 年第 31 号)[Z]. 2020.

[2]国家食品药品监督管理总局. 中药资源评估技术指导原则(2017 年第 218 号)[Z]. 2017.

[3]国家药品监督管理局药品审评中心. 中药新药质量研究技术指导原则(试行)(2021 年第 3 号)[Z]. 2021.

[4]张世臣,孙裕,戴俊东,等. 基于全程质量控制理念的工业饮片标准化体系建设研究[J]. 中国中药杂志,2018,43(14):2837－2844.

[5]国家药监局关于印发进一步加强中药科学监管促进中药传承创新发展若干措施的通知(国药监药注〔2023〕1 号)[Z]. 2023.

[6]国家药监局综合司关于中药饮片生产企业采购产地加工(趁鲜切制)中药材有关问题的复函(药监综药管函〔2021〕367 号)[Z]. 2021.

[7]大品种联盟. 2023 年最新全国各省市中药材允许趁鲜切制品种大汇总[EB/OL]. (2023－08－18).

[8]国家药品监督管理局. 中药注册分类及申报资料要求(2020 年第 68 号通告附件)[Z]. 2020.

[9]刘艳. 温络通外用颗粒的制备工艺及质量标准研究[D]. 北京:北

京中医药大学,2017.

[10]国家药品监督管理局药品审评中心. 中药复方制剂生产工艺研究技术指导原则(试行)(2020年第43号)[Z]. 2020.

[11]崔跃,焦晓升,张川,等. 预胶化淀粉在固体制剂中的应用[J]. 中国医药指南,2011,9(15):39-40.

[12]王胜浩,林芳,韩锦文,等. 预胶化淀粉制备阿昔洛韦胶囊的体外溶出和生物利用度[J]. 中国医药工业杂志,1998(5):21-24.

[13]王金库,杨家柱,杨晶晶,等. 预胶化淀粉在解决卡马西平片质量问题上的创新应用[J]. 中国卫生产业,2017,42(31):42-44.

[14]国家食品药品监督管理总局. 国家食品药品监督管理总局关于药包材药用辅料与药品关联审评审批有关事项的公告(2016年第134号)[Z]. 2016.

[15]中药、天然药物稳定性研究技术指导原则(国食药监注〔2006〕678号)[Z]. 2006.

[16]国家药典委员会. 中华人民共和国药典[M]. 北京:中国医药科技出版社,2020.

第 7 章

# 中药药理毒理学研究

某中药新药已完成药学研究，小杜负责该项目的药理毒理学研究。药理学与毒理学试验方案设计可以参考哪些资料、方案设计有哪些注意事项、如何找到适合的实验单位是小杜接下来需要考虑的问题。

## 7.1 中药药理学研究概况

中药药理学研究一般在毒理学研究之前开展，包含主要药效学、一般药理学及药代动力学等研究，通常围绕中药的功能主治设计。药理学研究相关技术指导原则及可参考书籍见表 7－1、表 7－2。

**表 7－1 部分药理学研究参考指导原则**

| 颁布年份 | 名称 | 颁布单位 |
|---|---|---|
| 2005 | 《化学药物非临床药代动力学研究技术指导原则》 | 国家食品药品监督管理局 |
| 2007 | 《中药、天然药物一般药理学研究技术指导原则》 | 国家食品药品监督管理局药品审评中心 |
| 2014 | 《药物安全药理学研究技术指导原则》 | 国家食品药品监督管理总局 |
| 2014 | 《药物非临床药代动力学研究技术指导原则》 | 国家食品药品监督管理总局 |

**表 7－2 部分药理学研究参考书籍**

| 出版年份 | 名称 | 主编 | 出版社 |
|---|---|---|---|
| 2010 | 《药理实验方法学》（第 4 版） | 魏伟、吴希美、李元建 | 人民卫生出版社 |
| 2011 | 《中药药理研究方法学》（第 3 版） | 陈奇 | 人民卫生出版社 |
| 2016 | 《中药药效研究方法学》 | 陈奇 | 人民卫生出版社 |
| 2021 | 《药理研究方法学》 | 魏伟 | 中国医药科技出版社 |

### 7.1.1 主要药效学

主要药效学研究重点关注以下几点。

（1）根据中药的功能主治及临床特点确立研究目的。

（2）遵循中医药理论，符合“重复、随机、对照”试验设计基本原则。[1]

①重复。重复包括重现性及重复数。重现性是指能在相似条件下重复出试验结果，充分重现试验。重复数意味着需要有足够的试验次数或样本量验证试验的可靠性。决定样本量的因素有很多，通常可根据种属、试验设计来确定样本量，详见表7－3。[2]

**表7－3　样本量需求情况**　　单位：只

| 种属 | 样本量 | | |
|---|---|---|---|
| | 各组 | 计量资料 | 计数资料 |
| 大动物（犬、猪） | 5～10 | ≥5 | ≥10 |
| 中等动物（兔、豚鼠） | 8～20 | ≥6 | ≥20 |
| 小动物（大鼠、小鼠） | 10～30 | ≥10（两组比较） | 20～30（两组比较） |
| | 按剂量分为3～5组，每组≥8 | | |

②随机。随机是指每个实验对象在分组、给药、抽样等环节都有相等的机会，以减少主观因素干扰。一般采用均衡随机方法，即首先按照主要因素，包括体重、性别、疾病模型轻重等进行划区；其次在每区中随机取出等量动物进行分配，也就是饥饱程度、疲劳程度这类次要因素可以随机分配，保证试验的可比性。

③对照。没有对照就没有比较。对照组的设立在试验设计中非常关键，根据研究的目的不同，对照的选取也有所区别，常用的方法见表7－4。

**表7－4　对照组设立方法**

| 方法 | 对照组处理 | 目的 |
|---|---|---|
| 正常对照（空白对照/阴性对照） | ①不给任何外加因素饲养；<br>②给予生理盐水；<br>③给予溶剂/辅料/安慰剂；<br>④假手术处理 | 比较对照组观察给药组在药物作用下的变化 |
| 阳性对照 | 选择功能主治、剂型、给药途径与受试药相似的阳性药物，最好是该疾病公认的治疗药物 | 比较实验药物的作用特点、强度、速度；<br>验证方法和指标的可靠性与准确性 |

**续表**

| 方法 | 对照组处理 | 目的 |
| --- | --- | --- |
| 不同剂量组间互为对照 | 设置 2～3 个剂量组 | 说明量－效关系或药效的剂量依赖性 |
| 模型对照 | 按研究目的建立模型，并与空白对照组比较，证明造模成功 | 研究实验药物对病、证、症的疗效及机制 |
| 自身对照 | 自身给药前后对比 | 观察用药前后的改变 |

（3）整体试验与离体试验相结合，尽量采用整体动物进行试验，必要时选用离体试验互相补充分析。其中，整体试验动物模型的选择应尽量模拟中医病证，运用现代技术建立与中药“证”或“病”相符或相似的动物模型进行试验。一般，需要至少建立两种模型来评价中药的主要功能，如缺乏成熟的动物模型，可进行与功能相关的主要药效学试验。此外，可通过其他整体试验或离体试验阐述中药的作用机制。

以治疗肝肾不足型骨质疏松症的新药为例，药效学试验设计不仅要建立骨质疏松症动物模型，还要建立肝肾不足动物模型予以验证功效。

部分常用中医证候动物模型建模方法见表 7－5[2]。

**表 7－5　部分常用中医证候动物模型建模方法**

| 中医证候 | 类型 | 建模方法 |
| --- | --- | --- |
| 阴虚、阳虚 | 肾阴虚 | 按 1～1. 25mg/只剂量，灌胃或者隔天肌注或皮下注射可的松/氢化可的松 4～5 天 |
| | 肾阳虚 | 按 0. 5～1mg/只剂量，灌胃或肌注可的松/氢化可的松 5～10 天 |
| | 肺阳虚 | 连续 7 周，每天对大鼠进行烟熏刺激 15 分钟，烟熏结束 15 分钟后进行寒冷刺激（0～2℃），每日 2 次，每次 2 小时 |
| | 肺阴虚 | 连续 1 周，每天灌胃甲状腺素粉 3. 33g/kg 和利血平 6mg/kg，再进行烟熏刺激，持续 8 周 |
| | 脾阴虚 | 第 1～14 天：单日每只动物喂食甘蓝 15～20g，禁食、自由饮水，游泳至耐力极限；双日每只动物喂食猪油脂 3mL，自由饮水、饮食；第 15～23 天：每只动物每日增加伤阴药物 3mL |
| | 脾阳虚 | 将大鼠置于温度（16±1℃），RH 95%±3% 环境中连续 9 天 |

续表

| 中医证候 | 类型 | 建模方法 |
| --- | --- | --- |
| 气虚 | 气虚血瘀 | 大鼠冠状动脉结扎术后第 2 周开始减半饮食，并放入水槽游泳，连续 14 天 |
| | 心气虚 | 每日大鼠负重游泳至力竭后灌服大剂量普萘洛尔 |
| | 脾气虚 | 按 3mL/只剂量，上午灌服大黄制剂，每天 1 次；<br>下午负重游泳至力竭，每天 1 次；<br>控制饮食连续 21 天 |
| | 肺气虚 | 烟熏刺激大鼠 75 天，每天 1 次，每次 30 分钟 |
| 血虚 | — | 按 0.25 mL/10 g 对小鼠眼眶取血 |
| 脾虚 | 脾不统血证 | 第 1 天：按 10mL/kg 剂量灌胃白酒；<br>第 2 ~ 11 天：按 10mL/kg 剂量灌胃白醋 10mL/kg；<br>第 12 ~ 25 天：按 10mL/kg 剂量灌胃 1% 阿司匹林 |
| 厥脱证 | — | 大鼠麻醉后仰卧位固定，左股静脉插管推注大肠杆菌内毒素 16mg/kg |
| 肝郁证 | 肝气郁结 | 用尖端包扎纱布的止血钳夹大鼠尾部 30 分钟，每日 3 次，并放于笼中与其他大鼠厮打；<br>按 0.2mL/只剂量每周皮下注射 0.1% 肾上腺素；<br>连续 30 天 |

根据国家药品监督管理局发布的《中药注册管理专门规定》《中药注册分类及申报资料要求》，部分中药新药可减免非临床有效性研究[3,4]。可减免的情形如下。

（1）古代经典名方或中医临床经验方。例如，处方组成、临床定位、用法用量等与既往临床应用基本一致，采用与临床使用药物基本一致的传统工艺，且可通过人用经验初步确定功能主治、适用人群、给药方案和临床获益等。

（2）医疗机构制剂的中药新药。例如，处方组成、工艺路线、临床定位、用法用量等与既往临床应用基本一致，且可通过人用经验初步确定功能主治、适用人群、给药方案和临床获益等。

（3）已上市中药申请增加功能主治。其人用经验证据可支持相应临床定位。

以上可减免非临床有效性研究的情形都是基于申请药物具有充足的人用经验证据，关于人用经验资料的要求可参考《基于人用经验的中药复方制剂新药临床研发指导原则（试行）》[5]。

中药创新药在临床试验前一般要开展主要药效学研究，部分创新药还需提供其他药理学资料，如中药 1.2 类，根据提取物的纯化程度，应在申报资料中体现与拟定的功能主治具有相关性的筛选试验。

### 7.1.2　一般药理学

广义的一般药理学包括安全药理学和次要药效学研究。次要药效学主要研究与预期的治疗目的不相关的活性和/或作用模型，研究方法可参考主要药效学。[6]

安全药理学研究的主要目的为：

（1）确定药物可能关系人安全性的非期望药理作用；

（2）评价药物在毒理学和/或临床研究中所观察到的药物不良反应和/或病理生理作用；

（3）研究所观察到的和/或推测的药物不良反应机制。

安全药理学试验属于非临床安全性评价的一部分，重要生命功能系统的安全药理学一般应按《药物非临床研究质量管理规范》（GLP）管理，追加的或者补充的安全药理学研究应最大限度地遵守 GLP。根据《中药注册管理专门规定》及《中药、天然药物一般药理学研究技术指导原则》要求，以下制剂需开展安全药理学研究[4,7]：

（1）新药材及其制剂；

（2）提取物及其制剂；

（3）采用非传统工艺的中药复方制剂；

（4）可能出现不良反应的制剂，需进行追加的安全药理学研究，即对中枢神经系统、心血管系统和呼吸系统进行深入研究；

（5）当重要系统的安全药理学研究和长期毒性研究未对泌尿系统、自主神经系统、胃肠道系统和其他器官系统进行研究时，可进行补充的安全药理学研究。

### 7.1.3 药代动力学

非临床药代动力学研究的主要目的是阐明药物吸收、分布、代谢和排泄的过程和特征，也可以进一步阐明药物作用机制，作为药效和毒理研究动物选择的依据之一；药物或活性代谢产物浓度数据及其相关药代动力学参数是产生、决定或阐明药效或毒性大小的基础，可提供药物对靶器官效应（药效或毒性）的依据。

因中药成分具有复杂性，在进行非临床药代动力学研究时，需选择适宜的方法开展体内过程或活性代谢产物的研究。根据《中药注册分类及申报资料要求》，以下制剂需开展非临床药代动力学研究。[3]

（1）提取的单一成分制剂：参考《化学药物非临床药代动力学研究技术指导原则》。[8]

（2）缓、控释制剂：临床前进行，并说明其缓、控释特征。

（3）改剂型品种：与原剂型进行药代动力学比较研究。

（4）同名同方药的缓、控释制剂：进行非临床药代动力学比较研究。

（5）拟进行的临床试验中涉及与其他药物（特别是化学药）联合应用：考察可能的药物相互作用。若申请药物为中药复方制剂，则可采用联合用药后的化学药进行药代动力学试验；若申请药物为单一成分制剂，则可参考化学药联合用药的要求进行试验。[9]

（6）其他制剂：视情况（如安全性风险程度）进行药代动力学研究或药代动力学探索性研究。

### 7.1.4 实验单位选择

以2.3类新药为例，需开展拟新增的功能主治相对应的药效学试验，可先从PubMed、知网查询相关文献，筛选2～3家在相关领域研究较多的单位。联系对方，阐述需求，了解是否可以承接该项目，由对方出具初步试验方案并报价，优选一家进行后续合作谈判。

### 7.1.5　试验方案设计

在确定合作单位后，可与合作方共同制定正式试验方案。以主要药效学为例，方案设计应关注以下 8 个方面。[10,11]

（1）试验方法：选择方法时，需根据受试药的临床定位和品种特点设计。

（2）检测指标：检测指标应与所选模型和临床定位具有相关性；指标间可相互印证，综合分析；尽量选择特异性强、客观、定量或半定量的指标。

（3）受试药物：应为处方、工艺、质量相对稳定的制剂或提取物。

（4）动物选择：选择合适的动物进行试验。常用动物有大鼠、小鼠、豚鼠、家兔、犬、猪、猴等，需根据试验目的与要求选用。动物的种属、性别、年龄等应符合试验要求。部分研究动物选择见表 7－6。

**表 7－6　部分研究动物选择**

| 研究类别 | 试验项目 | 动物选择 |
|---|---|---|
| 神经系统 | 条件反射试验 | 小鼠、大鼠 |
| | 神经药理、神经生物和行为观察的补充试验 | 猫、犬 |
| | 脊髓灰质炎 | 猴 |
| | 呕吐试验 | 鸽子、家犬、雪貂、猴、猫 |
| | 热、电刺激及钾离子致痛试验 | 小鼠、大鼠、豚鼠、家兔、犬、猴 |
| | 镇痛剂的依赖性试验 | 猴 |
| | 足跖水肿试验 | 大白鼠 |
| | 过敏性炎症 | 豚鼠 |
| | 镇静催眠和抗精神病药试验 | 选择两个种属进行：小鼠或大鼠，猴或猩猩 |
| 心血管系统 | 急性血压试验 | 猫、犬、大鼠 |
| | 慢性试验性高血压 | 犬、大鼠 |
| | 动物心电图 | 犬、猫、家兔、大鼠、豚鼠 |
| | 心律失常试验 | 大鼠、豚鼠、兔、猫、犬、猴、猪 |

续表

| 研究类别 | 试验项目 | 动物选择 |
| --- | --- | --- |
| 消化系统 | 观察消化道运动 | 小鼠、大鼠、兔、犬 |
| | 慢性试验 | 犬 |
| | 营养不良症 | 幼猪 |
| | 胆石症及胆汁引流 | 犬、兔、猫、大鼠 |
| | 急性/慢性胃溃疡 | 大鼠 |
| | 肠梗阻和肠黏膜病变 | 大鼠、犬、小鼠 |
| | 厌食试验 | 犬、猫、大鼠、小鼠 |
| 呼吸系统 | 镇咳药试验 | 小鼠、豚鼠 |
| | 组胺及乙酰胆碱气雾法引喘 | 豚鼠（幼鼠，体重不超过200g） |
| | 慢性支气管炎 | 猴 |
| | 试验性肺纤维化、硅肺、肺水肿 | 大鼠 |
| 泌尿系统 | 利尿药及抗利尿药试验 | 大鼠、小鼠、猫、兔、犬 |
| | 肾炎及肾结石 | 兔、大鼠、犬 |
| | 糖尿病 | 大鼠、兔、犬 |

（5）分组及给药方式：除正常对照组外，其余各组均应经验证建模成功后随机分组，以保证组间均衡性。给药方式包含预防给药和治疗给药，根据临床实际用药情况尽量选择治疗给药方式。

（6）给药剂量及途径：至少设置低、中、高3个剂量组，以探讨量-效关系，剂量选择应合理。给药途径应与临床拟用给药途径一致，若选择其他给药途径，则要有充分的理由。

（7）阳性对照药：尽量选择功能主治、剂型、给药途径与受试药相似的阳性药物，最好是该疾病公认的治疗药物。

（8）预试验：必要时可开展预试验，根据预试验结果细化试验方案。

### 7.1.6 国内部分药理学研究机构

目前，国内可开展药理学研究的部分机构及其可承接药理学试验见表7-7。

**表 7-7　国内可开展药理学研究部分机构及其可承接药理学试验**

| 机构名称 | 可承接药理学试验 | |
|---|---|---|
| 博济医药科技股份有限公司 | 抗肿瘤药物药效；<br>心脑血管药物药效；<br>内分泌及代谢药物药效 | 神经系统药物药效；<br>外用制剂（含吸入制剂）药效；<br>其他药物药效 |
| 北京昭衍新药研究中心股份有限公司 | 肿瘤；<br>眼科疾病；<br>呼吸系统疾病；<br>中枢神经系统疾病；<br>心血管疾病 | 代谢性疾病；<br>血液系统疾病；<br>炎症；<br>传染病 |
| 美迪西生物医药公司 | 肿瘤模型；<br>人源肿瘤异种移植模型（PDX 模型）；<br>人源移植瘤类器官模型（PDXO 模型）；<br>心血管疾病模型；<br>消化系统疾病模型 | 内分泌及代谢性疾病模型；<br>炎性和免疫性疾病模型；<br>神经系统疾病；<br>眼科疾病模型；<br>其他疾病模型 |
| 无锡药明康德新药开发股份有限公司 | 心血管疾病；<br>呼吸类疾病；<br>糖尿病和肥胖症；<br>脂肪肝；<br>神经退化和认知障碍 | 疼痛；<br>睡眠；<br>精神类疾病；<br>病毒及细菌感染模型 |
| 重庆市中药研究院 | 精神神经；<br>心脑血管；<br>肾脏疾病；<br>血液与造血 | 消化与呼吸；<br>免疫调节；<br>内分泌及生殖功能；<br>抗肿瘤等 |
| 上海医药工业研究院 | 肿瘤；<br>神经系统疾病；<br>感染性疾病；<br>自身免疫与炎症 | 泌尿系统疾病；<br>心血管与代谢疾病；<br>呼吸系统疾病；<br>眼科疾病 |

## 7.2 中药毒理学研究概况

毒理学试验主要包括单次给药毒性试验、重复给药毒性试验、遗传毒性试验、致癌性试验、生殖毒性试验、制剂安全性试验（刺激性、溶血性、过敏性试验等）、其他毒性试验等。

为规范和指导药物非临床安全性研究，国家药品监督管理局发布了一系列技术指导原则，详见表7－8。

**表7－8　毒理学试验相关技术指导原则**

| 颁布年份 | 颁布单位 | 名称 |
| --- | --- | --- |
| 2006 | 国家药品监督管理局 | 《药物生殖毒性研究技术指导原则》 |
| 2007 | 国家药品监督管理局药品审评中心 | 《中药、天然药物急性毒性研究技术指导原则》 |
| 2007 | 国家药品监督管理局药品审评中心 | 《中药、天然药物长期毒性研究技术指导原则》 |
| 2007 | 国家药品监督管理局药品审评中心 | 《中药、天然药物局部刺激性和溶血性研究的技术指导原则》 |
| 2007 | 国家药品监督管理局药品审评中心 | 《中药、天然药物免疫毒性（过敏性、光变态反应）研究技术指导原则》 |
| 2014 | 国家食品药品监督管理总局 | 《药物单次给药毒性研究技术指导原则》 |
| 2014 | 国家食品药品监督管理总局 | 《药物重复给药毒性研究技术指导原则》 |
| 2014 | 国家食品药品监督管理总局 | 《药物刺激性、过敏性和溶血性研究技术指导原则》 |
| 2014 | 国家食品药品监督管理总局 | 《药物毒代动力学研究技术指导原则》 |
| 2014 | 国家食品药品监督管理总局 | 《药物非临床安全性评价供试品检测要求的Q&A》 |
| 2018 | 国家食品药品监督管理总局 | 《药物遗传毒性研究技术指导原则》 |
| 2022 | 国家药品监督管理局药品审评中心 | 《中药新药毒理研究用样品研究技术指导原则（试行）》 |

基于以上指导原则及《中药注册分类及申报资料要求》，不同类别的中药一般所需毒理学试验内容见表7－9。[2,6]若在毒理学试验中发现非预期毒性或在临床试验期间发现非预期不良反应，则需追加试验。非口服给药

新药还需增设局部刺激性试验、过敏试验等。[6]

**表 7－9　不同类别的中药一般所需毒理学试验**

| 新药类别 | | 试验内容 |
|---|---|---|
| 1.1 类 | 传统工艺 | 具有人用经验：<br>①单次给药毒性试验；<br>②重复给药毒性试验 |
| | 非传统工艺 | 具有可参考的临床应用资料：<br>①安全药理学试验；<br>②单次给药毒性试验；<br>③重复给药毒性试验<br>无人用经验：<br>全面毒理学试验（包括安全药理学试验、单次给药毒性试验、重复给药毒性试验、遗传毒性试验、生殖毒性试验等） |
| 1.2 类 | 试验研究 | 全面毒理学试验 |
| | 传统应用 | ①安全药理学试验；<br>②单次给药毒性试验；<br>③重复给药毒性试验；<br>④其他 |
| 1.3 类 | — | ①全面毒理学研究；<br>②根据给药途径、制剂情况可能需要进行相应的制剂安全性试验；<br>③其他 |
| 2.1 类 | 改良目的在于/包含提高安全性 | 进行原给药途径毒理学对比研究，以说明改良的优势 |
| 2.2 类 | 改良目的在于/包含提高安全性 | 进行原剂型毒理学对比研究，以说明改良的优势 |
| 2.3 类 | 延长用药周期/增加剂量 | 若原毒理学试验资料无法支持延长周期/增加剂量，则应进行支持用药周期延长/增加剂量的毒理学研究 |
| 2.4 类 | 改良目的在于/包含提高安全性 | 进行原工艺毒理学对比研究，以说明改良的优势 |
| 3 类 | 同 1.1 类中药复方制剂 | |
| 4 类 | 根据对照同名同方药的有效性、安全性证据，以及同名同方药与对照同名同方药的工艺、辅料等比较结果，开展评估 | |

各试验研究目的见表7－10。[6]

**表7－10 不同试验研究目的**

| 试验类别 | 研究目的 |
| --- | --- |
| 单次给药毒性 | ①初步阐明药物毒性作用；<br>②探索其毒性靶器官或靶组织；<br>③为重复给药毒性试验剂量设计及临床试验初始剂量选择提供依据 |
| 重复给药毒性 | ①预测临床用药后产生的毒性反应和严重程度，以及停药后的转归；<br>②判断其重复给药毒性靶器官或靶组织；<br>③确定未观察到临床不良反应的剂量水平；<br>④推测第一次临床试验的起始剂量，为后续临床试验提供安全剂量范围；<br>⑤为临床不良反应监测及防治提供参考 |
| 遗传毒性 | ①预测药物是否有遗传毒性；<br>②降低临床试验受试者和药品上市后使用人群的用药风险 |
| 刺激性、过敏性和溶血性 | 探索经皮肤、黏膜、腔道、血管等非口服途径给药制剂临床应用时可能出现的毒性反应、毒性靶器官、安全范围 |
| 生殖毒性 | ①预测药物可能产生的对生殖细胞、受孕、妊娠、分娩、哺乳等亲代生殖机能的不良影响；<br>②对子代胚胎或胎儿发育、出生后发育的不良影响 |
| 毒代动力学 | ①阐述毒性试验中受试物和/或其代谢物的全身暴露及其与毒性反应的剂量和时间关系；评价受试物和/或其代谢物在不同动物种属、性别、年龄、机体状态（如妊娠状态）的毒性反应；评价非临床毒性研究的动物种属选择和用药方案的合理性。<br>②提高动物毒性试验结果对临床安全性评价的预测价值。依据暴露量来评价受试物蓄积引起的靶部位毒性（如肝脏或肾脏毒性），有助于为后续安全性评价提供量化的安全性信息。<br>③综合药效及其暴露量和毒性及其暴露信息来指导人体试验设计，如起始剂量、安全范围评价等，并根据暴露程度来指导临床安全监测 |
| QT间期延长潜在作用非临床研究 | ①阐明药物作用机制；<br>②对人体的延迟心室复极化和延长QT间期的风险评估 |

### 7.2.1 单次给药毒性试验

单次给药毒性试验是指单次或24小时内多次给药后，在一定时间内观察所产生的毒性反应。一般为毒理学研究的第一步。试验设计时需重点关注以下几点。[6]

（1）动物：种属、性别、年龄、数量、体重都应符合规定。不同种属对同一受试物的反应会有所不同，一般可采用一种动物进行试验，但以下 5 种情况需采用啮齿类和非啮齿类两种动物：

①未在国内上市销售的从中药、动物、矿物等物质中提取的有效成分及其制剂；

②未在国内上市销售的从中药、动物、矿物等物质中提取的有效部位制成的制剂；

③新发现的药材及其制剂；

④新的中药材代用品、药材新的药用部位及其制剂；

⑤未在国内上市销售的中药注射剂。

一般采用两种性别进行试验，通常为健康成年动物，若受试物拟用于或可能用于儿童，则可采用幼龄动物进行试验。动物数量根据种属确定，小动物每组至少 10 只，大动物每组至少 6 只。

（2）试验方法：常用的包括近似致死量法、最大给药量法、最大耐受量法、固定剂量法、上下法（序贯法）、累积剂量法（金字塔法）、半数致死量法等。一般采用最大给药量法或最大耐受量法进行单次给药毒性研究。记录总给药量，以“g 生药/kg”表示，并与临床拟用剂量进行比较。

（3）给药容量：口服给药制剂，一般小鼠每次不超过 1mL，大鼠每次不超过 8mL。其他给药途径可参考相应文献和实际操作情况确定。

（4）观察时间：一般至少连续观察 14 天，若毒性反应出现较慢或者恢复时间较长，则需适当增加观察时间。

（5）观察指标：包含临床症状、死亡情况、体重变化、血液学指标、血液生化学指标、组织病理学检查等。濒死及死亡动物应及时进行大体解剖，其余动物在观察结束后也应全部进行大体解剖。

试验结束后的结果分析与评价需要注意以下 5 点。

（1）需根据观察结果判断所出现反应的“剂量－反应”和“时间－反应”关系。

（2）参考《药物单次给药毒性研究技术指导原则》附录（一）判断各反应可能涉及的组织、器官或系统。

（3）根据大体解剖及组织病理学检查的结果，判断可能的毒性靶器官。

（4）选择合适的计算方法和统计学方法。

（5）为后续毒性试验提供剂量选择和重点指标参考。

### 7.2.2 重复给药毒性试验

重复给药毒性试验，是指动物重复接受受试物后所观察到的毒性反应试验。相较于其他毒性试验，在试验设计时需关注以下几点。[6]

（1）受试物：能充分代表临床试验拟用样品和/或上市样品质量和安全性。除此之外，因重复给药毒性试验给药时间相对较长，试验期间应现配现用，否则需提供配制样品稳定性及均匀性数据。

（2）实验动物：一般采用啮齿类及非啮齿类动物进行试验。啮齿类动物优先选择大鼠，非啮齿类动物优先选择 Beagle 犬，特殊情况下也可选择其他动物进行试验。

根据种属不同，动物所需数量也有所不同。啮齿类动物每个剂量组、每个性别至少需要 15 只，其中，主试验组 10 只、恢复组 5 只；非啮齿类动物至少需要 5 只，其中，主试验组 3 只、恢复组 2 只。

中药一般只需要采用啮齿类一种动物进行试验，若发现明显毒性，则需增设非啮齿类动物进一步研究。以下情况需采用啮齿类和非啮齿类两种动物进行重复给药毒性试验。

①未在国内上市销售的从中药、动物、矿物等物质中提取的有效成分及其制剂。

②新发现的药材及其制剂，新的中药材代用品、药材新的药用部位及

其制剂。

③未在国内上市销售的从中药、动物、矿物等物质中提取的有效部位制成的制剂。

④未在国内上市销售的中药注射剂。

⑤处方中含有毒性药材、无法定标准药材或有十八反、十九畏等配伍禁忌。其中，毒性药材包含国务院《医疗用毒性药品管理办法》中收录的中药品种，以及近年来报道的有毒性作用的药材。

（3）给药剂量：一般至少设置低、中、高 3 个剂量组，以及 1 个溶媒（或辅料）对照组，必要时设立空白对照组和/或阳性对照组。为考察毒性的剂量 - 反应关系，低剂量通常与动物药效剂量或临床拟用剂量的等效剂量相当或略高；高剂量一般需使动物产生明显毒性反应；中剂量介于两者之间，结合毒性作用机制和特点进行确定。

（4）试验期限：重复给药毒性试验周期可根据试验目的设计。支持药物临床试验的重复给药毒性试验最短期限见表 7 - 11，支持药物上市申请的重复给药毒性试验给药期限见表 7 - 12。

**表 7 - 11　支持药物临床试验的重复给药毒性试验最短期限**

| 最长临床试验期限 | 重复给药毒性试验的最短期限 | |
|---|---|---|
| | 啮齿类动物 | 非啮齿类动物 |
| ≤2 周 | 2 周 | 2 周 |
| 2 周 ~6 个月 | 同临床试验 | 同临床试验 |
| > 6 个月 | 6 个月 | 9 个月 |

**表 7 - 12　支持药物上市申请的重复给药毒性试验给药期限**

| 临床拟用期限 | 重复给药毒性试验的给药期限 | |
|---|---|---|
| | 啮齿类动物 | 非啮齿类动物 |
| ≤2 周 | 1 个月 | 1 个月 |
| 2 周 ~1 个月 | 3 个月 | 3 个月 |
| 1 ~3 个月 | 6 个月 | 6 个月 |
| >3 个月 | 6 个月 | 9 个月 |

以下情况非啮齿类动物可进行不超过6个月期限的试验：①因为免疫原性或耐受性问题，更长期限的试验难以进行；②如偏头痛类重复、短期用药（即便临床试验期限在6个月以上）的疾病；③如辅助使用的肿瘤化疗药类拟用于危及生命的疾病。

若拟用药人群为儿童，则应考虑选择幼龄动物进行试验，若已有毒理学或药理学研究结果提示可能的发育毒性，则试验周期应包含动物全发育过程，犬12个月、大鼠6个月，并在观察指标中特别注意发育毒性。

（5）检测指标：详见《药物重复给药毒性试验技术指导原则》附录（二）。给药前后还有一些注意事项，详见表7－13。

**表7－13　重复给药毒性试验给药前后注意事项**

<table>
<tr><th rowspan="2">阶段</th><th colspan="2">种属</th></tr>
<tr><th>啮齿类</th><th>非啮齿类</th></tr>
<tr><td rowspan="2">给药前<br>适应性饲养</td><td>≥5天</td><td>≥2周</td></tr>
<tr><td>外观体征、行为活动、摄食情况和体重检查</td><td>除外观体征、行为活动、摄食情况和体重检查外，至少应进行2次体温、血液学、血液生化学和至少1次心电图检测</td></tr>
<tr><td>给药期间</td><td colspan="2">①根据试验期限的长短和受试物的特点确定检测时间与检测次数；<br>②对濒死或死亡动物应及时采集标本进行检测，分析其濒死或死亡的原因</td></tr>
<tr><td rowspan="3">给药结束</td><td colspan="2">主试验组动物进行系统的大体解剖，称重主要脏器并计算脏器系数</td></tr>
<tr><td>对照组、高剂量组、尸检异常动物应进行详细检查，如高剂量组动物某一组织发生病理改变，需要对其他剂量组动物的相同组织进行组织病理学检查</td><td>对照组和各给药组主要脏器组织均应进行组织病理学检查</td></tr>
<tr><td colspan="2">制备骨髓涂片，以便进行骨髓检查</td></tr>
<tr><td>恢复期</td><td colspan="2">一般情况下应不少于4周</td></tr>
<tr><td>恢复期结束</td><td colspan="2">进行全面的检测</td></tr>
<tr><td>数据统计</td><td>组均值的意义通常大于个体动物数据的意义</td><td>因数量少、个体差异大，单个动物的试验数据往往具有重要的毒理学意义</td></tr>
</table>

## 7.2.3　遗传毒性试验

药物遗传毒性，是指各种作用机制直接或间接引起遗传物质 DNA 的损害，从而引起体细胞或生殖细胞的突变。[12]遗传毒性试验中，呈阳性的化合物通常为人类潜在的致癌剂或致突变剂，因此遗传毒性试验也可用于致癌性预测。

遗传毒性试验检测方法根据观察终点可分为三大类：基因突变、染色体畸变、DNA 损伤。通常采用体内与体外试验相结合的方法来全面评估药物的遗传毒性风险。

除已明确规定需进行遗传毒性试验的中药新药外，以下 5 类中药也应引起重视。[11]

（1）含有干扰核酸代谢、细胞分裂和细胞周期等成分的复方中药。

（2）含有重金属的复方中药。

（3）含有明显免疫抑制成分的复方中药。

（4）因为缺少首过效应和胃肠道屏障，增加毒性成分与人体细胞 DNA 相互作用的概率并发生突变的可能性的中药注射剂。

（5）适用于妊娠期或妊娠前期使用的中药。

## 7.2.4　生殖毒性试验

1.2 类、1.3 类及用于育龄人群并可能对生殖系统产生影响的其他类中药新药，均需进行生殖毒性研究。为排除潜在的生殖风险，含有干扰细胞代谢成分的中药、含重金属的矿物药、有较强活性的活血化瘀药、泻下药、破气药、辛热药和滑利药等类中药，也应结合临床适用人群进行生殖毒性研究。其中，1.2 类和 1.3 类可参考化学药物要求分阶段提供相应资料，见表 7 – 14。该药若为避孕药、性激素、治疗性功能障碍、促精子生成及致突变试验阳性或有细胞毒作用等的新药，则需提前提供相关研究资料；若为用于晚期恶性肿瘤或艾滋病等的药物，则可适当延迟提交。[13,14]

**表 7-14 不同阶段所需生殖毒性研究资料**

| 申请阶段 | 所需资料 |
| --- | --- |
| 临床研究开始前 | 完整的生育力与早期胚胎发育毒性试验（Ⅰ段）；<br>胚胎-胎仔发育毒性试验资料（Ⅱ段） |
| 上市申请时 | 围产期毒性试验资料（Ⅲ段） |

在进行生殖毒性试验方案设计时，大多数药物可选择三段试验方案（Ⅰ、Ⅱ、Ⅲ段联合研究），也可根据受试物、拟定适应症及临床用药等特点选择单一试验设计或两段试验设计等。各试验研究阶段见图 7-1。

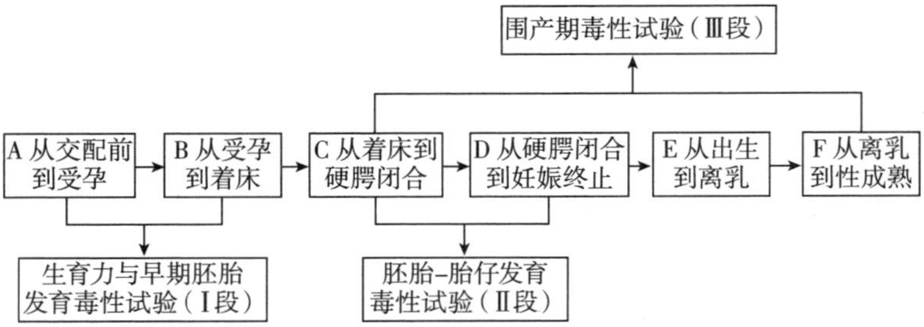


**图 7-1 各试验研究阶段**

### 7.2.5 试验单位选择

《中药注册分类及申报资料要求》规定，开展药物毒理学研究的机构应通过 GLP 认证，且研究内容应在机构通过 GLP 认证的试验项目范围内。[3]通过认证的机构信息，可在药物临床试验机构备案管理信息平台查询，网址为 https://beian.cfdi.org.cn/CLP/apps/pub/main.jsp。

### 7.2.6 试验方案设计

试验方案设计步骤同 7.1.5 节，必要时可向 CDE 申请沟通交流。

另外，申办方还需要关注以下 6 个方面。[6]

（1）基本原则：除符合“重复、随机、对照”试验设计基本原则外，还必须执行 GLP。

（2）受试药物：中试及以上规模样品，应为处方、工艺、质量相对稳定的制剂或提取物。

（3）剂量设计：至少设置低、中、高 3 个剂量组，剂量选择应结合药效学研究结果或人用经验数据。若辅料限制给药剂量，且不会对药物吸收有较大影响，则可采用浸膏等中间体给药。

（4）分组与给药方式：给药方式应与临床拟用给药方式一致，若不一致则需说明原因。根据试验类别，分组及样本量要求参考相应技术指导原则。

（5）检测指标：一般参考指导原则，也应结合新药特点。若成分中已有文献报道的毒性反应，则需增加针对性的检测指标。

（6）观察时间：根据各指导原则进行设计。

### 7.2.7　国内部分毒理学研究机构

目前，国内可开展毒理学研究的部分机构见表 7 – 15。

**表 7 – 15　可承接毒理学试验的部分机构**

| 机构名称 | 可承接毒理学试验 | |
|---|---|---|
| 中国人民解放军军事科学院军事医学研究院 | 单次给药毒性试验（啮齿类、非啮齿类）；<br>重复给药毒性试验（啮齿类、非啮齿类）；<br>生殖毒性试验（Ⅰ、Ⅱ、Ⅲ段）；<br>遗传毒性试验（Ames、微核、染色体畸变、小鼠淋巴瘤试验）；<br>局部毒性试验 | 免疫原性试验；<br>安全性药理试验；<br>毒代动力学试验；<br>致癌试验；<br>依赖性试验 |
| 康龙化成（北京）生物技术有限公司 | 单次给药毒性试验（啮齿类、非啮齿类）；<br>重复给药毒性试验（啮齿类、非啮齿类）；<br>生殖毒性试验（Ⅰ、Ⅱ、Ⅲ段）；<br>遗传毒性试验（Ames、微核、染色体畸变、小鼠淋巴瘤试验） | 局部毒性试验；<br>免疫原性试验；<br>安全性药理试验；<br>毒代动力学试验 |
| 北京协和建昊医药技术开发有限责任公司 | 单次给药毒性试验（啮齿类、非啮齿类）；<br>重复给药毒性试验（啮齿类、非啮齿类）；<br>生殖毒性试验（Ⅰ、Ⅱ、Ⅲ段）；<br>遗传毒性试验（Ames、微核、染色体畸变）；<br>局部毒性试验 | 免疫原性试验；<br>安全性药理试验；<br>毒代动力学试验；<br>致癌试验；<br>依赖性试验 |

**续表**

| 机构名称 | 可承接毒理学试验 | |
| --- | --- | --- |
| 湖北天勤生物科技股份有限公司 | 单次给药毒性试验（啮齿类、非啮齿类）；<br>重复给药毒性试验（啮齿类、非啮齿类）；<br>生殖毒性试验（Ⅰ、Ⅱ、Ⅲ段）；<br>遗传毒性试验（Ames、微核、染色体畸变、小鼠淋巴瘤试验） | 局部毒性试验；<br>免疫原性试验；<br>安全性药理试验；<br>毒代动力学试验；<br>致癌试验 |
| 成都华西海圻医药科技有限公司 | 单次给药毒性试验（啮齿类、非啮齿类）；<br>重复给药毒性试验（啮齿类、非啮齿类）；<br>生殖毒性试验（Ⅰ、Ⅱ、Ⅲ段）；<br>遗传毒性试验（Ames、微核、染色体畸变、小鼠淋巴瘤试验）；<br>局部毒性试验 | 免疫原性试验；<br>安全性药理试验；<br>毒代动力学试验；<br>致癌试验；<br>依赖性试验 |
| 广东莱恩医药研究院有限公司 | 单次给药毒性试验（啮齿类、非啮齿类）；<br>重复给药毒性试验（啮齿类、非啮齿类）；<br>生殖毒性试验（Ⅰ、Ⅱ、Ⅲ段）；<br>遗传毒性试验（Ames、微核、染色体畸变、小鼠淋巴瘤试验）；<br>局部毒性试验 | 免疫原性试验；<br>安全性药理试验；<br>毒代动力学试验；<br>致癌试验；<br>依赖性试验 |

## 总结

有效性和安全性是药品的基础属性，也是新药能否进入临床试验的主要关注点。国家药品监督管理局已颁布相关法规和一系列技术指导原则指导研究者工作，如《中药注册管理专门规定》《中药注册分类及申报资料要求》《中药、天然药物一般药理学研究技术指导原则》《药物非临床药代动力学研究技术指导原则》等。方案设计需要遵循“重复、随机、对照”试验设计基本原则，非临床安全性评价研究必须执行GLP。除此之外，方案设计还需关注受试物、试验方法、动物、检测指标等的选择是否合适。根据受试物功能主治及临床定位，选择在相关领域研究较多的单位进行合作药效学研究；可在药物非临床安全性评价研究机构信息平台查询，选择合适的机构进行合作非临床安全性评价研究。

最终结合人用经验、药理毒理学研究综合评估该中药新药能否进入临床研究阶段。

（黄志军　赵　刚　金　莹）

## 参考文献

[1]魏伟,吴希美,李元建. 药理实验方法学[M]. 4 版. 北京:人民卫生出版社,2010.

[2]陈奇. 中药药理研究方法学[M]. 3 版. 北京:人民卫生出版社,2011.

[3]国家药品监督管理局. 国家药监局关于发布《中药注册分类及申报资料要求》的通告(2020 年第 68 号)[Z]. 2020.

[4]国家药品监督管理局. 国家药监局关于发布《中药注册管理专门规定》的公告(2023 年第 20 号)[Z]. 2023.

[5]国家药品监督管理局药品审评中心. 基于人用经验的中药复方制剂新药临床研发指导原则(试行)[Z]. 2022.

[6]国家食品药品监督管理总局. 国家食品药品监督管理总局关于发布药物安全药理学研究技术指导原则等 8 项技术指导原则的通告(第 4 号)[Z]. 2014.

[7]国家药品监督管理局药品审评中心. 中药、天然药物一般药理学研究技术指导原则[Z]. 2007.

[8]国家食品药品监督管理局. 化学药物非临床药代动力学研究技术指导原则[Z]. 2005.

[9]周植星,黄芳华. 中药注册申报中非临床研究资料常见问题探讨

[J]. 中草药,2022,53(15):4905－4914.

[10]黄芳华. 中药新药药效学试验设计的关注要点与思考[J]. 中国中药杂志,2014,39(6): 1136－1139.

[11]周植星,李寅超,黄芳华. 中药复方制剂临床试验申请的非临床研究关注要点[J]. 中草药,2023,54(21):6933－6939.

[12]国家食品药品监督管理总局. 关于发布药物遗传毒性研究技术指导原则的通告(第50号)[Z]. 2018.

[13]国家食品药品监督管理局. 药物生殖毒性研究技术指导原则[Z]. 2006.

[14]岑小波,韩玲. 中药新药非临床安全性研究和评价的思考[J]. 中国药理学与毒理学杂志,2016,30(12):1343－1358.

第 8 章

# 中药新药临床研究

小甲毕业后入职了一家医药企业，从事中药研发工作，岗位是临床监查员（CRA）。小甲作为 CRA 新人，对药物临床试验了解甚少。具体试验流程有哪些，过程中有哪些技巧，要注意哪些事项？通过本章的学习，可解开小甲心中的疑惑。

## 8.1 药物临床试验概况

GCP 是每位临床试验从业者的必修课。GCP 贯穿临床试验始终，是临床试验行业的基本准则。

临床试验，是指以人体（患者或健康受试者）为对象的试验，意在发现或验证某种试验药物的临床医学、药理学以及其他药效学作用、不良反应，或者试验药物的吸收、分布、代谢和排泄，以确定药物的疗效与安全性的系统性试验。[1]

药物临床试验分为Ⅰ期、Ⅱ期、Ⅲ期、Ⅳ期及生物等效性试验。根据药物特点和研究目的，研究内容包括临床药理学研究、探索性临床试验、确证性临床试验和上市后研究。《药品注册管理办法》（2020 年）未明确提出药物Ⅰ期、Ⅱ期、Ⅲ期和Ⅳ期临床试验的具体定义，相关内容可参考《药品注册管理办法》（2007 年），有助于理解临床试验阶段性递进的研发特点，见表 8－1。[2]

**表 8－1　临床试验分期**

| 分期 | 研究目的 |
|---|---|
| Ⅰ期 | 观察人体对于新药的耐受程度和药代动力学，为制定给药方案提供依据 |
| Ⅱ期 | 初步评价药物对目标适应症患者的治疗作用和安全性，也包括为Ⅲ期临床试验研究设计和给药剂量方案的确定提供依据 |
| Ⅲ期 | 进一步验证药物对目标适应症患者的治疗作用和安全性，评价利益与风险关系，最终为药物注册申请的审查提供充分依据 |

续表

| 分期 | 研究目的 |
| --- | --- |
| Ⅳ期 | 考察在广泛使用条件下药物的疗效和不良反应，评价在普通或者特殊人群中使用的利益与风险 |

## 8.2 临床试验设计

### 8.2.1 随机对照研究[3]

随机化，是指参加临床试验中的每一位受试者都有同等的机会被分配到某治疗组别中，而不受研究者或受试者主观意愿的影响，避免试验组和对照组的系统差异。

#### 8.2.1.1 随机化方法

临床试验常见的随机化方法见表8－2。

**表8－2 临床试验随机化方法**

| 随机化方法 | 定义 | 注意事项 |
| --- | --- | --- |
| 简单随机 | 以特定概率将受试者分配到每个治疗组中。受试者分配到每个治疗组的概率可以相等，也可以不相等 | 当某个基线协变量为预后因素，且该协变量在不同时间段入组的受试者间差异较大时，采用简单随机分配方法可能导致该基线协变量在组间分布不均衡，从而引入偏倚 |
| 区组随机 | 将受试者在每个区组内进行随机分配的过程。区组长度可以相等，也可以不相等，关键是区组长度需保持盲态 | 当受试者基线特征可能随入组时间变化，且完成所有受试者入组所需的时间较长时，区组随机分配有助于减少季节、疾病流行等客观因素对疗效评价的影响 |
| 分层随机 | 首先按重要基线特征对受试者进行分层，其次在每层内进行独立的随机分配。在分层基础上，如果各层内采用区组随机分配，则称为“分层区组随机” | 分层随机能确保由分层因素所构成的各个层内的受试者都是随机分配到各个治疗组的，从而保证分层因素在组间的均衡性 |

#### 8.2.1.2　盲法

按照设盲情况，临床试验可分为单盲试验、双盲试验和开放试验。盲法不同类型具体定义和应用场景见表 8 -3。

**表 8 -3　临床试验中盲法试验不同类型定义和应用场景**

| 类型 | 定义 | 应用场景 |
|---|---|---|
| 单盲 | 受试者处于盲态，研究者知道治疗分配 | 在双盲试验难以实施的情况下应优先考虑单盲试验，并在临床试验方案中阐明理由，描述控制试验偏倚的具体措施 |
| 双盲 | 受试者、研究者、监查员以及数据分析人员均不知道治疗分配 | ①当观察指标是一个受主观因素影响较大的变量时，如神经、精神类药物的临床试验，采用量表评价、用于缓解症状的药物或以“受试者自我评价”等为主要疗效指标的临床试验，均应采用双盲设计；<br>②以安慰剂为对照的临床研究应采用双盲设计 |
| 开放 | 受试者和研究者均知道治疗分配 | 目前能接受的开放性研究，集中在以客观指标为主要终点指标的研究上，而且这些终点指标的评价由不参与临床试验的“独立的终点委员会”进行判断 |

#### 8.2.1.3　对照

临床试验中常见的对照类型有安慰剂对照、阳性对照和量效对照，具体内容见表 8 -4。

**表 8 -4　临床试验常见对照类型**

| 对照类型 | 定义 | 注意事项 |
|---|---|---|
| 安慰剂对照 | 采用安慰剂与试验药物分组治疗进行比较 | 在研究的疾病可导致死亡或不可逆性的严重伤害，并且尚无有效治疗药物时可采，以获得试验药物确切的疗效评估 |
| 阳性对照 | 采用已知的有效药物或临床常用药物与试验药物分组治疗进行比较 | 优先采用疗效确切、临床公认的已上市同类药品 |
| 量效对照 | 将试验药物设计成多个剂量组，以观察不同剂量的量效关系 | 主要用于探索性研究阶段进行剂量探讨，考察不同剂量组的疗效与安全性，为确证性研究剂量提供依据 |

## 8.2.2 真实世界研究[4]

### 8.2.2.1 真实世界研究概况

真实世界研究，是指针对预设的临床问题，在真实世界环境下收集与研究对象健康有关的数据（真实世界数据）或基于这些数据衍生的汇总数据，通过分析，获得药物的使用情况及潜在获益－风险的临床证据。将真实世界数据转化成真实世界证据的过程见图 8－1。

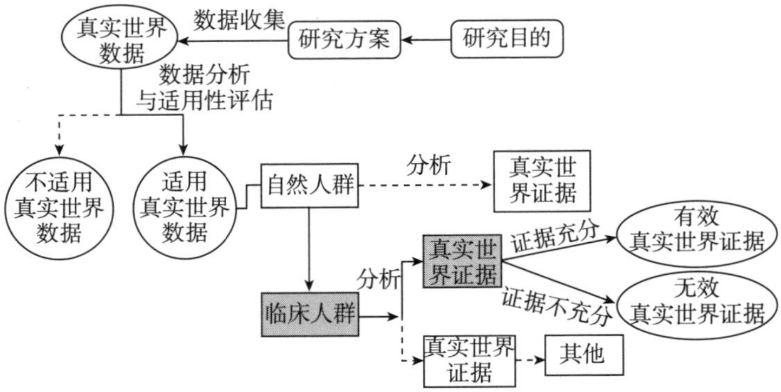


**图 8－1 支持监管决策的真实世界研究路径**

目前，对于真实世界研究，国内监管机构颁布了一系列技术指导原则，为企业研发提供了重要的指导方向，见表 8－5。

**表 8－5 国内关于真实世界研究的指导原则**

| 监管机构 | 颁布日期 | 文件 |
|---|---|---|
| 国家药品监督管理局 | 2020 年 1 月 7 日 | 《真实世界证据支持药物研发与审评的指导原则（试行）》 |
| | 2020 年 8 月 27 日 | 《真实世界研究支持儿童药物研发与审评的技术指导原则（试行）》 |
| | 2021 年 4 月 15 日 | 《用于产生真实世界证据的真实世界数据指导原则（试行）》 |
| | 2021 年 10 月 25 日 | 《中成药真实世界研究技术指导原则》 |
| | 2022 年 11 月 18 日 | 《国家药品监督管理局药品审评中心、海南省药品监督管理局、海南博鳌乐城国际医疗旅游先行区管理局开展药品真实世界研究工作实施办法》 |

**续表**

| 监管机构 | 颁布日期 | 文件 |
| --- | --- | --- |
| 国家药品监督管理局 | 2023 年 2 月 16 日 | 《真实世界证据支持药物注册申请的沟通交流指导原则（试行）》 |
| | 2023 年 2 月 16 日 | 《药物真实世界研究设计与方案框架指导原则（试行）》 |

注：截至 2023 年 12 月。

#### 8.2.2.2　中药真实世界研究策略

应用真实世界证据支持已有人用经验中药的临床研发策略可以有多种，总体思路是，将真实世界研究与随机临床试验相结合，探索临床研发的新路径。

（1）思路：可以探索将观察性研究（包括回顾性和前瞻性）代替常规临床研发中Ⅰ期和/或Ⅱ期临床试验，用于初步探索临床疗效和安全性；在观察性研究的基础上，再通过随机对照试验或实用临床试验（PCT）进一步确证已有人用经验中药的有效性，为产品的注册上市提供支持证据。

如果经过评价，存在适用的高质量真实世界数据，且通过设计良好的观察性研究形成的真实世界证据科学充分，则可与药品监管部门沟通，申请直接作为支持产品上市的依据。

（2）路径：人用经验中药临床研发可参考如下路径。

观察性研究与 RCT 研究相结合的路径见图 8－2。

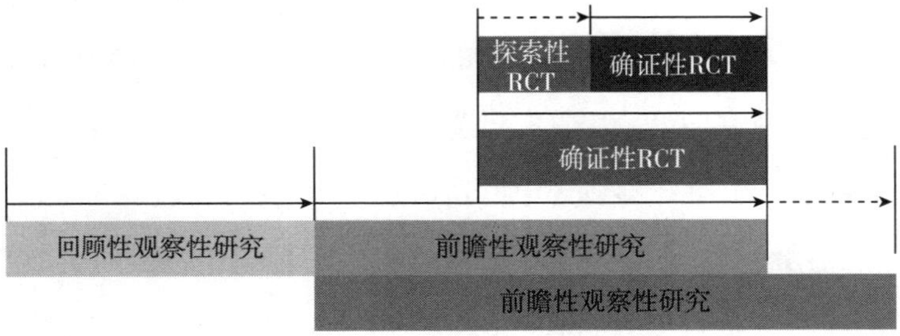


**图 8－2　人用经验中药临床研发的路径之一**

观察性研究与 PCT 研究相结合的路径如图 8－3 所示。

图 8－3　人用经验中药临床研发的路径之二

### 8.2.3　人用经验研究

#### 8.2.3.1　人用经验研究概况

中药复方制剂一般来源于中医临床实践，具有传统中医药理论的支持和指导，通过总结个体用药经验，在临床实践中逐步明确适用人群、用药剂量、疗效特点和临床获益，形成固定处方，研发制成适合群体用药的中药新药。中医药理论、人用经验和临床试验相结合的中药注册审评证据体系，为中药新药研发提供了新的路径。

#### 8.2.3.2　人用经验研究策略

目前，人用经验包含中药处方/制剂在临床用药过程中积累的对其适用人群、用药剂量、疗效特点和临床获益的认识与总结。获取人用经验的过程即为逐步探索明确中药复方制剂有效性、安全性及临床获益的过程，也是中药复方制剂研发过程中的重要阶段，其研究可贯穿研发全过程。人用经验研究策略可参考《基于“三结合”注册审评证据体系下的沟通交流指导原则（试行）》[5]。

若处方组成符合中医药理论，则鼓励在早期研发阶段获取人用经验数据。申请人可针对人用经验研究方案的设计与国家药品监督管理局药品审评中心进行沟通交流。可采用真实世界研究，或采用以患者为中心的药物研发、患者报告结局等能够体现中医药研发特点的新工具、新方法。

已获得人用经验的，申请人应针对已有中医药理论和人用经验数据对注册申请事项的支持程度进行评估，包括样本量、适用人群特征（年龄、性别、中医证候、疾病种类及严重程度、病程、需排除的高风险人群）、功能主治和临床定位、用法用量（单独使用/联合用药、疗程、用药剂量、用药频次）、有效性结果（主要疗效指标或主要结局终点、观察期和随访节点、临床获益情况）、安全性结果（暴露时间，安全性事件发生的性质、情况和频次）等方面。

## 8.3　临床试验申请

### 8.3.1　申请临床前沟通交流

沟通交流，是指在药物研发与注册申请技术审评过程中，申请人与国家药品监督管理局国家药品监督管理局药品审评中心审评团队就现行药物研发与评价指南不能涵盖的关键技术等问题进行的沟通交流。申请沟通交流流程参考国家药品监督管理局药品审评中心发布的《药物研发与技术审评沟通交流管理办法》第三章第八条[6]。沟通交流会议分为Ⅰ类会议、Ⅱ类会议和Ⅲ类会议，具体见图 8－4。

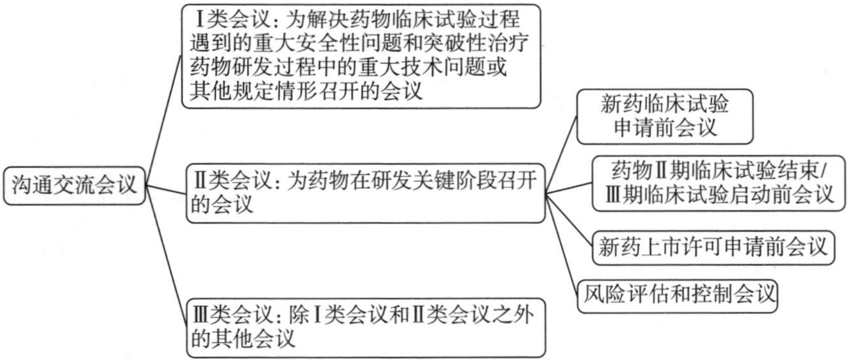


**图 8－4　沟通交流会议类型**

#### 8.3.1.1　沟通交流问题

申请临床试验前沟通交流会议属于沟通交流会议中的Ⅱ类会议（指药物在研发关键阶段召开的会议），申请人准备的沟通交流会议资料应包括临床试验方案或草案、已有的药学和非临床研究数据及其他研究数据的完整资料。

Ⅱ期临床试验前对包括但不限于下述问题进行讨论：现有研究数据是

否充分支持拟开展的临床试验，临床试验受试者风险是否可控，等等。

Ⅲ期临床试验前对包括但不限于下述问题进行讨论：现有研究数据（含Ⅱ期临床数据）是否充分支持拟开展的Ⅲ期临床试验，对Ⅲ期临床试验方案等进行评估，等等。

### 8.3.1.2 会议申请

申请人通过国家药品监督管理局药品审评中心网站“申请人之窗”提交《沟通交流会议申请表》和《沟通交流会议资料》，文件模板参考《药物研发与技术审评沟通交流管理办法》附件1及附件2，由国家药品监督管理局药品审评中心项目管理人员与申请人指定的药品注册专员共同商议，并经国家药品监督管理局药品审评中心审评团队同意后召开。申请人申请Ⅱ类会议应满足的申请条件参考《药物研发与技术审评沟通交流管理办法》第二章第七条。沟通交流会议申请受理流程见图8－5。

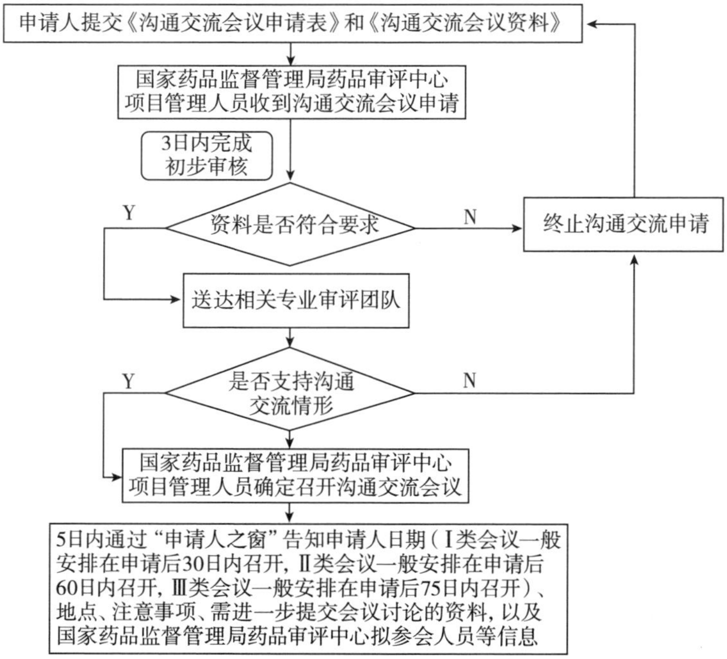


**图8－5 沟通交流会议申请流程**

### 8.3.2　临床试验申请及资料要求

关于临床试验申请及资料，申请人可参考《药物研发与技术审评沟通交流管理办法》相关要求，在临床试验的关键节点与 CDE 申请沟通交流会议，相关附件（沟通交流会议申请表、沟通交流会议资料、沟通交流会议纪要模板）详见表 8 –6、表 8 –7、表 8 –8。

**表 8 –6　沟通交流会议申请表**

| |
|---|
| **一、药物研发基本情况** |
| 1. 申请人。 |
| 2. 药品名称。 |
| 3. 受理号（如适用）。 |
| 4. 化学名称和结构（中药为处方）。 |
| 5. 拟定适应症（或功能主治）。 |
| 6. 剂型、给药途径和给药方法（用药频率和疗程）。 |
| 7. 药物研发策略，包括药物研发背景资料、药物研制计划、研发过程的简要描述和关键事件、目前研发状态等。 |
| **二、会议申请具体内容** |
| 1. 会议类型：Ⅰ类、Ⅱ类或Ⅲ类。 |
| 2. 会议分类：如临床试验申请前会议、Ⅱ期临床试验结束/Ⅲ期临床试验启动前会议、药品上市许可申请前会议或风险评估和控制会议等。 |
| 3. 会议形式：面对面会议、视频会议、电话会议或书面回复。 |
| 4. 会议目的：简要说明。 |
| 5. 建议会议日期和时间：请提供 3 个备选时间。 |
| 6. 建议会议议程：包括每个议题预计讨论的时间（一般情况下，所有议题讨论时间应控制在 60 分钟以内）。 |
| 7. 申请人参会名单：列出参会人员名单，包括职务、工作内容和工作单位。如果申请人拟邀请专家和翻译参会，应一并列出。 |
| 8. 拟讨论问题清单：建议申请人按学科进行分类，包括但不限于从药学、药理毒理和临床等方面提出问题，每个问题应该包括简短的背景解释、该问题提出的目的及申请人对该问题的意见。一般情况下，一次会议拟讨论的问题不应超过 10 个 |

**表 8－7　沟通交流会议资料**

| 讨论问题清单 | 支持性数据总结 |
|---|---|
| 建议按学科进行分类，包括但不限于从药学、药理毒理学和临床等方面提出问题，每个问题应该包括简短的背景解释和该问题提出的目的 | 按学科和问题顺序总结支持性数据，用数据说明相关研究、结果和结论。<br>以Ⅱ期临床试验结束会议（EOP Ⅱ）为例，临床专业总结应包括下述内容：<br>①应提供已完成的临床试验简要总结，包括数据、结果与结论、重要的剂量效应关系信息，一般不需要提供完整的临床试验报告；<br>②应对拟开展的Ⅲ期临床试验方案进行详细说明，以确认临床试验的主要特征，如临床试验受试者人群、关键的入选与排除标准、临床试验设计（如随机、盲法、对照选择。如果采用非劣效性试验，则对非劣效性界值设定依据进行说明）、给药剂量选择、主要和次要疗效终点、主要分析方法（包括计划的中期分析、适应性研究特征和主要安全性担忧）等 |

**表 8－8　沟通交流会议纪要模板**

会议类型：Ⅰ类、Ⅱ类或Ⅲ类会议。
会议分类：如临床试验申请前会议、Ⅱ期临床试验结束/Ⅲ期临床试验启动前会议、药品上市许可申请前会议或风险评估和控制会议等。
召开时间：
会议地点：
受理号（如适用）：
药品名称：
拟定适应症（或功能主治）：
申请人：
主持人：
记录人：
参会人员：包括申请人和国家药品监督管理局药品审评中心全部参会人员
正文部分：
1. 会议目的：
2. 会议背景：
3. 会议讨论问题及结果：
（1）问题 1：×××××××××
双方是否达成一致：
□是。
共同观点：×××××××××
□否。
申请人观点：×××××××××
国家药品监督管理局药品审评中心观点：×××××××××
（2）问题 2：×××××××××
…………

## 8.4　临床试验中心调研

临床试验中心（以下简称“中心”）调研（SSV）主要是对临床试验机构、研究者进行了解和评估，确认中心对于研究项目的承接意向，评估中心的承接能力，研究者及研究团队的资质，科室是否备案，研究者对于方案是否理解，研究者是否愿意按照试验方案的要求实施试验，病源数是否足够完成入组目标，了解机构和伦理的要求及时限，等等。

### 8.4.1　调研准备

中心获取途径主要有以下几个：①既往有合作的中心；②主要研究者（PI）推荐；③合同研究组织（CRO）推荐。对于中心筛选，申办方一般倾向于选择“多、快、好、省”（病源多、启动快、质量好、费用少）的中心。

#### 8.4.1.1　项目信息

（1）项目背景：适应症的临床现状、临床需求。

（2）方案入排：目标适应症人群。

（3）方案流程：访视周期、检查项目。

（4）主要疗效：试验终点事件。

（5）试验药物：类型、功效、用法用量、贮存条件、竞争品种。

（6）项目计划：组长单位和 PI、总病例数、本中心计划开展病例数。

（7）其他：临床分期、CRO、临床试验现场管理组织。

#### 8.4.1.2　中心信息

在中心调研过程中，申办方需要获取中心（机构、伦理、遗传办、科室）的电话、邮箱、接待时间、办事流程、文件模板、递交要求等。获取信息的途径包括公司资源库、网络平台（如医院官网、公众号、药研社等平台）、同行推送资源等。

#### 8.4.1.3 机构要求

##### 8.4.1.3.1 机构立项

（1）立项流程：是否需要进行立项会议，以及立项会议的流程、耗时、费用等信息。

（2）立项资料：清单、份数、电子版/纸质版、盖章要求、装订要求等。

（3）立项资料审核形式及时长。

（4）中心是否有特殊文件/要求。

（5）从立项递交至立项通过预计耗时。

##### 8.4.1.3.2 合同/协议

（1）合同使用模板及协议形式。

（2）合同审核时间、院内审核流程、预计耗时。

（3）合同签署预计耗时。

##### 8.4.1.3.3 启动前准备

（1）启动前是否需要支付首笔合同款。

（2）签署完成至启动预计耗时。

（3）启动前是否有特殊要求。

#### 8.4.1.4 伦理要求

##### 8.4.1.4.1 形式审查

（1）伦理递交文件：清单、份数、盖章、装订要求等。

（2）伦理审查预计耗时。

（3）伦理审查资料提交时限。

##### 8.4.1.4.2 伦理会议

（1）伦理会议时间/频率、最近一次上会时间。

（2）伦理初始审查形式。

（3）伦理会议汇报人员要求。

（4）伦理会议汇报 PPT 模板及提交时限。

8.4.1.4.3　伦理批件

（1）伦理会后批件/意见获取预计时间。

（2）立项完成至伦理批件获取预计耗时。

## 8.4.2　中心情况评估

根据《药物临床试验机构管理规定》（2019 年）[7]相关要求，药物临床试验机构应实行备案管理，登录国家药品监督管理局官网 https：//www.nmpa.gov.cn/—政务公开—数据查询—药物和医疗器械临床试验机构备案管理信息系统—药物临床试验机构备案管理信息平台—机构名称，搜索意向合作中心，确认专业及 PI 备案情况。

确认中心备案情况后，中心情况评估主要从以下几个方面考虑。

（1）是否有同类项目的研究经验。

（2）是否有同类临床试验同期开展。

（3）项目相关科室病源是否充足。

（4）是否有 GCP 药房。

（5）设施设备是否满足项目要求。

（6）试验要求检测项目是否均能在中心开展。

（7）中心近 3 年是否接受过国家药品监督管理局现场核查。

（8）核查是否发现严重缺陷。

（9）业内的口碑如何。

（10）研究团队的临床项目经验是否丰富。

…………

## 8.4.3　中心确认

### 8.4.3.1　组长单位

选择合适的临床试验组长单位，对于临床试验的成功开展尤为重要。根据临床试验的规模选择组长单位，可从多方渠道了解机构质量及进度情况。

PI 的选择：符合 GCP 要求的资质、相关领域临床试验经验丰富、有较强的承接意愿、有足够时间参与试验、有协调本科室及相关职能科室的能力，参加过 CDE 药品评审工作的 PI 应优先选取。

### 8.4.3.2 参研单位

参研单位的选择主要从地域、费用、项目进度、组长单位推荐等方面考量。在资源充足且质量可控的前提下，可适当增加参研单位数量，以提高整体项目进度。

## 8.4.4 保密协议

在中心调研阶段，需要向调研单位提供项目相关资料，其中，以试验方案为主，出于对项目信息的保密考虑，一般申办方会要求调研单位签署临床试验保密协议，协议模板参见表 8－9。

**表 8－9 临床试验保密协议模板**

**承诺人：**

☐机构工作人员 ☐专业组工作人员 ☐项目研究团队人员

☐CRC ☐申办方代表 ☐其他

**保密范围：**

向上述人员提供的所有与临床试验相关的信息，包括但不限于：

1. 项目相关资料信息：试验方案、研究者手册、知情同意书、申办方信息、研究者信息、伦理资料、项目年度报告、总结报告等。

2. 受试者相关资料信息：受试者身份信息、签署的知情同意书、原始病历记录、带有受试者姓名或卡号的原始检验检查单据等。

**保密期限：**

保密期限遵从国家相关规定，如合同另有约定的，遵从其约定。

**承诺内容：**

在从事临床试验项目相关工作期间，我将接触到项目和受试者的相关资料和信息，我承诺将遵守以下规定：

1. 对本协议保密范围内的所有信息保密，并将其只用于药物临床试验机构准许的，而不用于其他目的或公开给任何第三方，特别是不以任何方法为自己或第三方牟利。

2. 对所有保密文件及资料，未经许可不擅自复印、摄影、转借或损坏，不留存本协议保密范围内的所有信息。

3. 在医院工作期间严格遵守医院相关保密原则的规章制度。本人已阅读并详细了解以上保密协议内容，如果违背承诺，我将承担由此而导致的法律责任。

承诺人签名： 日期：

## 8.5　临床试验方案讨论会

方案讨论会是组织申办方、组长单位、参研单位、数据管理单位、统计分析单位等相关人员对临床试验方案的科学性、临床可操作性、统计分析方法的合理性进行讨论，以确定最终定稿执行的临床试验方案。

### 8.5.1　会议筹备

项目经理负责组织协调，各中心 CRA 协同配合，完成会议资料准备、确定会议日程、会场及酒店预订、确定参会人员名单及行程安排等相关工作。任务分工、会议邀请函、会议议程模板分别参见表 8－10、表 8－11、表 8－12。

**表 8－10　任务分工模板**

| 活动/任务 | 具体事宜 | 负责人 |
|---|---|---|
| 会议日程安排 | ①在组长单位和 PI 确定后，和组长单位机构、PI 协商拟订方案讨论会日期和地点。<br>②制作会议邀请函和会议议程 | ××× |
| 参会人员名单及行程安排 | ①安排后期负责该中心的 CRA 为中心联系人，负责联系分中心机构、科室，分别确定参会人员名单及行程安排。<br>②确定数据、统计单位的参会人员名单及行程安排。<br>③确定外部专家名单及行程安排。<br>④方案讨论会日期及人员确定后，负责人发送邀请函和会议议程 | 中心负责 CRA |
| 会务人员安排 | 项目经理统筹安排，协调安排每项活动或任务的负责人（物资准备、接送机、酒店接待、会场签到、会场拍照、会议纪要撰写等） | 项目经理 |
| 会议经费预算、借支、报销 | ①根据会议预算（会务费、住宿费、交通费、专家劳务费、资料打印费等）提前借支。<br>②会后收集发票，整理会议费用明细，据实报销 | ××× |
| 会场预订布置 | ①会场调研与选址。<br>②会场布置：指示牌、条幅、桌牌、纸笔、茶歇、投影、灯光、话筒等 | ××× |

续表

| 活动/任务 | 具体事宜 | 负责人 |
|---|---|---|
| 酒店住宿及餐饮安排 | ①确定参会人员及同行人信息，提前预订酒店房间。<br>②确定会议期间的用餐地点、人数、用餐形式（桌餐、自助餐） | ××× |
| 资料准备 | ①项目资料：试验方案、疾病诊断专家共识、相关指导原则。<br>②会议资料：会议 PPT、会议议程、会议签到表、讨论问题清单 | ××× |
| 后勤服务 | ①协助参会人员购买往返机票/高铁票，预约专车至机场/高铁站接送。<br>②采购水果、糕点、茶叶等。<br>③会议期间传递话筒、添茶倒水等。<br>④其他临时安排的工作 | ××× |

**表 8－11　会议邀请函模板**

**×××临床试验方案讨论会邀请函**

尊敬的×××专家：

您好！非常感谢贵单位对我司及本项目工作的帮助与支持！

经与各参加单位协商，由×××公司研发申报的×××临床试验方案讨论会，定于××××年××月××日××时在×××酒店召开，特邀请您及相关人员届时出席。会议安排如下：

会议内容：×××临床试验方案讨论会

组长单位：×××医院

统计单位：×××公司

会议时间：××××年××月××日××时

会议地点：×××

会议联系人：×××（电话：×××××××××××）

×××公司

××××年××月××日

**表 8－12　会议议程模板**

**×××临床试验方案讨论会**

**议　程**

会议主席：×××医院　×××主任/教授

主　　持：×××医院　×××主任/教授

时　　间：××××年××月××日　8：30—12：00

地　　点：×××

| 时间 | 议程 | 人员 |
|---|---|---|
| 8：30—9：00 | 会议签到 | 全体参会者 |

续表

| 时间 | 议程 | 人员 |
|---|---|---|
| 9：00—9：10 | 介绍参会人员 | ×××医院　×××主任/教授 |
| 9：10—9：20 | 申办方致辞 | ×××公司　×××职务 |
| 9：20—9：40 | 介绍临床前研究情况 | ×××医院　×××主任/教授 |
| 9：40—10：10 | 介绍临床试验方案 | ××× |
| 10：10—11：40 | 研究方案讨论与总结 | 全体专家 |
| 11：40—11：50 | 申办方致谢 | ×××公司　×××职务 |
| 11：50—12：00 | 合影 | 全体参会者 |

### 8.5.2　会议组织

按照会议议程，介绍项目临床前研究情况、临床试验方案，重点讨论拟定问题，并达成一致意见，协同人员配合完成会议签到及会议纪要撰写。

### 8.5.3　会后工作

针对专家对临床试验方案提出的合理化建议，完善并修改试验方案的内容，组织撰写其他项目层面文件，包括研究者手册、知情同意书、病例报告表、患者日记卡等。

## 8.6　临床试验机构立项

### 8.6.1　立项流程

临床试验机构的立项流程通常包括立项申请、形式审查、立项评估和立项结果 4 个步骤，见图 8－6。

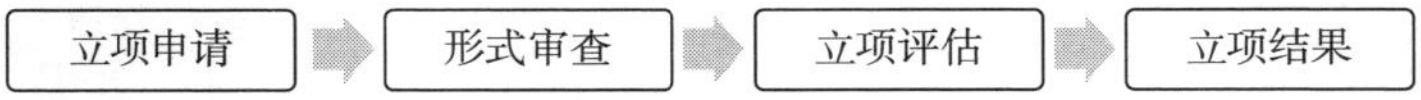


**图 8－6　临床试验机构立项流程**

(1) 立项申请：CRA 按中心机构要求提交立项申请表、临床批准通知书、临床试验方案、研究者手册、研究团队名单、申办方资质等立项资料。

(2) 形式审查：机构办公室对立项资料进行形式审查，不限于文件清单、文件版本、签字盖章、打印份数、装订要求等。

(3) 立项评估：机构办公室组织 PI、院领导、专家对项目进行获益风险评估。

(4) 立项结果：机构办公室将立项结果（同意承接/不同意承接）告知 PI 及申办方代表。

### 8.6.2 立项资料

对于临床试验的立项资料清单，各中心要求差别不大，主要以医院官网或公众号公示的清单目录为准，必要时可与机构老师核实并确认清单内容。临床试验机构立项资料清单参见表 8－13。

**表 8－13 临床试验机构立项资料清单**

| 序号 | 文件名称 | 文件格式 |
|---|---|---|
| 1 | 临床试验立项申请表 | 原件 |
| 2 | 主要研究者资质（个人履历、GCP 证书复印件、执业资格证书） | 原件 |
| 3 | 研究团队成员表 | 原件 |
| 4 | 药品监督管理部门对临床试验方案的许可、备案记录 | 盖申办方公章 |
| 5 | 申办方资质文件（营业执照） | 盖申办方公章 |
| 6 | 临床试验方案 | 样稿 |
| 7 | 研究者手册 | 样稿 |
| 8 | 知情同意书 | 样稿 |
| 9 | 病例报告表 | 样稿 |
| 10 | 患者日记卡 | 样稿 |
| 11 | 招募广告 | 样稿 |
| 12 | 监查员资质（委托函、个人履历、GCP 证书复印件、身份证复印件） | 盖申办方公章 |
| 13 | 试验用药品生产厂家证明性文件（营业执照、生产许可证） | 盖生产单位公章 |
| 14 | 委托函（委托 CRO、委托研究单位等） | 盖申办方公章 |

**续表**

| 序号 | 文件名称 | 文件格式 |
|---|---|---|
| 15 | CRO 资质文件（营业执照） | 盖 CRO 公章 |
| 16 | CRA/CRC 委托函及资质（个人履历、GCP 证书复印件、身份证复印件） | 盖申办方/CRO/SMO 公章 |
| 17 | SMO 资质文件（营业执照） | 盖 SMO 公章 |
| 18 | 临床试验保险（若有） | 复印件 |
| 19 | 中心实验室资质文件（若有） | 复印件 |

### 8.6.3　网络申请

若中心机构使用临床研究管理系统（CTMS），则临床试验立项申请流程参见图 8－7。

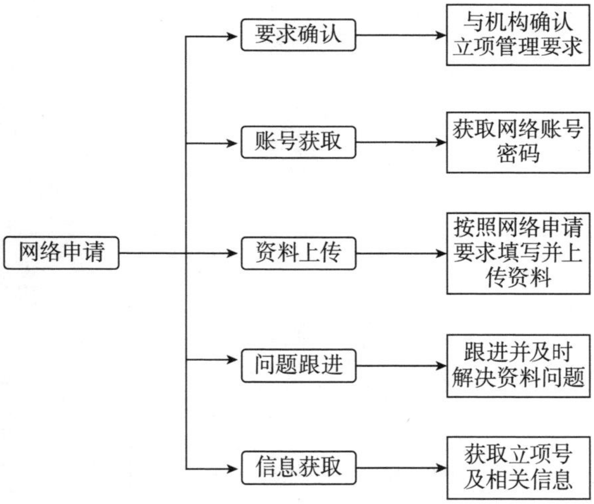


**图 8－7　临床试验机构立项申请流程**

## 8.7　临床试验伦理审查

### 8.7.1　伦理审查流程

中心立项完成后，CRA 可以开始准备项目资料递交伦理，获取中心伦理资料清单、递交流程及具体要求，可参考以下方式：

（1）通过医院官网伦理委员会板块查询；

（2）通过电话或邮件与伦理秘书沟通获取；

（3）通过中心 CRA 工作群或微信公众号获取；

（4）通过中心常驻 CRC 询问获取；

（5）通过网络平台、药研社等查询。

伦理资料准备完成后，提交伦理审查，流程可参见图 8－8。

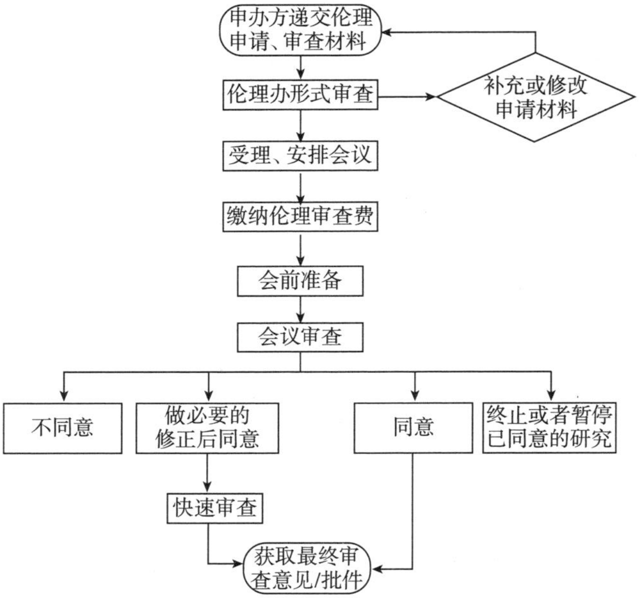


**图 8－8　临床试验伦理审查流程**

（1）形式审查：伦理秘书审查递交文件是否符合既定清单的要求，文件版本信息是否准确，填写表格内容是否完整、遗漏或矛盾。伦理秘书审查后会将不规范项告知 CRA，CRA 需根据意见修改后重新递交。

（2）受理：递交文件形式审查通过后，伦理秘书会发送受理成功通知并告知 CRA 预计会议审查日期。

（3）审查费用：CRA 需要与伦理秘书确认伦理审查费用、缴费方式、医院账户等信息，部分中心需在递交材料时或会审后缴费。

（4）会前准备：CRA 协助研究者准备汇报 PPT，提前与伦理秘书确认 PPT 模板、内容、汇报的要求，确定到场参会人员，上会材料的份数、装订要求等。

（5）会议审查：汇报人需要提前 10 ~ 15min 到达会场，按照会议议程安排依次汇报并现场回答伦理委员的提问。

（6）审查结果：申办方根据伦理给出的审查意见按图 8 – 8 情形应对。

### 8.7.2　伦理审查资料

伦理初始审查资料清单以医院官网/公众号公示的清单目录为准，必要时和伦理秘书核实确认清单内容，参见表 8 – 14。

**表 8 – 14　伦理初始审查资料清单**

| 序号 | 文件名称 | 文件格式 |
|---|---|---|
| 1 | 伦理审查申请表 | 原件 |
| 2 | 利益冲突声明 | 原件 |
| 3 | 主要研究者资质文件（个人履历、GCP 证书复印件、执业资格证书） | 原件 |
| 4 | 研究团队成员表 | 原件 |
| 5 | 药品监督管理部门对临床试验方案的许可、备案记录 | 盖申办方公章 |
| 6 | 申办方资质文件（营业执照） | 盖申办方公章 |
| 7 | 临床试验方案 | 样稿 |
| 8 | 研究者手册 | 样稿 |
| 9 | 知情同意书 | 样稿 |
| 10 | 病例报告表 | 样稿 |
| 11 | 患者日记卡 | 样稿 |
| 12 | 招募广告 | 样稿 |
| 13 | 监查员资质文件（委托函、个人履历、GCP 证书复印件、身份证复印件） | 盖申办方公章 |
| 14 | 试验用药品生产厂家证明性文件（营业执照、生产许可证） | 盖生产单位公章 |
| 15 | 组长单位伦理批件及成员表 | 复印件 |
| 16 | CRO 公司资质文件（营业执照） | 盖 CRO 公章 |
| 17 | CRA/CRC 委托函及资质文件（个人履历、GCP 证书复印件、身份证复印件） | 盖申办方/CRO/SMO 公章 |

续表

| 序号 | 文件名称 | 文件格式 |
|---|---|---|
| 18 | SMO资质文件（营业执照） | 盖SMO公章 |
| 19 | 临床试验保险（若有） | 复印件 |

### 8.7.3 伦理审查常见问题及应对措施

伦理审查常见问题及应对措施见表8-15。

**表8-15 伦理审查常见问题及应对措施**

| 问题 | 应对措施 |
|---|---|
| 形式审查一次性通过率低 | 从医院官网或公众号获取初始审查目录清单和文件模板，从CRA/CRC工作群获取易出错信息，必要时提前与伦理秘书沟通确认最新要求 |
| 未赶上中心最近一次伦理会议 | 提前从医院官网/伦理秘书处获取每月上会时间，了解形式审查、受理、缴费各环节大概时间，确认是否因审查项目过多需要排队 |
| 伦理汇报效果差 | 提前确认汇报人（是否需要PI汇报）、汇报时间、汇报顺序、汇报PPT（项目通用模板或中心模板），准备伦理委员可能提出的问题回复（关注受试者权益与安全） |

## 8.8 临床试验合同

### 8.8.1 合同类型

从项目需求的角度出发，申办方作为临床试验的发起者，一般是合同签署的甲方，合同签署的乙方主要是研究中心和各供应商，供应商包括CRO、SMO、物流、保险等机构。根据临床试验业务细分，业务合同包括临床运营、数据管理、统计分析、医学事务、药物警戒、药品物流、中心实验室、CRC服务、患者招募、稽查、试验系统等。而大家常说的临床试验合同一般是指与研究中心签订的临床试验主合同。

### 8.8.2 合同条款

每家申办方或机构都有自己的合同模板，以机构的要求为主，合同条款一般包括：

（1）合同各方承担的责任；

（2）经费承担及支付方式、支付时间；

（3）计划与进度；

（4）合同变更、生效及争议处理方法。

2020 年版 GCP 第四十条规定，申办者与研究者和临床试验机构签订的合同，应当明确试验各方的责任、权利和利益，以及各方应当避免的、可能的利益冲突。合同的试验经费应当合理，符合市场规律。申办者、研究者和临床试验机构应当在合同上签字确认。

合同内容应当包括：

（1）临床试验的实施过程中遵守相关法律法规；

（2）执行经过申办者和研究者协商确定的、伦理委员会同意的试验方案；

（3）遵守数据记录和报告程序；

（4）同意监查、稽查和检查；

（5）临床试验相关必备文件的保存及其期限；

（6）发表文章、知识产权等的约定。

### 8.8.3　合同风险

在临床试验合同签订过程中，需要关注以下风险：

（1）合同模板是否使用正确（机构模板或申办方模板）；

（2）合同内容是否核实无误（签署方名称、付款信息、检查项目）；

（3）合同金额是否计算准确（管理费、税费）；

（4）受试者补偿是否纳入合同（按时兑现）；

（5）财务凭证是否明确（专票、普票、收据）；

（6）合同签字盖章份数要求（法律效力）。

# 8.9 临床试验用药品供应

## 8.9.1 试验用药品准备

### 8.9.1.1 来源

在临床试验方案确定后，便可以开始准备试验用药品，从广义上理解，试验药物、对照药品、补救药品均属于试验用药品。相关定义及来源如下。

（1）试验药物：通过临床试验，探索和确证其有效性和安全性的研发产品。一般由申办方或委托符合 GMP 生产条件的单位生产。

（2）对照药品：临床试验中用于与试验药物参比对照的其他研究药物、已上市药品或者安慰剂。阳性对照药品（已上市药品）一般由申办方统一购买，安慰剂（模拟剂）一般由申办方或委托符合 GMP 生产条件的单位生产。

（3）补救药品：临床试验期间，受试者使用试验药物后无效或不耐受时用于补救治疗的已上市药品。一般由申办方统一购买。

### 8.9.1.2 包装

（1）试验用药品的包装应符合项目的研究类型，如盲法、随机等试验设计要求；采用已上市的试验用药品作为对照，其包装应区别于市场流通的药品，避免误用。

（2）试验用药品均应贴有专用标签，标签内容用中文印刷，包括项目名称或编号、药物编码、名称、规格、剂型、用法用量、批号、有效期或保存年限、生产日期、保存条件、“仅供临床试验使用”。

（3）试验用药品的包装，应当能确保药物在运输和贮存期间不被污染或变质。

试验用药品标签可参见图 8 –9。

临床试验批准通知书编号：××××××　　药物编号：×××

××××× 临床试验用药
（仅供临床试验使用）

[功能主治]××××××
[规　　格]××××××
[用法用量]××××××
[贮　　存]××××××
[生产批号]××××××
[生产日期]××××××
[有效期至]××××××
[注意事项]××××××

××××××公司

**图 8 –9　试验用药品标签**

### 8. 9. 1. 3　运输

（1）根据试验用药品贮存条件（如避光、密封、阴凉干燥、常温等），采用必要的包装和物流措施（如冷链运输），避免运输过程中温度、光照、湿度等因素对试验用药品的影响。

（2）在运输过程中，试验用药品应当有温湿度监控。在研究中心交接药品时，需将温湿度监测报告提供给药品管理员保存归档。

（3）运输过程中所有批次试验用药品的检验报告、交接记录表、应急信件（若有）应随试验用药品一起运送至研究中心。

（4）若试验用药品包装尺寸过大，CRA 应提前联系研究中心药品管理员，告知尺寸大小，以便机构或科室提前准备贮存场地。

## 8. 9. 2　试验用药品编盲

试验用药品编盲流程见图 8 –10。

**图 8－10 试验用药品编盲流程**

（1）随机方案：申办方确定随机化方案，如区组随机、分层随机等。

（2）药品准备：根据试验方案中治疗周期、用法用量、包装规格等准备临床试验用药品、检验报告、药品说明书。

（3）盲法编码：编盲统计师处理编码的产生，根据随机化方案选出受试者治疗分组信息（试验组或对照组）。其中，随机编号、产生随机编号的参数及试验用药品编码统称盲法临床试验的“盲底”。

（4）现场编盲：由不参与临床试验人员或临床试验非盲团队配合编盲统计师根据已产生的随机表对试验用药品分配药物编号，编盲统计师将现场编盲的过程进行记录，并由编盲现场负责人和参与人员进行签字确认，形成编盲记录。

（5）盲底封存：编盲统计师将药品分配随机表（内含随机数产生参数和种子数）一式两份作为盲底密封，分别由申办方和临床试验组长单位保存。若试验采用中央随机系统（IWRS），则盲底由随机化统计师产生，并由随机系统负责人上传至 IWRS。临床试验期间，任何人不可拆阅盲底信封，待数据库锁定后，统计分析揭盲时方可使用。

## 8.10 临床试验中心启动

临床试验中心启动访视（SIV）的目的是，确保在中心启动后，研究中心可以独立完成临床试验方案所要求的相关操作，相关检查/入组流程建立；物资/设备/药品准备齐全；相关人员经过培训可以更好地执行方案，进行受试者的筛选、入组和访视工作。

### 8.10.1　启动前准备

#### 8.10.1.1　试验用药品

临床试验中心启动前，确保试验用药品已送达，包装完好，数量编号清点无误，运输过程符合贮存条件，流程文件（如检验报告、温湿度记录、温湿度记录仪校准证书、快递单、试验用药品交接记录单、入库单等）完整，试验用药品顺利签收入库。

#### 8.10.1.2　试验物资

（1）项目文件：临床试验方案、研究者手册、患者日记卡、病例报告表、知情同意书等。

（2）项目表格：筛选入选登记表、受试者鉴认代码表、授权分工表、监查访视记录表等。

（3）试验仪器设备：阴凉柜、温湿度记录仪、项目相关测量仪器（如血压计、血糖仪、体温计等）。

#### 8.10.1.3　软硬件

确认临床试验中心软硬件是否满足项目要求、系统培训是否完成、各系统账号是否开通［如 CTMS、IWRS、电子数据采集系统（EDC）］等。

### 8.10.2　项目启动会

临床试验中心项目启动前，需召开项目启动会。

会前，需提前与临床试验中心确认参会人员，包括临床科室、临床试验机构、中心药房、检验科、影像科等相关人员，并与 PI 协商会议时间、地点。

项目启动会需完成以下工作。

（1）人员培训：项目经理或 CRA 完成对人员的培训，确保培训后授权的研究人员可以独立执行其授权的临床试验相关操作。培训内容包括试验方案、GCP、操作规程（SOP）、知情同意、药品管理、安全性报告、IWRS 等。

（2）角色授权：PI 完成研究团队的授权，授权角色包括研究者、研究护士、药品管理员、样本管理员、物资管理员、质控员、临床协调员等。

（3）问题记录：CRA 现场解答研究团队在启动会上提出的问题，如现场无法解答，则咨询项目组意见并及时反馈给研究团队，撰写启动会会议纪要并存档。

（4）文件签署：CRA 协助完成项目启动会相关文件签署，如会议签到表、培训记录表、授权分工及签名样张等，其中，授权分工及签名样张可参见表 8－16。

**表 8－16　临床试验授权分工及签名样张**

| | |
|---|---|
| 项目名称： | 中心编号： |
| 主要研究者签名： | 签署日期： |

授权任务项：①获取受试者知情同意；②受试者筛选；③受试者随机；④生命体征测量、收集病史；⑤开具处方；⑥紧急揭盲；⑦SAE 报告；⑧试验物资管理；⑨试验用药品管理；⑩生物样本管理；⑪协助受试者筛选、访视；⑫电子病例报告表（eCRF）填写；⑬质疑解答；⑭质控；⑮其他

| 被授权人员姓名 | 被授权人员签名 | 数字样张 | 姓名缩写 | 试验角色 | 授权项 | 主要研究者授权确认 | | | |
|---|---|---|---|---|---|---|---|---|---|
| | | | | | | 授权起始时间 | 主要研究者签字 | 授权停止时间 | 主要研究者签字 |
| | | | | | | | | | |
| | | | | | | | | | |
| | | | | | | | | | |

## 8.10.3　启动会跟进

（1）文件跟进：完成首次监查报告，继续收集工作人员资质文件。

（2）问题跟进：跟进启动会上未解决的相关问题，并及时反馈。

（3）计划跟进：安排后续的项目入组及监查访视计划。

CRA 应在临床试验中心启动访视后完成首次监查报告，首次监查报告模板可参见表 8－17。

**表 8－17　首次监查报告模板**

| | | | |
|---|---|---|---|
| 项目名称： | | | |
| 试验中心： | | | |
| 主要研究者： | 监查员： | | |
| 监查日期： | 报告日期： | | |
| 中心研究进度：□项目启动　□进行中　□完成　□中止 | | | |
| 监查内容 | 是 | 否 | 备注 |
| 1. 药物临床试验批准通知书 | □ | □ | |
| 2. 申办方资质文件 | □ | □ | |
| 3. 伦理委员会批件 | □ | □ | |
| 4. 临床试验协议 | □ | □ | |
| 5. 研究者履历 | □ | □ | |
| 6. 实验室室间质评证书 | □ | □ | |
| 7. 实验室正常值范围 | □ | □ | |
| 8. 试验用药品贮存环境符合要求 | □ | □ | |
| 9. 试验物资齐全 | □ | □ | |
| 10. 启动会培训签到表和会议记录表 | □ | □ | |
| 其他情况说明： | | | |
| 监查员： | 日期： | | |

# 8.11　临床试验受试者招募

## 8.11.1　招募方式

（1）现场招募：研究者在门诊/住院临床诊疗过程中，发现符合试验条件的目标人群，可以向其介绍项目基本情况，邀请其参加临床试验。

（2）公开招募：通过发布招募广告的形式进行项目宣传和受试者招募，如易拉宝、公众号、微信朋友圈、网络平台等。

（3）第三方招募：委托招募公司（如厚普医药），或第三方推荐（如其他科室推荐、患者介绍）协助招募。

### 8.11.2　招募信息

招募信息应包括项目名称、申办单位、试验目的、纳入标准、试验周期、招募期限、联系方式等内容。

招募信息不得有以下内容：

（1）注明或暗示药物疗效和安全性，如“疗效确切”“安全性好”等；

（2）使用诱导性描述，如“免费检查”“免费治疗”“现金补贴”等；

（3）使用模糊替代用语，如用“新药”替代“试验药物”。

### 8.11.3　招募流程

临床试验受试者招募流程见图 8－11。

**图 8－11　临床试验受试者招募流程示意**

（1）招募计划：项目经理制订招募计划，如 A 中心计划入组 30 例，招募期限为 6 个月。

（2）招募渠道：CRA 与研究团队共同商定本中心的招募渠道，如采用门诊、海报、网络平台等。

（3）伦理审查：CRA 将招募广告提交伦理委员会审查，审查通过后方可执行。

（4）初步筛选：研究者对潜在受试者进行初步筛选，如问诊、询问病史等。

（5）知情同意：研究者对于初步符合试验要求的受试者进行充分告知，并签署知情同意书。

（6）入排审核：研究者根据试验方案规定的入排标准逐条审核，筛选符合入排标准的受试者随机入组。

## 8.11.4 招募效率

### 8.11.4.1 影响招募效率的因素

#### 8.11.4.1.1 招募对象

影响招募对象效率的因素主要包括受试者地域、居住地、年龄、受教育程度、经济情况、对研究者的信任程度等。

一般而言，受试者居住地离研究中心越远，脱落的概率越大；受试者受教育程度越高，对临床试验的接受程度越高；受试者对研究者的信任度越高，越容易入组。

#### 8.11.4.1.2 试验方案设计与组织实施

影响试验方案设计效率的因素主要包括试验方案的入排标准、试验用药物、试验设计、目标疾病发病率、试验类型、招募渠道等。

试验方案的复杂程度、随访频率、周期、检查数量、是否存在有创检查等都会对受试者的招募产生一定影响。

组织实施方面，在与研究中心签订合同之前，CRA 要和研究者仔细讨论本中心潜在的病源量，尽可能制订合理可靠的招募计划。

#### 8.11.4.1.3 研究中心及研究人员

影响研究中心及研究人员招募效率的因素主要包括研究中心是否存在竞争性试验，研究人员投入试验上的时间、与患者的沟通方式和沟通技巧等。

此外，研究机构本身的规模、医疗水平和社会信誉的高低、是否有临床试验经验、是否使用 CRC 等都会在一定程度上影响受试者的招募。

#### 8.11.4.1.4 社会及监管环境

法规政策能否对新药临床试验起到积极的引导作用，社会舆论方面能否正确引导公众认识临床试验，都会影响受试者参与临床试验的热情。当前，很多人一提到临床试验就会不自主地联想到“小白鼠”，家人的反对、社会的歧视都会在一定程度上阻碍目标人群参加临床试验。

#### 8.11.4.2 提高招募效率的方法

通过各相关方可提高招募效率的方法见表 8－18。

表 8－18 提高招募效率的方法

| 相关方 | 具体方法 |
| --- | --- |
| 申办方 | ①与各研究中心探讨，沟通交流招募的相关问题，讨论解决方案并执行；<br>②进行充分的临床研究前调研，如必要的文献综述与试点研究、良好的试验设计、完善与细致的试验实施方案、详细可操作的随访流程；<br>③对参与临床试验的相关人员开展受试者招募技巧的培训；<br>④激活研究中心更多内在资源（如科室活动、教授查房等）加入项目的实施中；<br>⑤利用额外的资源，如招募公司、网络平台、公众号的招募 |
| 研究中心 | ①控制科室同类竞争的临床试验项目数量；<br>②加强科室的临床试验项目招募宣传工作；<br>③根据研究人员参与的工作量合理分配临床试验观察费；<br>④PI 主动承担临床试验任务，带动科室人员积极筛选入组受试者；<br>⑤加强研究人员团队的内在凝聚力，打造院内临床试验质量文化 |
| 第三方招募 | ①通过网站、微博、微信等途径发布招募信息，拓展受试者的来源途径；<br>②选取特定的招募公司（如对试验适应症的诊疗环境、区域内病源情况均相对熟悉，与对应医院有较好的关系维护等）和定向客户群体的 App 进行特定的广告投放 |

## 8.12 临床试验随访观察

### 8.12.1 受试者筛选入组

（1）受试者来源：门诊患者、住院患者、招募患者、推荐患者。

（2）试验物资准备：知情同意书、方案流程图及注意事项、量表问卷（若适用）。

（3）信息收集：问诊、溯源、初步诊断。

（4）知情同意：项目介绍、提问回复、知情同意书签署。

（5）检查检验：免检单、临床常规检查、项目特殊检查、报告结果审核判定。

（6）导入期（若适用）：禁用药洗脱、量表/问卷/日记卡、服用基础用药。

（7）审核入组：审核入排标准、随机入组发药。

### 8.12.2　受试者随访

#### 8.12.2.1　随访前准备

（1）访视内容：CRC 提醒研究者提前了解访视内容，安排工作。

（2）访视工具：CRC 可利用表格工具，对随访时间进行追踪、管理。

（3）访视对象：访视前，CRC 应与受试者电话沟通，告知其地点、检查要求（如空腹），并提醒受试者携带相关随访物资。

（4）访视场地：访视前，CRC 确定随访房间（如受试者接待室），确保随访期间不会发生冲突。

（5）访视文件：根据试验方案要求，CRC 准备访视用相关文件、量表问卷、试验表格。建议同时准备便签，方便随时记录。

（6）访视设备：访视前，CRC 应检查所需仪器设备，如果访视当天需要使用线上系统，则应提前调试计算机和网络，确保访视当天能够正常使用。

#### 8.12.2.2　随访当日

（1）根据试验方案要求，收集受试者相关研究资料（如随访期间医疗记录、量表问卷、受试者日记卡等）。

（2）收集受试者服药情况、伴随用药、不良事件。

（3）根据试验方案或实验室 SOP 要求，完成生物样本的采集、离心、储存、寄送等工作。

（4）及时打印受试者检查检验报告单，请研究者审核判定。

（5）发放试验用药品时，应强调服用方法、剂量、次数和特殊要求。

（6）清点回收剩余药物及空包装，并与受试者日记卡中服药记录进行一致性核对。

#### 8.12.2.3 随访结束后

（1）CRC 整理访视资料并归类保存至受试者文件夹。

（2）对于访视超窗或失访的受试者，CRC 应与受试者保持积极沟通，尽早完成后续访视，提醒研究者将相关情况记录于访视病历中。

### 8.12.3 临床试验监查

临床试验监查，是指监督临床试验的进展，并保证临床试验按照试验方案、标准操作规程和相关法律法规要求实施、记录和报告的行动。

#### 8.12.3.1 制订监查计划

项目经理应根据具体临床试验项目的特点、难度、试验周期、中心管理要求等制订相应的监查计划，描述监查的策略、方法、职责和要求，明确试验过程中需要遵守的 SOP 相关要求，规定监查频率、时长、访视方式和监查内容等。监查计划需在项目或具体中心启动前确定，在项目实施过程中，根据实际情况更新及调整监查计划，以满足项目执行需要。

#### 8.12.3.2 监查访视类型

监查访视分为现场监查和中心化监查。

（1）现场监查，是指在临床试验现场进行监查，对研究中心试验质量进行实地评估。

（2）中心化监查，又称“远程监查”，是指对正在实施的临床试验进行远程评估，以及汇总不同的临床试验机构采集的数据并进行远程评估。中心化监查作为现场监查的补充，能帮助调整现场监查的频率和协助识别潜在问题数据，有助于提高临床试验的监查效果，具体流程见图 8－12。

**图 8－12 监查访视流程**

#### 8.12.3.3 监查基本流程

（1）监查准备：CRA 应提前通知 PI 或 Sub－I（协助研究者）预约监

查访视，制订监查访视计划和日程安排，明确本次监查内容。请 CRC 协助整理监查所需文件，包括研究者文件夹、受试者文件夹和药品文件夹等。提前梳理监查事项清单、待访谈人员名单和待解决问题。若本次监查需要进行系统溯源，则应联系临床试验机构协调相关检验科室开放溯源权限。

（2）监查执行：CRA 需要根据监查访视计划，逐条落实监查事项，如 PI 文件签署、伦理文件递交、研究者文件夹整理、受试者文件夹审阅、上一轮监查遗留问题处理、人员访谈等。针对本次监查发现的问题及时与相关责任人沟通处理，对于复杂难处理的问题，可咨询项目组意见，必要时与 PI 或临床试验机构协商解决，将相关问题记录于监查报告中。

（3）监查结束：CRA 需要核实监查事项是否全部执行，对于未解决问题制定纠正预防措施（CAPA）并实时跟踪，与 CRC 沟通后续协助处理事项，撰写监查报告提交项目经理审核。

## 8.13　临床试验中心关闭

临床试验中心关闭，是指在 LPLV（最后一个受试者最后一次访视）阶段或者研究终止后，完成数据清理、物资清理、药物清点、文件归档、费用清算、机构质控、中心小结等相关结题工作。

在临床试验中心关闭过程中，CRA 和 CRC 应了解研究中心的流程和要求，具体方式有查看医院官网或公众号，或与同行沟通交流，或直接与机构、伦理老师沟通。与研究者的良好沟通和配合，有助于确保临床试验中心关闭工作的顺利开展。

### 8.13.1　临床数据清理

#### 8.13.1.1　质疑解答与回复

临床数据清理，是指在试验数据核查过程中对系统质疑和人工质疑进行处理，目的在于保证试验数据的完整性、有效性和准确性。

在试验开始前建立 EDC 时，数据管理员（DM）会根据临床试验方案要求，设计制定病例报告表（CRF），提前设置好逻辑关系。数据录入后，EDC 根据设置好的逻辑关系核对填入的数据，若违反逻辑，系统就会弹出质疑并告知 CRC 或研究者，相关人员需对医院信息系统（HIS）和 EDC 数据进行核实、修正，特殊情况需说明原因。

#### 8.13.1.2 原始文件核查

原始文件核查的主要目的是，确保试验过程中数据、记录和资料的完整性、一致性、规范性，以及验证数据的真实性和可靠性。

原始文件核查应该针对所有与试验相关的文件资料，包括知情同意书、量表问卷、门诊病历、患者日记卡、试验用药品发放回收记录表、检查检验报告单、质控记录等。

### 8.13.2 物资清理

在临床试验中心关闭阶段，需清点以下试验物资。

（1）未使用的空白文档：知情同意书、患者日记卡、量表问卷等。

（2）仪器设备：由申办方为项目提供的仪器设备，如血压计、温湿度记录仪、阴凉柜、体温计、离心机等。

核对项目启动时或试验期间寄送到临床试验中心的试验物资数量、已用数量（包含正常损耗）和剩余回收数量是否一致，若有较大出入，则数据真实性可能存疑。为确保物资交接无误并满足申办方要求，CRC 应配合 CRA 进行物资清点工作，将物资寄回申办方。在此过程中，要遵守相关要求，完成试验物资的交接记录。

### 8.13.3 药物清理

临床试验中心关闭阶段，对于试验用药品的回收清点，除需要清点试验用药品数量外，还应核对以下文件的完整性和数据的一致性。

（1）试验用药品运输过程、临床试验中心贮存过程中的温湿度记录。

（2）物流单/快递单。

（3）药品管理员的培训与授权。

（4）试验用药品交接记录。

（5）试验用药品检验报告（中心使用所有批次）。

（6）试验用药品出入库记录。

（7）处方笺。

（8）试验用药品分发、回收记录。

（9）试验用药品销毁记录。

临床试验结束后，CRA 与药品管理员一起进行试验用药品的清点和回收工作。清点工作从试验方案规定所需回收的包装开始，对未使用的试验用药品包装进行检查，核对试验用药品的名称、规格、批号、数量、有效期等信息。将剩余的试验用药品和空包装进行回收，并核对空包装数量与临床试验过程中受试者使用数量是否一致。

核对无误后，药品管理员可通过邮寄或其他方式将剩余试验用药品和空包装退还给申办方，并在临床试验用药品交接记录表上签字确认。申办方按照试验方案或相关 SOP 要求对回收药物进行销毁，并填写试验用药品销毁记录表，表中需详细记录项目名称、研究中心、申办单位、药物名称、剂型、包装、批号、销毁数量、销毁原因、销毁方法及地点、销毁日期、销毁人签名及日期、见证人签名及日期等。签署完成后，将试验用药品销毁记录表扫描件递交研究中心归档，申办方可以委托研究中心销毁试验用药品，保留相关销毁记录并归档。

### 8.13.4　文件归档

在临床试验中心关闭阶段，CRA 需要根据机构提供的结题归档目录整理研究者文件夹/机构文件夹。归档文件目录参考清单见表 8－19。

表 8-19 归档文件目录参考清单

| 序号 | 清单 | 序号 | 清单 |
|---|---|---|---|
| 1 | 临床试验批准通知书及其说明文件 | 21 | 严重不良事件（SAE）及相关报告 |
| 2 | 研究者手册（IB） | 22 | 可疑且非预期的严重不良反应（SUSAR）及其他安全性资料 |
| 3 | 临床试验方案及签字页 | 23 | 年度进展报告 |
| 4 | eCRF | 24 | 方案偏离报告 |
| 5 | 患者日记卡 | 25 | 受试者筛选入选表 |
| 6 | 招募广告 | 26 | 试验用药品分发、回收登记表 |
| 7 | 知情同意书（ICF） | 27 | 完成试验受试者编码目录 |
| 8 | 临床试验合同及发票收据 | 28 | 试验结束监查报告 |
| 9 | 首次伦理申请单及伦理批件（或修订批件） | 29 | 试验药品的退回记录 |
| 10 | 研究者履历及相关资质证明（简历、GCP 证书、执业资格证、注册证） | 30 | 研究完成报告 |
| 11 | 室间质评证书 | 31 | 结题申请表 |
| 12 | 试验药物检验报告 | 32 | 费用清算说明 |
| 13 | 对照药物的购买记录（或生产包装记录） | 33 | 自查报告 |
| 14 | 物资运送快递单及交接记录 | 34 | 机构质控报告 |
| 15 | 药物运送快递单、温湿度记录及交接记录 | 35 | 试验药品的销毁记录 |
| 16 | 启动会培训记录（培训 PPT、会议纪要、签到表、授权分工表） | 36 | 数据盲态审核报告（签到表、会议纪要） |
| 17 | 实验室正常值范围 | 37 | 统计分析报告 |
| 18 | 首次监查报告 | 38 | 中心小结表 |
| 19 | 伦理递交信及伦理批件 | 39 | 总结报告 |
| 20 | 稽查通知与稽查报告 | 40 | 说明文件 |

## 8.13.5 费用结算

费用一般由 CRA 根据与机构签署的临床试验合同/协议进行结算，部分临床试验中心有固定的费用结算模板，按照机构要求填写即可。一般情况下，合同模板由机构提供，其中，试验费用包括立项费用、机构管理费、研究者临床观察费、受试者项目检查费、医院管理费、CRC 管理费、受试者补偿费、药品管理费、质控费、税费等。药物临床试验费用明细模板参见表 8－20。

**表 8－20　药物临床试验费用明细模板**

| 项目名称 | ××× | 药研经费编号 | ××× |
| --- | --- | --- | --- |
| 负责专业 | ××× | 主要研究者 | ××× |
| 应付经费 | | | |
| 立项费用 | ××× | 机构管理费 | ××× |
| 研究者临床观察费 | ××× | 受试者项目检查费 | ××× |
| 医院管理费 | ××× | CRC 管理费 | ××× |
| 受试者补偿费 | ××× | 药品管理费 | ××× |
| 质控费 | ××× | 税费 | ××× |
| 应付经费合计 | ××× | | |
| 到账经费 | | | |
| 发票日期 | 汇款单位名称 | 金额 | 发票编号 |
| ××××年××月××日 | ××× | ××× | ××× |
| ××××年××月××日 | ××× | ××× | ××× |
| 到账经费合计 | | | |
| 尾款结算费用 | | | |
| 监查员：×××　联系电话：××××××××××× | | | |
| 项目负责人<br>（确认病例完成情况） | 签名： | 机构办<br>（确认经费到账情况） | 盖章： |

清算费用时，需要注意核对合同中规定的付款方式与支付时间，有的临床试验中心要求一次性支付，有的临床试验中心要求按受试者入组进度分时间节点支付，CRA 需要在临床试验中心关闭阶段根据产生的实际费用结算尾款。受试者补偿费和受试者项目检查费应按照实际情况统计，如受试者在试验期间可能筛败、脱落，或对某项检查拒做、漏做等。若有补充合同，则需一并清算。

费用清算完成后，CRA 需要与机构进一步沟通确认，若双方意见达成一致，则可由申办方执行付款流程或临床试验中心执行退款流程。

## 8.13.6 结题质控

### 8.13.6.1 申办方自查

在临床试验中心关闭阶段，申办方需要对试验项目进行自查或委托第三方稽查，出具自查报告或稽查报告。

自查报告模板可参见表8－21。

**表8－21 自查报告模板**

<table>
<tr><td colspan="4">基本信息</td></tr>
<tr><td>试验名称</td><td colspan="3"></td></tr>
<tr><td>专业科室</td><td></td><td>主要研究者</td><td></td></tr>
<tr><td>自查时间</td><td></td><td>自查地点</td><td></td></tr>
<tr><td>自查单位</td><td></td><td>自查人员</td><td></td></tr>
<tr><td colspan="4">自查问题——研究者文件夹</td></tr>
<tr><td>序号</td><td>文件名称</td><td>问题描述</td><td>处理措施</td></tr>
<tr><td></td><td></td><td></td><td></td></tr>
<tr><td colspan="4">自查问题——知情同意书</td></tr>
<tr><td>序号</td><td>受试者编号</td><td>问题描述</td><td>处理措施</td></tr>
<tr><td></td><td></td><td></td><td></td></tr>
<tr><td colspan="4">自查问题——药品管理</td></tr>
<tr><td>序号</td><td>文件名称</td><td>问题描述</td><td>处理措施</td></tr>
<tr><td></td><td></td><td></td><td></td></tr>
<tr><td colspan="4">自查问题——原始文件</td></tr>
<tr><td>序号</td><td>受试者编号</td><td>问题描述</td><td>处理措施</td></tr>
<tr><td></td><td></td><td></td><td></td></tr>
<tr><td colspan="4">自查问题——EDC</td></tr>
<tr><td>序号</td><td>受试者编号</td><td>问题描述</td><td>处理措施</td></tr>
<tr><td></td><td></td><td></td><td></td></tr>
<tr><td colspan="4">自查问题——其他</td></tr>
<tr><td>序号</td><td>文件名称</td><td>问题描述</td><td>处理措施</td></tr>
<tr><td></td><td></td><td></td><td></td></tr>
<tr><td colspan="2">自查人员：</td><td colspan="2">日期：</td></tr>
<tr><td colspan="2">主要研究者：</td><td colspan="2">日期：</td></tr>
</table>

#### 8.13.6.2　机构质控

在申办方自查整改完成后，CRA 应提前与机构预约结题质控。机构质控员对研究者文件夹审核归档，对受试者文件夹按一定比例抽查，并出具机构质控报告。

### 8.13.7　中心小结

#### 8.13.7.1　机构结题

CRA 在完成数据清理、物资清理、药物清理、文件归档、费用结算、结题质控等工作后，即可向机构办公室递交分中心小结表，申请结题，关闭中心。

分中心小结表模板可参考表 8－22。

**表 8－22　分中心小结表模板**

| | | | |
|---|---|---|---|
| 临床试验题目 | | | |
| 临床试验受理号 | | 批准通知书编号 | |
| 药品注册申请人 | | | |
| 临床试验机构<br>及专业名称 | | | |
| 主要研究者姓名 | | 职务职称 | |
| 参加试验人员 | | | |
| 伦理委员会名称 | | 伦理委员会<br>批准日期 | |
| 第一个受试者入组日期 | | 最后一个<br>受试者出组日期 | |
| 试验计划入组受试者数 | | 筛选人数 | |
| 随机化——入组人数 | | 完成试验人数 | |
| 受试者入选情况一览表 | 需提供所有签署知情同意书的受试者编号（或姓名缩写）、知情同意日期、筛选失败原因、入组日期、药物编号、未完成试验者的中止原因与日期 | | |
| 主要数据的来源情况 | 说明采集数据的仪器、检测方法、实验室正常值范围 | | |

续表

| | |
|---|---|
| 试验期间盲态保持情况 | 试验盲态：□双盲　□单盲　□非盲<br>如果是双盲试验，有无紧急揭盲？□无　□有<br>如有，提供紧急揭盲受试者详细情况 |
| 严重和重要不良事件发生情况 | 严重不良事件：□无　□有　重要不良事件：□无　□有<br>如有，提供发生严重和重要不良事件受试者情况及与试验药物的关系判断 |
| 临床研究监查情况 | 委派临床试验监查员单位：□申请人　□CRO<br>监查次数： |
| 主要研究者的评论 | 本中心主要研究者签名：　　　　　日期： |
| 本中心临床试验机构管理部门审核意见 | 盖章：　　　　　　　　　　　　日期： |

### 8.13.7.2 伦理结题

CRA需要在临床试验中心关闭阶段向伦理委员会递交结题申请表和研究完成报告。若项目无法在伦理批件的审查效期内完成结题，则该年度需继续递交年度跟踪审查报告，其内容与研究完成报告基本一致。

研究完成报告模板可参见表8－23。

**表8－23　研究完成报告模板**

| | | | |
|---|---|---|---|
| 项目名称 | ××××××| | |
| 项目来源 | ××××××| | |
| 方案版本号 | ××× | 方案版本日期 | ××××年××月××日 |
| 知情同意书版本号 | ××× | 知情同意书版本日期 | ××××年××月××日 |
| 伦理审查批件号 | ××× | 主要研究者 | ××××年××月××日 |

**一、受试者信息**

1. 合同研究总例数：
2. 已入组例数：
3. 完成观察例数：
4. 提前退出例数：
5. SAE例数：
6. 已报告的SAE例数：

续表

| | | | |
|---|---|---|---|
| **二、研究情况**<br>1. 研究开始时间：<br>2. 最后 1 例出组日期：<br>3. 是否存在与研究干预相关的、非预期的严重不良事件（SAE）：□是　□否<br>4. 研究中是否存在影响受试者权益的问题：□否　□是请说明：<br>5. SAE 或方案规定必须报告的重要医学事件已经及时报告：□不适用　□是　□否 | | | |
| 主要研究者签名 | | 日期 | |

## 8.14　临床试验数据盲态审核会

### 8.14.1　会议准备

#### 8.14.1.1　会前沟通

（1）与数据方沟通：确认所有临床试验数据已清理完毕，对数据库数据进行再次审核评价。

（2）与统计方沟通：根据临床试验数据，沟通确认统计分析的方法和计划。

（3）与组长单位沟通：确认会议形式、会议时间、会议地点、会议议程、参会人员等。

#### 8.14.1.2　资料准备

数据盲态审核会需要准备的资料包括数据盲态审核报告初稿、方案偏离列表、不良事件列表、合并用药列表、药物依从性列表、应急信件（若有）、盲底信封等。在会议前需要确认文件的完整性和准确性。

#### 8.14.1.3　汇报 PPT

（1）申办方汇报 PPT：汇报内容包括试验背景介绍、试验基本情况、试验质量控制与保障等。

（2）数据方汇报 PPT：汇报内容包括试验概述、数据管理工作汇总、主要疗效指标及安全性数据、方案偏离汇总、人群划分及讨论等。

### 8.14.2　会议组织

#### 8.14.2.1　参会人员

（1）申办方：主持会议，在问题讨论时给出意见。

（2）研究者：对疑似不真实或不规范的试验数据提出疑问，对数据能否采用、人群划分决议等提出临床专业意见。

（3）数据管理方：提供数据管理报告，组织重要方案偏离病例和特殊病例的讨论。

（4）统计方：用统计学的方法评价试验数据，制订统计分析计划。

#### 8.14.2.2　会议规模

盲态审核会一般为小型会议，通常由该项目组长单位相关负责人员参会即可，其余各研究中心可以选择线上、线下方式旁听和参与讨论。

#### 8.14.2.3　会议纪要

数据盲态审核会的会议纪要应如实、全面、准确记录整个会议过程中涉及的相关问题，包含所讨论的问题、专家意见、问题最终处理结果等。盲态审核会会议纪要模板可参考表 8－24。

**表 8－24　盲态审核会会议纪要模板**

| | |
|---|---|
| 会议主题 | |
| 会议时间 | |
| 会议地点 | |
| 参会人员 | |
| 记录人 | |
| 会议内容 | |
| 一、会议议程<br>二、项目基本情况<br>三、会议讨论<br>1. 方案偏离讨论<br>2. 脱落病例讨论 | |

续表

| | |
|---|---|
| 3. 特殊病例讨论<br>4. 统计分析集划分讨论<br>四、盲态审核和揭盲 | |
| 参会人员签名 | |

## 8.14.3　会议总结

### 8.14.3.1　数据审核报告

临床试验数据审核报告是对项目产生的临床试验数据进行的分析与总结，一般是在数据库锁库后由数据管理方撰写，申办方审核确认后定稿。

数据审核报告目录清单可参见表 8－25。

表 8－25　数据审核报告目录清单

| 序号 | 清单 | 序号 | 清单 |
|---|---|---|---|
| 1 | 数据管理基本信息 | 5 | 随机化、盲法、药物管理核查 |
| 1.1 | 依据的法规 | 5.1 | 随机方法简述 |
| 1.2 | 依据××相关数据管理的 SOP | 5.2 | 盲法 |
| 1.3 | 数据采集、编码、统计分析工具 | 5.3 | 药物的随机编盲与应急信件 |
| 1.4 | 临床试验过程中数据管理系统的权限管理 | 5.4 | 药物使用核查 |
| 2 | 试验总体情况 | 5.5 | 试验用药依从性核查 |
| 3 | 数据集划分标准及全分析集（FAS）、安全性数据集（SS）、符合方案集（PPS）划分结果 | 5.6 | 药物管理、分发、运输、保存中的方案偏离 |
| 3.1 | FAS | 6 | 临床检查发现的方案偏离 |
| 3.2 | SS | 7 | 第三方数据的数据管理 |
| 3.3 | PPS | 8 | 安全性指标确认 |
| 4 | 病历核查情况 | 8.1 | 实验室异常有临床意义清单 |
| 4.1 | 入选标准复核 | 8.2 | 不良事件（AE）清单 |
| 4.2 | 排除标准复核 | 9 | 数据集划分决议 |
| 4.3 | 主要疗效指标核查 | 10 | 附件 |

#### 8.14.3.2 人群划分决议

参考《临床试验数据管理工作技术指南》（2016 年）要求，无论临床试验过程是开放还是盲法操作，在临床试验数据库锁定前，都应由申办方、研究者、数据管理人员和统计分析师在盲态下共同审核数据中未解决的问题，并按照临床试验方案进行统计分析人群划分、核查 SAE 报告与处理情况记录等。[8]

统计分析人群划分一般包括：FAS、SS 和 PPS3 类，具体内容可参见表 8－26。

表 8－26　人群划分决议

| 受试者编号 | 随机日期 | 随机后是否服药 | 首次服药日期 | 是否进入 FAS | 未进入 FAS 原因 | 是否进入 SS | 未进入 SS 原因 | 是否进入 PPS | 未进入 PPS 原因 |
|---|---|---|---|---|---|---|---|---|---|
| | | | | | | | | | |
| | | | | | | | | | |
| | | | | | | | | | |

## 8.15 临床试验总结会

### 8.15.1 会前准备

（1）申办方项目经理对会务进行详细安排，如接待、住宿、预算、会场布置等由专人负责，保证各项工作有序开展。

（2）会前 4～5 周，中心监查员提前联系各中心 PI、临床试验机构及数据管理、统计分析单位，确定参会人员、会议时间、会议地点和会议议程，初步规划参会人员行程。

（3）会场负责人联系具体会议场地（包括场地位置大小、投影仪、记录本、桌牌、水果、茶水、签字笔、指引牌、宣传条幅等），协商会务安排。

（4）按照 GCP 和相关 SOP 要求准备临床试验总结会会议资料，包括临床试验方案、统计分析报告、临床试验总结报告（初稿）、分中心小结表等。统计单位准备临床数据统计结果分析 PPT，申办方准备项目汇报 PPT、会议签到表及会议辅助工具（如计算机、照相机等）。

（5）会前约 2 周，与参会人员再次确认会议日程安排，并通过邮件发送“临床试验总结会邀请函”，内容包括会议时间、会议地点、会议议程、会务人员联系方式等，确认参会人数与行程安排，制定“参会人员行程安排表”。

（6）会前 3 ~ 5 天，与统计专家及主要研究者沟通确定汇报 PPT，相关研究资料通过邮件发送至各参会人员提前审阅。

（7）参会人员特别是申办方，应提前讨论临床总结报告，列出总结会上讨论问题清单，如统计分析结果的临床意义、试验药物的安全性事件和临床价值等。

### 8.15.2　会议内容

（1）申办方汇报企业概况、研发过程、试验立项背景及试验实施的关键问题。

（2）主要研究者汇报试验整体情况与试验过程中出现的问题。

（3）申办方监查员代表汇报临床研究的监查情况与总体质量评估。

（4）统计单位详细汇报并说明数据统计分析结果。

（5）主要研究者组织参会人员就统计分析结果、典型案例等相关问题进行讨论。

（6）主要研究者、申办方、统计专家现场交流及解答参会人员的疑问。

（7）申办方领导总结发言与致谢。

（8）参会人员合影。

### 8.15.3 会议总结

（1）会议记录：实时记录会议过程、试验主要结果及讨论组成员关键意见，并请相关人员签字确认。整理会议纪要，1 周内通过邮件发送至各中心主要研究者，征求意见并审核定稿。

（2）根据总结会讨论意见，尽快完成总结报告修改，通过内部讨论（必要时，咨询专家意见），形成临床试验总结报告（CSR）终稿并请主要研究者审核签字。

（3）积极跟进与协调各中心主要研究者及机构，1 个月内完成全部参研中心及统计单位总结资料的审核、签字及盖章。

（4）整理项目试验资料并归档。

**总结**

本章以中药新药临床试验全流程为主线，详细介绍了临床试验开展过程中需要注意的关键点及实战技巧。重点关注临床试验过程的规范性、数据的真实可靠性、资料的完整性，以达到临床试验现场核查与注册审评的要求。

（赵　刚　丁全如　方　洋　陈胜新　姚　润）

## 参考文献

[1]国家药品监督管理局,国家卫生健康委员会．药物临床试验质量管理规范[Z].2020.

[2]国家食品药品监督管理局．药品注册管理办法[Z].2007.

[3]陈峰,夏结来．临床试验统计学[M]．北京．人民卫生出版

社,2018.

[4]国家药品监督管理局. 真实世界证据支持药物研发与审评的指导原则(试行)[Z]. 2020.

[5]国家药品监督管理局药品审评中心. 基于“三结合”注册审评证据体系下的沟通交流指导原则(试行)[Z]. 2022.

[6]国家药品监督管理局药品审评中心. 药物研发与技术审评沟通交流管理办法[Z]. 2020.

[7]国家药品监督管理局,国家卫生健康委员会. 药物临床试验机构管理规定[Z]. 2019.

[8]国家食品药品监督管理总局. 临床试验数据管理工作技术指南[Z]. 2016.

# 第 9 章

# 中药新药上市许可申请

## 9.1 上市许可申请前的准备

### 9.1.1 新增生产许可范围

中药新药上市许可申请前需确定该品种的生产条件，包括场地、设备设施、人员等。如果药品生产许可证生产范围涵盖该中药新药剂型，则可以直接新建或共用生产线。如果药品生产许可证生产范围不包含该中药新药剂型，则需在上市许可申请前完成生产条件的匹配及生产许可范围的增加。以××省为例，新增药品生产许可范围所需申请材料见表9－1。

**表9－1　××省新增药品生产许可范围申报材料**

| 序号 | 申请材料 |
|---|---|
| 1 | 《药品生产许可证变更申请表》、《药品生产质量管理规范符合性检查申请表》或《GMP符合性检查结果通知书》（表格一式两份：一份为Word版表格，另一份为加盖企业公章的原表格扫描件） |
| 2 | 药品生产许可证（免提交） |
| 3 | 营业执照（免提交） |
| 4 | 公司最高权力机构相关决议（董事会决议，应有全体股东签名） |
| 5 | 申请材料真实性的《自我保证声明》，并对材料做出如有虚假承担法律责任的承诺 |
| 6 | 中华人民共和国居民身份证（经办人）（免提交） |
| 7 | 经办人不是法定代表人的，需提交法定代表人授权委托书 |
| 8 | 药品生产企业组织机构图（注明各部门名称、相互关系、部门负责人等） |

续表

| 序号 | 申请材料 |
| --- | --- |
| 9 | 拟变更事项（新增生产范围）基本情况说明，包括：①新增生产范围涉及的生产品种、剂型、设备、工艺及生产能力；②拟变更（新增生产范围）事项所涉场地、周边环境、基础设施及投资规模等情况说明 |
| 10 | 拟变更（新增生产范围）事项所涉：①法定代表人、企业负责人、生产负责人、质量负责人、质量受权人及部门负责人简历、学历、职称证书和身份证明；②依法经过资格认定的药学及相关专业技术人员、工程技术人员、技术工人登记表，并标明所在部门及岗位；③高、中、初级技术人员的比例情况表；④人员培训情况简要说明 |
| 11 | 拟变更（新增生产范围）事项涉及的厂区周边环境图、总平面布置图、仓储平面布置图、质量检验场所平面布置图 |
| 12 | 拟变更（新增生产范围）事项所涉：①生产工艺布局平面图（包括更衣室、盥洗间、人流和物流通道、气闸等，并标明人、物流向和空气洁净度等级）；②工艺设备平面布置图；③空气净化系统的送风、回风、排风平面布置图（无洁净要求的除外） |
| 13 | 申请检查范围剂型和品种表（注明“近3年批次数、产量”），包括依据标准、药品注册证书等有关文件资料的复印件；中药饮片生产企业需提供加工炮制的全部中药饮片品种表，包括依据标准及质量标准，注明“炮制方法、毒性中药饮片”；生物制品生产企业应提交批准的制造检定规程 |
| 14 | 拟变更（新增生产范围）事项涉及的生产剂型及品种的工艺流程图，并注明主要质量控制点与项目、拟共线生产情况、拟增加品种工艺验证情况 |
| 15 | 拟变更（新增生产范围）事项涉及的空气净化系统、制水系统、主要设备确认或验证概况；生产、检验用仪器、仪表、衡器校验情况 |
| 16 | 拟变更（新增生产范围）事项涉及的主要生产设备及检验仪器目录 |
| 17 | 拟变更（新增生产范围）事项涉及的生产管理、质量管理文件目录；药品出厂、上市放行规程 |

### 9.1.2 生产技术转移

中药新药在完成研发（一般包括药学和临床研究）提交上市许可申请前，应开展研发向生产的技术转移及商业规模化生产。

生产技术转移涉及的转移方为研发部门，接收方为生产部门（须具备相应的生产资质）。生产技术转移涉及的内容比较多，从生产批量角度来看，需从中试规模扩大至商业化生产规模；从质量体系角度来看，需从研发质量体系转入 GMP 生产质量体系，工艺由开发阶段进入确认阶段，从灵活受控转为高度受控。

生产技术转移需对批量放大的实施风险、分析方法的转移风险、合规性风险等诸多因素进行充分评估后实施。常见生产工艺技术转移流程见图 9－1。

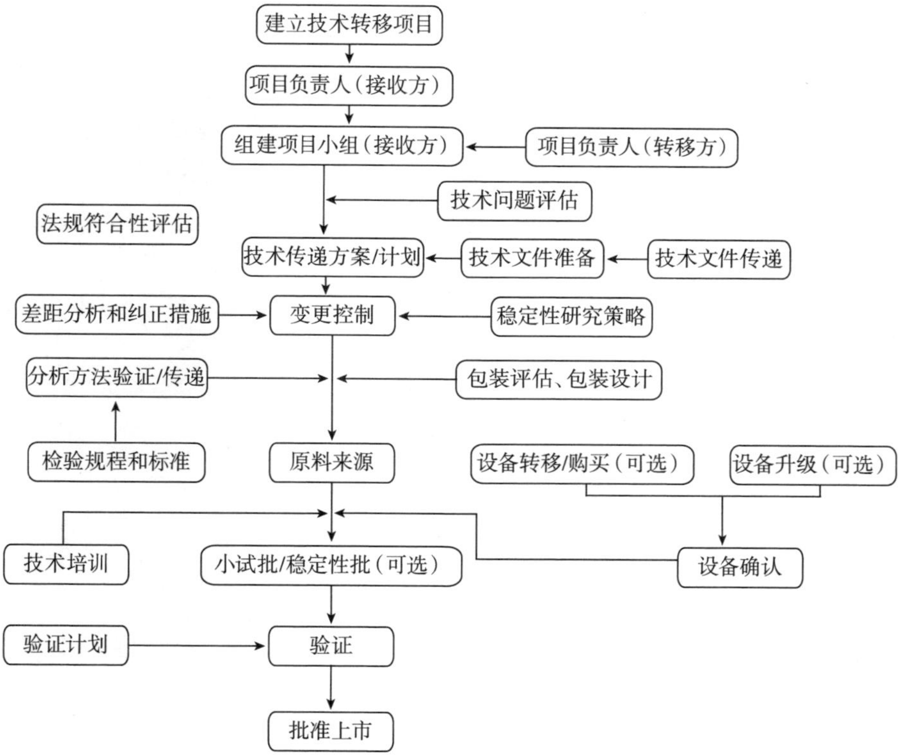


**图 9－1　生产技术转移流程**

## 9.1.3　上市许可申请前沟通交流

在中药新药提交上市许可申请前，需向 CDE 申请沟通交流，重点是技术问题，需具体、明确、有针对性地阐述提出问题的背景及目的，并提供沟通交流问题的支撑依据。

申请人可就药学及临床研究数据是否支持新药上市许可、现有研究数据对拟定功能主治的支撑情况等方面提出会议申请。中药新药上市许可申请前沟通交流资料及关注点见表9－2[1,3]，沟通交流会议类型见表9－3。

**表9－2　中药新药上市许可申请前沟通交流资料及主要关注点**

| 注册分类 | 专业分类 | 资料 | 关注点 |
|---|---|---|---|
| 1.1类 | 药学 | ①药学研究概况；<br>②拟沟通问题及解决方案；<br>③药学研究资料 | ①拟沟通问题的解决方案可行性及研究数据支持性；<br>②临床试验用样品、商业规模生产样品的制备及变更情况；<br>③商业规模生产样品与Ⅲ期临床试验用样品工艺和质量的一致性；<br>④质量可控性 |
| | 药理毒理 | 药理、毒理研究资料总结报告 | ①毒理学研究样品的代表性；<br>②毒理学研究能否支持新药上市 |
| | 临床 | ①中医药理论；<br>②人用经验（如适用）；<br>③临床试验方案、总结报告 | ①综合评估中医药理论、人用经验及临床试验结果，现有数据是否支持药品上市有效性和安全性的要求，能够充分说明哪些临床问题；<br>②评估适用人群风险/获益情况以及临床应用后可能存在的主要安全性风险等；<br>③临床试验和毒理学研究的结果是否提示了较为集中的安全性信号等 |
| 3.1类 | 药学 | ①品种概况、药材研究、饮片研究、基准样品研究；<br>②制剂生产工艺研究、质量标准研究、稳定性研究 | ①基准样品相关信息与国家发布的关键信息的一致性；<br>②药材、饮片、基准样品质量研究和制剂质量标准研究是否符合相关指导原则的要求；<br>③制剂与基准样品质量信息的一致性，制剂生产工艺的稳定性及大生产可行性，质量标准可控性 |

**续表**

| 注册分类 | 专业分类 | 资料 | 关注点 |
| --- | --- | --- | --- |
| 3.1 类 | 毒理 | 毒理学研究报告 | ①毒理学研究样品的代表性；<br>②重复给药毒性试验能否支持临床给药疗程和品种上市 |
| | 临床 | 药品说明书起草说明及依据 | ①用法、用量确定依据；<br>②拟定说明书项目与已上市同品种说明书（如有）或已发布《古代经典名方关键信息表》不一致的具体考虑；<br>③安全性信息的起草是否具有中医药理论、既往临床实践或文献报道、非临床安全性评价等依据 |
| 3.2 类 | 药学 | ①临床实践用药物的总结资料（处方组成、药材基原、药用部位、炮制、剂量、制备工艺、剂型、用法用量等）；<br>②药学研究资料；<br>③拟沟通问题及解决方案 | ①拟沟通问题的解决方案可行性及研究数据支持性；<br>②制剂相关信息与临床实践所用药物的一致性、质量对比研究 |
| | 药理毒理 | 药理、毒理研究资料总结报告 | ①毒理学研究样品的代表性；<br>②重复给药毒性试验能否支持临床给药疗程和品种上市 |
| | 临床 | 药品说明书起草说明及依据 | 如拟在早期研发阶段，针对人用经验方案进行沟通，可参照 1.1 类有关人用经验的会议资料要求、关注点，提出沟通交流申请 |
| 其他情形 | 药学 | 药学研究资料及对比研究 | ① 1.2 类关注药用物质基础研究及化学成分结构鉴定、质量控制；<br>② 1.3 类关注新药材的研究；<br>③ 2.1 类、2.2 类、2.4 类关注与原制剂的对比研究；<br>④ 4 类关注对照药相关信息、与对照药对比情况；<br>⑤ 已上市中药药学变更关注变更的合理性、变更前后的对比研究 |
| | 药理毒理 | 视具体情况提供相应资料 | 对于已上市中药变更用法、用量，如涉及延长用药周期或者增加剂量，应关注是否已有非临床安全性研究数据的支持 |

续表

| 注册分类 | 专业分类 | 资料 | 关注点 |
| --- | --- | --- | --- |
| 其他情形 | 临床 | 视具体情况提供相应资料 | 2.3类应重点关注中医药理论和人用经验对立题依据合理性的支持程度；关注上市后/临床试验期间安全性数据情况，以及对拟申报事项的支持 |

**表9-3　中药沟通交流会议类型**

| 注册分类 | 拟沟通交流的技术问题 | 会议类型 |
| --- | --- | --- |
| 1.1类 | 拟开展/已开展临床试验，可在研发关键节点，针对中医药理论、人用经验数据及其他技术问题进行沟通交流 | Ⅱ类：Pre-IND会议、EOPⅡ会议、Pre-NDA会议 |
| | 尚未计划开展临床试验，拟针对人用经验研究方案进行沟通交流 | Ⅲ类会议 |
| 3.1类 | 上市许可申请前的沟通交流 | Ⅱ类：Pre-NDA会议 |
| | 基准样品研究基本完成后的沟通交流；<br>制备工艺确定后/开展毒理研究前的沟通交流 | Ⅲ类会议 |
| 3.2类 | 拟针对人用经验研究方案进行沟通交流<br>拟针对药学研究存在的关键技术问题进行沟通交流 | Ⅲ类会议 |
| | 在递交上市许可申请前进行沟通交流 | Ⅱ类：Pre-NDA会议 |
| 其他情形 | 可根据拟申报品种情况，参照1.1类提出沟通交流 | Ⅱ类或Ⅲ类会议 |

注：1. 表中仅列出了中药沟通交流的一般常见情形，申请人应视品种研发实际情况，参照确定沟通交流申请的会议类型。

2. 符合《加快创新药上市许可申请审评工作规范（试行）》《儿童用药沟通交流中Ⅰ类会议申请及管理工作细则（试行）》等要求的中药品种，按Ⅱ类会议提交沟通交流申请。

## 9.2　上市许可申请及注意事项

### 9.2.1　上市许可申报资料撰写

药品注册申请电子申报目录见表9-4。

**表 9－4　药品注册申请电子申报目录**

<table>
<tr><th>申请类型</th><th colspan="4">文件夹名称</th></tr>
<tr><td rowspan="20">中药临床试验及上市许可申请</td><td colspan="4">申请信息（申请表、自查表及承诺书等）</td></tr>
<tr><td rowspan="19">1　行政文件和药品信息</td><td colspan="3">1.0　说明函</td></tr>
<tr><td colspan="3">1.1　目录</td></tr>
<tr><td colspan="3">1.2　申请表</td></tr>
<tr><td rowspan="16">1.3　产品信息相关材料</td><td rowspan="2">1.3.1 说明书</td><td>1.3.1.1　研究药物说明书及修订说明（适用于临床试验申请）</td></tr>
<tr><td>1.3.1.2　上市药品说明书及修订说明（适用于上市及上市后变更申请）</td></tr>
<tr><td rowspan="2">1.3.2 包装标签</td><td>1.3.2.1　研究药物包装标签（适用于临床试验申请）</td></tr>
<tr><td>1.3.2.2　上市药品包装标签（适用于上市及上市后变更申请）</td></tr>
<tr><td colspan="2">1.3.3　产品质量标准和生产工艺</td></tr>
<tr><td colspan="2">1.3.4　古代经典名方关键信息</td></tr>
<tr><td colspan="2">1.3.5　药品通用名称核准申请材料</td></tr>
<tr><td colspan="2">1.3.6　检查相关信息（适用于上市申请和涉及检查检验的补充申请）</td></tr>
<tr><td rowspan="7">1.3.7 产品相关证明性文件（如适用）</td><td>1.3.7.1　药材/饮片、提取物等处方药味，药用辅料及药品包装材料证明文件</td></tr>
<tr><td>1.3.7.2　专利信息及证明文件</td></tr>
<tr><td>1.3.7.3　特殊药品研制立项批准文件</td></tr>
<tr><td>1.3.7.4　对照药来源证明文件</td></tr>
<tr><td>1.3.7.5　药物临床试验相关证明文件（适用于上市申请）</td></tr>
<tr><td>1.3.7.6　研究机构资质证明文件</td></tr>
<tr><td>1.3.7.7　允许药品上市销售证明文件（适用于境外已上市的药品）</td></tr>
<tr><td colspan="2">1.3.8　其他产品信息相关材料</td></tr>
</table>

续表

| 申请类型 | 文件夹名称 | | | |
|---|---|---|---|---|
| 中药临床试验及上市许可申请 | 1 行政文件和药品信息 | 1.4 申请状态（如适用） | 1.4.1 既往批准情况 | |
| | | | 1.4.2 申请调整临床试验方案、暂停或者终止临床试验 | |
| | | | 1.4.3 暂停后申请恢复临床试验 | |
| | | | 1.4.4 终止后重新申请临床试验 | |
| | | | 1.4.5 申请撤回尚未批准的药物临床试验申请、上市注册许可申请 | |
| | | | 1.4.6 申请上市注册审评期间变更仅包括申请人更名、变更注册地址名称等不涉及技术审评内容的变更 | |
| | | | 1.4.7 申请注销药品注册证书 | |
| | | 1.5 加快上市注册程序申请（如适用） | 1.5.1 加快上市注册程序申请 | |
| | | | 1.5.2 加快上市注册程序终止申请 | |
| | | | 1.5.3 其他加快注册程序申请 | |
| | | 1.6 沟通交流会议（如适用） | 1.6.1 会议申请 | |
| | | | 1.6.2 会议背景资料 | |
| | | | 1.6.3 会议相关信函、会议纪要，以及答复 | |
| | | 1.7 临床试验过程管理信息（如适用） | 1.7.1 临床试验期间增加适应症 | |
| | | | 1.7.2 临床试验方案变更、非临床或者药学的变化或新发现等可能增加受试者安全性风险的信息 | |
| | | | 1.7.3 要求申办者调整临床试验方案、暂停或终止药物临床试验 | |
| | | 1.8 药物警戒与风险管理（如适用） | 1.8.1 研发期间安全性更新报告及附件 | 1.8.1.1 研发期间安全性更新报告 |
| | | | | 1.8.1.2 SAR 汇总表 |
| | | | | 1.8.1.3 报告周期内境内死亡受试者列表 |
| | | | | 1.8.1.4 报告周期内境内因任何不良事件而退出临床试验的受试者列表 |
| | | | | 1.8.1.5 报告周期内发生的药物临床试验方案变更或者临床方面的新发现、非临床或者药学的变化或新发现总结表 |
| | | | | 1.8.1.6 在下一报告周期内总体研究计划概要 |
| | | | 1.8.2 其他潜在的严重安全性风险信息 | |
| | | | 1.8.3 风险管理计划（RMP） | |

**续表**

| 申请类型 | 文件夹名称 | | |
|---|---|---|---|
| 中药临床试验及上市许可申请 | 1　行政文件和药品信息 | 1.9　上市后研究（如适用） | |
| | | 1.10　申请人/生产企业证明性文件 | 1.10.1　境内生产药品申请人/生产企业资质证明文件 |
| | | | 1.10.2　境外生产药品申请人/生产企业资质证明文件 |
| | | | 1.10.3　注册代理机构证明文件 |
| | | 1.11　小微企业证明文件（如适用） | |
| | 2　概要 | 2.0　目录 | |
| | | 2.1　品种概况 | |
| | | 2.2　药学研究资料总结报告 | 2.2.1　药学主要研究结果总结 |
| | | | 2.2.2　药学研究结果分析与评价 |
| | | | 2.2.3　参考文献 |
| | | 2.3　药理毒理研究资料总结报告 | 2.3.1　药理毒理试验策略概述 |
| | | | 2.3.2　药理学研究总结 |
| | | | 2.3.3　药代动力学研究总结 |
| | | | 2.3.4　毒理学研究总结 |
| | | | 2.3.5　综合分析与评价 |
| | | | 2.3.6　参考文献 |
| | | 2.4　临床研究资料总结报告 | 2.4.1　中医药理论或研究背景 |
| | | | 2.4.2　人用经验 |
| | | | 2.4.3　临床试验资料综述 |
| | | | 2.4.4　临床价值评估 |
| | | | 2.4.5　参考文献 |
| | | 2.5　综合分析与评价 | |
| | 3　药学研究资料 | 3.0　目录 | |
| | | 3.1　处方药味及药材资源评估 | 3.1.1　处方药味 |
| | | | 3.1.2　药材资源评估 |
| | | | 3.1.3　参考文献 |
| | | 3.2　饮片炮制 | 3.2.1　饮片炮制方法 |
| | | | 3.2.2　参考文献 |

续表

| 申请类型 | 文件夹名称 | | |
|---|---|---|---|
| 中药临床试验及上市许可申请 | 3 药学研究资料 | 3.3 制备工艺 | 3.3.1 处方 |
| 中药临床试验及上市许可申请 | 3 药学研究资料 | 3.3 制备工艺 | 3.3.2 制法 |
| 中药临床试验及上市许可申请 | 3 药学研究资料 | 3.3 制备工艺 | 3.3.3 剂型及原辅料情况 |
| 中药临床试验及上市许可申请 | 3 药学研究资料 | 3.3 制备工艺 | 3.3.4 制备工艺研究资料 |
| 中药临床试验及上市许可申请 | 3 药学研究资料 | 3.3 制备工艺 | 3.3.5 中试和生产工艺验证 |
| 中药临床试验及上市许可申请 | 3 药学研究资料 | 3.3 制备工艺 | 3.3.6 试验用样品制备情况 |
| 中药临床试验及上市许可申请 | 3 药学研究资料 | 3.3 制备工艺 | 3.3.7 “生产工艺”资料（适用于上市许可申请） |
| 中药临床试验及上市许可申请 | 3 药学研究资料 | 3.3 制备工艺 | 3.3.8 参考文献 |
| 中药临床试验及上市许可申请 | 3 药学研究资料 | 3.4 制剂质量与质量标准研究 | 3.4.1 化学成分研究 |
| 中药临床试验及上市许可申请 | 3 药学研究资料 | 3.4 制剂质量与质量标准研究 | 3.4.2 质量研究 |
| 中药临床试验及上市许可申请 | 3 药学研究资料 | 3.4 制剂质量与质量标准研究 | 3.4.3 质量标准 |
| 中药临床试验及上市许可申请 | 3 药学研究资料 | 3.4 制剂质量与质量标准研究 | 3.4.4 样品检验报告 |
| 中药临床试验及上市许可申请 | 3 药学研究资料 | 3.4 制剂质量与质量标准研究 | 3.4.5 参考文献 |
| 中药临床试验及上市许可申请 | 3 药学研究资料 | 3.5 稳定性 | 3.5.1 稳定性总结 |
| 中药临床试验及上市许可申请 | 3 药学研究资料 | 3.5 稳定性 | 3.5.2 稳定性研究数据 |
| 中药临床试验及上市许可申请 | 3 药学研究资料 | 3.5 稳定性 | 3.5.3 直接接触药品的包装材料和容器的选择 |
| 中药临床试验及上市许可申请 | 3 药学研究资料 | 3.5 稳定性 | 3.5.4 上市后的稳定性研究方案及承诺（适用于上市许可申请） |
| 中药临床试验及上市许可申请 | 3 药学研究资料 | 3.5 稳定性 | 3.5.5 参考文献 |
| 中药临床试验及上市许可申请 | 4 药理毒理研究资料 | 4.0 目录 | |
| 中药临床试验及上市许可申请 | 4 药理毒理研究资料 | 4.1 药理学研究资料 | 4.1.1 主要药效学 |
| 中药临床试验及上市许可申请 | 4 药理毒理研究资料 | 4.1 药理学研究资料 | 4.1.2 次要药效学 |
| 中药临床试验及上市许可申请 | 4 药理毒理研究资料 | 4.1 药理学研究资料 | 4.1.3 安全药理学 |
| 中药临床试验及上市许可申请 | 4 药理毒理研究资料 | 4.1 药理学研究资料 | 4.1.4 药效学药物相互作用 |
| 中药临床试验及上市许可申请 | 4 药理毒理研究资料 | 4.2 药代动力学研究资料 | 4.2.1 分析方法及验证报告 |
| 中药临床试验及上市许可申请 | 4 药理毒理研究资料 | 4.2 药代动力学研究资料 | 4.2.2 吸收 |
| 中药临床试验及上市许可申请 | 4 药理毒理研究资料 | 4.2 药代动力学研究资料 | 4.2.3 分布（血浆蛋白结合率、组织分布等） |
| 中药临床试验及上市许可申请 | 4 药理毒理研究资料 | 4.2 药代动力学研究资料 | 4.2.4 代谢（体外代谢、体内代谢、可能的代谢途径、药物代谢酶的诱导或抑制等） |
| 中药临床试验及上市许可申请 | 4 药理毒理研究资料 | 4.2 药代动力学研究资料 | 4.2.5 排泄 |

续表

| 申请类型 | 文件夹名称 | | | |
|---|---|---|---|---|
| 中药临床试验及上市许可申请 | 4　药理毒理研究资料 | | 4.2.6　药代动力学药物相互作用（非临床） | |
| | | | 4.2.7　其他药代试验 | |
| | | 4.3　毒理学研究资料 | 4.3.1　单次给药毒性试验 | |
| | | | 4.3.2　重复给药毒性试验 | |
| | | | 4.3.3　遗传毒性试验 | |
| | | | 4.3.4　致癌性试验 | |
| | | | 4.3.5　生殖毒性试验 | |
| | | | 4.3.6　制剂安全性试验（刺激性、溶血性、过敏性试验等） | |
| | | | 4.3.7　其他毒性试验 | |
| | 5　临床研究资料 | 5.0　目录 | | |
| | | 5.1　中药创新药 | 5.1.1　处方组成符合中医药理论、具有人用经验的创新药 | 5.1.1.1　中医药理论 |
| | | | | 5.1.1.2　人用经验 |
| | | | | 5.1.1.3　临床试验 |
| | | | | 5.1.1.4　临床价值评估 |
| | | | 5.1.2　其他来源的创新药 | 5.1.2.1　研究背景 |
| | | | | 5.1.2.2　临床试验 |
| | | | | 5.1.2.3　临床价值评估 |
| | | 5.2　临床试验期间的变更（如适用） | | |
| | | 5.3　临床试验数据库 | | |

## 9.2.2　上市许可申报

申请人在完成所有研究内容之后便可提交上市许可申请，流程参照3.4.1节，关注点及注意事项见表9－5。

**表9－5　上市许可申报关注点及注意事项**

| 主要节点 | 关注点 | 注意事项 |
|---|---|---|
| 申报资料整理 | ①按照申报资料格式要求整理资料；<br>②完成支持药品上市注册的药学、药理毒理学和临床试验等研究；<br>③完成商业规模生产及工艺验证；<br>④申报资料自查表；<br>⑤全套申报资料（重点审核批生产记录、各类图谱提交电子版） | ①同步提交 OTC 申请，应在申请表中予以说明；<br>②根据情况可申请优先审评审批 |

**续表**

| 主要节点 | 关注点 | 注意事项 |
|---|---|---|
| 沟通交流问题回复 | 根据沟通交流专业意见，完善试验内容及资料 | — |
| CDE 形式审查 | ①资料中注意签章、签字（封面、专利信息、资源考察、检查相关信息等）；<br>②处方工艺中辅料、包装材料登记号及生产厂家、临床试验批次药材基原、场地等；<br>③药理毒理批次、临床用批次、转移批次样品的批生产记录与检验报告 | ①提供企业信息变更相关资料；<br>②临床试验主要或协调人、统计学负责人、申办方医学专员签字 |
| 技术审评阶段 | ①注册核查：审评过程中基于风险启动（研制、生产、临床）；<br>②注册检验：审评过程中基于风险启动，中国食品药品检定研究院复核；<br>③综合审评：分专业审评后综合评价 | 关注"申请人之窗"，间歇式沟通及资料提交 |
| 行政审批 | ①行政许可决定；<br>②制证送达 | 在 NMPA 政务服务上查看电子证照 |

### 9.2.3 注册费标准与缴纳

CDE 在受理申请人的注册申请后，财政部非税收入收缴管理系统将以短信形式向申请人发送电子缴款码，申请人可通过柜台缴款、自助终端、网上缴款、自助 POS 刷卡、银行汇兑、划缴缴款等方式缴费，缴费时需注明受理号。药品注册收费标准见表 9 –6。

**表 9 –6 药品注册收费标准** 单位：万元

| 项目分类 | | 境内生产 | 境外生产 |
|---|---|---|---|
| 新药注册费 | 临床试验 | 19.20 | 37.60 |
| | 上市许可 | 43.20 | 59.39 |
| 仿制药注册费 | 无须临床试验的上市许可 | 18.36 | 36.76 |
| | 需临床试验的上市许可 | 31.80 | 50.20 |
| 补充申请注册费 | 无须技术审评的 | 0.96 | 0.96 |
| | 需技术审评的 | 9.96 | 28.36 |

**续表**

| 项目分类 | 境内生产 | 境外生产 |
|---|---|---|
| 药品再注册费（5 年一次） | 由省级价格、财政部门制定 | 22.72 |

注：1. 药品注册收费按一个原料药或一个制剂为一个品种计收，如再增加一种规格，则按相应类别增收 20% 注册费。

2. 《药品注册管理办法》中属于省级药品监督管理部门备案/报告类变更或国务院药品监督管理部门备案/报告类变更的申请事项，不收取注册费。

3. 申请一次性进口药品（药材）的，按照一个药品（药材）收取药品注册费 0.20 万元。

4. 境外生产的药品注册收费标准在境内相应注册收费标准基础上加收境内外检查交通费、住宿费和伙食费等差额。

5. 港、澳、台药品注册收费标准按境外生产的药品注册收费标准执行。

6. 药品注册加急费收费标准另行制定。

### 9.2.4　专业审评关注点

在审评过程中，审评专家的主要关注点见表 9－7。[1－8]

**表 9－7　专业审评关注点**

| 专业类别 | 细分专业 | 关注点 |
|---|---|---|
| 药学 | 处方药味 | 药材基原、产地、药用部位、采收期、炮制方法需明确和保持一致 |
|  | 制剂工艺 | ①工艺路线设计的合理性；<br>②工艺评价指标的选择；<br>③工艺参数的范围及依据；<br>④明确辅料的种类、级别、用量；<br>⑤明确关键工艺控制点；<br>⑥商业规模生产工艺验证；<br>⑦中间体的指控标准及得率范围；<br>⑧设备的匹配性；<br>⑨毒理试验用样品的制备情况；<br>⑩安慰剂的制备情况 |
| 药学 | 质量标准 | ①对照品来源合法；<br>②含量测定指标选择的问题：含测指标单一，与临床适应症、产品安全性、工艺、质量专属性的关联度不强；<br>③质量标准研究中含量范围问题：规定上、下限；<br>④质量标准的设计理念存在偏差：考虑质量控制的通用性和专属性；<br>⑤建立药材、中间体、制剂之间的联系；<br>⑥批次之间的稳定、均一 |

续表

| 专业类别 | 细分专业 | 关注点 |
|---|---|---|
| 稳定性 | 稳定性研究 | ①影响因素试验：部分复方制剂缺少考察、设计要合理；<br>②加速试验：重点关注考察期间数据的变化趋势；<br>③长期稳定性试验：放置条件要充分论证，如气雾剂考察不同大气压下产品质量的稳定情况；<br>④ 0 月考察时间应在样品制备后一个月内开始；<br>⑤药包材相容性考察 |
| 药理毒理 | 药效学试验 | ①试验设计：试验项目或指标与临床定位脱节，试验项目少或不全面，模型选择不合理或不当，检测指标偏少或缺乏针对性；<br>②给药途径：与临床拟用途径一致；<br>③给药剂量：理论上应通过药效学试验来初步预测人用剂量，再通过临床试验确定最终的人用剂量，至少设计 3 个剂量；<br>④给药时间：过长或过短；<br>⑤对照：阳性对照选择不当或缺乏对照组；<br>⑥检测时间点：过少或不当；<br>⑦检测指标：应公认、敏感、特异、客观、定量，尽量不采用主观性强、过时的方法 |
|  | 毒理学试验 | ①试验质量控制方面：规范性、人员资质、受试物、试验环境、操作规程、未执行 GLP；<br>②试验设计方面：动物选择、剂量设计、给药方式、给药途径、试验周期设计、试验指标、病理组织学检查；<br>③试验结果分析方面：分析深度不够、证据不充分、结论有误 |
| 临床 | 临床试验 | ①安全性；<br>②有效性；<br>③质量可控性；<br>④风险获益评估 |

### 9.2.5 专家审评会

审评部门在技术审评过程中认为就某些问题，需要咨询外部专家，可由主审报告人提出、经本部门部长审核后报业务管理部；也可由业务管理部、中心领导提出，经中心领导审核批准后启动。

为保证会议质量与效率，应明确会议需讨论问题、预期目的、参会人员需求。具体的组织与统筹由业务管理部负责。各主审报告人负责根据专家咨询会议情况撰写会议纪要；负责组织相关审评部门人员按中心规定，完成会后技术审评工作。

药品审评涉及多个专业学科，对于申报资料中有疑问的地方，CDE 审评老师会召开专家评审会，组织专家进行多个专业学科联合会审。对于申请人来说，要对 CDE 关注的问题进行全方位思考，结合文献与试验进行综合分析、评估后答复。专家审评会准备工作见表 9 - 8。

**表 9 - 8　专家审评会准备工作**

| 参与方 | 准备工作内容 |
|---|---|
| CDE | ①为提高会议质量，CDE 强调尊重、营造互信、平等的会议氛围；严格问题提出程序、责任人；文字表述准确、清楚。<br>②邀请药学、临床、统计、药理毒理等相关专业的专家。<br>③一般问题提前告知，拟定讨论的重点问题，准备会议资料。<br>④提供会前沟通，并就相关问题提前进行内部讨论 |
| 申请人 | ①应准确理解会议议题，坦诚、放松、自信，就项目坦诚陈述、熟悉整个项目情况；认真阅读通知正文及附件，准确理解会议目的及相关要求；如有疑问，则及时与 CDE 沟通。<br>②会前准备工作：熟悉资料，分析可能提出的问题，准备好应对方案；确定合适的参会人员；准备会议 PPT 和书面材料；明确人员分工（如汇报、答疑等）；准备临床试验样品。<br>③正式会议：申请人结合研制情况就会议拟讨论的问题进行说明，专家质询、现场答复，注册申请人离场，专家撰写咨询意见、会议总结。<br>④现场汇报重点突出、简洁明了，基于现场提出的问题，结合研发实际进行陈述；避免泛泛而谈，浪费时间。例如，介绍企业、基础理论等 |

申请人要对项目有全局思考和把握，熟悉每个环节；答复要有针对性、有证据支持并符合逻辑。

## 9.2.6　补充研究资料回复

审评中，若需申请人补充新的技术资料，CDE 就会给申请人发送“专业审评问询函”。一般情况下，CDE 会一次性提出全部发补问题。申请人需在 80 个工作日内完成发补资料的提交。

CDE 对发补资料有疑义或认为发补内容仍存在问题的，原则上不再发补。各专业主审起草“补充资料问询函”，对未达到发补通知要求或未完全响应发补通知内容的需说明理由和依据，如仍需补充新的技术资料，则建议申请人主动撤回申请事项并说明理由。经审评部门负责人审核后，通过国家药品监督管理局药品审评中心网站发出“补充资料问询函”告知申请人，审评时限不暂停。

审评流程和资料补充程序见图9－2。

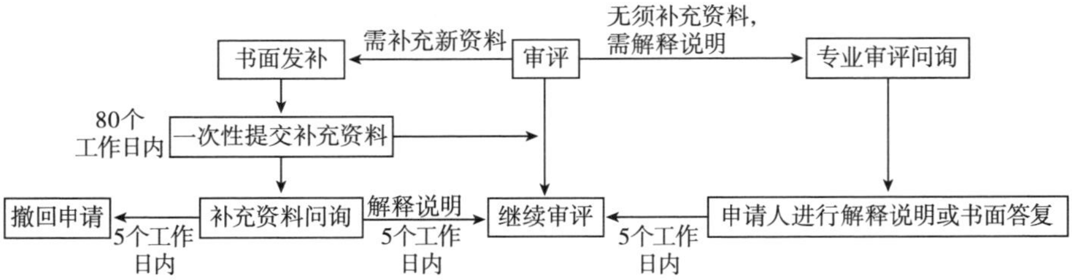


**图9－2　审评流程和资料补充程序**

# 9.3　药品注册检验

## 9.3.1　适用范围

药品注册检验包括样品检验和标准复核。样品检验，是指按照申报药品质量标准对样品进行的实验室检验，以及有因抽样检验。标准复核，是指对申报药品质量标准中设定项目的科学性、检验方法的可行性、质控指标的合理性等进行的相关实验室评估。

## 9.3.2　分类

根据药品注册检验启动主体和药品注册阶段不同，药品注册检验分不同类别，也有所不同，见表9－9。

**表9－9　药品注册检验类别**

| 注册检验分类 | 说明 |
| --- | --- |
| 前置注册检验 | 指在药品上市许可申请受理前，申请人提出的药品注册检验。申请人在完成支持药品上市的药学相关研究，确定质量标准，完成商业规模生产工艺验证后，可向中国食品药品检定研究院或省级药品监督管理部门提出药品注册检验申请 |

续表

| 注册检验分类 | 说明 |
| --- | --- |
| 上市申请受理时注册检验 | 指创新药、改良型新药和境外生产药品，或根据审评需要的其他品种，申请人未提出前置注册检验的，在上市许可申请受理后 40 个工作日内由国家药品监督管理局药品审评中心启动的药品注册检验 |
| 上市申请审评中注册检验 | 指在上市申请审评过程中，国家药品监督管理局药品审评中心基于风险启动的质量标准部分项目复核和现场核查的抽样检验，以及因申报资料真实性存疑或投诉举报等基于审评需要启动的有因抽样检验 |
| 上市批准后补充申请注册检验 | 指在上市批准后补充申请审评过程中，国家药品监督管理局药品审评中心于申请受理后 40 个工作日内基于风险启动的注册检验 |

### 9.3.3　检验机构

根据药品注册类别，申请人可选择相应的检验机构，具体见表 9－10。

**表 9－10　药品注册检验机构**

| 检验机构名称 | 职责分工 |
| --- | --- |
| 中国食品药品检定研究院 | 承担境内外生产的创新药、改良型新药（中药除外）、生物制品、按照药品管理的体外诊断试剂的注册检验工作；负责组织口岸药品检验机构开展需由其承担的境外生产药品注册检验工作；承担放射性药品和国家药品监督管理局规定的其他药品注册检验工作 |
| 省级药品检验机构 | 承担辖区内除中国食品药品检定研究院和口岸药品检验机构职责外的药品注册检验工作 |
| 口岸药品检验机构 | 按要求参加中国食品药品检定研究院组织的境外生产药品注册检验工作 |

### 9.3.4　总体流程

（1）准备申请：申请人在收到 CDE 发出的药品注册检验通知书后，向所在地省级药品监督管理部门提出抽样申请，完成抽样。

（2）申请人向检验机构提交相关资料，经审核通过后预约送检。详细过程见中国食品药品检定研究院官网（https：//www. nifdc. org. cn）。

（3）药品注册检验流程见图 9－3。

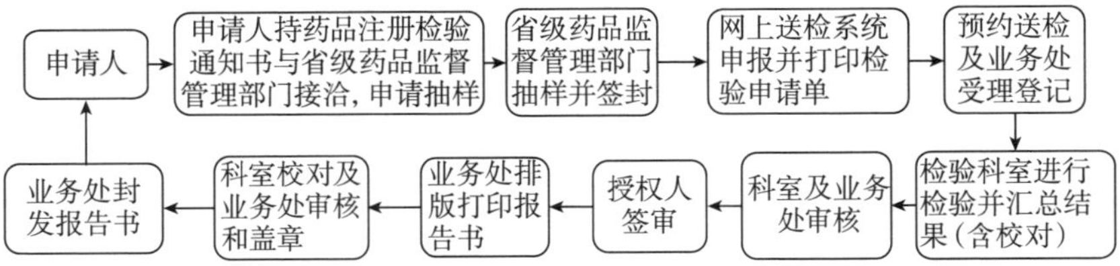


**图 9－3　药品注册检验流程**

# 9.4　药品通用名称核准

## 9.4.1　工作程序

（1）根据《药品注册管理办法》的相关要求，为规范国家药典委员会药品通用名称核准工作，保证工作质量和效率，特制定药品通用名称核准工作程序。

（2）国家药典委员会根据网站上公开的命名原则，对药品通用名称进行核准。

（3）药品通用名称核准工作采用内部审评或专家审评方式进行；若涉及交叉学科领域的，则由国家药典委员会牵头部门协商相关部门共同完成。

（4）申请人应当按照《药品注册管理办法》的规定，在提出药品上市许可申请时提出通用名称核准申请，并提交相关资料。国家药品监督管理局药品审评中心在药品上市许可申请受理后，及时将通用名称核准相关资料转交国家药典委员会。国家药品监督管理局药品审评中心在审评过程中认为需要核准药品通用名称的，应当通知国家药典委员会，并提供相关资料。

（5）国家药典委员会对资料的完整性进行审核，审核通过后进行登记和分派。登记时间作为工作时限的起始点。

（6）相关业务处室组织对通用名称进行核准。处负责人复核通过的，报分管秘书长签发。签发日期为工作时限的终点。

（7）需申请人进一步提供相关资料的，或相关问题可能对申请方造成影响的，国家药典委员会应及时与申请人沟通交流。例如，申请人、审评专家、相关单位或部门就核准名称存在分歧，由国家药典委员会组织召开各相关方参加的专家讨论会，确定最终意见。

（8）核准工作应在 30 个工作日内完成。

（9）国家药典委员会负责将核准结果发送国家药品监督管理局药品审评中心，并抄送申请人。

（10）未经申请人同意，相关工作人员、参与审评的专家不得披露申请人提交的相关资料。

### 9.4.2　申报资料

（1）申请函。

提交国家药典委员会药品通用名称的申请。

（2）目录。

提交申报资料的目录。

（3）基本信息。

按照《中成药通用名称命名技术指导原则》，最多提供 3 个通用名称，按推荐次序排列，并详述命名依据。

出具与在国家药品监督管理局网站药品数据查询系统中已批准注册的药品名称不重名的检索结果。

（4）立题目的与依据。

（5）主要包括处方来源和组成、功能与主治、国内外研究现状和生产、使用情况等。

（6）非临床研究概述。

（7）涉及主要药效学、安全药理学、药物单次给药毒性试验、药物重复给药毒性试验及动物药代动力学试验（如适用）。符合豁免申报资料要求的除外。

（8）临床研究概述。

（9）临床试验总结和相关说明。

（10）药品说明书、起草说明及参考文献。

# 9.5 注册核查

## 9.5.1 研制与生产现场核查

注册核查，是指为核实申报资料是否真实、一致，以及药品上市商业化生产条件，药品研制的合规性、数据可靠性等，对研制现场和生产现场开展的检查活动。必要时，可进一步开展延伸检查，如对药品注册申请涉及的化学原料药、辅料及直接接触药品的包装材料和容器生产企业、供应商或其他受托机构进行检查。

### 9.5.1.1 核查基本程序

药品注册核查基本程序见图9－4。

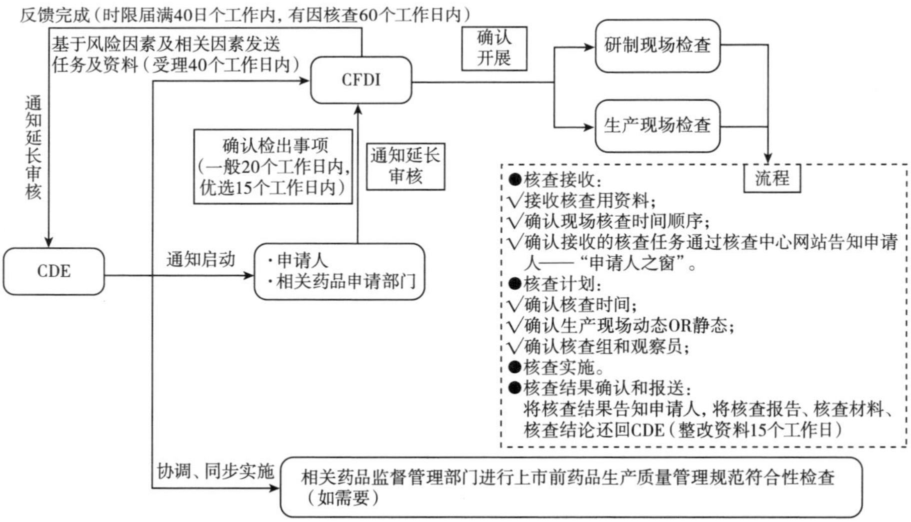


图9－4 药品注册核查基本程序

### 9.5.1.2 核查前准备

制定详细的迎检方案，提前准备核查资料，明确人员分工，准备会议室。

申请人进行产品研制、生产情况汇报。汇报内容包含产品的研发、注册申报过程，是否有补充申请及完成情况；接受注册生产现场检查准备工作情况；质量体系运行情况、GMP 执行情况以及整改情况。

### 9.5.1.3　研制现场、生产现场核查及要点[9]

根据《药品注册核查要点与判定原则（药学研制和生产现场）（试行）》，研制现场核查要点及注意事项见表 9－11，生产现场核查要点及注意事项见表 9－12，核查现场判定原则见表 9－13。

**表 9－11　研制现场核查要点及注意事项**

| 核查项目 | 核查要点 | 注意事项 |
| --- | --- | --- |
| 质量管理 | 组织机构与人员 | 建立与研究内容相适应的管理机构；配备具有适当资质（包括学历、培训或实践经验）的研究和管理人员。<br>存在的问题：无质量体系、GMP 意识差、数据管理随意、库存品管理差、文件系统薄弱、无台账及培训 |
| | 研究条件 | 应当具有与研究内容相适应的、根据研制不同阶段和风险确定的场地、设施、设备、仪器和管理制度或标准操作规程，并与研究记录和申报资料一致。<br>存在的问题：无匹配的场地、仪器、制度及 SOP |
| | 文件和记录 | 应当建立文件和记录的管理制度或标准操作规程。药物研究开发全过程应当有相应的记录，包括预试验和探索性研究的数据与记录。<br>存在的问题：无独立的文件管理系统，文件分发为规定记录领取数量，记录不装订、不编号 |
| | 变更和偏差管理 | 至少在药物进入临床阶段后就应当建立与药物研发阶段相适应的变更、偏差和研究试验失败等相关管理制度或标准操作规程，针对关键批次出现的偏差或研究试验失败等情形，应当得到适当的调查和/或分析，并进行记录<br>存在的问题：检验不合格未按检验结果偏差（OOS）程序处理，直接取样重做，重做行为未记录；不做偏差调查或调查不彻底、未找出原因就关闭偏差、纠正与预防措施缺少 |
| | 委托研究 | 委托方应当对委托研究的过程和结果负责，并确保在委托研究过程中的数据可靠性。受托方应当遵守相关要求，保证研究及样品制备过程规范、数据真实可靠、研制过程可追溯<br>存在的问题：没有委托合同或协议、没有委托标准 |

**续表**

| 核查项目 | 核查要点 | 注意事项 |
| --- | --- | --- |
| 处方与工艺 | 处方工艺及参数 | 处方组成、工艺流程图、工艺描述、关键工艺参数和范围应当与申报资料一致。<br>存在的问题：工艺参数不一致 |
| | 工艺研究确定的试验数据、时间 | 应当与申报资料一致。<br>存在的问题：试验数据与时间不一致 |
| 样品试制 | 研制样品试制记录 | 特别是关键批次样品的试制记录应当完整保存 |
| | 关键批次样品（确证性临床样品） | 处方和生产工艺、过程控制、试制场地和生产线、使用的主要生产设备型号、技术参数及原始记录等应当与申报资料一致。<br>存在的问题：设备型号不匹配 |
| | 样品试制量、剩余量与使用量 | 样品试制量、剩余量与使用量之间应当对应，应当保留试制样品实物，在处方工艺确定后，生产的关键批次样品在上市申请批准前不得销毁。<br>存在的问题：剩余量不知去向，无销毁记录等 |
| | GMP 合规性 | 用于确证性临床试验、生物等效性研究等药物临床试验相关批次样品的生产，应当符合相应药品生产质量管理规范的相关要求 |
| 原辅料与直接接触药品的包装材料和容器 | 原辅料、直接接触药品的包装材料和容器等具有合法来源 | 关键批次样品试制所用的原辅料、直接接触药品的包装材料和容器等具有合法来源（如供货协议、发票等），相关信息应当与申报资料一致。中药饮片应当明确其药材基原、产地和炮制方法，并与申报资料一致 |
| | 使用时间和使用量应与样品研制情况相匹配 | 原辅料、中药饮片和提取物、直接接触药品的包装材料和容器等的使用时间和使用量应当与样品研制情况相匹配 |
| | 内控标准研究过程与申报资料一致性 | 结合制剂特点制定的原辅料、直接接触药品的包装材料和容器的内控标准，相应的研究过程应当与申报资料一致 |
| | 原辅料及直接接触药品的包装材料和容器检验报告书 | 关键批次样品试制用的原辅料及直接接触药品的包装材料和容器应当有检验报告书，并与申报资料一致 |
| 质量控制 | 仪器、设备应检定或校验合格 | 关键批次研究使用的仪器设备应经必要的检定或校验合格，有使用记录、维护记录和检定校验记录，与研究时间对应一致，记录内容与申报资料一致 |

**续表**

| 核查项目 | 核查要点 | 注意事项 |
|---|---|---|
| 质量控制 | 批次、时间应对应 | 用于质量研究的样品批次、研究时间与样品试制时间应当对应 |
| | 试验数据图谱可靠、可溯源 | 质量研究各项目，如溶出度/释放度、有关物质、含量/效价等关键质量属性研究及试验方法学考察的原始记录、试验图谱数据应当完整可靠、可溯源，数据格式应当与所用的仪器设备匹配 |
| 技术转移 | 技术文件转移 | 技术转移应当完成技术文件的转移，并有相应的关键文件和记录 |
| | 人员、设备、工艺、物料等因素风险评估 | 应对技术转移过程涉及的人员、设备、工艺、物料等因素进行评估，并在技术转移过程中采取相应措施，降低风险 |
| | 商业规模生产工艺验证 | 在技术转移或工艺放大后应当完成商业规模生产工艺验证，验证数据应当支持商业化批量生产的关键工艺参数 |
| | 分析方法转移 | 分析方法的转移应当经过确认，并有记录和报告 |
| 对照品和参比制剂 | 合法来源证明，在有效期内使用 | 所用的对照品/标准品具有合法的来源证明，在有效期内使用，并与申报资料一致。有对照品/标准品的接收、发放、使用记录或凭证，应当与实际的研究/评价工作相吻合。<br>存在的问题：来源无法证明，无发放、使用台账或账物不一致 |
| | 参比制剂来源 | 所用的参比制剂应当与申报资料一致，有明确的来源及来源证明，如购买发票、赠送证明等；有参比制剂的包装标签、说明书、剩余样品等；有参比制剂的接收、发放、使用记录或凭证，应当与实际的研究/评价工作相吻合 |
| | 贮藏条件 | 对照品/参比制剂应当按其规定的贮藏条件保存，并与申报资料一致 |
| 稳定性研究 | 资料一致性 | 稳定性研究样品使用直接接触药品的包装材料和容器、放置条件、各时间点原始检验记录数据应当与申报资料一致 |
| | 数据可靠性、能溯源 | 稳定性研究涉及的数据应当能溯源，并完整可靠。<br>存在的问题：加速、长期稳定性台账共用一本；台账样品余量为总量，无法区分各自剩余量；样品取出时间超过规定时间；中间产品暂存期限未确定，未做稳定性考察 |

**续表**

| 核查项目 | 核查要点 | 注意事项 |
| --- | --- | --- |
| 数据可靠性 | 质量研究及稳定性研究中的数据（包括试验图谱）应当可溯源 | IR、UV、HPLC、GC 等得出具有数字信号处理系统打印的图谱，应当具有可追溯的关键信息（如图谱数据文件的存储路径、数据采集日期、采集方法参数等），各图谱的电子版应当保存完好；电子天平的称量打印记录应当可溯源；需目视检查的某些项目（如采用薄层色谱、纸色谱、电泳等检测方法的），应当有照片或数码照相所得的电子文件 |
| | 审计追踪 | 具有数字信号处理系统设备应当开启审计追踪功能，被核查数据应当在采集数据的计算机或数据库中，用户没有权限修改或关闭审计追踪功能 |
| | 纸质图谱 | 编码/测试样本编码应当与原始记录对应，可溯源 |
| | 电子图谱 | 应当为连续图谱，如有选择图谱、弃用图谱的情况，应当提供相应的说明或依据 |
| | 用户权限管理 | 数据应当归属到具体的操作人员。具备计算机化系统的试验设备，其每个用户应当设定独立的账号密码，或采用其他方式确保数据归属到具体操作人员 |

**表 9－12　生产现场核查要点及注意事项**

| 核查项目 | 核查要点 | 注意事项 |
| --- | --- | --- |
| 质量管理 | 质量体系应覆盖影响药品质量的所有因素 | 应当涵盖影响药品质量的所有因素，确保生产的产品符合申报工艺和质量要求，并最大限度地降低药品生产过程中污染、交叉污染，以及混淆、差错等风险 |
| | 人员、厂房、设施和设备 | 企业高层管理人员应当确保实现既定的质量目标，并为实现质量目标提供足够的、符合要求的人员、厂房、设施和设备 |
| | 管理机构与部门职责 | 应当建立与药品生产相适应的管理机构，明确各部门职责，确保技术转移合理并可追溯 |
| | 关键岗位人员 | 关键岗位人员必须熟悉本产品的关键质量控制、关键生产操作要求 |
| | 建立满足本产品生产质量要求的管理文件 | 产品技术转移管理文件、药品生产质量管理规范相关生产质量文件以及产品研发资料的管理文件等 |

**续表**

| 核查项目 | 核查要点 | 注意事项 |
| --- | --- | --- |
| 质量管理 | OOS、偏差管理 | 变更控制、偏差管理、供应商管理、检验结果超标处理等相应的管理标准操作规程，并按规程实施。采用的方法、措施、形式及形成的文件，应当与药品生命周期相适应 |
| | 质量风险管理系统 | 应当建立质量风险管理系统，根据科学知识及经验对质量风险进行评估，以保证产品质量 |
| GMP | 合规性 | 真实性、一致性和商业化生产条件 |

**表 9－13　核查现场判定原则**

| 核查结论 | 判定依据 |
| --- | --- |
| 对研究过程中原始记录、数据进行核实和/或实地确认，经核查确认发现以下情形之一的，核查认定为“不通过” | 编造或者无合理解释地修改研究数据和记录 |
| | 以参比药物替代研制药物、以研制药物替代参比药物或者以市场购买药品替代自行研制药物，或以其他方式使用虚假药物进行药学研究 |
| | 隐瞒研制数据，无合理解释地弃用数据，或以其他方式选择性使用数据导致对药品质量评价产生影响 |
| | 故意损毁、隐匿研制数据或者数据存储介质等故意破坏研制数据真实性的情形 |
| | 与申报资料不一致且可能对药品质量评价影响较大 |
| | 存在严重的数据可靠性问题，关键研究活动、数据缺少原始记录导致无法溯源，以致对药品安全性、有效性、质量可控性的评价产生影响 |
| | 拒绝、不配合核查，导致无法继续进行现场核查 |
| | 法律法规规定的其他不应通过的情形 |
| 对研究过程中原始记录、数据进行核实和/或实地确认，未发现申报资料真实性问题，且发现的问题不构成以上不通过情形的，核查认定为“通过” | 对发现申报资料的部分非关键信息不一致或虽然发现数据可靠性问题但可能不影响对药品安全性、有效性、质量可控性评价的，需审评重点关注 |

### 9.5.2 临床试验现场核查

根据《药品注册核查工作程序（试行）》的相关要求，核查中心对国家药品监督管理局药品审评中心启动的注册核查任务确认后进行接收，并于现场核查前5日通知申请人和被核查单位。

#### 9.5.2.1 核查前准备

##### 9.5.2.1.1 组建迎检专班

运营团队：产品经理（PM）和中心CRA负责相关人员的培训、核查资料的准备、核查期间的答疑等。

质量团队：质量保证工程师（QA）负责核查前项目自查、核查期间的答疑、核查后的问题回复等。

数据团队：DM远程支持，必要时进行数据库的展示、系统数据的调阅等。

后勤：负责核查期间的接待和后勤工作。

##### 9.5.2.1.2 核查现场准备

会议室：一般需要准备核查室和准备室两间会议室。核查室供检查员审阅试验资料、系统溯源、人员访谈、核查会议等。准备室供申办方准备试验资料、访谈人员等候等。

设备物资：核查室准备不限于计算机、投影设备、打印机、话筒、桌牌、签字笔、便笺纸及笔记本等。

##### 9.5.2.1.3 受检资料准备

受检资料包括机构文件夹、伦理文件夹、研究者文件夹、药品文件夹和受试者文件夹等文件。根据检查员要求提供，如筛选入选表、授权分工表、方案偏离清单、不良事件清单、合并用药清单、盲态审核会会议纪要和人群划分决议临床试验机构管理制度、医学伦理管理制度及相关操作规程（SOP）等。

9.5.2.1.4　协同部门准备

病案科：确保核查期间能够查阅所有受试者的病历资料，检查员可能会要求复印、扫描、拷贝病历，提前明确借阅审批流程。

信息科：确保核查期间能溯源住院病历系统、门诊系统等。提前为检查员开通“只读权限”系统账号，安排核查期间对接的技术支持人员。

其他科室：不限于检验科、影像科和心电图室等。若涉及项目授权人员，则提前熟悉试验方案涉及本科室的操作流程，并准备好项目相关设施设备的校准记录、合格证、维护记录等，确保核查期间能对受试者检查检验报告单进行溯源。

### 9.5.2.2　现场核查

9.5.2.2.1　现场核查流程

现场核查一般流程如下。

预备会：检查组组长主持。强调廉政、工作纪律，签订检查员承诺书和无利益冲突声明；熟悉品种基本信息和核查方案，商定现场核查具体安排及分工等事宜。

首次会：检查组组长主持，宣读现场核查通知，介绍检查组成员和观察员；受检单位介绍主要人员并汇报试验情况。

现场核查：按照国家药品监督管理局食品药品审核查验中心发布的《药品注册核查要点与判定原则（药物临床试验）（试行）》对该品种药物临床试验数据进行核查。

检查组综合会议：检查组组长主持，通报发现的问题，对不能确定的问题做进一步现场确认；完成“药品注册临床试验现场核查发现问题”和“药品注册临床试验现场核查报告”。

末次会议：检查组组长主持，通报现场核查情况；宣读“药品注册临床试验现场核查发现问题”；受检单位无异议的，检查组、观察员和受检单位签字确认。

9.5.2.2.2 现场协调配合

配合研究中心及PI做好首次会议及核查前的准备工作。

确认申办方参加首次会议、总结会议的人员安排，并把人员名单提供给临床试验机构。

负责核查室和准备室的物资准备及人员安排，确认核查期间文件准备、文件审阅、文件传递的流程，保证核查室及准备室各人员的职责分工明确。

协助参与访谈人员的准备工作，对已发现的问题进行讨论，及时准备并提供检查员所需的文件资料。

配合临床试验机构完成会议后勤工作。

### 9.5.2.3 核查后事宜

（1）文件归档：协助研究中心完成核查借阅文件的归档。

（2）现场整理：协助完成核查室与准备室的清场工作，回收或销毁多余的项目相关文件，归还借用的桌椅、计算机、投影仪和打印机等。

（3）核查回复：申办方对现场核查发现的问题有不同意见，可在核查结束之日起5日内向核查中心提出异议；对现场核查发现的问题无异议的，申办方需要与临床试验机构讨论核查发现的问题，由临床试验机构按核查中心要求正式回复。

（4）核查总结：申办方对核查发现的问题进行根源分析，制定CAPA，组织相关部门对本次核查进行总结与复盘，持续改进相关流程。

## 9.6 七蕊胃舒胶囊成功研发上市的案例分享与启示

### 9.6.1 案例分享

近年来，在重大新药创制专项、国家重点研发计划等政策扶持下，新药审评不断提速，一批具有明显临床价值、满足临床急需的创新药顺利上市。与此同时，国家对中医药发展的支持力度不断加大，持续营造鼓励创新的政策环境。在各方支持下，中药振兴发展效果初现，七蕊胃舒胶囊作为最新获批治疗慢性胃炎的中药 1.1 类创新药成功上市。

七蕊胃舒胶囊于 2021 年 12 月 31 日获得国家药品监督管理局注册批件，为国家卫生健康委 2018 年度“重大新药创制”科技重大专项成果，是基于中医药理论、人用经验和临床试验“三结合”的中药审评体系获批上市的新药。

七蕊胃舒胶囊填补了慢性胃炎伴糜烂的治疗空白。在消化内镜检查中，慢性胃炎占比高达 90%，发病率较高，其中，42% 的患者为慢性非萎缩性胃炎伴黏膜糜烂，53% 的患者伴有胃痛症状。由于黏膜损伤，防御及修复功能下降，胃部易遭受致病因素的持续刺激，疼痛等症状易反复发作，严重影响患者的生活质量，严重者甚至会进一步发展成萎缩性胃炎或胃癌。修复黏膜与改善症状一直是慢性胃炎治疗的难点，七蕊胃舒胶囊是首个明确治疗慢性萎缩性胃炎伴糜烂、湿热、瘀阻证所致胃脘疼痛的中成药。

七蕊胃舒胶囊源自经典名方化血丹、硝石矾石散，由三七、枯矾、煅花蕊石、酒大黄组成。化血丹，出自《医学衷中参西录》，处方为煅花蕊石 9g、三七 6g、血余炭 3g；硝石矾石散摘录自《金匮要略》中，处方为硝石、矾石（烧）各等份。中国中医科学院广安门医院消化科专家于 1984 年研发了这一药物，创新性地将三七、枯矾等外用药物的活血止血、化瘀止痛等功效作用到了胃黏膜，命名为“胃炎胶囊”/“利胃胶囊”并作为院内制剂使用至今，在 40 年的应用中对治疗浅表性胃炎、糜烂性胃炎、胆汁反流性胃炎、出血性胃炎等疾病展现出了良好的有效性与安全性。

公开资料显示，七蕊胃舒胶囊早在 1990 年之前就在医疗机构中使用；1993 年在北京医科大学第三医院启动药效学研究；2001 年由国家食品药品监督管理总局批准临床试验，2011 年 12 月至 2014 年开展Ⅱ期临床试验，入组 240 例，累计研发投入 600 万元；2017 年 6 月至 2019 年 7 月开展Ⅲ期临床试验，累计入组480例，累计研发投入2202.75万元；2020年10月进入申报生产阶段；2021年12月31日成功获批上市。七蕊胃舒胶囊的临床研究历经近20年，参研机构在临床审查越来越严格的情况下，成功完成了两次Ⅱ期临床试验与一次Ⅲ期临床试验。研究数据表明，七蕊胃舒胶囊治疗后胃痛消失率达78.9%、胃黏膜糜烂痊愈率达65.3%、改善腹胀恶心等证候有效率达74.74%，与三九胃泰胶囊相比，治疗慢性胃炎疗效更显著。Ⅲ期临床试验结果发表在国外期刊*Journal of Ethnopharmacology*（《民族药理学》）上，该期刊为影响因子较高的高质量医学期刊。目前，七蕊胃舒胶囊已被纳入2022年医保目录，为医保乙类品种，未来将造福更多慢性胃炎患者。

### 9.6.2　对医疗机构中药制剂项目评审的启示

#### 9.6.2.1　“三结合”审评证据体系为医疗机制中药制剂研发指明方向

2019年10月颁布的《中共中央、国务院关于促进中医药传承创新发展的意见》提到，加快构建中医药理论、人用经验和临床试验相结合的中药注册审评证据体系，优化基于古代经典名方、名老中医方、医疗机构制剂等具有人用经验的中药新药审评技术要求，加快中药新药审批。

医疗机构中药制剂具有转化为中药新药的实践基础，具备药品安全有效、质量可控的基本属性，便于开展人用经验证据收集，在中药创新药研发中具有优势，作为践行“三结合”审评证据体系的中药创新研发路径之一，基于“临床经验方—医疗机构制剂—中药新药”的研发模式受到业界普遍关注。而七蕊胃舒胶囊正是基于“三结合”中药审评体系获批上市的新药。

#### 9.6.2.2　从申请上市技术审评报告中提炼项目评审关注点

##### 9.6.2.2.1　临床价值

七蕊胃舒胶囊的临床定位非常清晰且治疗领域为中医优势病种，适应症为轻、中度慢性非萎缩性胃炎伴糜烂、湿热、瘀阻证所致的胃脘疼痛，该疾病领域属于中医优势病种“胃痛”。

七蕊胃舒胶囊作为医疗机构中药制剂，临床应用多年：从中国中医科学院广安门医院消化科专家于 1984 年研发这一药物，到 2001 年由国家食品药品监督管理总局批准临床试验之前，已有 10 年以上临床应用背景，积累了大量人用经验以及安全性和有效性数据，为最终成功申报上市提供了良好的支撑。

9.6.2.2.2　市场价值

通过药智网医院销售数据库查询七蕊胃舒胶囊竞品/阳性对照药三九胃泰的市场规模，其 2021 年医院端销售额为 2.83 亿元，同比增长 4.42%。由此可预估，七蕊胃舒胶囊上市后将快速抢占该领域市场，有望成为下一个上亿元的大品种。

9.6.2.2.3　研发角度

组方简单：由三七、枯矾、煅花蕊石、酒大黄 4 味药组成。由于含有毒性药材，其临床使用范围受到一定限制。七蕊胃舒胶囊组方药味枯矾中含铝，长期使用会对透析患者造成一定的风险。因此，虽然含有毒性药材的药品并非一定获批，但确实会限制其临床使用的范围。

临床试验要求更加严格与规范：七蕊胃舒胶囊Ⅱ期临床试验开展了两次，主要原因是原国家食品药品监督管理总局于 2015 年 7 月 22 日发布了《关于开展药物临床试验数据自查核查工作的公告》，业内称“7·22”事件。所有已申报并在原国家食品药品监督管理总局待审的药品注册申请人，均需按照《药物临床试验质量管理规范》等相关要求，对照临床试验方案，对已申报生产或进口的待审药品注册申请药物临床试验情况开展自查，确保临床试验数据真实、可靠，相关证据保存完整。因此，“7·22”事件发生后，开展的临床试验也更加规范和符合要求。

研发周期与费用：Ⅱ期临床试验用时 3 年，从临床前研究到Ⅱ期临床试验完成花费 600 万元；Ⅲ期临床试验用时 2 年，临床费用在 1600 万元左右。因此，整个研发总费用在2704万元左右，从开展临床到最终获批时间为20年左右。但按照新的注册流程和要求进行医疗机构中药制剂的新药研发，从临床前到申报上市时间可以控制在5～7年。

### 9.6.3 流程和开发周期

第一阶段：发现阶段，从化血丹和硝石矾石散经典名方出发，结合中医药传统理论，以“活血化瘀，燥湿止痛”为治法，形成临床经验方“利胃方”。

第二阶段：医疗机构中药制剂开发阶段，在中国中医科学院广安门医院临床使用一段时间后，体现出一定的有效性和安全性，并按照医疗机构中药制剂注册制要求，开展基础研究（包括工艺研究、质量研究、药理毒理研究、药效学研究等），成功申报为医疗机构中药制剂“利胃胶囊”。从临床经验方开发成医疗机构院内制剂，一般有5年以上的临床使用时间会提高开发的成功率。

第三阶段：临床前研究阶段，前期积累了一定的研究数据和人用经验数据，整个药学研究和药理毒理研究及申报资料的整理需要18～24个月。

第四阶段：申请临床试验阶段，2001年由国家食品药品监督管理总局批准临床试验。

第五阶段：临床试验阶段，披露的临床试验信息显示，2011年12月至2014年开展Ⅱ期临床试验，2017年6月至2019年7月开展Ⅲ期临床试验，累计耗时5年左右，但从获批临床到获批注册上市总耗时长达20年，可见中药新药研发的艰辛。

第六阶段：申报生产及获批上市阶段，从国家药品监督管理局药品审评中心2020年12月27日受理之日起到2021年12月31日获批上市，取得药品注册证书，耗时1年。

（熊登科　杨　颃　丁全如）

## 参考文献

[1]周刚．中药复方新药研发中工艺研究需关注的问题[J]．中国新药杂志,2014,23(16):1865－1867.

[2]周刚,何燕萍．中药复方新药研发中质量标准研究需关注的问题[J]．中国中药杂志,2014,39(17):3389－3391.

[3]尹华静,戴学栋,尹茂山,等．新药非临床药效学评价关注点[J]．中国临床药理学杂志,2019,35(20):2645－2648.

[4]黄芳华．中药新药药效学试验设计的关注要点与思考[J]．中国中药杂志,2014,39(6):1136－1139.

[5]曲建博．中药新药稳定性研究常见问题及案例分析[J]．中南药学,2013,11(6):477－479.

[6]关宏峰,赵晓霞,唐溱,等．中药稳定性研究试验设计与问题分析[J]．中国现代中药,2022,24(6):1139－1143.

[7]周植星,李寅超,黄芳华．中药复方制剂临床试验申请的非临床研究关注要点[J]．中草药,2023,54(21):6933－6939.

[8]安娜,吕佳康,韩玲．中药安全性认识和中药新药研发的风险管理策略[J]．中国药理学与毒理学杂志,2021,35(2):90－95.

[9]李源,费艳,周刚．结合药品注册核查发现问题对研制单位合规审查的考虑[J]．中国临床药理学杂志,2024,40(3):477－480.

第 10 章

# 已上市产品的二次开发

## 10.1　二次开发的目的及内容

已上市产品二次开发的目的主要是适应市场的需求，提高产品的工艺质量，增强患者的用药顺应性，挖掘产品的学术价值，同时为产品赋予新的生命，开展深入研究并不断赋予新价值。

二次开发的目的及内容见表10－1。

**表10－1　二次开发的目的及内容**

| 开发目的 | 主要内容 |
|---|---|
| 提高产品工艺质量，增强患者的用药顺应性 | 工艺技术变更、质量标准修订，给药装置、包装材质、包装设计、外观设计等的改进 |
| 临床合理用药 | 上市后再评价、中药品种保护、OTC申报、说明书修订与完善、规格/包装规格变更 |

已上市产品二次开发的难点问题有以下几个。

（1）原处方因出膏率变化，导致超产且制备困难，需变更提取时间或溶剂用量，需证明物质基础和吸收利用无变化。

（2）制剂处方中辅料变更，该辅料登记状态为“Ｉ”，难以直接开展研究。

（3）按标准制法无法生产合格样品的，需变更生产工艺，同时物质基础有明显改变。

（4）因现有指标成分限度不合理，降低控制限度或变更含测指标，难批准。

（5）制剂因变更辅料种类或用量，引起口感变化，影响患者的用药顺应性。

## 10.2 工艺变更

### 10.2.1 前处理工艺变更

已上市中药前处理工艺变更内容见表 10－2。

**表 10－2 已上市中药前处理工艺变更目的和内容以及案例**

| 序号 | 变更目的和内容 | 案例 |
| --- | --- | --- |
| 1 | 基于生产批量的扩大，为提高生产效率，变更生产设备型号、规模 | 原粉碎批量为 50kg，使用万能粉碎机型号为 10B 型，每批粉碎时间约为 2h，现改为 30B 型，粉碎时间仅为 0.5h，从而提高了生产效率 |
| 2 | 基于生产顺应性和效率的提高，变更粉碎方法和参数 | 原使用机械式粉碎机，在粉碎过程中易发热，导致物料难以粉碎，如粉碎芦荟、乳香等药材，改用低温涡流粉碎机，使粉碎过程中产生的热量不积聚升温，从而提高了生产效率 |
| 3 | 基于生产效率的提高，多种饮片单独粉碎变更为混合粉碎，或混合粉碎变更为单独粉碎 | 处方中含乳香、芦荟等单独难以粉碎的药材，和其他药材混合后一起粉碎，可提高生产效率 |
| 4 | 基于微生物控制的考虑，增加饮片粉末高温瞬时灭菌、压差灭菌等工序 | 据统计，在 2020 年版《中国药典》中，中药原粉制剂约 700 种，占全部中成药品种的 40%。早期上市制剂的制法中，基本无灭菌工序，为控制制剂中微生物的限度，增加灭菌工序 |
| 5 | 基于微生物控制的考虑，高温瞬时灭菌、压差灭菌、环氧乙烷灭菌等方法之间的互改 | 为提高灭菌的效果或改善操作环境，将环氧乙烷灭菌方法改为高温瞬时灭菌等方法 |

## 10.2.2　提取、分离纯化、浓缩工艺变更

已上市中药提取、分离纯化、浓缩工艺变更内容见表 10－3。

**表 10－3　已上市中药提取、纯化、浓缩工艺变更目的和内容以及案例**

| 序号 | 工序 | 变更目的和内容 | 案例 |
|---|---|---|---|
| 1 | 提取 | 基于生产的连续性和生产效率的提高，由药渣与其他饮片合并提取变更为药渣单独提取，或由药渣单独提取变更为与其他饮片合并提取 | 某中药颗粒剂，原生产工艺为部分药味提取挥发油，药渣再与其余药味合并提取。因提油药味占比较小，为保证提油效率，需选用小体积提取罐，但需将药渣取出，合并其他药味后再选用大体积提取罐，实操可行性差，为提高生产效率，改为提油后的药渣单独提取 |
| 2 | 分离纯化 | 基于提高生产效率，将药液静置、过滤改为离心，或离心改为药液静置、过滤 | 某中药口服液，原制法为提取液静置 24h 再浓缩，改为提取液通过碟片分离，保证工艺连续性，提高生产效率 |
| | | 基于改善液体制剂的澄清度，增加药液过滤或静置、离心工序 | 某中药口服液，增加提取液碟片分离工序，提高液体制剂的澄清度 |
| 3 | 浓缩 | 基于固体制剂成型工艺需要，调整清膏相对密度，减少辅料用量，降低生产成本 | 某颗粒剂，采用湿法制粒，原清膏相对密度为 1.12，将清膏相对密度改为 1.28 再进行制粒，辅料用量降低 50% |
| | | 基于生产的顺应性，由多次提取的提取液合并浓缩变更为每次提取液直接浓缩，或仅由每次提取液直接浓缩变更为多次提取的提取液合并浓缩 | 某中药，需提取 3 次，每次提取液约 10t，如 3 次提取液合并浓缩，需占用大量储罐，为提高生产效率和顺应性，将其变更为每次提取液直接浓缩 |

## 10.2.3　制剂工艺变更

以口服固体制剂为例，主要工序包括干燥、包合、制粒、填充压片（或灌装）等，工艺变更内容参见表 10－4。

**表 10-4　口服固体制剂工艺变更目的和内容以及案例**

<table>
<tr><th>序号</th><th>工序</th><th>变更目的和内容</th><th>案例</th></tr>
<tr><td>1</td><td>干燥</td><td>基于提高生产效率，变更药液的干燥方式，如常温干燥、真空干燥、喷雾干燥、冷冻干燥之间的互改</td><td>某中药浸膏经喷雾干燥制粉，生产周期长，收率低；将干燥方法变更为真空带式干燥后，提高生产效率的同时增加了收率</td></tr>
<tr><td>2</td><td>包合</td><td>基于提高稳定性，增加挥发性成分的包合工艺或变更挥发油的加入方式</td><td>某中药颗粒剂，原挥发油加入方式为挥发油溶于适量乙醇后喷入颗粒；为提高制剂中挥发油的稳定性，将挥发油使用 β-环糊精包合后再加入</td></tr>
<tr><td>3</td><td>制粒</td><td>基于提高患者用药顺应性和降低用药成本，变更制粒方式，减少辅料用量</td><td>某中药颗粒剂，采用湿法制粒，1 份清膏需 4~5 份辅料；采用喷雾干燥制粒，1 份清膏需 1~2 份辅料；采用干法制粒，仅需原清膏重量的 0.1~0.2 份辅料</td></tr>
<tr><td rowspan="2">4</td><td rowspan="2">压片</td><td>基于生产的可操作性，将粉末填充变更为制粒后填充</td><td>内容物为生药混合粉末的中药硬胶囊剂，如直接填充，则流动性不佳且易分层，导致装量不均一，经干法制粒后再填充，改善了流动性，使生产具有可操作性</td></tr>
<tr><td>基于生产的可操作性，变更制剂中的润滑剂、助流剂种类或用量</td><td>某中药片剂，原使用硬脂酸镁（0.5%）作为润滑剂，压片时有黏冲、裂片现象，后加入二氧化硅（1%），解决了上述问题</td></tr>
</table>

### 10.2.4　口感改进

在二次开发中常用的口感改进方法有以下 5 种。

（1）炮制或添加赋形剂，如蕲蛇饮片在经过去鳞、蒸制、酒炙等方法炮制后，乙醛、二硫化碳等产生不良气味的成分含量有所降低，而 3-甲基-1-丁醇等香味物质的含量有所增加，矫味效果明显。蜜丸采用蜂蜜作为赋形剂和矫味剂。[1]

（2）添加矫味剂法，使用不同种类的矫味剂，如甜味剂、芳香剂等。其原理在于增加甜度或混淆大脑对味觉的感受。

（3）包衣法，掩味包衣的聚合物材料在唾液中不溶解，进入胃肠道后迅速释放药物，同时具有防潮作用。常用设备为高效包衣锅、沸腾制粒包衣等。

（4）环糊精包合法，是将药物嵌入环糊精分子内部的中空筒状结构，进而达到掩盖特殊气味的目的。常用制备方法有饱和水溶液法、胶体磨法等。设备为均质机、胶体磨。

（5）固体分散体，即以载体为屏障将原料药与味蕾隔离，减少原料药与味蕾的接触机会，从而降低舌头对不良口味的感受程度。例如，以麝鼠香为模型药物、以聚维酮 K30 为载体，通过固体分散技术对复方丹参滴丸中的麝鼠香进行掩味处理[2]。常用制备方法有喷雾干燥法、热熔挤出法等。

口感改进案例见表 10－5。

**表 10－5　口感改进方法和案例**

| 序号 | 改进方法 | 案例 |
|---|---|---|
| 1 | 包衣法 | 某中药片剂，含大苦或不良气味的挥发性成分，在增加包衣（糖衣或薄膜衣）工序后，可掩盖不良气味，改善口感 |
| 2 | 添加矫味剂法 | 某儿童用中药合剂，增加适量矫味剂（如枸橼酸、三氯蔗糖等），提高儿童的用药顺应性 |

## 10.3　质量标准修订

药品质量标准修订的原因主要有以下 7 点。

（1）指标成分与功能主治关联性不强。例如，××片的功能主治方向为心脑血管，但选择有机酸为含量测定指标；××胶囊的功能主治方向为促进消化，但选择总黄酮为含量测定指标。

（2）指标成分专属性不强。例如，×××颗粒现行标准中含测指标为绿原酸，指标成分专属性不强，用特异性成分蒙花苷作为含测指标相对合理。

（3）指标成分限度不合理。例如，××胶囊中淫羊藿苷的含量指标限度高，导致难以生产出合格产品。

（4）标准方法不合理，难以重现。

（5）检测技术升级，用更精确的检测方法取代。例如，将薄层色谱扫描法变更为高效液相色谱法。

（6）标准提升。例如，部分中成药增加了指纹或特征图谱检测项。

（7）药品注册证书或中药保护品种等审批结论要求修订或提升质量标准。例如，××胶囊注册证书审批结论要求，参照现行版《中国药典》三七药材含量测定方法，增加人参皂苷 $Rb_1$ 和三七皂苷 $R_1$ 的含量测定，并制定合理的含量范围。

## 10.4 包装改进

### 10.4.1 给药装置

给药装置与药品在一个包装内销售，便于药品使用，如口服液的吸管、糖浆剂的量杯、妇科洗剂的冲洗器、痔疮膏的注入管、栓剂的指套、搽剂的喷雾泵、丸剂的药引等，除应当为食品级的工具外，没有其他特殊管理要求，案例见表 10－6。

**表 10－6 给药装置改进目的和方法以及案例**

| 序号 | 剂型 | 改进目的和方法 | 案例 |
|---|---|---|---|
| 1 | 糖浆剂 | 多剂量包装糖浆，为保证单次用量准确，增加带刻度的量杯或吸管 | 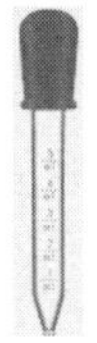 |
| 2 | 合剂 | 多剂量包装合剂，为保证单次用量准确，增加带刻度的量杯或吸管 |  |
| 3 | 颗粒剂（散剂） | 多剂量包装颗粒剂或散剂，为保证单次用量准确性，增加小药勺 |  |

**续表**

| 序号 | 剂型 | 改进目的和方法 | 案例 |
|---|---|---|---|
| 4 | 搽剂、酊剂等 | 滚珠式按摩出液梳，滚珠头滚动才会出液，方便控制上药量，均匀出液，精准至 1mL，如米诺地尔的头皮给药 | 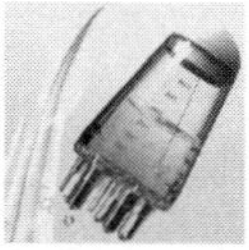 |
| 5 | 外用凝胶（洗剂等） | 多剂量包装的外用制剂，如外用妇科凝胶剂、洗剂等，经腔道给药，为保证单次用量的准确性，增加给药器，可精准至 1mL |  |

## 10.4.2　包装材质变更

适宜的药品包装材料能为药品提供安全性、保护性、功能性和便利性。部分包装材质变更案例见表 10－7。

**表 10－7　包装材质变更目的和内容以及案例**

| 序号 | 剂型 | 变更目的和内容 | 案例 |
|---|---|---|---|
| 1 | 片剂（硬胶囊剂） | 基于更优的防潮、密封、遮光性能和外观，将铝塑泡罩包装改成双铝包装、铝塑铝包装 |  |
| 2 | 颗粒剂（散剂） | 基于更优的防潮、密封、遮光性能和外观，将普通复合膜 PET/AL/PE 改成口服固体药用易撕复合膜 PET/PE/AL/PE |  |
| 3 | 糖浆、合剂等口服液体制剂 | 基于更优的密封、遮光性能和外观，以及经济性，将口服液体药用钠钙玻璃瓶管制（模制、聚酯瓶等）改成口服液体药用复合膜 PET/PE/AL/PE |  |
| 4 | 外用搽剂（涂膜剂等） | 滚珠出液，能精细控量，涂抹方便。将原有玻璃瓶改成聚酯瓶或添加滚珠 |  |

## 10.4.3　包装设计和外观改进

基于提高生产效率或用药顺应性，可使用不同的包装样式对药品进行二次开发，案例见表10－8。

**表10－8　包装设计和外观改进目的和方法以及案例**

| 序号 | 改进目的和方法 | 案例 |
|---|---|---|
| 1 | 不同药物采用不同颜色的胶囊壳，便于患者区分药物，或在胶囊壳上印字 | 三九胃泰胶囊，囊壳上印刷数字 |
| 2 | 用异型片提高患者的用药顺应性 | 儿童用卡通形状的片型 |
| 3 | 橡胶膏剂改进 | 激光打孔技术应用于橡胶膏剂的生产 |
| 4 | 包装外观改进 | 颗粒剂的内包装由三面封改为条包 |

## 10.5　规格和包装的变更

药品规格和包装变更应遵循科学、合理、必要及方便临床用药的原则，部分案例见表10－9。

**表10－9　规格和包装变更目的和内容以及案例**

| 序号 | 变更类型 | 变更目的和内容 | 案例 |
|---|---|---|---|
| 1 | 规格 | 规范规格表述 | 某颗粒剂，原药品规格为每袋15g，规范规格表述为“每袋相当于饮片10g” |
| | | 制剂减少辅料用量 | 某颗粒剂，包装为每袋12g，变更后为每袋6g，每袋生药量不变，规格由原“每克颗粒相当于饮片0.3g”变更为“每克颗粒相当于饮片0.6g” |
| 2 | 包装 | 基于顺应性的考虑，变更药品包装中最小单位药品的数量 | 某颗粒剂，包装为每袋9g，其中，1～3岁服用1/3袋，增加包装每袋3g |

## 10.6　说明书安全信息修订

《中药注册管理专门规定》要求，持有人应参照相关技术指导原则及时对中药说明书不良反应、禁忌、注意事项进行完善。[3]药品说明书安全性信息修订内容见表 10－10。

**表 10－10　药品说明书安全性信息的修订**

| 修订项 | 修订依据 | 修订考虑点 |
|---|---|---|
| 不良反应 | ①药品不良反应监测数据，来源包括持有人自主收集和监测机构反馈等渠道；<br>②Ⅳ期临床试验及上市后临床研究收集的不良反应信息；<br>③文献资料或其他途径获知的不良反应信息 | ①已收载的不良反应/事件，应根据风险情况对相应内容进行修订；<br>②在撰写上市后不良反应信息时，可按照器官系统、严重性、报告频率的顺序或分类列出；<br>③对于涉及多个系统的一组症状的不良反应，通常应将相关症状组合在一起表述；<br>④可依据中医药理论，综合评判不良反应/事件与病因病机、药品功能主治的关联性，判断是否需要在【不良反应】项中做出风险提示；<br>⑤对于严重不良反应/事件仅有个案报告的，一般也应做出风险提示 |
| 禁忌 | 主要基于传统中医药理论对禁忌的认识、现有安全性数据、资料的分析结果，在【禁忌】项中对可能产生严重伤害的情形进行限定 | ①与疾病/证候关联，如本品适用于痰热闭证的高热神昏，虚寒证禁用；<br>②与特殊人群关联，如对本品或含××成分过敏者，以及有严重过敏反应病史者禁用；<br>③与联合用药关联，如服药期间禁与含有×××的中药/×××类药品合用的内容 |
| 注意事项 | 主要基于中医药理论认识、现有安全性数据、资料的分析结果，如结果显示药品使用时涉及上述问题，而该问题在现行说明书中尚未提示，则应对【注意事项】内容进行修订补充 | ①所含药味或辅料方面的提示；<br>②给药途径方面的提示；<br>③用法用量方面的提示；<br>④潜在用药风险的提示；<br>⑤药物相互作用方面的提示；<br>⑥中医药理论方面的提示；<br>⑦实验室检查方面的提示；<br>⑧贮藏方法的提示；<br>⑨其他方面的提示，如服药期间不得驾驶机、车、船，从事高空作业、机械作业及操作精密仪器 |

## 10.7 物质基础及作用机制研究

物质基础及作用机制研究的目的，主要是阐明中成药可能发挥药理作用的主要成分及其作用机制，为临床应用提供依据。

例如，麝香保心丸，物质基础研究共分离出化合物 96 个，其中，非挥发性化合物 47 个、挥发性化合物 49 个；血清药物化学分析鉴定出入血成分 31 个，其中，原型成分 24 个、代谢产物 7 个。

作用机理研究显示，麝香保心丸能快速扩张冠状动脉，缓解心绞痛症状；改善血管内皮功能，抑制血管壁炎症；促进治疗性血管新生，保护血管，可用于冠心病患者二级预防。分子作用机制研究表明，麝香保心丸作用于心肌梗死的生物标志物共 57 个，可调控基因 14 个，作用机制包括促进心肌功能恢复、恢复能量代谢、减轻炎症反应等。

## 10.8 非临床安全性评价

非临床安全性评价始终贯穿于药品整个生命周期。随着药品上市后的广泛使用，可能会出现一些新的安全性问题或非预期不良反应。例如，部分药物缺少儿童用药的安全性信息，以及支撑儿童用药的非临床安全性评价证据，这不足以评估药物对儿童人群可能存在的潜在影响，且有些影响在临床应用中难以被及时发现。对于特殊人群，需要开展非临床安全性评价。

## 10.9 适应症拓展

随着临床药理学和临床医学不断发展，越来越多已上市产品的新药理作用被人们逐渐认识，从而为临床适应症的拓展提供了新的可能，可采用新增适应症的研发路径开发成 2.3 类改良型新药。

已上市药品新增适应症来源于临床应用发现，因此更容易得到医生和患者的认可，从而取得较好的社会效益和经济效益。部分新增适应症的中药品种见表 10－11。

**表 10－11　部分新增适应症的中药品种**

| 品种 | 生产厂家 | 原功能主治 | 拟增加功能主治 | 临床批件号 | 目前进展 |
|---|---|---|---|---|---|
| 连花清瘟胶囊、连花清瘟颗粒 | 石家庄以岭药业股份有限公司 | 清瘟解毒，宣肺泄热。用于治疗流行性感冒属热毒袭肺证，症见发热或高热、恶寒、肌肉酸痛、鼻塞流涕、咳嗽、头痛、咽干咽痛、舌偏红、苔黄或黄腻等 | 在新型冠状病毒感染的常规治疗中，可用于轻型、普通型引起的发热、咳嗽、乏力 | — | 已获批 |
| 脑心清片（独家品种） | 广州白云山和记黄埔中药有限公司 | 活血化瘀，通络。用于脉络瘀阻、眩晕头痛、肢体麻木、胸痹心痛、胸中憋闷、心悸气短；冠心病、脑动脉硬化症见上述证候者 | 用于缺血性脑卒中恢复期中医辨证属瘀血阻络证的临床试验 | 2023LP01282 | Ⅱ期临床试验 |
| 银黄滴丸（非独家品种） | 浙江维康药业股份有限公司 | 清热，解毒，消炎。用于急性扁桃体炎、急慢性咽喉炎、上呼吸道感染 | 复发性口腔溃疡 | 2018L02064 | 完成Ⅱ期临床试验，开展Ⅲ期临床试验 |
| 散风通窍滴丸（独家品种） | 扬子江药业集团 | 清热祛风，散寒通窍。用于急性单纯性鼻炎外感风寒、郁肺化热证，症见鼻塞、流涕、喷嚏、鼻黏膜充血等 | 适应症为季节性变应性鼻炎 | — | 开展Ⅲ期临床试验 |

## 10.10　OTC 申报

OTC 遴选的基本原则是“应用安全、疗效确切、质量稳定、使用方便”。其能较好地满足现代社会人类自我保健和简便快捷的用药需求。具体由 CDR 组织开展 OTC 转换评价工作。

OTC 申报自 2022 年 11 月 1 日起，按《处方药转换非处方药申请资料及要求》提交资料。[4]

### 10.10.1　中成药申请转换分类

第一类：与国家药品监督管理局公布的 OTC 处方、给药途径相同，仅剂型或规格不同的品种。

第二类：不含毒性药材的品种。毒性药材的界定与分类见《含毒性药材中成药转换为非处方药评价处理原则》。

第三类：不包括在以上两类中的品种。

### 10.10.2　申请资料要求

依据《处方药转换非处方药申请资料及要求》，中成药申请转换为 OTC 的资料要求见表 10－12。

**表 10－12　申报资料项目**

| 资料项目 | 具体资料 | 第一类 | 第二类 | 第三类 |
|---|---|---|---|---|
| 综合项目 | 1. 处方药转换 OTC 申请表 | + | + | + |
| | 2. 资料目录 | + | + | + |
| | 3. 概述 | + | + | + |
| | 4. 拟使用的 OTC 说明书 | + | + | + |
| | 5. 现销售的最小销售单位样品照片 | + | + | + |
| | 6. 证明性文件 | + | + | + |
| | 7. 药品制剂及活性成分、辅料的法定质量标准 | + | + | + |
| 安全性资料 | 8.1 制剂毒理、毒性药材毒理研究资料 | △ | △ | △ |
| | 8.2 制剂毒理、毒性药材毒理文献资料 | △ | △ | + * |
| | 9. 临床安全性研究资料 | + | + | + |
| | 10. 与其他药物和食物相互作用情况 | － | + | + |
| | 11. 消费者进行自我诊断、自我药疗情况下的安全性研究资料 | － | + | + |

续表

| 资料项目 | 具体资料 | 第一类 | 第二类 | 第三类 |
| --- | --- | --- | --- | --- |
| 安全性资料 | 12. 广泛使用情况下的安全性研究资料 | - | + | + |

注："+"指必须报送的资料；"-"指可以免报的资料；"△"指选报的资料，申请人在自我评估后认为产品在该方面存在问题，需要具体说明的，应报送该项资料；"*"指如果无法提供相关资料应详细说明情况。

### 10.10.3　申请流程

中成药申请转换为 OTC 办理流程见图 10-1。

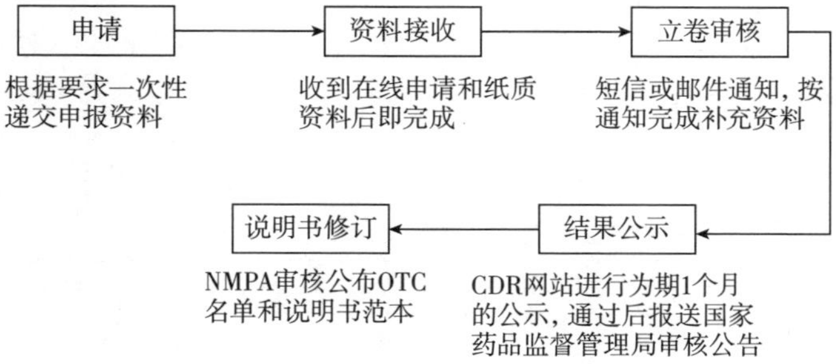


图 10-1　中成药申请转换为 OTC 办理流程

## 10.11　中药品种保护

### 10.11.1　目的和意义

制定《中药品种保护条例》是为了突出中医药特色，鼓励创新，促进提高，保护先进，保证中药品种保护工作的科学性、公正性和规范性。中药品种保护法规对保护中药名优品种，保护中药研制生产的知识产权，提高中药质量和信誉，推动中药制药企业的科技进步，开发临床安全有效的新药，促进中药走向国际医药市场，均具有重要的意义。

中药品种保护法规保护对象包括中成药、中药饮片、中药材等。

### 10.11.2 《中药品种保护条例》变化

2022年12月发布的《中药品种保护条例（修订草案征求意见稿）》，相较于现行《中药品种保护条例》有较大调整。[5]现行《中药品种保护条例》包括总则、中药保护品种等级的划分和审批、中药保护品种的保护、罚则、附则共五章26条，搭建起了中药品种保护制度的基本框架。《中药品种保护条例（修订草案征求意见稿）》包括总则、保护范围及保护等级、申请与审批、《中药品种保护证书》持有者、监督管理、法律责任、附则共七章44条，在现行《中药品种保护条例》基础上做了较大调整。二者主要内容对比见表10－13。

**表10－13 《中药品种保护条例》与《中药品种保护条例（修订草案征求意见稿）》主要内容对比**

| 项目 | 《中药品种保护条例》 | 《中药品种保护条例（修订草案征求意见稿）》 |
|---|---|---|
| 保护等级 | 分为一级、二级保护 | 分为一级、二级、三级保护 |
| 保护期限及形式 | 一级：分别为30年、20年、10年的市场独占。<br>二级：7年市场独占 | 一级保护：10年市场独占、中药品种保护专用标识。<br>二级保护：5年市场独占、中药品种保护专用标识。<br>三级保护：5年中药品种保护专用标识。 |
| 一级保护情形 | ①对特定疾病有特殊疗效的；<br>②相当于国家一级保护野生药材物种的人工制成品；<br>③用于预防和治疗特殊疾病的 | ①疗效确切且具有临床应用优势的新组方中药复方制剂、新中药提取物及其制剂、新中药材及其制剂；<br>②首家增加功能主治的中成药以及用于防治严重危及生命或者严重影响生存质量的疾病，且尚无有效防治手段或者与现有治疗手段相比，有足够证据表明具有明显临床应用优势的改变已上市中药品种给药途径、剂型的中成药 |
| 二级保护情形 | ①符合一级保护情形规定的品种或者已经解除一级保护的品种；<br>②对特定疾病有显著疗效的；<br>③从天然药物中提取的有效物质及特殊制剂 | ①除一级保护情形外具有明显临床应用优势的改变已上市中药品种给药途径、剂型的中成药；<br>②首家增加儿童用药人群且疗效确切的中成药；<br>③通过上市后临床研究进一步积累循证证据且独家持有的中成药，按古代经典名方目录管理的中药复方制剂除外；<br>④采用现代科学技术而形成的独特炮制方法，且实施审批管理的中药饮片 |

续表

| 项目 | 《中药品种保护条例》 | 《中药品种保护条例（修订草案征求意见稿）》 |
| --- | --- | --- |
| 三级保护情形 | 无 | ①具有严格质量过程控制的，按古代经典名方目录管理的中药复方制剂；<br>②通过上市后研究进一步积累循证证据，或者显著提高整体质量控制水平的中成药；<br>③具有国家药品标准，采用独特的传统炮制技术和工艺生产，或在传承的基础上改良生产技术，显著提高炮制效率和质量控制水平的传统特色中药饮片；<br>④符合中药材生产质量管理规范要求且具有国家药品标准的优质道地中药材 |
| 延长保护 | ①中药一级保护品种因特殊情况需要延长保护期限的，每次延长的保护期限不得超过第一次批准的保护期限；<br>②中药二级保护品种在保护期满后可以延长 7 年 | 取消了中药品种保护的延长保护，其目的在于避免出现获保后的创新惰性，以促进新品种研发与老品种提高 |

## 10.11.3　审评审批流程及说明

申请中药品种保护的审评审批流程及说明见图 10－2。

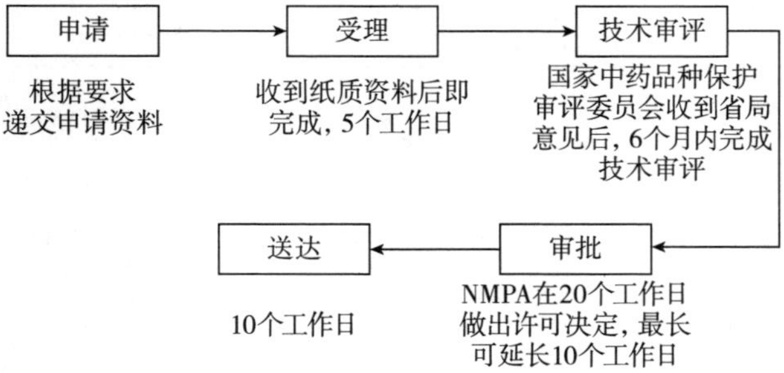


**图 10－2　申请中药品种保护的审评审批流程及说明**

## 10.11.4　申报资料

依据《中药品种保护指导原则》《中药品种保护申报资料项目及说明》，申请中药品种保护的申报资料见表 10－14。

**表 10－14　申请中药品种保护的申报资料项目**

| 序号 | 资料项目 | 具体资料 |
|---|---|---|
| 1 | 申请表 | 《中药品种保护申请表》 |
| 2 | 证明性文件 | 药品批准证明文件（复印件），初次保护申请企业还应提供其为原研企业的相关证明资料 |
| | | 药品生产许可证及药品 GMP 证书（复印件） |
| | | 现行国家药品标准、说明书和标签实样 |
| | | 专利权属状态说明书及有关证明文件 |
| 3 | 申请保护依据与理由综述 | 申报品种临床、药理毒理和药学等内容的概述 |
| | | 说明所适用《中药品种保护条例》的条款及申请级别的理由 |
| 4 | 医学相关资料 | 批准上市前研究资料 |
| | | 批准上市后研究资料（包括不良反应报告、注册批件提出要求的完成情况、上市后重新开展临床研究资料等） |
| 5 | 药学相关资料 | 批准上市前研究资料 |
| | | 批准上市后研究资料（包括质量标准执行情况、注册批件提出要求的完成情况、上市后开展的药学研究工作情况等） |
| 6 | 药理毒理相关资料 | 批准上市前研究资料 |
| | | 批准上市后研究资料（包括注册批件提出要求的完成情况等） |
| 7 | 拟改进提高计划与实施方案 | 对品种特点的改进提高计划 |
| | | 详细的实施方案 |

（曾庆恢　李　霞）

## 参考文献

[1]魏晓嘉,万国慧,李佳园,等. 中药制剂矫味技术及评价方法的研究进展[J]. 中国药房,2021,32(8):1009－1013.

[2]韩贝贝,孙春萌. 固体分散技术在中药制剂中的应用进展[J]. 广东化工,2022,49(20):105－107,123.

[3]国家药品监督管理局. 中药注册管理专门规定[Z]. 2023.

[4]国家药品监督管理局药品评价中心.处方药转换 OTC 申请资料及要求[Z].2022.

[5]国家药品监督管理局综合司.中药品种保护条例(征求意见稿)[Z].2022.

# 第 11 章

# 研发支撑条件建设与管理

一家中药生产企业的技术总监祝某计划新建一个新药研发中心，面临一系列问题：应该建多大的规模，部门及组织架构如何设置，研发人员怎样配备，研发人员如何进行管理，如何针对研发人员进行考核与激励，实验室和中试车间如何建设与管理，通过本章内容的介绍，希望读者能够了解组建一个研发公司或研发部门到底需要哪些支撑条件。

## 11.1 中药研发机构概览

### 11.1.1 研发机构规模

中药研发机构可以是一家研发公司，也可以是药企内部的一个部门。一般来说，中药研发机构规模有小、中、大 3 种类型。

小型研发机构：人员规模在 50 人以内，在中药研发各环节中，如小试药学研究、中试生产、药理毒理学研究、临床试验等均可以外包委托研发，机构研发人员的主要任务是进行项目管理及新药立项工作。

中型研发机构：人员规模一般在 50 ~ 500 人，主要开展小试、中试等药学研究，而药理毒理学研究及临床试验则一般外包委托，生产验证环节一般以生产部门为主。另外，有的中型研发机构还设有临床试验管理部门，将临床试验以半包的形式，与临床 CRO 联合开展。

大型研发机构：人员规模一般在 500 人及以上，根据企业研发战略方向可设立分院，如中药研究院、化药研究院、大健康研究院等。大型研发机构通常具备完善的药学、药理、临床试验等研发条件，能够胜任新药研发各环节（除毒理学研究外）的研发任务。一般大型研发机构会建立动物中心，用于承担初步的药效学试验与作用机理研究；其医学部门则可以独立开展药物临床试验。研发人员专业背景覆盖新药研发全流程能够同时开展数十个项目。

### 11.1.2 研发机构组织架构

中药研发机构根据人员规模、研发战略定位、产品管线等不同设置不同架构，同时组织架构中各个部门的分工与协作也有所不同。一般来说，中药企业研发组织架构主要有以下 3 种模式。

#### 11.1.2.1 业务类别划分模式

业务类别划分模式是按照中药研发所需的基本技术要求和业务类别进行部门编制与人员划分的，其组织架构部门划分主要有：

（1）制剂研究部；

（2）分析研究部（或称“标准研究部”）；

（3）中试车间；

（4）药理毒理学研究部（或称“非临床研究部”）；

（5）医学部（或称“临床研究部”）；

（6）科研管理部；

（7）研发质量管理部；

（8）注册部。

对于独立法人研发机构，组织架构还会根据实际需要配备相应的职能部门，例如：

（1）人力资源部；

（2）财务部；

（3）采购供应部；

（4）审计法务部；

（5）研发办公室。

业务类别划分模式常见的中药研发组织架构如图 11 - 1 所示。业务类别划分模式一般适用于中型及大型规模的研发机构，尤其是药品生产企业内部设置的研发部门。

根据研发机构的技术特色，可以在相应部门下单独设立技术小组。例

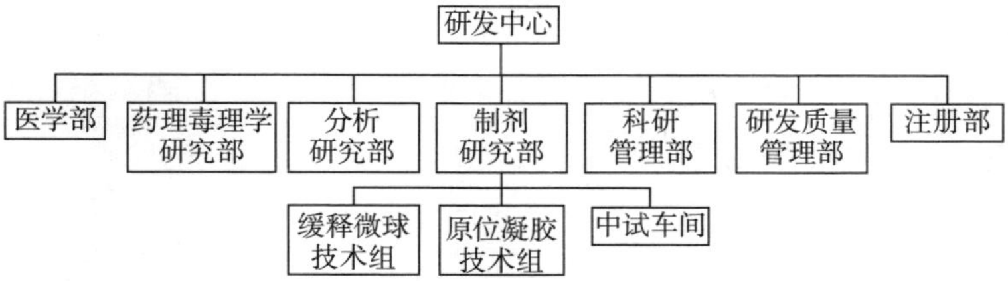


**图 11－1　中药企业基于业务类别划分模式的研发组织架构示例（中型规模）**

如，在制剂研究部下设缓释微球技术组、原位凝胶技术组等。根据每个中药研发机构的管理模式和要求，中试车间既可以单独作为一个部门，也可以作为制剂研究部的下属部门。另外，有的中药研发机构会将中试车间划归生产车间进行管理。

### 11.1.2.2　项目组划分模式

项目组划分模式按照研发项目进行部门编制与人员配置，研发组织以项目组的形式运作。由于这种模式以项目运营为中心，项目组内会进行更细致的组织划分。同时，项目组以外还设有公共职能部门。

项目组划分模式下常见的中药研发组织架构如图 11－2 所示。项目组划分模式一般适用于中小规模的研发机构，特别是中小型药品生产企业内部的研发部门、研发 CRO 公司等。

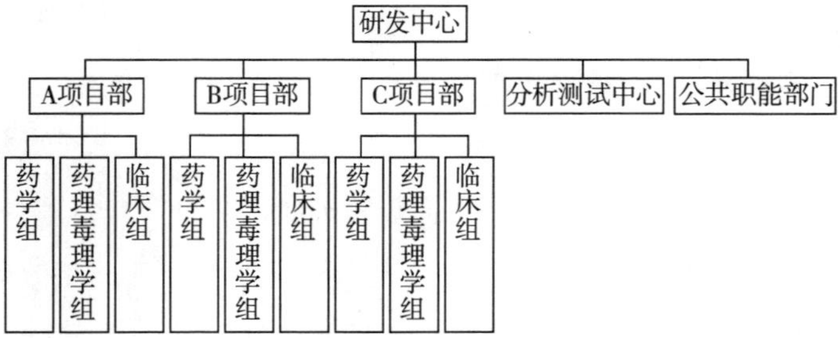


**图 11－2　中药企业基于项目组划分模式的研发组织架构示例（中型规模）**

### 11.1.2.3　业务与项目混合编制模式

业务与项目混合编制模式是结合业务部门与项目单元综合情况进行编制的模式。这种模式兼顾项目管理与资源调配，通常适用于研发人员数量不多的机构，如为单个或少数新药项目孵化而成立的研发机构、掌握单个或少数关键技术而设立的研发机构等。业务与项目混合编制该模式常见的中药研发组织架构如图 11 －3 所示。

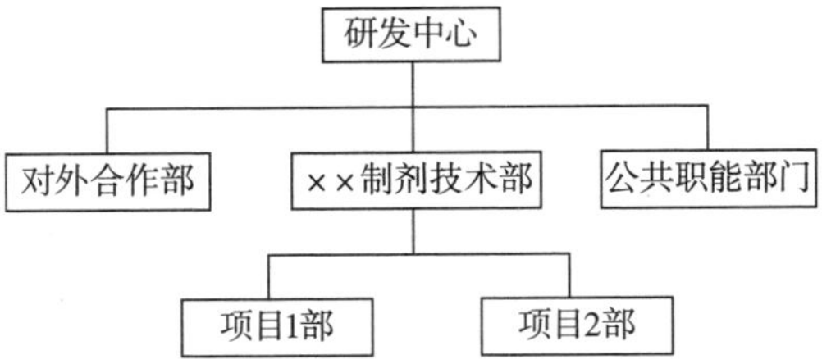


**图 11 －3　中药企业基于业务与项目混合编制模式的研发组织架构示例（小型规模）**

### 11.1.3　专家委员会

#### 11.1.3.1　专家委员会的组建目的与职责

中药研发专业性强，涉及研究领域广，而研发队伍人员数量、专业能力、研究领域专业程度有限，故中药研发企业需依靠外部专家力量提高自身的研发能力。

专家委员会作为研发企业的智力机构，其主要职责是为研发企业的战略方向、项目问题、专业技术问题等提供咨询服务，研发企业可以通过定期或不定期召开专家咨询会，或者点对点咨询的形式，向专家委员会咨询。

专家委员会主要通过以下两种形式开展工作。

（1）根据研发企业提出的具体问题，指定专家进行点对点咨询，这是为解决某个或数个单一的专业问题而进行的轻咨询。

（2）定期或不定期召开专家咨询会，对研发企业的战略方向、发展目标、重点项目、技术平台建设等进行把脉与论证。

专家委员会具体负责的任务及工作内容可以通过制定章程进行约定。

#### 11.1.3.2　专家委员会的组成

专家委员会成员一般是根据研发企业的核心战略需求，引进业内知名的专家，建立合作共赢关系，旨在促进企业研发能力的提升或研发项目的顺利推进，解决项目研发过程中遇到的难题。因此，专家委员会的组成会根据企业战略重点而有所不同，但一般主要从以下两个方面考虑。

（1）对于拥有核心技术的中药研发企业，专家委员会成员主要为相应核心技术领域的知名专家。同时，为了弥补自身的不足，还可以纳入药理毒理、临床、统计、注册等方面的专家。

（2）对于以项目研发为主的中药研发企业，因其项目已基本成熟且兼顾新项目的立项，故专家委员会成员主要为新药研发关键领域的知名专家，如药理毒理、临床、统计、注册等方面的专家。

专家委员会一般设主任委员 1 名，委员多名。主任委员一般是行业内有学术威望的专家，可以是学科领域的主委，甚至院士，或由行政级别较高的专家承担。

专家委员会的管理工作主要靠秘书处来完成，因此，专家委员会的组成除外部专家以外，还应设立秘书处。专家的联系、咨询、咨询会的组织、咨询问题的收集等具体事务均由秘书处负责实施。

专家委员会成员聘期一般为 3 ~5 年，届满后根据专家的履职情况及企业经营情况综合考虑是否续聘，或者新聘等。当然，在专家委员会开展工作期间，也可根据需要随时进行增补或调整，专家也可以根据自身情况提出退出专家委员会的申请。

### 11.1.4　研发人员招聘

研发人员招聘首先需要根据研发企业的战略定位与运营需求制订招聘计划。招聘需求包括拟招聘人员的岗位类型、专业任职资格要求、是校招还是社招，以及招聘对象是否为技术带头人等内容。

研发人员招聘主要分为专业技术人员和研发管理人员两大类：专业技术人员招聘注重对应聘人员的专业技术能力或项目研发经验的要求；研发管理人员招聘注重对应聘人员的项目管理能力或研发团队管理能力的要求。

因中药研发具有一定的特殊性，在管理人员招聘方面，一般要求应聘者具备一定的研发专业技术水平，甚至有的研发企业管理人员本身就是某个领域的专家。

研发人员的面试对应聘人员的主要考察点如下。

（1）专业背景及从业经历的真实性。

（2）专业任职资格评估。

（3）负责及参与的项目经历。

（4）性格测评。

（5）入职动机。

（6）流失风险。

（7）职业规划。

通过面试交流，基本可以了解应聘人员是否符合拟招聘的岗位需求，是否可以较稳定地与企业共同成长。

应聘人员入职后，一般需要设定3～6个月的试用期及考核目标，以便更深入、更全面地评估应聘人员是否符合岗位需求、是否适合长期开展工作等。

常见的中药研发技术岗位任职资格（以高级研究员为例）如表11－1所示。

**表11－1　常见的中药研发技术岗位任职资格**

| 技术岗位名称 | 任职资格要求 | | | |
|---|---|---|---|---|
| | 专业背景 | 学历及职称 | 工作年限 | 研发经历 |
| 高级制剂研究员 | 药学、药剂学、制药工程等相关专业 | 硕士及以上学历，高级职称 | 从事制剂专业研究不少于5年 | 参与新药制剂研究项目不少于3项，负责的项目不少于1项 |
| 高级分析研究员 | 药学、药物分析、分析化学等相关专业 | 本科及以上学历，高级职称 | 从事药物分析研究不少于5年 | 参与新药质量研究项目不少于5项，负责的项目不少于2项 |
| 高级医学研究员 | 临床医学、临床药学、基础医学等相关专业 | 硕士及以上学历，高级职称 | 从事临床试验、医学研究不少于5年 | 参与新药临床试验医学研究项目不少于3项，负责的项目不少于1项 |

### 11.1.5　研发人员培训

研发人员的培训形式主要有以下 6 种。

（1）入职培训。

（2）专业培训。

（3）轮岗学习。

（4）实践带教（师带徒）。

（5）学历继续教育。

（6）项目经理培训。

中药研发企业应建立完善的研发人员培训体系，制订合理的培训计划，并逐步予以实施。

以项目经理培训为例。该培训项目包括内外联训。内部培训，是指资深科研管理人员制作专业课件、传授项目管理经验，人力资源部组织团队管理培训课程；外部培训，是指邀请外部专家到企业开展政策法规内训或者听取线上课程。每年由人力资源部根据受训学员的不同等级制订针对性的培训计划，组织实施并为合格学员颁发资格等级认定证书。

针对研发人员的常用培训模式有以下 4 种。

（1）集中面授。

（2）“一对一”或“一对多”定向辅导。

（3）定期或不定期组织专题研讨。

（4）线上、线下自主学习。

培训效果的检验方式一般有以下 4 种。

（1）闭卷考试。

（2）开卷考试。

（3）业绩考核。

（4）任职资格成长。

### 11.1.6 研发人员管理

研发人员管理模式常见的有项目组管理、部门管理等。

（1）项目组管理：以项目运营为核心，实行项目经理负责制，项目经理不仅负责整个项目组的考核任务，还需将考核任务进行分解。该模式考核的重点在于项目里程碑的达成进度以及项目运营成本的管控。项目经理需对整个项目的投入、产出负责，并对组员的工作表现进行考核评价。

（2）部门管理：以部门职责为中心，主要承担服务职能，为其他项目组提供技术支撑，同时对部门内部人员行为进行管理。部门长（或部门经理）承担部门的考核任务，并将任务进一步细化分解。该模式考核的重点在于技术服务质量及响应速度。

根据企业的实际需求，企业可将两种管理模式相结合，从而构建出纵横交错的矩阵式管理体系。

## 11.2 研发人员薪酬与考核激励

新入职的小张若有所思地问他的上级陈部长：“我了解到研发部门有几位同事是离职后重回公司的，是什么原因导致他们的流动和回归呢？我在入职后有什么样的升职加薪通道呢？”陈部长说：“进入一家企业或离开，都是多层次的复杂决策的结果，更深层的原因是企业底层的决策模式。比如，将正确的人用在不正确的岗位，就会降低人才工作的积极性，甚至促使其离职，但当我们找到人才特点，将其用在合理的岗位上，就会使其发挥最大能效。

近两年，我们回归的同事小 A 和小 B，经过在外面企业的打磨和职位的调整，业绩得到很大的提升。我们研发部拥有灵活的用人机制，采取双通道晋升机制和科学有效的激励机制，充分调动了大家的积极性，团队齐心协力，交出了满意的成绩单。”

### 11.2.1　研发人员薪酬体系

制定合理的指标和评估体系是构建有效绩效考核和激励机制的关键。指标应该能够客观地反映员工的工作表现，并且与组织的目标相一致。评估体系应该能够全面地评估员工的绩效，包括工作成果、工作态度、团队合作等。此外，评估体系应该具有灵活性，能够适应不同岗位的要求。研发中心根据组织机构和工作性质，根据职等职级管理办法对研发岗位薪酬按专业序列进行划分，包括首席研究员、特级研究员、高级研究员、中级研究员（专务经理）、初级研究员（主办）、专员 6 类。具体见表 11 –2。

**表 11 –2　研发人员职等职级工资考核等级标准**

| 职等职级 | 基本工资 | 职级工资 | 季度/年度考核工资 | 年终奖金 |
|---|---|---|---|---|
| 助理研究员 | 固定值 | 职等职级薪点月标准值 – 基本工资 | 无（月度考核年度运用） | 与所参与的研发项目业绩挂钩 |
| 初级研究员 | 固定值 | 职等职级薪点月标准值 – 基本工资 | 无（月度考核年度运用） | 与所参与的研发项目业绩挂钩 |
| 中级研究员 | 固定值 | 职等职级薪点月标准值 * 70% – 基本工资 | 15% 季度考核，15% 年度考核 | 与所参与的研发项目业绩挂钩 |
| 高级研究员 | 固定值 | 职等职级薪点月标准值 * 70% – 基本工资 | 15% 季度考核，15% 年度考核 | 与所负责/参与的研发项目业绩挂钩 |
| 特级研究员 | 固定值 | 职等职级薪点月标准值 * 70% – 基本工资 | 15% 季度考核，15% 年度考核 | 与所负责的研发工作业绩挂钩 |
| 首席研究员 | 固定值 | 职等职级薪点月标准值 * 70% – 基本工资 | 15% 季度考核，15% 年度考核 | 与所负责的研发工作业绩挂钩 |

### 11.2.2 考核激励

考核激励机制是一个组织非常重要的管理工具，能够帮助企业及时评估员工的工作表现并激励他们取得更好的业绩。

研发人员的绩效考核主要按项目经理和普通研发人员进行。其中，项目经理根据绩效责任书制定 KPI 年度目标，再分解为季度目标和月度目标，绩效责任书可参照附录 8 年度绩效责任书模板、附录 6 项目责任书模板。为进一步调动科研人员的积极性、创造性，多出成果，多创效益，激励方式主要有科研项目阶段性奖励、技术攻关奖励、产业化专项奖励、小微创新奖励等。可以根据企业实际需要实施组合式激励，并制定相应的奖励制度。

#### 11.2.2.1 科研项目阶段性奖励

可根据科研项目开发的类别分阶段设定奖励标准，奖励阶段及比例见表 11－3。

**表 11－3 科研项目奖励阶段及比例**

| 类别 | 奖励总额/万元 | 奖励阶段及比例/% | | | |
|---|---|---|---|---|---|
| | | 立项奖 | 药学研究奖 | 临床研究奖 | 注册奖 |
| 1 类创新药 | A | 10 | 30 | 50 | 10 |
| 2 类改良型新药 | B | 10 | 30 | 50 | 10 |
| 3 类古代经典名方 | C | 10 | 70 | — | 20 |
| 4 类同名同方药 | D | 10 | 30 | 50 | 10 |

注：一般情况下，A＞B＞C、D。免临床试验的项目可取消临床研究奖。

#### 11.2.2.2 其他奖励

根据技术攻关项目的难易程度和价值、专利申请的类别和价值、论文的学术价值和级别，分别给予相应的奖励，计算方式见表 11－4。

**表 11－4 技术攻关、专利、论文等奖励计算方式**

| 类别 | 标准 | 奖金计算方式 |
|---|---|---|
| 技术攻关 | 按新产品的销售收入或销售利润的一定比例提成，一般实施 3～5 年 | 销售收入或销售利润×提奖比例 |

续表

| 类别 | 标准 | 奖金计算方式 |
|---|---|---|
| 专利 | 发明专利 | 奖励标准×价值系数 |
| | 实用新型专利 | 奖励标准×价值系数 |
| 论文 | SCI | 按影响因子分值（*IF*）计，*IF* 不足 1 分的按 1 分计；计算公式为奖励标准×*IF* 值 |
| | 国内 | 奖励标准×价值系数 |

#### 11.2.2.3　考评与发放

科研项目奖励一般按照研发里程碑节点分阶段进行，主要包括通过立项、完成中试研究、完成临床申报、获得临床批准、完成Ⅰ期/Ⅱ期临床总结、完成Ⅲ期临床并提交 NDA、通过研制与临床试验核查、取得生产批件等阶段，见表 11－5。

**表 11－5　科研项目奖励阶段**

| 里程碑节点 | 注册类别 | | | |
|---|---|---|---|---|
| | 1 类创新药 | 2 类改良型新药 | 3 类古代经典名方 | 4 类同名同方药 |
| 通过立项 | √ | √ | √ | √ |
| 完成中试研究 | √ | √ | √ | √ |
| 完成临床申报 | √ | √* | — | √* |
| 获得临床批准 | √ | √* | — | √* |
| 完成Ⅰ期/Ⅱ期临床总结 | √ | √* | — | — |
| 完成Ⅲ期临床并提交 NDA | √ | √* | — | √* |
| 通过研制与临床试验核查 | √ | √ | √ | √ |
| 取得生产批件 | √ | √ | √ | √ |

注：“*”表示若改良型新药和同名同方药减免临床试验，则无相应的阶段奖励。

奖励的发放一般按年中或年底分次进行，由项目负责人提出申请，交由相关部门按照流程审核后发放。另外，可根据项目责任书约定的计划时间及实际进度对奖励金额进行调整，如提前或延后的，奖金额度可上下浮动 5%～10%。

# 11.3 实验室的建设与管理

## 11.3.1 实验室规划与布局

实验室规划与布局应遵循“科学、安全、高效、简约、实用”的原则，并结合企业自身研发战略进行前瞻性的设计。另外，实验室规划与布局还应考虑水、电、气、空调、通风、工艺管道、消防等公用工程，以及特殊剂型、设备的特殊需求。

本节的实验室建设主要针对的是与中药药学研究相关的实验室，包括制剂实验室和分析实验室。

### 11.3.1.1 制剂实验室

中药制剂实验室主要用于开展中药新药及老品种二次开发小试提取和制剂研究，根据制剂功能可规划设置常规功能间，如提取间、纯化间、干燥间、粉碎间、制粒间、压片间、包衣间、填充间、泡罩间、配液间、灌装间、称量间、包装间等，以及其他配套功能间，如物料暂存间、原辅包仓库、工具间、辅助机房、更衣室等。

除以上常规功能间外，企业还可根据自身研发规模、研发特色和战略需要等进一步细化设置实验室功能间，如外用经皮吸收相关实验功能间、冻干功能间等。

### 11.3.1.2 分析实验室

中药分析实验室在规划设计时，建议与相关专业工程师密切沟通，布局应科学合理，并充分考虑实验室的需求和实验操作的便利性，以及部分精密仪器的特殊要求等，优化实验室工作环境。例如，样品处理室设置在整个空间的“C”位，超声波处理器需与精密仪器室保持一定的距离，精密仪器及控制用计算机需接入不间断电源（UPS），十万分位及以上级别天平建议设置缓冲室，等等。

以×公司研究院的分析实验室为例：设置样品处理室、精密仪器室（HPLC、GC、IR、UV）、天平室、溶出室、薄层鉴别室、超声室、气体存放室、样品留样室、高温室、试剂存放室、稳定性实验室等。分析实验室布局示例见图11－4。根据需要还可增加 GC－MS、LC－MS、ICP－MS、PCR、微生物室等。

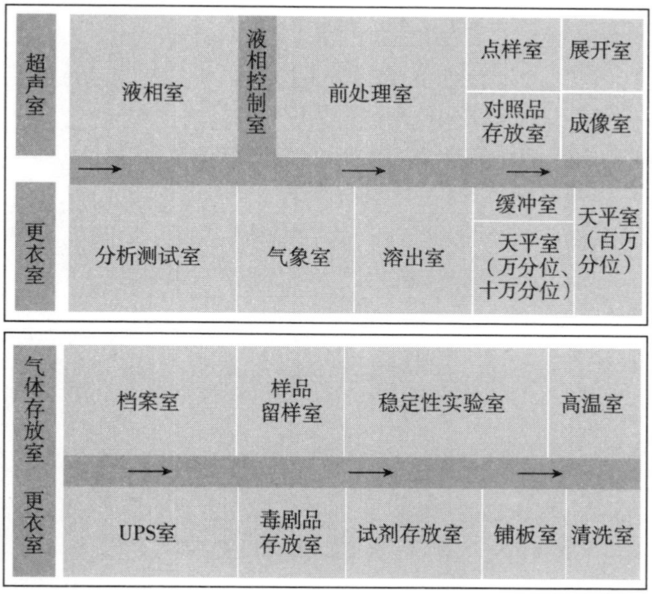


**图 11－4　分析实验室局部布局示例**

## 11.3.2　实验仪器、设备配置

### 11.3.2.1　制剂实验室

制剂实验室的仪器、设备配置应结合工艺和制剂特点及企业自身研发特色需要等进行配置。中药提取工艺多涉及煎煮、挥发油提取、醇提、浓缩、纯化及干燥、粉碎等工序，古代经典名方研发可能涉及标准煎液冷冻干燥工序，中药提取物制剂还可能涉及渗漉、大孔树脂层析等工艺，应根据具体需要配置相关仪器设备；在制剂方面，常需配备固体制剂、液体制剂、外用制剂等相关设备。中药制剂实验室部分常用仪器、设备及工具见表 11 -6。

**表 11 -6　中药制剂实验室部分常用仪器、设备及工具**

| 分类 | 常用仪器、设备及工具 |
| --- | --- |
| 日常设备及工具 | 玻璃仪器，如量筒、烧杯、分液漏斗、提油器、冷凝管等 |
| | 加热设备，如水浴锅、电磁炉、电热套等 |
| | 称量仪器，如天平、电子秤等 |
| | 检测仪器，如密度计、比重计、水分测定仪等 |
| | 基本设施，如试验台、通风橱等 |
| | 常用工具，如不锈钢桶、拖车、铁架台等 |
| | 其他设备，如旋转蒸发仪、离心机、磁力搅拌机、煎药罐、药筛、灭菌锅、真空泵、冰箱、冷藏柜等 |
| 常用小型工艺设备 | 药材处理设备，如中药剪切机、中药粉碎机等 |
| | 干燥设备，如热风循环烘箱、真空干燥箱、冷冻干燥机等 |
| | 提油工序相关设备，如提油设备组等 |
| | 液体工序相关设备，如提取罐、醇沉灌、配液灌、过滤器、搅拌机、化浆机、灌装机等 |
| | 固体工序相关设备，如振动筛、混合机等 |
| 常用小型制剂设备 | 制粒机、胶囊填充机、压片机、包衣机、包装机等 |
| 常用制剂检测设备 | 片剂硬度测试仪、崩解仪、片剂脆碎度测定仪、黏度仪、密封性测试仪等 |
| 小型特色制剂设备 | 植化研究设备，如渗漉提取系统、大孔树脂柱组、半制备液相色谱仪等 |
| | 配方颗粒研究设备，如多功能自动煎药机等 |
| | 外用乳膏制剂设备，如均质乳化机等 |
| | 外用贴剂设备，如透皮扩散仪、涂布机等 |

### 11.3.2.2　分析实验室

分析实验室的仪器、设备主要用于检验和质量标准研究，多为通用型；对于部分特殊需求的分析仪器、设备，企业可根据自身需要进行配置。分析实验室部分常用仪器、设备见表 11 -7。

**表 11－7　分析实验室部分常用仪器、设备**

| 分类 | 常用仪器、设备 |
| --- | --- |
| 色谱仪器 | 高效液相色谱仪，常用品牌有安捷伦、岛津、沃特世、赛默飞等 |
| | 高效气相色谱仪，常用品牌有安捷伦、岛津等 |
| 光学仪器 | 光学显微镜、紫外分光光度计、红外光光谱仪、薄层色谱成像仪等 |
| 分析天平 | 千分位天平、万分位天平、十万分位天平等 |
| 其他常用仪器或设备 | 常用检测仪器，如溶出仪、薄层自动点样仪、熔点仪等 |
| | 常用高温设备，如马弗炉、干燥箱等 |
| | 其他日常仪器或设备，如移液管、量筒、烧杯、分液漏斗、移液器、超声仪、纯水机、离心机、冷藏柜、冰箱等 |

### 11.3.3　实验室日常管理

实验室日常管理主要围绕仪器设备、人员行为、安全卫生等方面进行，应建立相应的管理制度，见表 11－8。

**表 11－8　实验室日常管理制度**

| 实验室管理制度 | 主要内容 |
| --- | --- |
| 安全管理制度 | ①化学试剂的管理：试剂、试药专人负责管理，并做好台账管理工作；对于易燃易爆、腐蚀性和剧毒性试剂等采用特制存放柜，实行双人双锁管理，并严格管理日常使用登记制度。<br>②设备设施的管理：在实验室使用电、气、水、火相关设备设施时，应按要求进行操作，确保安全；对于烘箱、马弗炉、高压气瓶、灭菌锅、大型仪器等都应贴有安全标识，并就摆放要求、操作使用注意等做出明确规定且加强人员培训和日常管理，如高压气瓶应分类妥善保管，远离火源、热源，避免暴晒及强烈振动，并对其进行固定。<br>③危险废弃物处理：对实验室过剩的有毒试液、检测废弃物等，设置专门收集器皿，统一收集、集中处理；对于实验室排放的废水、废气及其他有害物质等进行专业处理，并符合环保要求。<br>④事故的应急处理：实验室配备应急药箱，对紧急事故，如中毒、火灾、爆炸、外伤等进行现场急救。<br>⑤其他安全管理制度：如进入实验室需穿实验服，灭菌锅等设备操作人员需培训合格后才能操作使用；实验室安全责任、奖惩、日常巡查巡检等制度 |
| 卫生管理制度 | 主要包括实验完成后的清洁卫生要求、日常公共区域的卫生要求、实验室卫生值日制度、日常巡查巡检制度等，以确保实验室地面、实验台面、仪器设备和工作环境干净整洁 |

续表

| 实验室管理制度 | 主要内容 |
|---|---|
| 设备管理制度 | ①主要包括使用登记制度、日常维修保养制度、责任制度等。<br>②对于仪器设备，尤其是精密仪器，应定期维护、保养，并对计量、性能等进行测试，以保证仪器处于正常运转状态 |
| 采购管理制度 | ①主要包括原辅料、试剂耗材、仪器设备等物资采购制度，应加强对供应商的资质审计，收集好购货合同、出厂检验报告或合格证、发票、出货单、厂家资质等资料。<br>②对于仪器设备：贵重仪器一般采取招投标（或议价）方式购买，中小型常规仪器一般采取比质、比价方式购买。<br>③建立仪器设备档案，收集仪器设备使用说明书，建立 SOP，对仪器设备进行编号等 |
| 行为规范管理制度 | 实验室人员应根据岗位职责和实验室工作要求各司其职，并团结协作，落实实验室管理各项要求：<br>①所有进入实验室的人员需穿实验服，无关人员不得随意进出实验室；<br>②严禁在实验室内吸烟、饮食，不得在实验室喧哗打闹或将其作为娱乐场所等，不得将与实验无关的物品带入室内；<br>③定期参加包括安全在内的相关培训，熟悉和了解相关试验流程以及仪器设备的使用维护等；<br>④严禁非指定测试人员和非经培训人员操作仪器或单独进行试验；<br>⑤实验室所有仪器、设备及用品未经部门负责人同意不得借出；<br>⑥发现实验室安全隐患及仪器设备故障等问题，应采取应急措施处理，并报告实验室相关责任人；<br>⑦正确规范地操作仪器，及时登记使用台账，做好仪器清洁维护工作；<br>⑧保持实验室台面整齐干净，实验物品使用完毕及时归位，确保自己责任区卫生干净等 |

## 11.4 中试车间的建设与管理

中试车间是围绕概念验证、产品试制、产学研联合攻关等小试、中试需求，对科技成果进行二次开发试验，为企业规模化生产提供成熟、适用、成套技术而开展中间试验的科研开发实体。

中试是小型生产模拟试验，是从小试到商业规模生产必不可少的环节，是实现科技成果转移、转化的重要阶段，对降低研发成本、提高科技成果转移转化效率具有重要意义。

### 11.4.1　中试车间的建设

中试车间建设原则：根据 GMP 标准及中试规模产能建设，短期规划与长远规划相结合，预留功能扩展空间，同时应符合消防与环保要求。

以中药颗粒剂的中试车间为例，需配备中药提取生产线和颗粒制剂生产线。

中药提取生产线应建设一般生产区和洁净区。一般生产区主要承担提取和浓缩工序；洁净区主要承担收膏工序，配备更衣区（二更）、洁净走廊、器具清洗间、器具存放间、收膏间等。常见中试提取设备见表 11 –9。

**表 11 –9　常见中试提取设备**

| 设备名称 | 建议规格范围 |
|---|---|
| 提取罐 | 500 ~ 1000L |
| 单效浓缩器 | 50 ~ 500L |
| 醇沉罐 | 500L |
| 渗漉罐 | 50 ~ 100L |
| 离心机 | 800 ~ 1000 r/min |

中药颗粒制剂生产线可参考口服固体制剂 GMP 实施指南要求进行设计，配备称量单元间、制粒间、总混间、内包间等，以及相应的中试设备，见表 11 –10。同时，对于具有吸湿性、光敏感性、危险性等特殊产品及工艺要求的，应在厂房建设前期规划适当的操作单元间。特殊工艺对厂房设计要求可参考口服固体制剂 GMP 实施指南。

**表 11 –10　常见中药颗粒制剂设备**

| 设备名称 | 建议规格范围 |
|---|---|
| 高速湿法制粒机 | 5 ~ 20kg、40 ~ 60 kg |
| 干法制粒机 | 20 ~ 100 kg |
| 一步制剂机 | 5 ~ 20kg、40 ~ 60 kg |
| 三维运动混合机 | 200 ~ 400 L |
| 热风循环烘箱 | 3 ~ 5 $m^3$ |

### 11.4.2 中试车间人员管理

中试车间人员管理可参照 GMP 要求，重点关注人员培训和日常监督考核等方面的工作。

#### 11.4.2.1 人员培训

(1) 培训流程：中试车间可以根据自己的实际情况制定适合的培训流程。一般来说，培训流程至少要包含培训范围、培训内容、培训计划、培训结果、培训文件等因素。基本培训流程见图 11－5。

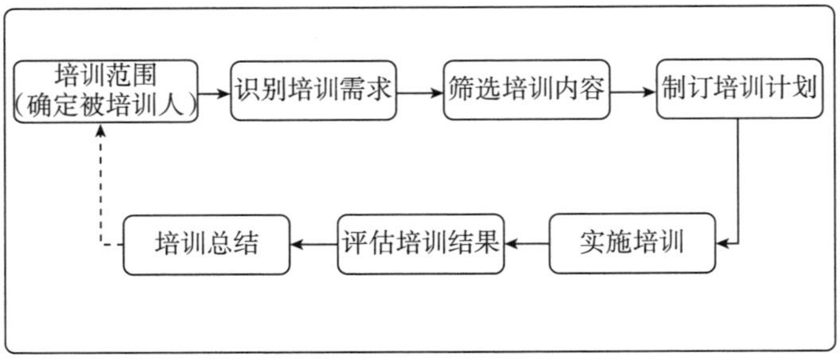


**图 11－5　基本培训流程**

(2) 培训内容：一般分为基础培训和针对性培训。

①基础培训内容包括一般性的 GMP 要求、法律法规和企业自身的基本信息，是车间员工应知应会的基础知识，可以由熟悉 GMP、法律法规和企业情况的培训师进行培训。

②针对性培训是具体仪器设备操作、具体项目工艺流程和特殊工种的资质培训，适用于相关员工的培训，需要由相关方面的专家（包括设备工程师、项目经理、技术转移方等）或有资质的培训机构进行培训。通过面授、实践操作等多种形式，使员工全面了解和掌握生产操作规范，提高他们的专业素养和实践能力。

(3) 培训计划：中试车间人员年度培训计划可参见表 11－11。

**表 11－11 中试车间人员年度培训计划示例**

计划编制人： 编制日期： 编号：××××××××××××

| 计划培训日期 | 培训内容 | 培训形式 | 课时 | 授课者 | 培训对象 | 考核形式 |
|---|---|---|---|---|---|---|
| ××××年××月××日 | GMP 基础知识培训：<br>1. 车间管理制度；<br>2. 中间体、成品质量标准；<br>3. 产品工艺规程；<br>4. 批记录的规范填写；<br>5. 消毒液的配置和使用；<br>6. 卫生学基础知识；<br>7. 人员进出洁净区、一般生产区流程；<br>8. 各工序清场标准；<br>9. 车间物料领料、退料制度；<br>10. 人员身体不适报告制度；<br>11. 转岗、上岗、特殊工种培训考核制度 | 面授 | 8 | ××× | 全员 | 笔试 |
| ××××年××月××日 | 安全培训：<br>1. 车间安全风险点培训；<br>2. ×××集团“反三违”安全管理考核办法；<br>3. 安全风险分级管控和隐患排查治理双重预防机制 | 面授 | 4 | ××× | 全员 | 现场实操 |
| ××××年××月××日 | 设备操作规程、设备清洁规程、设备维护保养、设备点检 | 面授 | 4 | ××× | 全员 | 笔试 |

分管领导审核批准意见：

年 月 日

（4）培训效果评估：每次培训后，都需要评估培训效果。评估可以划分相应的级别（合格/不合格），也可以采用具体的分值，明确员工是否达到相应的培训效果，是否需要再次培训。培训效果评估见表 11－12。

**表 11－12　培训效果评估示例**

编号：××××－××－××－×××－××　版本号　01

| 课程名称 | | | | | 培训师 | | | | |
|---|---|---|---|---|---|---|---|---|---|
| 课程日期 | ××××年××月××日 | | | | 课时数 | 学时 | | | |
| 员工姓名 | 积极参与（10 分） | 认真听讲（10 分） | 纪律良好（10 分） | 认真记录（10 分） | 团队协作（10 分） | 踊跃提问（20 分） | 答题测试（30 分） | 总分（100 分） | 考核结果 |
| | | | | | | | | | □合格<br>□不合格 |
| | | | | | | | | | □合格<br>□不合格 |
| | | | | | | | | | □合格<br>□不合格 |
| | | | | | | | | | □合格<br>□不合格 |
| | | | | | | | | | □合格<br>□不合格 |
| | | | | | | | | | □合格<br>□不合格 |
| | | | | | | | | | □合格<br>□不合格 |
| | | | | | | | | | □合格<br>□不合格 |
| | | | | | | | | | □合格<br>□不合格 |
| 评价人： | | | | | 日期： | | | | |
| 备注 | 员工考核需高于 80 分（含），低于 80 分的人员需再次考核 | | | | | | | | |

另外，每年还需总结培训情况，明确员工是否按照培训计划完成了相应的培训，是否达到了培训效果。

（5）培训文件：培训的整个流程都需要有文件记录。培训的文件一般包括培训教材、培训计划、培训方案、培训记录（含视频和照片）、测试卷、培训总结等。

#### 11.4.2.2　车间人员日常监督考核

通过定期检查、不定期抽查等方式，加强对中试人员的日常监督和管理，确保员工在中试生产过程中严格遵守 GMP，同时建立奖惩机制。可参考某公司中试生产监督管理制度考核，见表 11－13。

**表 11－13　某公司中试生产监督管理制度考核**

| | | |
|---|---|---|
| C. 清场管理 | | |
| 0701 | 一般生产区地面、墙壁、天花板、地漏、设备容器表面、拣选工作台的台面等应按文件规定的清洁周期清洁消毒，不得有酸败气味、霉迹、积垢、蚂蚁、蟑螂、蚊虫、苍蝇等 | 10 分/（项、次） |
| 0702 | 生产中废弃物应当班及时处理，室内不得存放与下次生产无关的物品 | 5 分/（项、次） |
| 0703 | 生产完毕及时清场，清场应符合清场要求和清场检查标准，工段长或（及）班长按相应的项目和要求进行自检，然后通知 QA 检查 | 10 分/次 |
| 0704 | 生产前，除按照操作前的清场检查项目检查外，还需再次确认、检查生产区域清场结果，并核对和确认有清场合格证清场效期规定 | 5 分/（项、次） |
| 0705 | 生产区容器具、清洁工具、拖车、小型移动设备及辅助设施应定置管理，并清洗干净，不得有杂质、污垢、霉点 | 10 分/（项、次） |
| 0706 | 生产过程中需保持生产现场卫生清洁，不得对其他物料造成污染 | 10 分/（项、次） |
| D. 生产操作管理 | | |
| 0801 | 同一操作间不得同时生产不同产品，也不得生产同品名不同规格的产品（外包工序除外）；外包工序在同一操作间生产不同产品（或同一品种不同规格）时必须有有效的隔离、防差错和防混淆措施 | 10 分/（项、次） |
| 0802 | 不得擅自更改工艺或减少生产工序，经协商认可的特殊情况除外 | 50 分/（项、次） |
| 0803 | 生产操作人员应按操作或清场的 SOP 或公司规定的规范操作 | 10 分/（项、次） |
| 0804 | 中间站要求账（中间站收发记录）、卡（物料标识卡）、物相符 | 10 分/（项、次） |
| 0805 | 生产现场地面不得有积水 | 5 分/（项、次） |
| 0806 | 清场用的拖把、扫把需确保清洁，并定置、定位存放，用完后放回清洁工具存放间，不得随意存放在生产现场 | 5 分/（项、次） |

续表

| D. 生产操作管理 | | |
|---|---|---|
| 0807 | 设备转动部位应密封良好，所用的润滑剂、冷却剂不得对药品或容器等造成污染 | 10 分/（项、次） |
| 0808 | 洁净区应按照规定定期消毒，消毒剂更换周期符合文件规定 | 10 分/（项、次） |
| 0809 | 各个工序领取的物料由责任人或负责人进行关键信息核对及逐包件的产品质量确认 | 2 分/（项、次） |
| 其他 | 清场应尽可能地将污染、交叉污染水平降至最低 | — |

### 11.4.3 中试车间设备管理

设备是保证生产出符合预定质量产品的硬件，可参照 GMP 指南厂房设施与设备管理，重点从设备的选型、安装、使用、清洁、维护保养、校验及变更等方面加强管理。

#### 11.4.3.1 设备的选型和安装

根据需求购置所需设备。设备选型要充分考虑其性能、稳定性和可靠性等因素。设备购置后，要进行安装、调试、确认、校准，确保设备正常运行。

#### 11.4.3.2 建立设备操作规程

设备操作规程内容应包括：

（1）设备的名称、涉及部件、用途、基本结构、工作原理做出描述；

（2）设备操作涉及的各类屏、盘、键、钮等功能做详细描述；

（3）操作步骤和内容做细化描述，并明确每一步作业应达到的状态；

（4）操作注意事项，如参数设置点、劳动保护、安全事项等。

#### 11.4.3.3 建立设备清洁规程

设备清洁规程内容应包括：

（1）清洁消毒剂的选择及使用要求；

（2）上一批次标识、印记残留的去除；

（3）预冲洗方式；

（4）清洗及消毒方法的详细描述；

（5）干燥方式；

（6）存放条件及期限。

#### 11.4.3.4　设备的维护

车间应具备设备维护系统，确保设备处于受控的良好状态。所有维护活动都应按照批准的书面规程执行，不能对产品质量产生不良影响。

设备管理应配备专职设备管理员负责设备的维护。设备的维护分为预防性维护和维修。

（1）预防性维护是根据批准的书面规程（如批准的维护计划或设备相关的 SOP），在设备操作阶段定期进行的保养、检查等活动。预防性维护的目的是降低故障发生的可能性。

（2）维修是当设备等出现故障或发现存在故障隐患时所采取的纠正性措施，主要包括维修及部件更换等活动。所有的维修操作都应当事先得到批准。维修之后，应当对设备的"确认"状态进行评估。在评估完成前，应禁止使用，必要时应进行再确认。

所有维护和维修活动都要进行记录，车间设备维护相关文件见图 11－6，某公司 2023 年主要设备预防性维护计划见表 11－14。

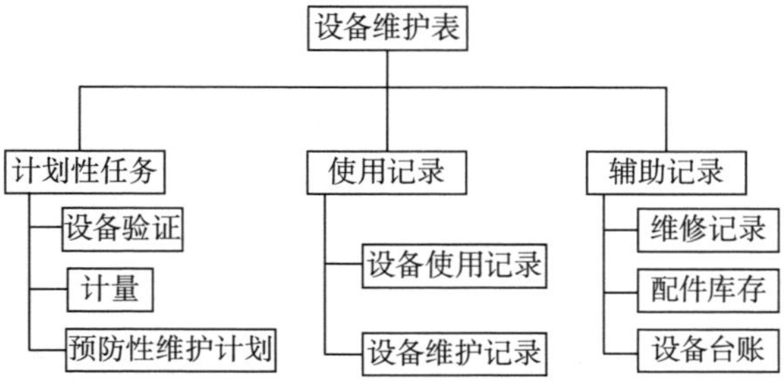


**图 11－6　车间设备维护相关文件**

**表 11－14　某公司 2023 年主要设备预防性维护计划**

| 设备编号 | 设备名称 | 设备型号 | 维护保养周期 | 维护保养内容 | 1月 | 2月 | 3月 | 4月 | 5月 | 6月 | 7月 | 8月 | 9月 | 10月 | 11月 | 12月 | 维保人 |
|---|---|---|---|---|---|---|---|---|---|---|---|---|---|---|---|---|---|
| 480821 | 三维运动混合机 | SYH－200L | 3 个月 | 混合机两端轴承润滑，并检查更换 | ▲ | | | ▲ | | | ▲ | | | ▲ | | | 维修工 |
| | | | 6 个月 | 整机检查，各活动件润滑，易损件更换 | ▲ | | | | | | ▲ | | | | | | 维修工 |
| 480351 | 平板铝塑泡罩包装机 | DPP－260 | 3 个月 | 各轴承部位加润滑油 | | | ▲ | | | ▲ | | | ▲ | | | ▲ | 维修工 |
| | | | 3 个月 | 成型模具、冲切刀检查校正 | | | ▲ | | | ▲ | | | ▲ | | | ▲ | 维修工 |
| | | | 6 个月 | 检查轴承及活动部件并更换磨损的元件 | | | ▲ | | | | | | ▲ | | | | 维修工 |
| 480838 | 全自动胶囊填充机 | NJP－820C | 3 个月 | 活动件加润滑油 | | ▲ | | | ▲ | | | ▲ | | | ▲ | | 维修工 |
| | | | 3 个月 | 减速器、分度箱加油 | | ▲ | | | ▲ | | | ▲ | | | ▲ | | 维修工 |
| | | | 6 个月 | 减速器、分度箱换油，更换易损件 | | ▲ | | | | | | ▲ | | | | | 维修工 |
| 480102 | 喷雾干燥制粒机 | PGL－40B | 3 个月 | 检查紧固件是否松动，各活动部件润滑；检查高效过滤器；检查机房器是否漏气 | ▲ | | | ▲ | | | ▲ | | | ▲ | | | 维修工 |
| 480102 | 热风循环烘箱 | TG－Z－A－II | 12 个月 | 检查蒸汽管路、风机、温控装置、门封、风阀是否正常 | | | | | | | | ▲ | | | | | 维修工 |
| 480307 | 高效包衣机 | BG－150C1 | 3 个月 | 检查紧固件是否松动，轴承加润滑油 | ▲ | | | ▲ | | | ▲ | | | ▲ | | | 维修工 |
| | | | | 检查减速机是否异常，排风装置内清洁一次 | ▲ | | | ▲ | | | ▲ | | | ▲ | | | 维修工 |
| | | | 12 个月 | 热风装置内空气过滤器清洗或更换 | | | ▲ | | | | | | | | | | 维修工 |

续表

| 设备编号 | 设备名称 | 设备型号 | 维护保养周期 | 维护保养内容 | 1月 | 2月 | 3月 | 4月 | 5月 | 6月 | 7月 | 8月 | 9月 | 10月 | 11月 | 12月 | 维保人 |
|---|---|---|---|---|---|---|---|---|---|---|---|---|---|---|---|---|---|
| 480823 | 多功能制粒包衣机 | FBM50 - 10 | 3 个月 | 检查紧固件是否松动，各活动部件润滑；检查高效过滤器；检查机房气管是否漏气 | ▲ | | | | | | ▲ | | | ▲ | | | 维修工 |
| 480234 | 振动筛粉机 | ZS600 - 2 | 3 个月 | 检查电机绝缘情况，联轴器、振动器是否松动 | ▲ | | | ▲ | | | ▲ | | | ▲ | | | 维修工 |
| 19042 | 高速压片机 | ZP17D | 3 个月 | 更换一次蜗轮箱的润滑油 | | ▲ | | | ▲ | | | ▲ | | | ▲ | | 维修工 |
| | | | | 检查各部件是否损坏，更换易损件 | | ▲ | | | ▲ | | | ▲ | | | ▲ | | 维修工 |
| 19043 | 摇摆式颗粒机 | LYK - 160E | 12 个月 | 检查减速机油位是否正常、电器开关是否灵敏、机械传动是否磨损 | ▲ | | | | | ▲ | | | | | | | 维修工 |
| 480146 | 颗粒包装机 | DXDK40 | 6 个月 | 检查加热纵封横封、切刀是否正常 | | | | | | ▲ | | | | | | ▲ | 维修工 |
| 480815 | 万能粉碎机 | 30B | 3 个月 | 检查刀具磨损情况，对磨损刀具整套更换；检查电机轴承是否需要加润滑油；检查或更换主机传动皮带 | ▲ | | | ▲ | | | ▲ | | | ▲ | | | 维修工 |

#### 11.4.3.5 设备的文件管理

设备文件应进行管理和归档，并且应定期回顾确保更新的状态。

对所有的生产和检验设备均应建立设备档案，设备档案包含设备厂家信息、技术标准、图纸、测试方案和报告、维护清洁规程、校准文件、维修记录等。

对所有的生产和检验设备均应建立设备操作、清洁及其他相关的标准操作程序，明确使用过程的职责划分、工作程序和内容等，并定期修订和更新。

### 11.4.4 中试车间物料管理

研发用物料管理，是指在药品研发生产过程中，对原料、辅料、包装材料等物料的采购、储存、使用等各个环节进行规范化和标准化的管理。

#### 11.4.4.1 物料采购管理

研发用物料采购应选择具有合格资质的供应商，确保所采购的物料符合 GMP 标准和质量要求；同时，建立完善的物料采购记录，确保物料来源的可追溯性。

研发物料采购有严格的审批流程，项目经理制订的采购计划经研发负责人审核后，由集团采购部统一采购，研发物料采购申请审批流程和采购流程分别见图 11－7、图 11－8。

#### 11.4.4.2 物料入库管理

（1）制定入库流程：明确物料入库的步骤和责任人，确保入库操作的规范性和准确性。

（2）验收管理：对入库物料进行数量、质量、规格等方面的验收，确保物料符合企业要求。

（3）录入信息系统：将验收合格的物料信息及时录入管理系统，实现库存数据的实时更新。

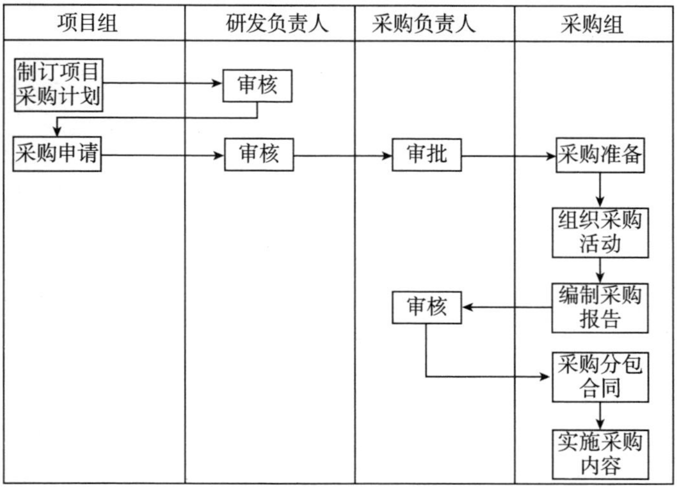


**图 11－7　研发物料采购申请审批流程**

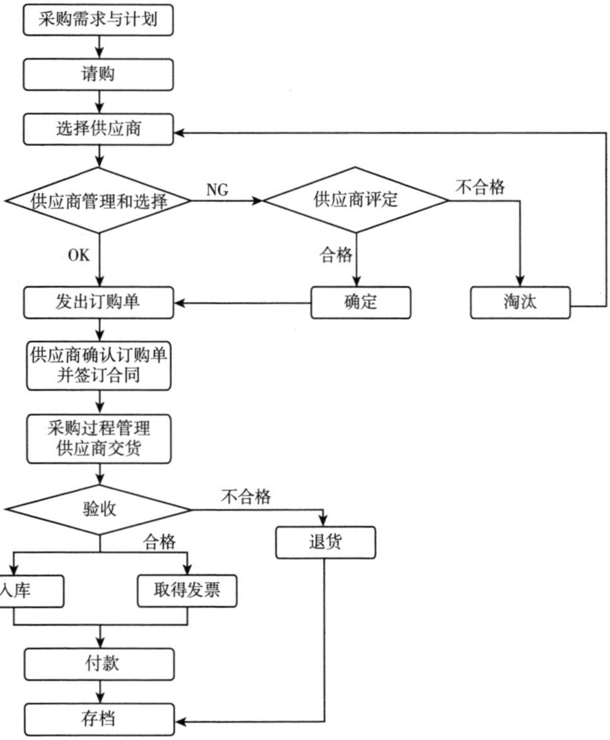


**图 11－8　研发物料采购流程**

#### 11.4.4.3 物料存储管理

（1）区域划分：根据物料性质、用途等因素，合理规划仓库区域，确保物料分类存储、方便取用。

（2）标识管理：对存储的物料进行标识，包括名称、规格、数量、存储日期等信息，方便管理和追溯。

（3）存放规范：制定物料存放规范，确保物料堆放整齐、稳定，防止损坏和丢失。

#### 11.4.4.4 物料出库管理

（1）出库流程：明确物料出库的步骤和责任人，确保出库操作的规范性和准确性。

（2）出库审批：对出库申请进行审批，确保出库物料符合企业需求和生产计划。

（3）出库核对：在出库前对物料进行核对，确保出库数量、规格等信息准确无误。

#### 11.4.4.5 库存盘点管理

（1）盘点计划：制订盘点计划，明确盘点时间、范围、方法等，确保盘点工作有序进行。

（2）盘点操作：按照盘点计划进行物料盘点，记录盘点结果，确保库存数据准确性。

（3）盘点分析：对盘点结果进行分析，查找差异原因，制定改进措施，提高库存管理水平。

#### 11.4.4.6 物料信息管理

（1）信息系统：建立物料信息管理系统，实现物料信息的集中管理、查询和分析。

（2）数据更新：确保物料信息的及时性和准确性，定期对信息系统进行维护和更新。

（3）数据分析：利用信息系统进行数据分析，为项目决策提供支持。

某仓库管理流程见图 11－9。

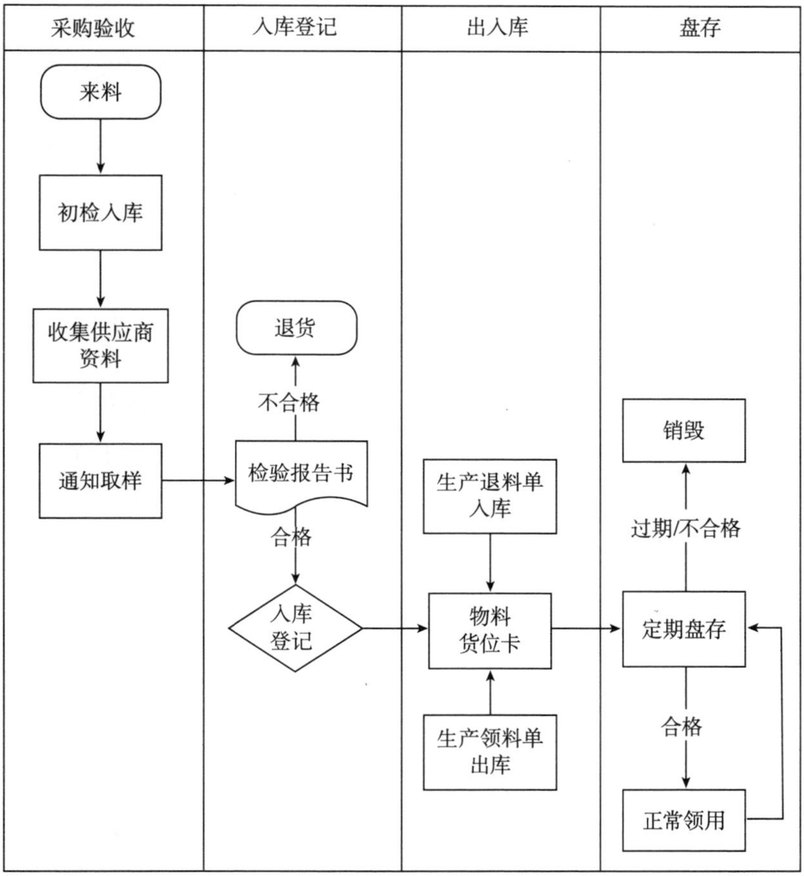


**图 11－9　某仓库管理流程**

## 11.4.5　中试车间生产管理

### 11.4.5.1　生产计划制订

生产计划制订是生产车间流程管理第一步。这一步骤的目标是，根据研发需求和产品特性，制订合理的生产计划。这个计划需要考虑生产能力、资源状况和交货期限等因素，以确保生产的合理性和可行性。

（1）生产排程：根据生产计划和产能评估结果，合理安排生产批次和生产时间，以确保生产计划顺利执行。

（2）生产调度：根据生产的实际情况，对生产计划进行调整和调度，确保生产顺利进行。

（3）人员配置：根据生产需求，合理配置生产线人员，确保生产线的稳定运行。

（4）设备准备：确保生产线设备运行正常，及时进行维修和保养。

（5）生产现场管理：实施有效的生产现场管理，确保生产线有序运行。

#### 11.4.5.2 生产过程管理

生产过程管理的目标是，通过实时采集生产现场的设备数据、生产数据、质量数据等，对生产过程进行监控和管理，常用的管理手段有岗位操作标准化、目视管理、看板管理等。

（1）作业指导：按照生产计划和作业指导书进行生产作业，确保生产质量。

（2）生产记录：记录生产过程中的关键数据，如生产数量、生产效率、不良品率等。

#### 11.4.5.3 生产分析与改进

生产数据分析是生产车间流程管理最后一环。这一步骤的目标是通过对生产数据进行分析和处理，及时发现和纠正生产过程中存在的问题。

（1）生产数据分析：收集并分析生产过程中的各项数据，找出生产“瓶颈”和改进点。

（2）生产改进：针对生产数据分析结果，制定相应的改进措施，提高生产效率和产品质量。

×××研发生产流程见图 11－10。

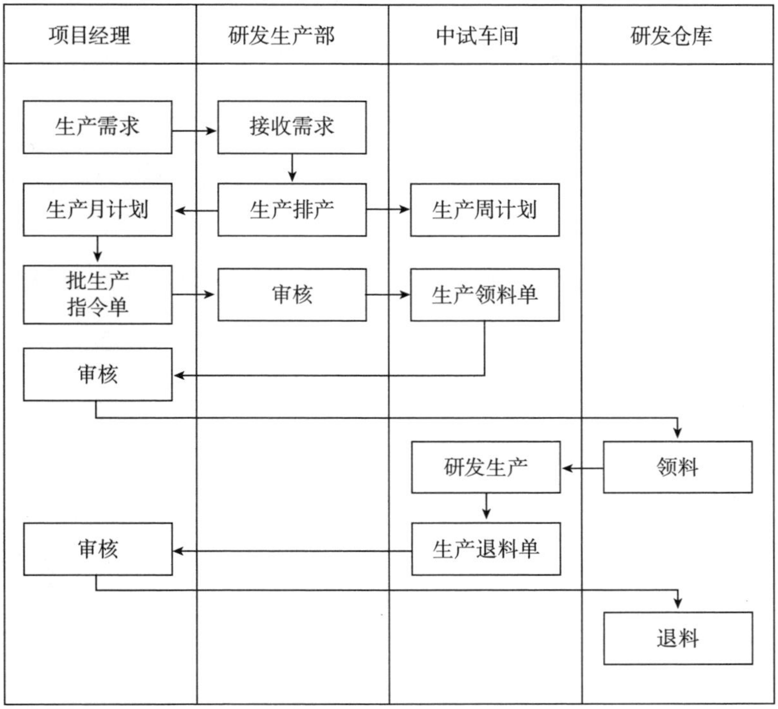


**图 11－10　×××研发生产流程**

# 11.5　科研资料管理

科研资料是企业从事新药研发过程中形成的对产品开发具有保存价值、应归档保存的科技文件材料，主要记录和反映研发及其管理活动的文字、图表、声像等不同形式的技术文件。当申报中需要佐证时，这些科研资料将是最有利的证据，是日后查考、辩证、研究和处理问题的依据。

## 11.5.1　科研资料分类

（1）研发过程资料：包括项目调研报告、立项资料、研发合作协议、研发技术开发合同、研发设备及配件购买合同、研发原辅包购买合同及发票、研发数据库、研发保密协议等。

（2）注册申报资料：包括研究试验数据、相关原始记录、申报资料、补充资料及其他规定性资料。

（3）专利资料：包括权利要求书、专利说明书、受理通知书、补充资料、专利证书及相关资料等。

（4）政府科技计划项目资料：包括每年度国家、省、市、区级政府政策进行申报的资料。

（5）其他管理资料：包括项目责任书、年度绩效责任书、年度季度月度总结计划、考核资料等。

## 11.5.2 资料管理方法

### 11.5.2.1 资料管理要求

资料管理要求见表 11－15。

**表 11－15 资料管理要求**

<table>
<tr><th>序号</th><th>文件类型</th><th>文件分类名称</th><th>存档要求</th><th>备注</th></tr>
<tr><td>1</td><td>重要资料</td><td>注册证书、批准通知书、受理通知书、科研合作协议、合同文件材料等</td><td rowspan="5">原件存档，注意保密</td><td rowspan="5">文件资料移交具有时效性，强调及时归档</td></tr>
<tr><td>2</td><td rowspan="3">普通资料</td><td>科研项目研发及注册过程中形成的记录、影像、资料、光盘、图谱、照片等</td></tr>
<tr><td>3</td><td>政府科技计划项目申报材料、批准文件、验收材料和文件等</td></tr>
<tr><td>4</td><td>荣誉证书、文件等</td></tr>
<tr><td>5</td><td>人员管理资料</td><td>项目责任书、绩效责任书、考评结果等</td></tr>
</table>

### 11.5.2.2 纸质资料管理方式

项目组完成资料填写后，填写资料移交清单，资料管理员核对所填写移交清单与纸质文件是否一致，确认无误后，双方签字，办理移交手续。后续补充资料按此流程办理。资料移交清单见表 11－16。

表 11－16　资料移交清单

| 序号 | 移交资料名称 | 资料类型 | 份数/页数 | 备注（编号） |
|---|---|---|---|---|
| 1 | | | | |
| 2 | | | | |
| … | | | | |
| | 移交人 | | 接收人 | |
| | 移交日期 | | 接收日期 | |

纸质文件按项目、申报形式装盒整理，在档案盒上标注信息，以方便检索、查找和借阅。另外，建立纸质文件目录电子台账，便于查找。

#### 11.5.2.3　电子资料管理方式

纸质资料完成归档后，相应的电子版资料应同步归档，通常备份至移动硬盘中，由专人管理，注意保密，一般不得对外借阅。

### 11.5.3　保密措施

（1）对于重要和敏感的资料，可采用加密保护，防止未经授权的访问。

（2）对于需要共享或公开的文件，应去除敏感信息，避免信息泄露。

（3）严格控制资料访问权限，必须经授权才能访问。定期审查权限设置，确保及时更新和正确配置。

（4）确保备份数据的安全性，包括采用加密技术保护备份数据，或将备份数据存储在安全的云端服务器中。

### 11.5.4　借阅规定

（1）借阅者完整填写借阅登记簿（见表 11－17），由相关权限领导审查、签字，借阅时一并提交给资料管理员。

表 11－17　科技资料借（查）阅登记簿

| 编号 | 文件名 | 方式 | | | 事由 | 借阅日期 | 借阅人 | 归还日期 | 经手人 | 备注 |
|---|---|---|---|---|---|---|---|---|---|---|
| | | 查阅 | 借阅 | 复制 | | | | | | |
| 1 | | | | | | | | | | |
| 2 | | | | | | | | | | |
| … | | | | | | | | | | |

（2）借阅者需妥善保管资料，保证资料的安全与保密，不得擅自涂改、勾画、剪裁、抽取、拆散、摘抄、翻印、复印、复制、摄影、翻拍、翻录、转借或损坏档案资料。

（3）借出的资料需及时归还，如确因工作需要续借，则应说明事由并办理续借手续。

（4）资料管理员需完整保留资料的借阅记录。

（赵　刚　吴木琴　杨　颃　程　利　欧阳娅）

# 第 12 章

# 政府科技计划项目申报

政府为了支持、鼓励、引导企业的技术创新活动，或加大基础设施投入，或解决“卡脖子”关键技术问题等，会设立一定的科技攻关项目或制订重点研发计划。那么，对于中药企业而言，可以申报的科技计划项目有哪些，又该如何申报呢?

## 12.1 不同类型企业可申报的项目

### 12.1.1 初创型企业可申报的项目

初创型企业可申报的项目见表 12－1。

**表 12－1 初创型企业可申报的项目（以湖北省为例）**

| 序号 | 类型 | 可申报的项目类别或名称 | 项目来源单位 |
| --- | --- | --- | --- |
| 1 | 税收优惠 | 小微企业税费优惠（小规模纳税人免征增值税、减免企业所得税） | 税务部门 |
| 2 | | 重点群体创业就业税费优惠（吸纳重点群体就业税费扣减，长期来华定居专家进口自用小汽车免征车辆购置税） | |
| 3 | | 创业就业平台税收优惠（大学科技园、科技企业孵化器和众创空间免征增值税、房产税） | |
| 4 | | 创业投资税收优惠（创投企业投资未上市的中小高新技术企业按比例抵扣应纳税所得额） | |
| 5 | | 金融支持税收优惠（贴息贷款） | |
| 6 | 场地支持 | 场租费用减免、场地租金补贴、创业用地保障 | 市场监管部门 |
| 7 | 研发项目投入 | 重点研发计划（聚焦企业需求的研发项目，可以申报湖北省和武汉市的重点研发计划） | 科技部门 |
| 8 | | 人才带项目：省科技人才培育专项、省“科技创新创业团队”项目、省科技人才服务企业专项 | |

## 12.1.2 成长型企业可申报的项目

成长型企业可申报的项目见表12－2。

**表12－2 成长型企业可申报的项目（以湖北省为例）**

| 序号 | 类型 | 可申报的项目类别或名称 | 项目来源单位 |
|---|---|---|---|
| 1 | 税收优惠 | 研发费用加计扣除政策（研发费用加计扣除，制造业企业研发费用企业所得税100%加计扣除，委托境外研发费用加计扣除） | 税务部门 |
| 2 | | 固定资产加速折旧政策（固定资产加速折旧或一次性扣除） | |
| 3 | | 进口科研技术装备用品税收优惠（重大技术装备进口免征增值税、房产税） | |
| 4 | | 科技成果转化税收优惠（技术转让、技术开发和与之相关的技术咨询、技术服务免征增值税，技术转让所得减免企业所得税） | |
| 5 | | 科研创新人才税收优惠（科研机构、高等学校股权奖励延期交纳个人所得税，高新技术企业技术人员股权奖励分期交纳个人所得税，由国家级、省部级以及国际组织对科技人员颁发的科技奖金免征个人所得税，获得上市公司股票期权、限制性股票和股权奖励适当延长纳税期限） | |
| 6 | 研发项目投入 | 重点研发计划（聚焦企业需求的研发项目，可以申报湖北省和武汉市的重点研发计划）、科技重大专项（聚焦武汉市产业发展重大需求，以“揭榜挂帅”等形式开展或以“军令状”等形式突破） | 科技部门、人社部门 |
| 7 | | 大健康产业专项、关键核心技术“揭榜挂帅”项目 | |
| 8 | | 聚力计划 | |
| 9 | | 人才带项目：省科技人才培育专项、省“科技创新创业团队”项目、省科技人才服务企业专项，武汉英才项目 | |
| 10 | | 平台项目：企业研发中心、湖北实验室、企校联合创新中心、产学研联合实验室 | |
| 11 | 固定资产投资 | 市智能化改造项目（固定资产投资大于500万元）、市技改投资专项（固定资产投资大于2000万元）、省高质量发展专项（固定资产投资大于2000万元） | 发改部门 |
| 12 | 荣誉类补贴 | “专精特新”中小企业认定奖励，创新型产品目录，“瞪羚企业”认定，“独角兽企业”认定，高成长型中小企业和行业“小巨人”企业培育，生物产业高成长和“独角兽企业”培育，生物产业加大亿元品种培育力度 | 经信部门 |
| 13 | | 高新技术企业认定、科技型中小企业认定、中小企业成长工程培育企业、中小企业发展专项、科技型中小企业债权融资 | 科技部门 |

在项目申报过程中，企业应注意资质和第三方证明材料的积累，如高新技术企业证书、高新技术新产品证书、质量体系认证、信用等级证书等，是项目申报的必要条件之一。

### 12.1.3　成熟型企业可申报的项目

成熟型企业可申报的项目见表 12－3。

**表 12－3　成熟型企业可申报的项目（以湖北省为例）**

<table>
<tr><th>序号</th><th>类型</th><th>可申报的项目类别或名称</th><th>项目来源单位</th></tr>
<tr><td>1</td><td>税收优惠</td><td>高新技术类企业和先进制造业税收优惠（高新技术企业、技术先进型服务企业按 15% 税率征收企业所得税，高新技术企业和科技型中小企业亏损结转年限延长至 10 年，先进制造业纳税人增值税期末留抵退税）</td><td>税务部门</td></tr>
<tr><td>2</td><td rowspan="8">研发项目投入</td><td>科技部“重大新药创制”专项、国家重点研发计划</td><td rowspan="6">科技部门<br>人社部门</td></tr>
<tr><td>3</td><td>重点研发计划（聚焦企业需求的研发项目，可以申报湖北省和武汉市的重点研发计划）、科技重大专项（聚焦武汉市产业发展重大需求，以“揭榜挂帅”等形式开展或以“军令状”等形式突破）</td></tr>
<tr><td>4</td><td>大健康产业专项、关键核心技术“揭榜挂帅”项目</td></tr>
<tr><td>5</td><td>聚力计划</td></tr>
<tr><td>6</td><td>各类科技人才计划</td></tr>
<tr><td>7</td><td>科技领域平台项目：省、市两级企业研发中心，企校联合创新中心，中试平台（基地），企业技术创新中心，成果转化中心，省级实验室、创新联合体，国家级实验室、技术创新中心等，博士后工作站、科创工作站、院士专家工作站、研究生工作站</td></tr>
<tr><td>8</td><td>发改领域平台项目：省级和国家级企业技术中心、工程研究中心、产业创新中心，国地联合工程研究中心，省级工程实验室等</td><td>发改部门</td></tr>
<tr><td>9</td><td>经信领域平台项目：省级制造业创新中心、国家级制造业创新中心等</td><td>经信部门</td></tr>
<tr><td>10</td><td rowspan="2">固定资产投资</td><td>市智能化改造项目（固定资产投资大于 500 万元）、市技改投资专项（固定资产投资大于 2000 万元）、省高质量发展专项（固定资产投资大于 2000 万元）</td><td>发改部门</td></tr>
<tr><td>11</td><td>工业和信息化部高质量发展专项（固定资产投资大于 1 亿元）国家发展改革委中央预算内投资项目（固定资产投资大于 2 亿元）</td><td>工信部门<br>发改部门</td></tr>
</table>

续表

| 序号 | 类型 | 可申报的项目类别或名称 | 项目来源单位 |
| --- | --- | --- | --- |
| 12 | 荣誉类补贴 | 国家及省市技术创新示范企业；国家及省市智能制造试点示范企业/项目；国家及省市大数据试点示范项目；国家及省市工业互联网试点示范项目；国家及省市“5G + 工业互联网”试验工厂；国家及省市制造业与互联网融合；国家及省制造业单项冠军企业/产品；国家及省市新一代信息技术与制造业融合、工业互联网、制造业“双创”、绿色工厂 | 工信部门、经信部门 |
| 13 | | 智能化改造示范项目：标杆智能工厂、全球“灯塔工厂” | 经信部门 |
| 14 | | 国家级、省级科技进步奖等 | 科技部门 |
| 15 | | 国家、省、市级质量奖等 | 市场监管部门 |
| 16 | | 知识产权示范企业、专利奖、专利补贴 | 知识产权局 |

## 12.2 企业申报条件和可申报的科技计划项目

### 12.2.1 企业申报条件

企业申报政府科技计划项目，评估其是否符合申报条件的主要内容见表12－4。

表12－4 企业申报条件评估

| 序号 | 评估条件 | 重点关注内容 |
| --- | --- | --- |
| 1 | 年度销售收入 | 不同项目根据销售收入，分档设置申报条件 |
| 2 | 所属领域 | 一般应属于高新技术领域或国家鼓励类，符合国家产业、技术政策，即符合指南中支持的方向和范围 |
| 3 | 知识产权 | 是否拥有自主知识产权，主要是发明专利（Ⅰ类）和实用新型（Ⅱ类），其中，Ⅰ类知识产权在项目申请过程中的权重比Ⅱ类知识产权大 |
| 4 | 研发团队 | 科技人员占比、是否有学科带头人、硕士及以上学历 |
| 5 | 研发投入 | 项目投入、人工投入、设备投入、材料检测费用等 |

**续表**

| 序号 | 评估条件 | 重点关注内容 |
|---|---|---|
| 6 | 项目建设（固定资产）投入 | 研发和中试生产的厂房、生产线建设等 |
| 7 | 财税数据 | 需要审计报告和完税证明 |
| 8 | 单位资质 | 获得高新技术企业、企业技术中心、工程技术研究中心、产学研联合实验室等体系认证、3C 认证等，有助于项目申请通过 |
| 9 | 其他 | 各种荣誉奖励：获得科技进步奖、专利奖，知识产权试点示范，有利于项目申报 |

另外，还需重点关注以下 4 点。

（1）项目申报主体：是独立申报，还是联合其他单位申报？

（2）企业状况：参与申报单位的法人资格、销售额，是否有违法处罚情况等。

（3）项目基本情况：成熟度、知识产权、技术水平、投资情况等；项目是否在申报指南范围内，项目在执行期能否达到指南要求，项目计划投入资金与申请资金额是否配比，项目是否有备案证、土地证、规划证等。

（4）科技研发体系：是否编制研究开发项目立项报告，是否建立研发投入核算体系，是否开展产学研合作的研发活动，是否设有研发机构并拥有相应的设施和设备，是否建立研发人员的绩效考核奖励制度等。

### 12.2.2　中药企业可申报的科技计划项目

以 2023 年湖北省政策为例，中药企业可申报的科技计划项目见表 12－5。

**表 12－5　中药企业可申报的科技计划项目**

| 序号 | 类型 | 项目名称 | 政策支持内容 |
|---|---|---|---|
| 1 | 资质认定 | 国家高新技术企业认定 | 奖励最高 40 万元，同时享受税收减免 |
| 2 | | 科技型中小企业 | 享受加计扣除税收减免，各地级市有不同的资金奖励 |

**续表**

| 序号 | 类型 | 项目名称 | 政策支持内容 |
|---|---|---|---|
| 3 | 资质认定 | 专精特新“小巨人”企业 | 国家级奖励50万元，省级奖励20万元，武汉市经开区、东湖高新区还有奖励 |
| 4 | | 省级产学研联合实验室、“两化融合”试点示范企业、上云标杆、信息消费、工业互联网平台（含“双跨”工业互联网平台）、5G全连接工厂评选 | 奖励30万元 |
| 5 | | 国家级工业互联网试点示范项目、国家级“5G+工业互联网”试验工厂、制造业与互联网融合等领域的国家级试点示范企业 | 奖励50万元 |
| 6 | | 国家“两化融合”贯标试点、制造业单项冠军及国家智能制造（智能场景）、服务型制造、新一代信息技术与制造业融合、工业互联网、制造业“双创”、绿色工厂、国家中小企业公共服务平台、国家制造业技术创新示范企业等试点示范企业 | 奖励100万元 |
| 7 | | 武汉市智能化改造示范项目、湖北省产业创新联合体 | 奖励200万元 |
| 8 | | 武汉市标杆智能工厂、湖北省制造业创新中心、国家新型工业化示范基地、国家重点实验室 | 奖励500万元 |
| 9 | | 国家企业技术中心 | 给予配套项目500万元项目支持 |
| 10 | | 全球“灯塔工厂”、国家实验室基地、国家产业创新中心、国家技术创新中心、国家工程研究中心、国家临床医学研究中心 | 奖励1000万元 |
| 11 | 科技计划 | 高质量发展专项、湖北省预算内投资项目、武汉市智能化改造专项、武汉市技改投资专项 | 按设备投资的8%给予补贴，有上限 |
| 12 | | 湖北省重点研发计划、武汉市重点研发计划 | 资助30万~200万元，根据评审而定 |
| 13 | | 湖北省科技重大专项 | 资助200万~1000万元，根据评审而定 |
| 14 | | 科技部重点研发计划、重大新药创制专项 | 资助100万元以上，根据评审而定 |

**续表**

| 序号 | 类型 | 项目名称 | 政策支持内容 |
|---|---|---|---|
| 15 | 科技计划 | 国家发展改革委中央预算内投资项目 | 固定资产投资 3000 万元以上，一般按固定资产投资额的 15% 进行补贴 |
| 16 | | 大健康发展专项（一类新药、首个通过一致性评价的药品、二三类医疗器械注册证的产品） | 分别按研发投入的 50%、25%、20% 进行补贴，最高 3000 万元 |
| 17 | 其他 | 支持企业做大做强，对湖北省数字企业营业收入首次达到 50 亿元、100 亿元、500 亿元、1000 亿元的 | 分别给予一次性奖补 100 万元、200 万元、500 万元、1000 万元 |
| 18 | | 武汉市总部经济支持 | 系列政策 |
| 19 | | 湖北省科技进步奖 | 一等奖、二等奖、三等奖分别为 10 万元、8 万元、4 万元 |
| 20 | | 国家质量奖、长江质量奖、市长质量奖 | 奖金分别为 300 万元、200 万元、100 万元 |

# 12.3　科技计划项目的申报、管理与验收

## 12.3.1　科技计划项目的申报

（1）关注政府申报信息，及时浏览各政府网站“通报通告”，与政府部门建立日常联系，领会申报指南的背景，关注申报时间、申报流程和申报要求，如部分项目需准备项目备案证、审计报告、环评报告等。

（2）根据申报指南要求，编写整理技术资料和附件资料，形成全套申报资料。

（3）需要网上申报的项目，按要求进行系统提交。

### 12.3.2 科技计划项目的管理

科技计划项目的管理主要关注以下内容。

（1）项目资金到位与使用情况，一般应专账管理。

（2）项目阶段性指标达成情况。

（3）项目存在的主要问题与解决措施。

（4）必要时，需开展中期检查，编写并提交项目中期实施报告等。

### 12.3.3 科技计划项目的验收

一般在项目任务书实施周期前3个月，开始着手项目验收相关工作。

（1）了解项目验收需要提交的资料，制定项目验收资料模板。

（2）组织及发布验收通知。

（3）需要第三方审计的项目，提前找好具备资质的会计师事务所。

（4）编写验收资料，根据政府验收要求，提交纸质版或电子版资料。

（5）召开项目验收会，准备验收答辩。

（6）关注验收结果，保存好验收的相关文件。

（吴木琴）

第 13 章

# 中医药知识产权申报与管理

## 13.1 中医药知识产权政策与现状

我国政府高度重视中医药产业和文化，为促进中医药行业健康发展，正在全面推动中医药的知识产权保护进程。目前，我国已初步建成了与国际通行规则接轨的法规体系，颁布并实施了《中华人民共和国商标法》、《中华人民共和国专利法》（以下简称《专利法》）、《中华人民共和国著作权法》（以下简称《著作权法》）、《中华人民共和国植物新品种保护条例》等，并为此制定了一系列配套的实施细则和司法解释。然而，我国的药品知识产权保护制度实施时间不长，知识产权制度作为西方近代工业发展的衍生物，在我国中医药行业中存在一定的局限性。

### 13.1.1 中医药知识产权现状

#### 13.1.1.1 中医药知识产权流失现象严重

由于我国早期缺乏知识产权保护意识，许多中医药创新成果流失，造成了巨大的经济损失。最典型的是青蒿素，由于缺乏知识产权保护，国外企业可不受限制地利用我国青蒿素的原创成果，还对青蒿素进行了二次开发，并针对其合成工艺、衍生物、复合物等在我国申请专利，不仅抢占了市场，还反向制约了我国青蒿素产业的发展。

日、韩等国从我国传统中医药中挖掘重组新复方或按照现代植物药思路开发创新药，并将这些成果在我国进行专利布局。例如，对于牛黄清心丸，韩国企业已在我国申请了多个改良剂型的专利。此外，一些发达国家也利用我国特有的中药资源开发创新药，如罗氏制药研发的抗流感药达菲胶囊（奥司他韦）就是在莽草酸的结构基础上改造而来的，而莽草酸是中药八角中的活性成分。诸如此类，不胜枚举。

#### 13.1.1.2 知识产权保护意识不足

我国很多企业没有认识到知识产权的重要价值，缺少知识产权保护意识。在一些企业和高校，重视论文发表而忽视专利的现象普遍存在。此外，过去的《新药保护和技术转让的规定》《药品注册管理办法》《中药品种保护条例》等对中药新药赋予了行政保护，导致大多数企业对行政保护过于依赖。

需要指出的是，无论是新药监测期还是中药保护品种，保护对象都是具体产品，有固定的处方、用量、剂型、制备工艺和质量标准，这些行政手段存在很大的局限性，很难对其技术起到有效的保护作用，他人也很容易对其进行二次开发或改进。相较而言，知识产权保护的是智力创新成果，没有固定的产品或配方，可以是多个系列产品，也可以是产品中的某一部分，保护范围更广。此外，知识产权保护具有排他性，如专利禁止一切以经营为目的的生产、使用、销售、许诺销售和进口，保护效力也远高于行政保护。

#### 13.1.1.3 知识产权质量不高

我国大多数中医药知识产权创新性不强、质量不高、价值不大；专利权人大多为个人或科研院所，真正拥有产业转化能力的少之又少。产业转化能力弱，导致绝大多数中医药知识产权成果未得到充分利用。此外，传统中医药难以在国外获得专利保护，中医药的专利申请主要集中在国内，这也是我国中医药开拓国际市场比较困难的原因之一。

### 13.1.2 中医药知识产权体系

#### 13.1.2.1 专利权

中医药知识产权保护的关键在于专利，专利是一种最有效、最直接、最稳定的知识产权保护形式。首先，专利具有排他性，可以赋予企业在较长时期的市场垄断权。其次，专利具有较大的保护效力，保护的技术方案不是唯一的。某一具体的专利可以在一个发明构思下衍生很多技术方案，如一项专利既能保护中药的配方，又能保护中药的制备方法或用途，还能将技术方案在一定程度上扩大为一个范围予以保护。

截至 2023 年底，我国已公开的中医药专利总数接近 55 万件，天士力、康缘药业、白云山、以岭药业位居前列，专利已成为推动传统中药企业研发创新和品牌价值提升的主要驱动力。

#### 13.1.2.2　著作权

《著作权法》保护的是思想的表达形式，不像《专利法》可以保护思想内容，因此，著作权法对中医药的保护效力较低。但是，著作权的思想内容作为公共财产能阻止他人获得专利，在被动防御阶段，对促进我国中医药发展仍具有较大意义。

目前，我国对中医药著作权的保护由政府主导，已开展对中医药古方的挖掘、整理和编纂工作。国务院办公厅于 2022 年印发的《“十四五”中医药发展规划》提出，“加强中医药传承保护。实施中医药古籍文献和特色技术传承专项，编纂出版《中华医藏》，建立国家中医药古籍和传统知识数字图书馆”，“推动出台中医药传统知识保护条例，建立中医药传统知识数据库、保护名录和保护制度”。

#### 13.1.2.3　商标权

商标在中医药老字号及道地药材的保护上尤为重要。中医药老字号是拥有世代相传的中医药产品、中医技艺或独门中医药秘方，或具有良好信誉的中医药商铺品牌，典型代表有同仁堂、陈李济、叶开泰、胡庆余堂等。道地药材具有很强的地域属性，如蕲艾、东阿阿胶、川贝、杭菊等。商标保护对于中医药企业的可持续发展至关重要，“片仔癀”“康缘”“以岭”“江中”均为企业和产品创造了巨大的品牌商誉。虽然我国中医药商标的数量逐年攀升，但仍存在保护意识淡薄、设计缺乏创意等问题。

#### 13.1.2.4 商业秘密

1990年，国家中医药管理局颁布的《中医药行业国家秘密及其密级具体范围的规定》，加大了对属于国家秘密的传统中医药保护力度，“云南白药”“片仔癀”均被纳入绝密级。商业秘密保护具有无时限和保密性的特点，是比较适合中医药的知识产权保护方式。

然而，中医药的商业秘密存在较大的局限性。首先，列入中医药保密品种的数量少；其次，药品属于特殊商品，为指导公众合理用药，企业有义务将产品的成分、功效等关键信息公之于众。此外，中医药的商业秘密还存在泄密的风险。

### 13.1.3 药品专利链接制度

为实现仿创平衡，满足公众“有好药”“吃得起”的药品可及性，2020年我国第四次修改的《专利法》首次纳入药品专利链接条款；2021年，国家药品监督管理局和国家知识产权局联合发布《药品专利纠纷早期解决机制实施办法（试行）》，标志着我国药品专利链接制度正式建立。该制度将仿制药上市许可与原研药专利进行了链接，势必会对我国的中药新药创制和仿制药发展产生深远影响。药品专利链接制度见图13－1。

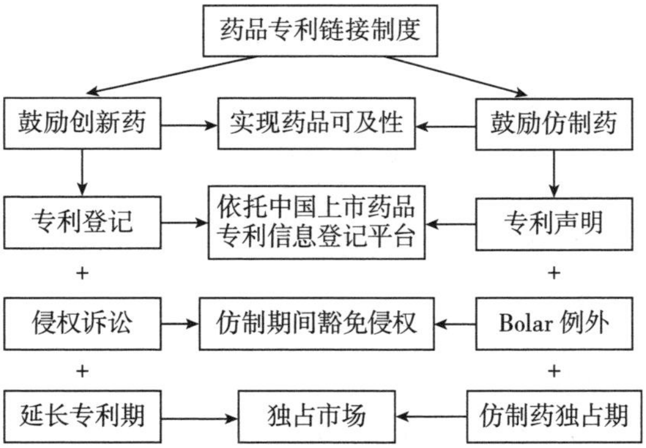


**图13－1 药品专利链接制度**

目前，我国专利链接制度体系的核心有以下 7 项。

（1）专利信息公开制度。原研药在获得新药上市许可后，要在中国上市药品专利信息登记平台登记药品专利信息并向社会公布。中国上市药品专利信息登记平台截图见图 13－2。

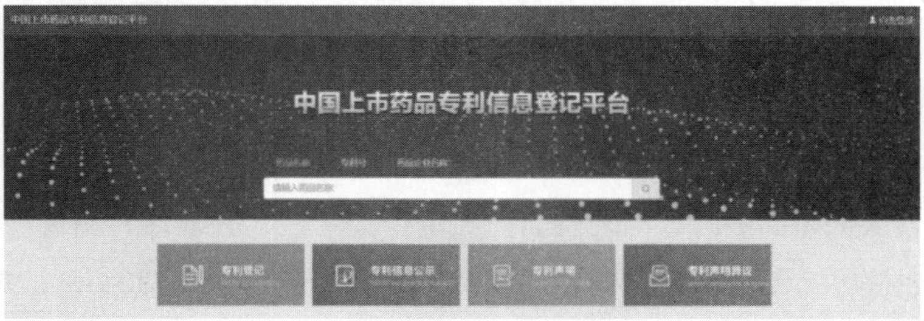


**图 13－2　中国上市药品专利信息登记平台网页截图**

（2）专利声明制度。仿制药申请人在提交注册申请时，应当对照已在中国上市药品专利信息登记平台登记的专利，并在该平台做出是否构成侵权的声明。

（3）简化申请制度，仿制药上市申报无需重复进行新药申请已证明的安全性、有效性研究，只需进行生物等效性研究。

（4）侵权豁免制度。仿制药申请人以注册为目的在原研药专利期内进行研究不认定为侵权，即 Bolar 例外。

（5）拟制侵权制度。对于提出“专利挑战”声明的仿制药注册申请，原专利权人向法院提起诉讼的，国家药品监督管理局将停止仿制药审批 9 个月。

（6）遏制和保护期制度。对于第一家成功挑战原研药专利并获得上市许可的仿制药，国家药品监督管理局将给予 12 个月市场独占期，其间不再批准其他仿制药上市。

（7）专利保护期延长制度。药品专利最长可延长 5 年，从药品批准之日起，专利延长期加上市后专利剩余期总计不能超过 14 年。

药品专利链接制度豁免了仿制药开发过程中的专利侵权风险，有利于缩短仿制药的上市时间，使公众尽早获得价格低廉的仿制药，而通过专利挑战获得首仿药独占期则进一步提高了药企参与专利药研发与仿制的积极性。同时，专利期延长能提高原研药的市场回报，激发原研药企业开展新药研发的积极性，最终达到“创仿平衡”的效果。

截至 2024 年 2 月 7 日，中国上市药品专利信息登记平台收纳的专利药品已达 1400 余件，其中，中药占比约 25.6%。在该平台做出仿制药专利声明的药品达 7800 余件，中药仅为 1 件（见表 13 - 1），即浙江佐力药业股份有限公司申请注册的 4 类中药百令胶囊。2020 年版《药品注册管理办法》首次提出同名同方药的概念，规定在安全性、有效性、质量可控性方面不能低于已上市中药。因此，同名同方药与传统仿制药概念并不等同。目前，同名同方药在研究、注册方面仍处于探索阶段，因此中药仿制药专利声明极少。

**表 13 - 1　中国上市药品专利信息登记平台收录的药品专利（截至 2024 年 2 月 7 日）**

单位：件

| 药品类别 | 原研药专利登记 | 仿制药专利声明 |
|---|---|---|
| 中药 | 370 | 1 |
| 化药 | 911 | 7795 |
| 生物制品 | 163 | 75 |

## 13.2　中药知识产权申报

中药知识产权申报是一项系统性工程，需要研发技术人员与相关法务人员高度协调配合。当前，我国中药专利的整体授权率偏低，有效专利的保护范围小、权利不够稳定，无法为产品和技术带来真正的保护。为此，我国中药企业应严格遵循中医药发展规律，把握中医药发明创新的特点和方向，以中医理论为指导，以临床价值为导向，做好中医药领域专利保护工作，切实把中医药传承好、发展好、利用好。

### 13.2.1　中药专利的分类

《专利法》将专利分为发明、实用新型和外观设计 3 种类型。

（1）发明型专利保护的既可以是产品，又可以是方法，几乎囊括了所有发明创造。

（2）实用新型专利只能保护产品，并且是由一定宏观形状、构造组成的产品，如中药提取机组、造粒机、填充机、检测仪器等。而中药是由化学物质组成的微观产品，没有固定的形状与构造，不能通过实用新型专利保护。

（3）外观设计是对产品形状、图案、色彩做出的富有美感的新设计，如药物的包装盒、药片的形状和图案等。

中药可申请专利的主要类型见表 13－2。

**表 13－2　中药可申请专利的主要类型**

| 类型 | 客体 | 举例 |
|---|---|---|
| 发明 | 产品 | 中药复方组合物 |
| | | 中药有效部位 |
| | | 中药有效成分 |
| | | 中药制剂（由中药成分和辅料组成的组合物） |
| | | 新的制备方法获得的中药产品（如人工麝香） |
| | | 中药生产设备或检测设备 |
| | | 用于鉴定中药材的引物、探针 |
| | 方法 | 中药材的育种、栽培、加工处理方法 |
| | | 中药材的鉴定方法（如指纹图谱、DNA 鉴定） |
| | | 中药制剂的制备方法 |
| | | 中药活性成分、活性部位的提取方法 |
| | | 中药制剂的检测方法 |
| | | 中药新用途（新适应症） |
| 实用新型 | 具有一定宏观形状、构造的产品 | 药材加工装置、中药生产设备、中药检测仪器、医疗器械 |
| 外观设计 | 对产品形状、图案、色彩做出的新设计 | 中药的内外包装、片剂的特殊片型、胶囊壳的颜色图案等 |

### 13.2.2 中药专利的授权条件

申请专利后，要经过国家知识产权局的审查，只有符合《专利法》及其实施细则的相关规定才能获得授权。

#### 13.2.2.1 新颖性

新颖性，是指发明不能为现有技术，不能在专利申请日前为公众所知，任何人（包括自己）、任何方式（出版物、学术研讨、互联网、使用）、任何地点（国内、国外）的公开都会使专利丧失新颖性。尤其要注意不能在专利申请前发表文章。

此外，一些与已知作用机理或药理作用直接等同，或者中、西医病名直接互换的用途发明不具备新颖性，如“降尿酸”破坏“痛风”的新颖性，“抗凝血”破坏“活血化瘀”的新颖性等；一些下位概念会破坏上位概念的新颖性，如“抗新冠病毒”破坏“抗冠状病毒”的新颖性，“中药黄芪”破坏“补气类药材”的新颖性等。

#### 13.2.2.2 创造性

创造性，是指发明相较于现有技术必须具有突出的实质性特点和显著的进步。也就是说，发明所使用的技术方案不仅是现有技术没有记载的，而且是本领域技术人员不容易想到的，现有技术和公知常识都没有给出使用发明的技术手段来解决技术问题的启示与教导。

对于中药发明而言，通常会将该发明中药与现有技术中存在的另一种功效相同或相近的中药进行比较，如果发明中药的功效与另一种中药相比没有实质区别，那么即使该发明使用的药材不同于另一种中药，也很难具有创造性。因为，绝大多数中药材在几千年的中医典籍中有所记载，其功效早已为公众所知，而使用功效相近的药材进行互换是本领域常规的技术手段，简单增减替换得到的中药相较于现有技术既没有实质性特点，也没有产生显著性进步，这种专利显然不具备创造性。

#### 13.2.2.3　实用性

实用性，是指能够制造或者使用，并且能够产生积极效果。医生处方不是药品，没有工业实用性；从动物体内获取中药原料的方法，如从活牛身体中摘取牛黄的方法，因为无法在产业上使用且具有一定的随机性，所以这类发明不具备实用性。

#### 13.2.2.4　充分公开

说明书应对发明或者实用新型做出清楚、完整的说明，以所属领域的技术人员能够实现为准。中药专利申请应完整公开发明的技术方案，使用规范的中药材名称，不能故意隐藏中药配方的关键原料和数据；还应通过科学规范的试验印证中药所达到的技术效果，尤其是动物实验、临床试验记载的方法和结果要能够重现。

实际上，专利保护与技术秘密的相互依存度非常高，尤其是中药发明，既要完整公开配方，又要进行适当的保密，这对其专利申请提出了更高的要求。

不可授予专利权的中医药发明包括：配方中含有禁止入药的毒性中药材；从自然界找到以天然形态存在的中药材；中医药理论，如阴阳五行学说、藏象学说；中医的诊断方法，如望、闻、问、切；中医的治疗方法，如艾灸、拔罐、贴敷。

### 13.2.3　专利申请的时机及前期准备工作

#### 13.2.3.1　技术方案和试验验证

中医药属于实验性科学，其疗效、安全性等都需要通过科学的试验进行验证，不能仅根据一个设想就去申请专利。

中药的组方首先需符合中医理论，其次要通过动物实验或临床试验验证其疗效及安全性。需要指出的是，应尽量避免对各味药材的功效进行一般性的描述，功效的简单叠加对证明中药发明的创造性没有意义。另外，在动物实验或临床试验中，应尽量使用功效接近的中药作为对照；化裁方要使用化裁前的基础方作为对照。

#### 13.2.3.2　充分检索与分析

检索与分析是专利申请前的第二步准备工作，目的是预判研发的中药是否具备《专利法》规定的新颖性和创造性。检索分析的结果可能与我们预想的结果不一致，中药研发考虑更多的是该处方是否已在国家药品标准或《古代经典名方目录》中收载或上市，而专利检索依据的是申请日前国内外公开出版的文献，即使没有与研发的新药完全相同的中药，也可能存在与其功效和配方接近的中药，仍然会导致专利缺乏创造性。因此，我们不能认为研发的是新药就一定能够获得专利。

#### 13.2.3.3　准确把握申请时机

中药发明的保护期限从申请之日起算是20年，但中药研发周期较长，如果过早申请专利，那么到产品上市时，专利保护期可能已经过半，从而导致实际保护期限很短。另外，由于研发阶段还需委托其他方开展药效毒理试验、多中心的临床试验等，存在泄密风险，过晚地申请专利可能存在组方被公之于众而丧失新颖性的风险，还可能被他人抢先申请专利。因此，准确把握专利申请的时机非常重要。

根据实际工作体会，一般在申请临床试验前开展专利申请工作较好。此时，中药已完成药学、药理毒理学研究，其特性初步体现，既能满足专利充分公开条件，又易于在申请文件中体现创新性，并且具有较长的实际保护期。当然，在具体操作中，还需根据企业自身的实际情况进行综合研判。

### 13.2.4　专利技术交底书的撰写

专利技术交底书主要由四大部分组成，分别是背景技术、发明内容、具体实施方式、附图及其说明。

（1）背景技术，是对发明技术方案的理解、检索、审查有用的技术综述，可以引用反映这些背景技术的文献资料。背景技术中的重点是对最接近现有技术的介绍，其建立在对发明技术方案进行充分检索的基础上。申请人应在背景技术部分尽可能地详细介绍最接近现有技术解决类似技术问题所使用的技术手段，并客观地分析该手段存在的问题和缺点，同时引证文献、资料并写明出处，从而为引出本发明做好铺垫。

（2）发明内容，由要解决的技术问题、技术方案、有益效果三部分组成。第一部分应针对现有技术，尤其是与本发明最接近的现有技术存在的缺陷或不足，用简明、准确的语言写清楚要解决的技术问题；第二部分是本发明要解决的技术问题所采取的技术措施的集合，技术措施通常用技术特征体现，技术方案应清楚、完整地说明中药所使用的药材、取值范围、制备方法和工艺参数等，并从中医理论角度解释各原料的配伍规律，说明技术方案所依据的科学原理；第三部分是本发明与现有技术相比具有的优点及积极效果，是由技术特征直接带来或者由技术特征产生的必然的技术效果。

（3）具体实施方式，用于对发明的技术方案进行实质性支持，是专利技术交底书中最重要的部分。具体实施方式应与技术方案一致，能够支持技术方案的范围并以所属技术领域的技术人员能够实现为准。

以下对中药专利技术交底书撰写过程中需要注意的问题进行分类说明。

#### 13.2.4.1　新的中药复方

需要给出完整的配方，包括原料种类及其用量配比。中药材是中药复方产品的核心，需使用规范名称，不能使用异名，否则易导致指代不清。例如，某中药成分中出现了药材“山苦参”，而“山苦参”是正名“双参”或“凉粉藤”等中药材的异名，导致人们不清楚这里的“山苦参”究竟指的是何种中药材。药材用量通常使用“重量份”进行描述，可在已有用量的基础上适当扩大用量范围。需要记载中药的至少一种制备方法，使本领域技术人员能够将所述“配方”制成适合临床使用的中药。组方思路是中医药发明的核心，要从中医理论出发，依据疾病辨证审定治则，又依据治则遴选药物，中药的方解不仅要反映各味药材的主次地位及君臣佐使关系，还要体现药材与药材之间相互依存、协调配合的关系，最终使整个配方组方思路清晰，用药协调统一且精当，配伍严谨。

关于中药复方的疗效评价，药效试验和临床试验二者择一即可。由于临床试验周期较长，为了提前申请专利，可以仅提供药效试验，如果临床试验已完成，则可以同时提供两部分试验。相比药效试验，临床试验更有利于评价中药的成药性，如制剂的成型性、稳定性、药代动力学特性、毒性等。专利对临床试验的病例数没有特殊规定，但前提是必须满足统计学要求。另外，疗效评价的对照药选取也非常关键，不建议选取西药作为对照药，而应尽可能地选取与本发明配方、疗效接近的中药作为对照药。

#### 13.2.4.2 新的中药有效部位、有效成分

中药有效部位是从单味中药里提取的一大类成分，包括总黄酮、总多糖、总皂苷、总生物碱等；有效成分则是从中药里获得的单一成分，如青蒿素、莽草酸。随着中药提取、分析技术的不断进步，有关中药有效部位、有效成分专利的申请量正不断攀升。对于这样一类专利申请，不仅要提供详细的提取分离方法，并对分离的产物进行检测分析和结构确证，还要对其功效进行验证，才能构成一个完整的技术方案。通常，使用制备方法对中药有效部位进行表征；使用化学结构式对中药有效成分进行表征，并且尽量使用结构通式对中药有效成分的母核结构进行适当取代和衍生。

#### 13.2.4.3 中药方法类专利

中药的制备方法、检测方法、新用途都属于方法类专利，对于中药制备方法，要提供详细的工艺步骤和参数条件。如果方法改进的目的在于提高产物的纯度和收率，则要提供相应的检测数据；如果方法改进的目的在于提高中药的疗效，则要进行改进前后的疗效对比。中药的制备通常包括

提取和纯化两个步骤。提取的方法主要包括水煎、有机溶剂回流、超声、浸渍、渗漉、酸碱提取、酶法提取等，而纯化的方法主要包括醇沉、萃取、膜分离、大孔树脂、色谱分离等。中药的制备尽量使用指标成分对方法和参数条件进行筛选，条件允许的话可使用药效学试验对制备方法进行筛选、验证，使方法的选择依据充分。对于中药检测方法而言，如中药材 DNA 鉴定、指纹图谱鉴定、含量测定等，需详细说明检测的具体步骤和条件参数；对于使用的特殊材料而言，如引物、探针等，需提供材料来源与序列。另外，还要进行方法学考察，尤其要评价检测方法的灵敏度、特异性、准确性等。对于新用途，要提供新适应症的药效评价或临床试验。

### 13.2.5　国际专利的申请

#### 13.2.5.1　中药国际专利申请现状

中药进入国际市场必须通过专利为其保驾护航，专利的地域性决定了中药只能在申请的国家获得保护，这就需要我们根据产品的市场占有情况选择相应的国家分别申请专利。目前，我国的中药国际专利申请主要集中在日、韩、东南亚等国家和地区，在美欧国家也有少量申请，但主要为提取物和单体。西医强调的是如何针对疾病的具体靶标进行调控，而中医强调的是辨证观点，中西医理论的差异导致我国传统中医药难以在很多国家获得专利保护。

#### 13.2.5.2　中药国际专利申请途径

##### 13.2.5.2.1　PCT 途径

PCT 是专利申请的一项国际合作条约，允许申请人根据该条约提交专利申请，即可同时在该条约所有成员国中要求对其发明进行保护。PCT 申请可使用一种语言、向一个专利局（受理局）提交一份申请，因此简化了提出申请的手续。PCT 申请可以在首次提出的 30 个月内进入指定的国家，给予了申请人充足的时间进行决策，避免盲目选择国家，适用于申请国家数量较多的专利。目前，全球80%的国际专利通过PCT途径申请，其申请流程见图13－3。

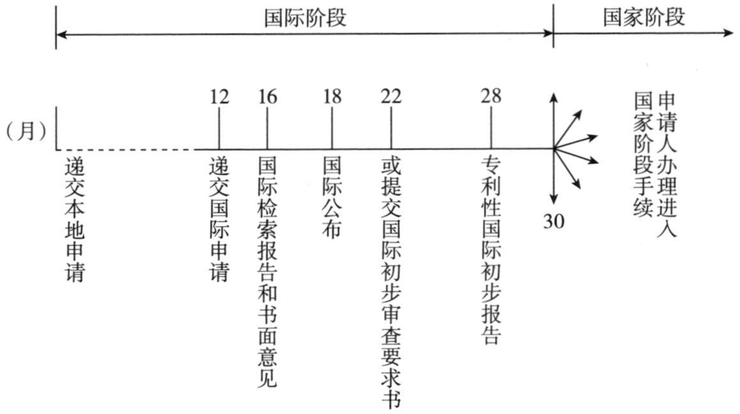


**图13－3　通过PCT途径申请专利流程**

PCT申请途径关键步骤如下。

（1）向国家知识产权局递交一份中国专利申请。

（2）在12个月的优先权期限内再向国家知识产权局递交一份PCT申请，受理后该PCT申请即进入国际阶段。

（3）在国际阶段内，国家知识产权局对PCT申请进行国际检索和公布，并根据申请人提出的请求进行国际初步审查。其间，申请人可对PCT专利申请需要进入的国家进行决策。

（4）自优先权日起30个月内指定不同的国家，该PCT申请正式进入国家阶段。在国家阶段内，各指定国的国家知识产权局依照本国专利法分别对PCT申请进行审查并决定是否授权。

13.2.5.2.2　巴黎公约途径

巴黎公约途径是一种直接向外国申请专利的方式，省略了PCT途径中的国际阶段，即可以自中国专利申请的12个月优先权期限内分别向各个国家单独递交申请。由于决策时间短，这种方式适用于目标明确、准备充分、国家数量较少的国际专利申请。

## 13.3　中药知识产权管理

知识产权是影响企业发展壮大的关键因素之一。新药研发能力是中药企业的核心竞争力，而知识产权正是这一核心竞争力的体现。新药研发与知识产权保护是相辅相成的，如果重视研发而忽视保护，就无法实现更好的创新。因此，对于中药企业而言，应将知识产权保护贯穿企业发展战略的各个阶段，提高对知识产权的重视程度和理解、运用能力。

### 13.3.1　加强核心专利保护，提高传统中药竞争力

核心专利具有技术成熟、行政审批和市场风险小、不依赖他人专利、技术方案具有唯一性、竞争对手难以规避等特点。其使用的技术不一定是最先进的，但一定是最成熟的，能产生较大的经济效益，对企业发展具有重大影响。

中药的核心专利包括基础配方、唯一可行的制备方法、关键原料药、药物特殊剂型、纳入国家标准的检测方法、新适应症、共性关键技术等。

对于核心专利而言，企业不仅要加大研发投入，还要针对性地制定保护制度，加强申请、维护、管理和使用，确保专利的稳定性和有效性。另外，企业还应努力实现中药核心专利的标准化，综合运用商标、版权、商业秘密等实现知识产权的全方位保护，从而提高相关产品的品牌价值和竞争力。

### 13.3.2　重视外围专利，避免“专利悬崖”

“专利悬崖”是对核心专利失效导致相关产品利润大幅下滑的形象称呼。对于仿创结合、以仿为主的国内药企而言，“专利悬崖”既是挑战也是机遇。对于以仿制药见长的医药企业而言，“专利悬崖”的出现使其有机会以较低的成本开发出重磅仿制药。对于原研药企业而言，避免出现“专利悬崖”的

关键在于围绕核心专利不断开发外围专利。例如，在中药复方专利保护期限临近时，可以改变药物剂型，改进制备工艺，对原处方进行拆解研发新的配方，增加适应症等，从而通过外围专利布局有效延长核心专利的保护周期，牵制竞争对手在专利期届满后的仿制，避免出现“专利悬崖”。

### 13.3.3　分析竞争对手专利，获取竞争关键情报

知识产权是一种情报来源，企业要对其加以充分利用。进行专利检索的目的不仅是规避侵权风险，更重要的是它能发现新的研究领地，而分析竞争对手专利有助于把握行业动态、获取竞争关键情报，为企业决策提供参考。

虽然创新药的研发是中药企业的核心竞争力，但是对于仿制药的研发同样不可或缺，有些重磅仿制药给企业带来的收益甚至不逊于原研药。中药企业要善于分析竞争对手专利并借助 Bolar 例外和专利挑战，提前开展仿制药研发和注册，尽快抢占并瓜分原研药市场。

### 13.3.4　运用知识产权，创造更多价值

自行实施并制造相关药品，是医药企业行使知识产权的主要方式；允许他人实施并收取许可费，在提高知识产权利用效率的同时还能为企业带来可观的收益；交叉许可可以为企业使用他人专利增加谈判筹码。

截至 2023 年，我国专利和商标质押融资金额已超过 8500 亿元，质押金额在 1000 万元以下的普惠贷款惠及中小微企业 2.6 万家。知识产权质押融资已成为企业盘活无形资产，建立市场优势，增强创新发展动能的重要举措。随着知识产权“轻资产”的资本化运作形式日益丰富，质押、入股、证券化等新形式占比越来越大，已成为知识产权运用的重要方向。中药企业也要充分释放知识产权潜藏的金融属性，使其不只是停留于一纸权利凭证，而是真正成为会计学意义上的资产，提高企业运行的经济性。

### 13.3.5　维护知识产权，提高管理质量与效率

中药企业应当成立知识产权管理部门，统筹协调技术研发、法务、营

销等企业职能部门，定期开展知识产权培训工作，提升相关人员的知识产权意识和能力。

企业应当建立制度化、流程化、标准化的知识产权工作方式，以提高工作质量和效率，既要杜绝工作失误导致的权利终止，又要建立常态化的机制对有效知识产权进行分析评估，淘汰技术落伍、没有产业化前景的专利、商标，从而降低维护成本。

现行《专利法》建立了药品专利补偿期制度，企业要充分利用该制度对相关药品及时申请保护期延长。企业应注重对合作开发成果的保护，事先约定知识产权成果归属，签订保密协议，避免出现侵权纠纷。

### 13.3.6　维护合法权益，应对侵权纠纷

当企业的知识产权受到侵犯时，要积极取证并通过行政和司法救济使侵权人立即停止侵权行为并进行赔偿，以维护企业自身的合法权益。现行《专利法》的侵权损害赔偿计算，在“填平原则”的基础上首次引入惩罚性条款，加大了对故意侵权行为的威慑力，对遏制知识产权侵权、改善营商环境具有重要意义。

同时，企业应当加强知识产权预警，避免侵犯他人知识产权。当前，我国知识产权，尤其是专利的保有量持续增长，企业成为侵权被告的风险日益增加，当企业成为侵权被告时，务必沉着冷静应对。首先，分析被控侵权物是否落入对方专利保护范围，分析原告专利权的保护效力，从多角度进行不侵权抗辩；其次，通过现有技术、先用权、合法来源等进行抗辩；最后，寻求无效对方专利的途径。通过以上努力最终仍被判定侵权成立，并不可避免地要承担赔偿责任时，要尽力争取和解，收集证据证明实际获利低于原告请求的赔偿金额，以降低企业的损失。

（徐绍新）

# 第 14 章

# 中药与天然药物的其他应用与探索

## 14.1 中药保健食品

### 14.1.1 保健食品市场准入制度

#### 14.1.1.1 我国保健食品市场准入制度[1]

我国自1995年开始对保健食品实行注册审批制度。2015年4月，第十二届全国人民代表大会常务委员会第十四次会议修订通过《中华人民共和国食品安全法》（已于2021年修正），明确对保健食品实行"注册备案双轨制"管理，标志着我国保健食品管理制度由"注册制"向"注册+备案"过渡。我国保健食品管理主要法规见表14-1。

**表14-1 我国保健食品管理主要法规**

| 属性 | 名称 | 发布日期 |
| --- | --- | --- |
| 法律 | 《中华人民共和国食品安全法》（中华人民共和国主席令第21号） | 2021年4月29日 |
| 行政法规 | 《中华人民共和国食品安全法实施条例》（中华人民共和国国务院令第557号） | 2019年10月11日 |
| 部门规章 | 《保健食品注册与备案管理办法》（国家食品药品监督管理总局令第22号） | 2016年2月26日 |
| | 《保健食品原料目录与保健功能目录管理办法》（国家市场监督管理总局令第31号） | 2019年8月2日 |
| | 《食品生产许可管理办法》（国家市场监督管理总局令第24号） | 2020年1月2日 |
| 配套文件 | 《保健食品注册审评审批工作细则》（食药监食监三〔2016〕139号） | 2016年11月14日 |

续表

| 属性 | 名称 | 发布日期 |
|---|---|---|
| 配套文件 | 《保健食品生产许可审查细则》（食药监食监三〔2016〕151 号） | 2016 年 1 月 28 日 |
| | 《保健食品注册申请服务指南》（国家食品药品监督管理总局公告 2016 年第 167 号） | 2016 年 12 月 19 日 |
| | 《保健食品备案工作指南（试行）》（食药监特食管〔2017〕37 号） | 2017 年 5 月 2 日 |
| | 《保健食品及其原料安全性毒理学检验与评价技术指导原则（2020 年版）》 | 2020 年 10 月 16 日 |
| | 《保健食品原料用菌种安全性检验与评价技术指导原则（2020 年版）》 | 2020 年 10 月 16 日 |
| | 《保健食品理化及卫生指标检验与评价技术指导原则（2020 年版）》 | 2020 年 10 月 16 日 |
| | 《国家市场监督管理总局、国家卫生健康委员会、国家中医药管理局关于发布辅酶 Q10 等五种保健食品原料目录的公告》 | 2020 年 11 月 23 日 |
| | 《允许保健食品声称的保健功能目录　非营养素补充剂（2023 年版）》 | 2023 年 8 月 18 日 |
| | 《保健食品功能检验与评价技术指导原则（2023 年版）》 | 2023 年 8 月 18 日 |
| | 《保健食品功能检验与评价方法（2023 年版）》 | 2023 年 8 月 18 日 |
| | 《保健食品人群试食试验伦理审查工作指导原则（2023 年版）》 | 2023 年 8 月 18 日 |
| | 《市场监管总局关于发布〈保健食品原料大豆分离蛋白乳清蛋白备案产品剂型及技术要求〉的公告》 | 2023 年 9 月 29 日 |
| | 《保健食品原料目录　营养素补充剂（2023 年版）》 | 2023 年 10 月 1 日 |
| | 《允许保健食品声称的保健功能目录　营养素补充剂（2023 年版）》 | 2023 年 10 月 1 日 |
| | 《国家市场监督管理总局、国家卫生健康委员会、国家中医药管理局关于发布人参等 3 种保健食品原料目录的公告》 | 2023 年 12 月 18 日 |

备案类保健食品，由国家市场监督管理总局、国家卫生健康委员会会同国家中医药管理局发布保健食品原料目录，对纳入原料目录的产品实施备案管理。目前，已发布的原料目录范围主要包括营养素补充剂（补充维

生素、矿物质、DHA）、鱼油、辅酶 Q10、褪黑素、螺旋藻、蛋白类（大豆分离蛋白、乳清蛋白）、中药类（破壁灵芝孢子粉、西洋参、人参、灵芝）。国家市场监督管理总局食品审评中心对纳入备案范围的进口产品实施备案；各省、自治区、直辖市市场监督管理部门对纳入备案范围的国产产品实施备案。

注册类保健食品，对原料目录外产品或超过原料目录剂量的产品，在注册申请人完成产品配方、工艺、质量标准等基础研发，获得毒理学、功能性、卫生学、稳定性试验报告（具备资质的检验机构出具的）并提交注册申请后，由国家市场监督管理总局组织开展对产品的技术审评和注册审批。

### 14.1.1.2 部分国家及组织保健食品市场准入管理模式

部分国家及组织保健食品类产品管理模式见表 14－2。

**表 14－2 部分国家及组织保健食品类产品管理模式**

| 国家及组织 | 当地名称 | 准入模式 | 产品定义 | 准入分类 |
|---|---|---|---|---|
| 中国 | 保健食品 | 注册备案结合 | 声称并具有特定保健功能或者以补充维生素、矿物质为目的的食品 | 备案（原料目录内）、注册（原料目录外） |
| 美国 | 膳食补充剂 | 企业负责，以事后标签备案为主 | 旨在补充膳食的产品，含有一个或多个以下膳食成分：维生素、矿物质、草药或其他植物性成分、氨基酸，或者上述任何成分的浓缩物、代谢物、组分、提取物或组合 | 上市后 30 天内标签备案（结构/功能声称产品）、事前审批（新原料和新健康声称） |
| 欧盟 | 食品补充剂 | 各成员国尚未统一，以“原料审批，产品事先备案”为主 | 以补充日常膳食为目的的食品，具有营养和生理功效。包括但不限于维生素、矿物质、氨基酸、必需脂肪酸、纤维素及各种植物和草药提取物 | 备案或自行上市（清单内）、审批（清单外） |
| 澳大利亚 | 补充药物 | 备案注册、评估备案、备案相结合 | 全部或主要含有一种或多种特定功效成分的治疗产品（包括传统药品、营养补充剂、芳香性植物产品或顺势疗法产品等） | 备案（低风险声称）、评估备案（中风险声称）、注册（高风险声称） |

续表

| 国家及组织 | 当地名称 | 准入模式 | 产品定义 | 准入分类 |
|---|---|---|---|---|
| 韩国 | 健康功能食品 | 原料审批，产品事先备案 | 使用对人体有益的功能性原料或成分制造的食品 | 注册（个别认定型原料）、备案（清单内原料） |
| 日本 | 营养功能食品 | 自主声称、注册、备案相结合 | 以补充特定营养成分为目的的食品。国家对营养成分的种类、摄入量以及功能声称做出明确规定 | 自行上市 |
| | 功能性标示食品 | | 对未患病人群（不包括未成年人、孕产妇、乳母）以科学依据为基础，可以在包装容器上标示特定保健功能（降低疾病风险除外）的食品 | 上市前60日备案 |
| | 特定保健用食品 | | 具有调节机体功能或降低生活习惯引起的健康风险，经过批准可以标示具体保健用途的食品 | 注册 |

与宽松型监管相比，如美国的膳食补充剂管理模式，我国保健食品注册备案制是相对严格的强监管。虽然确保安全与功效是最基本的要求，但是过高甚至绝对的安全与功效标准容易阻碍保健食品行业的发展。一方面，基于保健食品模糊的自然属性，短期内获得显著的人体试食效果和体感是很难的，这意味着绝对的功效标准在短期内很难实现。另一方面，监管者希望绝对安全与绝对功效，为防止风险的发生，可能设置过高的门槛以阻止任何不确定产品进入市场。国产保健食品无法满足消费者多样化、细分化的需求，驱使他们诉诸非法渠道或者国外市场，寻求未经注册的非法产品。[2]

现阶段，我国保健食品的监管变革是解决产品安全性和可及性的平衡问题，致力“放松”对保健食品的监管，激发市场活力，完善注册和备案双轨制改革，采用更具成本效益的备案保健食品管理方式，平衡消费者选择与消费安全保障的关系。[2]

### 14.1.2　中药保健食品可用中药及组方原则

#### 14.1.2.1　中药保健食品可用中药

除了可用于普通食品的药食两用物质（87 种，具体见 5.1 节所述），被批准为新食品原料或被监管当局以公告、批复、复函等形式批准为食品原料的药食两用物质（具体见 5.1 节所述）也可作为中药保健食品的原料。此外，卫法监发〔2002〕51 号文件还列出了《可用于保健食品的物品名单》(114 种)。

#### 14.1.2.2　中药保健食品组方原则[3]

根据 2002 年卫生部发布的《卫生部关于进一步规范保健食品原料管理的通知》及解读文件，保健食品组方原则包括：

（1）申报保健食品中含有动植物物品（或原料）的，动植物物品（或原料）总个数不得超过 14 个。

（2）如使用《既是食品又是药品的物品名单》之外的动植物物品（或原料），种类不得超过 4 种。

（3）使用《既是食品又是药品的物品名单》和《可用于保健食品的物品名单》之外的，种类不得超过 1 种，且该物品（或原料）应参照《食品安全性毒理学评价程序》（GB 15193.1 – 2014）进行毒理学评价。以普通食品作为原料生产保健食品的，不受本条规定的限制。

### 14.1.3　中药保健食品产业发展现状

#### 14.1.3.1　国内保健食品产业市场规模

随着消费者对保健食品需求的增加，中药保健食品产业规模也在不断扩大。近年来，中药保健食品产业规模年复合增长率保持在 10% 以上，市场规模已经超过千亿元，这一增长主要得益于消费者对中药的认可和需求的增加。[4]截至 2024 年 3 月，我国现存的与“保健食品”相关的企业有 672.5 万余家。自 2018 年以来，“保健食品”相关企业注册量及注册增速呈逐年上涨的趋势，新增企业年度注册增速保持在24%以上。[5]

#### 14.1.3.2 国内中药保健食品产品注册现状

据统计，2021年、2022年、2023年，我国获批的注册类保健食品分别为277种、358种、789种，获批的备案类保健食品分别为2977种、3360种、3596种，现有注册类保健食品中46%～60%为中药保健食品。[6-8]

从功效维度来看，中药保健食品主要集中在免疫调节、缓解体力疲劳和辅助降"三高"等方面。2020年，我国注册审批的保健食品中，公布保健功能的有660种，其中，增强免疫力类产品占比高达60.49%。[9]

从剂型维度来看，胶囊、口服液、片剂是主流。以2020年获批产品为例，胶囊类占30.49%，片剂类占18.32%，软胶囊类占17.9%，口服液类占5.73%，膏剂类占0.42%，糖果类占0.28%，液体乳类占0.14%。[9]

#### 14.1.3.3 热销品种中中药保健食品占比小

目前，保健食品热销品种主要集中在化学及生物制品领域；典型的中药保健食品占比偏小，主要为胃肠道、泌尿系统、清咽润喉等类别。2021—2023年第一季度零售市场各品类销量TOP5见表14-3。

**表14-3 2021—2023年第一季度零售市场各品类销量Top5**

| 类别 | 通用名 | 厂家数/家 | 2021年销售额/百万元 | 2022年销售额/百万元 | 2023年销售额/百万元 |
|---|---|---|---|---|---|
| 滋补保健类 | 蛋白粉 | 78 | 2741 | 2665 | 548 |
| | 氨糖软骨素钙 | 118 | 2454 | 2598 | 1002 |
| | 辅酶Q10维生素E | 18 | 154 | 202 | 91 |
| | 辅酶Q10 | 10 | 189 | 174 | 33 |
| | 灵芝孢子粉 | 90 | 168 | 141 | 28 |
| 眼科类 | 越橘叶黄素胡萝卜素 | 17 | 385 | 385 | 601 |
| | 叶黄素 | 12 | 199 | 199 | 237 |

**续表**

| 类别 | 通用名 | 厂家数/家 | 2021 年销售额/百万元 | 2022 年销售额/百万元 | 2023 年销售额/百万元 |
|---|---|---|---|---|---|
| 眼科类 | 蓝莓叶黄素胡萝卜素 | 8 | 91 | 91 | 165 |
| | 叶黄素越橘 | 9 | 6.83 | 6.83 | 9.5 |
| | 蓝莓叶黄素 | 5 | 6.14 | 6.14 | 8.3 |
| 胃肠道类 | 益生菌 | 47 | 1870 | 2151 | 727 |
| | 珂妍 | 1 | 350 | 312 | 85 |
| | 常润 | 1 | 202 | 180 | 40 |
| | 芦荟 | 52 | 192 | 164 | 44 |
| | 通便 | 4 | 156 | 147 | 36 |
| 糖尿病类 | 卓清速溶 | 1 | 9.3 | 38 | 4.18 |
| | L-阿拉伯糖 | 1 | 24 | 18 | 2.18 |
| | 苦瓜西洋参铬 | 2 | 4.67 | 5.38 | 1.18 |
| | 雪源康 | 1 | 5.03 | 4.03 | 1.13 |
| | 配方奶粉 | 3 | 1.49 | 2.8 | 0.59 |
| 维生素矿物质补充剂类 | 维生素 C | 240 | 2382 | 2779 | 648 |
| | 多维元素 | 211 | 1592 | 1370 | 274 |
| | B 族维生素 | 137 | 1440 | 1257 | 245 |
| | 维生素 D 维生素 K | 49 | 969 | 958 | 236 |
| | 维生素 E | 144 | 997 | 834 | 177 |
| 泌尿系统类 | 雄起赳益康 | 1 | 5.15 | 2.67 | 0.59 |
| | 至宝特质三鞭酒 | 1 | 0.57 | 1.8 | 0.18 |
| | 韭菜子人参 | 1 | 0.63 | 0.43 | 0.01 |
| | 海狗鞭特补 | 1 | 0.09 | 0.14 | 0.02 |
| | 灵芝海狗肾 | 1 | 0.12 | 0.13 | 0.01 |
| 神经系统类 | 褪黑素 | 74 | 302 | 367 | 112 |
| | DHA 藻油 | 12 | 218 | 272 | 84 |
| | 褪黑素维生素 $B_6$ | 2 | 103 | 112 | 32 |
| | 鱼油牛磺酸 | 35 | 92 | 112 | 32 |
| | 脑白金 | 1 | 63 | 44 | 10 |

续表

| 类别 | 通用名 | 厂家数/家 | 2021 年销售额/百万元 | 2022 年销售额/百万元 | 2023 年销售额/百万元 |
|---|---|---|---|---|---|
| 止咳祛痰类 | 甘草 | 7 | 9.11 | 13 | 4.22 |
| | 莱阳梨 | 1 | 2.45 | 2.02 | 0.69 |
| | 川贝枇杷 | 1 | 0.08 | 0.39 | 0.26 |
| | 西洋参北沙参桔梗川贝枇杷 | 1 | 0.03 | 0.13 | 0.15 |
| | 雪梨 | 1 | 0.25 | 0.08 | — |
| 心脑血管类（不含高血压） | 鱼油 | 97 | 699 | 661 | 1 |
| | 大豆磷脂 | 48 | 236 | 197 | 929 |
| | 深海鱼油 | 19 | 81 | 67 | 91 |
| | 浓缩磷脂 | 7 | 28 | 55 | 20 |
| | 卵磷脂 | 9 | 29 | 32 | 991 |
| 妇产类 | 大豆异黄酮 | 12 | 78 | 61 | 12 |
| | 孕宝 | 1 | 8.88 | 5.82 | 0.75 |
| | 大豆异黄酮维生素 E | 11 | 6 | 4.37 | 0.65 |
| | 大豆异黄酮钙 | 8 | 6 | 3.62 | 0.89 |
| | 美龄 | 1 | 0.8 | 0.81 | 0.12 |
| 口腔咽喉类 | 川贝枇杷 | 16 | 84 | 123 | 30 |
| | 枇杷 | 2 | 94 | 112 | 24 |
| | 西瓜霜喉宝 | 3 | 70 | 93 | 20 |
| | 胖大海 | 1 | 59 | 60 | 12 |
| | 金银花 | 29 | 38 | 45 | 8.73 |
| 减肥类 | 常菁 | 1 | 187 | 198 | 48 |
| | 左旋肉碱茶多酚荷叶 | 1 | 19 | 16 | 3.28 |
| | 纤维素 | 1 | 3.01 | 1.69 | 0.24 |
| | 决明子 | 4 | 2.15 | 1.54 | 0.41 |
| | 左旋肉碱牛磺酸 | 1 | 0.73 | 0.72 | 0.21 |
| 肝胆类 | 水飞蓟葛根丹 | 1 | 85 | 127 | 43 |
| | 牡蛎大豆肽肉碱 | 1 | 51 | 81 | 29 |
| | 牡蛎 VC 营养 | 1 | 48 | 29 | 5.84 |

续表

| 类别 | 通用名 | 厂家数/家 | 2021 年销售额/百万元 | 2022 年销售额/百万元 | 2023 年销售额/百万元 |
|---|---|---|---|---|---|
| 肝胆类 | 力克保健 | 1 | 26 | 23 | 7.44 |
| | 护肝茶 | 1 | 23 | 20 | 3.96 |

资料来源：中康 CHIS，以 2022 年销售额排名。

目前，美国、日本等海外保健食品品牌网店交易指数名列前茅，热销产品种类较多，分类细化，而中药保健食品产品往往较为单一。

### 14.1.4　中药保健食品研发面临的问题[10,11]

目前，中药保健食品研发面临以下六大关键问题，导致中药保健食品产品单一且难以创新，中医药特色与优势弱，产品市场生命力不强，缺乏个体化与差异化。

（1）中药保健食品概念模糊不清。中药保健食品在现行法律法规中没有明确的定义，导致市场上部分保健食品仅添加一些中药或中药提取物就称为中药保健食品，打着中医中药的幌子偷换概念。问卷调查显示，38.93%的受访者不能区分保健食品和 OTC。

（2）中药保健食品功能评价不姓“中”，中药保健食品的研发脱离中医理论指导。目前，保健食品共有 24 个保健功能，这些功能的表述都是以现代医学和现代营养学为基础设定的，如“增强免疫力”“增加骨密度”等。目前，国家市场监督管理总局正在探讨建立传统中医养生保健理论功能声称目录。

（3）当前用于保健食品的中药材受到各种名单的限制（如 13.1.2 节所述），对中药类保健食品的合理配伍产生掣肘。

（4）在剂量选择、配伍依据上缺乏科学数据的支撑。

（5）现有的保健食品安全性 28 天亚急性喂食试验，不足以暴露所有安全隐患，导致长期服用可能发生安全问题。

（6）中药保健食品功能因子不清，质量控制简单。例如，很多中药保健食品的功效成分为总黄酮，但未确定是何种黄酮，从而导致中国的银杏叶提取物产品大量添加低价的芦丁以提高标志性成分这种案例发生。

另外，中药保健食品在审评审批方面也存在诸多问题。目前，注册类保健食品评审手续复杂，评审时间长；备案类保健食品仅可用极少数中药。由于种种原因，保健食品检验与评价技术规范断档5年之久。这些因素导致我国现阶段中药保健食品获批难、获批慢。随着保健食品各配套文件的陆续发布，这种情况将会逐渐得到改善。

### 14.1.5 美、日、韩中药保健食品发展现状

#### 14.1.5.1 美国膳食补充剂

美国的保健食品被称为“膳食补充剂”，是指以维生素、矿物质、氨基酸、草药（或其他草本植物）或以上成分经浓缩、配方、提取或混合形成的产品。FDA不允许膳食补充剂做“疗效宣传”，但允许功能宣传（即宣传产品对身体的某一机能有帮助）。例如，“治疗骨质疏松”是“疗效”，不被允许；但允许产品宣称“有助于骨骼健康”。除非产品中含有新膳食成分或申请新功能，否则美国大部分膳食补充剂市场准入相对简单，上市后30天内备案标签即可。[12]

2023年，美国膳食补充剂市场规模为667.5亿美元，预计2032年将增长至1320.4亿美元，复合年增长率约为8.9%。草药一直是补充剂行业的明星类别，据美国《营养商业杂志》报道，2022年是草药补充剂年销售额连续超过100亿美元的第三年。2022年，十大最畅销的草药补充剂成分分别为车前子、接骨木莓、苹果醋、姜黄、南非醉茄、蔓越莓、常春藤叶、葫芦巴、紫锥菊、姜。[13]

结合美国不同渠道的销售数据及美国2023年新膳食成分（NDI）申请受理情况可以看出，胶原蛋白和草本类原料作为膳食补充剂的新原料在产品的应用中逐渐受到重视。其中，绞股蓝提取物、苦瓜乙醇提取物、红

参、白芷提取物、芍药提取物等多种典型“中药”提取物榜上有名（见表 14－4）[12]。

表 14－4　美国 2023 年申请的新膳食成分名单（FDA）

| NDI 申请号 | 原料名称 | 申请人 | 递交日期 |
|---|---|---|---|
| 1267 | NMN/β－NMN | Effepharm | 2022 年 11 月 7 日 |
| 1268 | S－腺苷－L－甲硫氨酸二硫酸酯－没食子酸丙酯 | DS Therapeutics, Bonafide Health | 2022 年 11 月 16 日 |
| 1269 | 甘油磷酰胆碱 | Chemi Nutra | 2022 年 11 月 17 日 |
| 1270 | 裙带菜提取物 | Naturalendo Tech | 2022 年 12 月 16 日 |
| 1271 | 白芷、金针兰、芍药提取物 | Kolmar BNH | 2022 年 12 月 20 日 |
| 1272 | 红参 | Botalys | 2022 年 12 月 22 日 |
| 1274 | 苦瓜乙醇提取物 | Kolmar BNH | 2023 年 1 月 12 日 |
| 1275 | 发酵来源的虾青素 | Trade Wind Biotech | 2023 年 1 月 19 日 |
| 1276 | 绞股蓝提取物 | TG Biotech | 2023 年 1 月 31 日 |
| 1277 | 植物乳杆菌 DSM3364 | Novozymes | 2023 年 2 月 6 日 |
| 1278 | 矿物质粉 | H2 Universe | 2023 年 2 月 8 日 |
| 1279 | 乙酯藻油 | Algarithm | 2023 年 2 月 10 日 |
| 1280 | 酵母蛋白 | Yeap proteins | 2023 年 2 月 27 日 |
| 1281 | 植物乳杆菌 | Novozymes | 2023 年 2 月 21 日 |
| 1282 | 丁酸钠 | Synergolab Kft | 2023 年 2 月 23 日 |
| 1283 | 发酵大豆提取物 | Hughes Biotechnology | 2023 年 2 月 24 日 |
| 1284 | 绞股蓝提取物 | TG Biotech | 2023 年 3 月 9 日 |
| 1285 | 皮尤立顿水 | Kadesh | 2023 年 3 月 15 日 |
| 1286 | 牛樟芝 | Grape King Bio | 2023 年 3 月 24 日 |
| 1287 | 姜黄、姜、黑胡椒和椰奶粉 | Nourished Vines | 2023 年 3 月 31 日 |
| 1288 | 黑花提取物粉 | Naturalendo Tech | 2023 年 4 月 4 日 |

### 14.1.5.2　日本保健功能食品

在亚洲地区，药食同源有着深厚的历史文化积淀，尤其是日本、韩国、中国台湾等都推崇食补的饮食方式。例如，大枣、莲子、龙眼肉、乌梅是日本功能性食品开发的热点；紫苏和红参在韩国非常流行；马来西亚三大国宝中，东革阿里和燕窝兼具药食两用的功能。[8]

日本保健食品和我国现行特殊食品的监管制度体系非常接近，其保健功能食品涵盖特定保健用食品、功能性标示食品、营养功能食品3个类别，其定义和管理特点如下。[1,12]

（1）特定保健用食品，是指特定人群在饮食生活中通过摄入此类产品以期望达到该产品所标示的特定保健目的的食品。对特定保健用食品实施许可制度，相当于中国保健食品注册制。

（2）功能性标示食品，是指针对未罹患疾病的消费者，根据科学依据可以在容器上标示相关功能的食品。对功能性标示食品实施申报制度，相当于中国保健食品备案制。针对这类保健功能食品，企业自主进行临床试验或者文献统计研究，并进行功能声称。此类产品功能声称种类繁多，如“减轻工作等引起的紧张感”“减轻起床时的疲劳感和睡意”“有助于关节的灵活性和可动性”等。

（3）营养功能食品，是指以补充维生素、矿物质等特定营养成分为目的，含有并标示相关营养成分功能性的食品。日本主管部门制定并公布了统一的营养素功能声称清单，企业按照清单内容标示功能声称。

2017年，日本保健功能食品市场规模达到12272亿日元，其中，市场份额最大的食品原料中出现了多种药食同源成分，如宣称与体脂肪健康相关的葛花异黄酮和光甘草定，宣传与情绪、睡眠、记忆健康相关的茶氨酸、银杏叶黄酮苷和银杏叶萜烯内酯。此外，薏苡仁混合茶销量也很好。薏苡仁被誉为“世界禾本科植物之王”，有利于胃肠道健康。[14]

### 14.1.5.3 韩国健康功能食品

在韩国，保健食品被称为“健康功能食品”。在市场准入制度方面，功能原料分为一般原料和特定原料两类，对于纳入清单的原料，企业只需要直接进行产品备案即可。

中、韩两国对保健食品的功能声称均采取“功能清单 + 配套评价方法”管理模式。如表14 - 5所示，与中国相比，韩国特有的保健功能较多，如关节/骨骼健康、皮肤健康、前列腺健康、改善血行、降低龋齿的发病风险、可帮助呼吸道（气管、支气管）健康等，都是有鲜明特色且市场需求较大的保健功能，对中国今后开发新保健功能具有借鉴意义。

**表 14－5　中国保健食品与韩国健康功能食品的功能声称对比**

| 国家 | 特有保健功能 | 类似保健功能 |
| --- | --- | --- |
| 中国 | 有助于改善骨密度、有助于润肠通便、提高缺氧耐受力、有助于改善黄褐斑、清咽润喉、改善营养性（缺铁性）贫血、对电离辐射危害有辅助保护作用、改善皮肤水分、有助于改善痤疮、有助于排铅 | 有助于维持血压健康水平、辅助改善记忆、有助于维持血脂（胆固醇/甘油三酯）健康水平、有助于控制体内脂肪、有助于维持血糖健康水平、有助于增强免疫力、有助于抗氧化、对化学性肝损伤有辅助保护作用、缓解体力疲劳、有助于改善睡眠、辅助保护胃黏膜、有助于调节肠道菌群、有助于消化、缓解视觉疲劳 |
| 韩国 | 降低龋齿的发病风险，促进关节/骨骼健康，提高认知能力，促进皮肤健康、肠健康，改善血行，促进前列腺健康，提高运动能力，缓解紧张，促进钙吸收、尿路健康、更年期女性健康，改善膀胱的排尿功能、皮肤过敏，促进更年期男性健康，改善经前综合征，增强精力活力，促进女性阴道健康，改善肌肉力量，有助于牙龈健康、呼吸道（气管、支气管）健康 | 调节血压、改善记忆力、改善血液中胆固醇、改善血液中中性脂肪、减少体脂肪、调节血糖、改善免疫功能、抗氧化、促进肝健康、缓解疲劳、促进儿童成长发育、改善睡眠质量、有助于胃健康/消化功能、促进眼健康 |

## 14.2　中药药食同源食品

中药药食同源食品和中药保健食品均属食品范畴，但两者在功能和适用范围等方面存在区别。中药药食同源食品是普通食品，大部分人群可食用，但不能对外宣称其保健功效；而中药保健食品是适用于特定人群且具有调节人体机能功效的一类食品。[16] 对于企业来说，中药药食同源产品是中药保健食品的极大补充，是中药保健食品产业的有效延伸，也是企业开拓中医药大健康市场的重要抓手。面对需求快速增长、市场规模逐年上升的中药药食同源市场，中药企业和食品企业都在积极布局，不断向纵深发

展，开发高端中药药食同源食品。中药药食同源食品与中药保健食品的区别见表 14－6。[17,18]

**表 14－6　中药药食同源食品与中药保健食品的区别**

| 项目 | 中药药食同源食品 | 中药保健食品 |
| --- | --- | --- |
| 功能 | 普通食品，不能宣称其具有保健功效 | 经功能性试验和市场监督管理部门审批，可宣称特定的保健功能 |
| 安全性及适宜人群 | 安全性已得到验证，大部分人群可以食用 | 属于特殊食品，经过毒理学试验和市场监督管理部门安全性评估，适用于特定人群 |

## 14.2.1　可用药食同源原料

### 14.2.1.1　食药物质[18]

2021 年出台的《按照传统既是食品又是中药材的物质目录管理规定》明确了食药物质（也称“药食同源物质”）的定义，管理部门为国家卫生健康委员会和国家市场监督管理总局，以及新食药物质的申请路径和资料要求。到目前为止已发布的药食同源物质名单见表 14－7。

**表 14－7　药食同源物质名单**

| 出处 | 具体物质名单 |
| --- | --- |
| 卫生部关于进一步规范保健食品原料管理的通知（卫法监发〔2002〕51 号） | 丁香、八角茴香、刀豆、小茴香、小蓟、山药、山楂、马齿苋、乌梢蛇、乌梅、木瓜、火麻仁、代代花、玉竹、甘草、白芷、白果、白扁豆、白扁豆花、龙眼肉（桂圆）、决明子、百合、肉豆蔻、肉桂、余甘子、佛手、杏仁（甜、苦）、沙棘、牡蛎、芡实、花椒、赤小豆、阿胶、鸡内金、麦芽、昆布、枣（大枣、酸枣、黑枣）、罗汉果、郁李仁、金银花、青果、鱼腥草、姜（生姜、干姜）、枳椇子、枸杞子、栀子、砂仁、胖大海、茯苓、香橼、香薷、桃仁、桑叶、桑葚、橘红、桔梗、益智仁、荷叶、莱菔子、莲子、高良姜、淡竹叶、淡豆豉、菊花、菊苣、黄芥子、黄精、紫苏、紫苏籽、葛根、黑芝麻、黑胡椒、槐米、槐花、蒲公英、蜂蜜、榧子、酸枣仁、鲜白茅根、鲜芦根、蝮蛇、橘皮、薄荷、薏苡仁、薤白、覆盆子、藿香 |
| 国家卫生健康委员会、国家市场监督管理总局关于当归等 6 种新增按照传统既是食品又是中药材的物质的公告（2019 年第 8 号） | 当归、山奈、西红花、草果、姜黄、荜茇（仅作为香辛料和调味品使用） |

续表

| 出处 | 具体物质名单 |
| --- | --- |
| 国家卫生健康委员会、国家市场监督管理总局关于党参等9种新增按照传统既是食品又是中药材的物质的公告(2023年第9号) | 党参、肉苁蓉（荒漠）、铁皮石斛、西洋参、黄芪、灵芝、山茱萸、天麻、杜仲叶 |

### 14.2.1.2　其他药食同源物质

有些药食同源类原料会以新食品原料的身份申报，从而进入更多的食品领域；还有些药食同源类原料或被纳入地方特色食品，或被监管当局以公告、批复、复函等形式批准为食品原料（见表14－8）。这些原料都可作为我国药食同源食品的开发对象。[9,19]

表14－8　其他类型药食同源原料

| 类别 | 原料名称 |
| --- | --- |
| 新食品原料 | 湖北海棠叶、杜仲雄花、青钱柳叶、短梗五加、库拉索芦荟凝胶、蛹虫草、杜仲籽油、茶叶籽油、地龙蛋白、金花茶、水飞蓟籽油、显脉旋覆花（小黑药）、雪莲培养物、玛咖粉、枇杷叶、人参（人工种植）、人参不定根、乌药叶、辣木叶、广东虫草子实体、显齿蛇葡萄叶（藤茶）、柳叶蜡梅、竹叶黄酮、木姜叶柯、明日叶、枇杷花、赶黄草、蝉花子实体、二氢槲皮素 |
| 地方特色食品 | 白木香叶、金线莲（金线兰）、牛大力粉、三七花、三七茎叶、铁皮石斛花、铁皮石斛叶 |
| 以公告、批复、复函等形式批准为食品原料 | 刺梨、蚕蛹、玫瑰花、重瓣红玫瑰、凉粉草（仙草）、夏枯草、布渣叶、鸡蛋花、平卧菊三七、沙棘叶、天贝、玉米须、冬青科苦丁茶、五指毛桃、耳叶牛皮消（白首乌） |

## 14.2.2　国内发展趋势

随着社会经济的高速发展，年轻人饮食不健康或工作压力大，以及老龄化进程的加快，亚健康人群日益增多。随着健康素养和中医药文化健康素养的不断提升，普通民众养生和“治未病”理念逐渐加强。药食同源物质因兼顾“药”与“食”的双重特性，天然具有健康的属性，更容易得到市场和消费者的认可。《国民营养计划（2017—2030年）》《健康中国行动（2019—2030年）》等多个政策文件都明确提出，要发挥中医药特色优势，大力发展传统食养服务，满足国民健康需求。

#### 14.2.2.1 传统品牌产品

我国自古就有药食同源的理论。《黄帝内经·素问》记载：“大毒治病，十去其六；常毒治病，十去其七；小毒治病，十去其八；无毒治病，十去其九。谷肉果菜，食养尽之。无使过之，伤其正也。”经过数千年的实践与沉淀，“药食同源”的理念已深深镌刻于中国人的生活中，成为中华民族健康食养文化的精华。自2000年起，我国许多传统药企开始探索功能性食品领域，开发出了一些受到市场和大众认可的药食同源食品，如表14－9所示。

表14－9 传统药企推出的药食同源产品

| 类型 | 产品 | 药食同源原料 |
| --- | --- | --- |
| 饮料 | 王老吉凉茶植物饮料 | 仙草、鸡蛋花、布渣叶、菊花、金银花、夏枯草、甘草 |
| | 午时®银花露 | 金银花 |
| 饼干 | 江中®猴菇酥性饼干 | 猴头菇 |
| 糖果 | 京都念慈菴®金桔柠檬糖 | 金橘、柠檬、桔梗、甘草 |
| | 京都念慈菴®枇杷糖 | 枇杷叶、甘草、藏青果、桔梗 |
| 地方特色食品 | 双钱®梧州龟苓膏 | 仙草、甘草、蜂蜜、茯苓、金银花、蒲公英、槐花、龟、栀子、白芷、罗汉果 |
| 糕点 | 东阿阿胶桃花姬®阿胶糕 | 核桃仁、黑芝麻、黄酒、阿胶 |

#### 14.2.2.2 新兴品牌产品

《Z世代营养消费趋势报告》（2022年）显示，年轻人成为当下养生消费的主力军，其中，18～35岁的年轻消费人群占比高达83.7%，“药食同源＋滋补类”成为新生代消费首选。年轻消费人群，尤其上班族，亚健康状态比较普遍。近年来，随着消费人群和希望改善健康类型的变化，药食同源食品开发类型有了一定变化，许多新消费品牌脱颖而出。产品类型除养生丸（如黑芝麻丸）、养生膏方（如人参黄精膏）、养生茶（如红豆薏米茶）、药膳养生汤料等以外，也扩展到了滋补营养糖（如山楂鸡内金软糖、荷叶茯苓软糖）、巧克力、咖啡等多种快速消费品（见表 14－10）。[9]

**表 14－10　近年来推出的药食同源热销产品**

| 品牌 | 产品 | 药食同源原料 |
|---|---|---|
| 老金磨坊 | 低糖/无糖黑芝麻丸 | 黑芝麻、黑米、黑豆、黑果枸杞、桑葚 |
| 固本堂 | 臻粒黑芝麻丸 | 黑芝麻、蜂蜜 |
| 百年医仁 | 五黑桑葚膏 | 桑葚、黑枸杞、黑豆、黄精、黑芝麻、黑米 |
| 同仁堂 | 伏湿膏 | 红小豆、薏苡仁、芡实、山药、橘皮、茯苓、藿香、大枣 |
| 元气森林 | 玉米须茶 | 玉米须、糙米、大麦、玉米 |
| 胶囊茶语 | 蜜桃红豆薏米茶 | 红豆、苦荞、栀子、陈皮、薏米 |
| TipsYou | 桃颜有方软糖 | 当归、人参、山药、桑葚、姜黄、黄精、茯苓、甘草 |
| 宫小膳 | 原切参巧巧克力 | 人参、黑巧克力 |
| 草莓魔法 | 灵芝咖啡 | 灵芝 |
| 椿风 | 熬夜水 | 人参 |

目前，对于 2023 年 11 月正式获批为食药物质的 9 种物质——党参、肉苁蓉、铁皮石斛、西洋参、黄芪、灵芝、山茱萸、天麻、杜仲叶，市场上销售的相关药食同源食品较少，更多的是应用于医疗保健或药物中。可以预见，接下来几年利用这 9 种物质开发的药食同源产品将迎来增长高峰。

### 14.2.3　存在的问题及应对措施[17,18]

目前，我国药食同源产业发展并不理想。虽然从市场数据来看，我国功能性食品异军突起，营收规模不断攀升，但是药食同源食品存在的问题同样不容忽视。

（1）药食同源食品至今仍被纳入普通食品管理，这导致了两个方面的问题。一是药食同源原料及加工工艺都要符合国家对普通食品的要求，这就出现了剂量偏低，消费者体感不够的痛点。二是功能性食品没有保健食品的法律地位，产品宣传时不能使用带有特定功效的词语，这使得正规厂家的宣传效果不佳，而违法宣传和夸大宣传功效的产品更容易博得消费者的关注。

（2）药食同源食品容易出现一些安全问题，如药食同源物质存在外源性残留污染、内源性有毒成分、药性使用不当等问题。另外，药食同源食品还常常出现误用中药材现象，如添加未被列入食药物质清单的原料。

（3）从深层次来看，我国支撑药食同源物质创新产品研发的基础研究及标准研究较薄弱，缺乏原创性和创新性成果。

针对以上问题，我国可采用如下应对措施。

（1）加强基础研究，包括物质基础研究、有效性和安全性研究，以及新工艺、新技术研究，目的是形成基于中医的体质学说，以及三因制宜理论精准定位的原创性和创新性产品。

（2）建设标准体系，包括药食同源中药材的种植标准，药食同源产品的生产加工标准、使用标准等。

（3）在基础研究和标准体系建设基础上，深入市场调研，掌握市场需求，开发集安全性、风味性及个性化于一体的药食同源产品。

## 14.3 中药化妆品

《2023年中国化妆品市场行业发展与消费洞察》报告显示，2022年，中国化妆品市场规模为4858亿元，其中，药妆市场规模为883亿元（其中，本土企业市场规模约314亿元，国外企业市场规模约569亿元）。由此可见，药妆在化妆品市场中占有相当的规模。

### 14.3.1 我国现行化妆品监管制度

《化妆品监督管理条例》明确指出，化妆品是指以涂擦、喷洒或者其他类似方法，施用于皮肤、毛发、指甲、口唇等人体表面，以清洁、保护、美化、修饰为目的的日用化学工业产品。化妆品包括十一大细分子行业：护肤品、彩妆品、防晒用品、沐浴用品、口腔护理品、护发用品、脱毛用品、香水、男士护理品、婴孩童专属用品、除臭剂。常见的化妆品有牙膏、洗面奶、面膜、面霜、口红、粉底、眼影、眉笔等。

我国对特殊化妆品和化妆品新原料实行注册管理，对普通化妆品实行备案管理。所谓的特殊化妆品，是指用于染发、烫发、祛斑美白、防晒、防脱以及宣传新功效的化妆品；除此以外为普通化妆品。国家药品监督管理局负责特殊化妆品、进口普通化妆品、化妆品新原料的注册和备案管理。省局负责本行政区域内国产普通化妆品备案管理工作。

《化妆品安全评估技术导则（2021 年版）》规定，自 2022 年 1 月 1 日起，化妆品注册人、备案人申请特殊化妆品注册或者进行普通化妆品备案前，必须依据《化妆品安全评估技术导则（2021 年版）》的要求开展化妆品安全评估。在我国境内首次使用于化妆品的天然或者人工原料被视为化妆品新原料。《已使用化妆品原料目录（2021 年版）》列出了 8972 种原料，除此以外的原料为化妆品新原料。在《已使用化妆品原料目录（2021 年版）》中，植物来源的相关原料约有 3600 种，占总量的 40%。[20]

### 14.3.2　中药化妆品发展现状

早在 1980 年，传统医药企业片仔癀就推出了美妆品牌“皇后”。资料显示，皇后牌片仔癀珍珠膏在 20 世纪 80 年代风靡海内外。但在后续几十年间，片仔癀似乎对此意兴阑珊。到了近几年，片仔癀化妆品开始重新发力。公司财报显示，2017—2021 年，片仔癀化妆品业务营业收入从 2.02 亿元增长至 7.34 亿元，随着业绩逐年提升，片仔癀也拟将化妆品板块分拆上市。

据统计，到 2023 年，我国涉及化妆品行业的药企数量已经超过 400 家。人们都说“药妆同源”，许多知名中药企业也纷纷推出化妆品，如片仔癀、云南白药、同仁堂和哈药集团等。中药企业推出的护肤品品牌以及它们的代表产品，如表 14 - 11 所示。除了薇诺娜、片仔癀、云南白药、同仁堂，目前能在化妆品行业立足乃至突围的企业，实属不多。

表 14-11 中药企业开发的化妆品

| 品牌 | 品牌定位/业务核心 | 特征成分 | 所属药企 | 成功产品案例 |
|---|---|---|---|---|
| 薇诺娜 | 专注敏感肌肤 | 青刺果油、马齿苋 | 云南贝泰妮（滇虹药业） | 薇诺娜舒敏特护霜 |
| 相宜本草 | 中草药护肤 | 龙胆、红景天 | 相宜本草 | 红景天焕亮精华液 |
| 片仔癀皇后 | 中草药护肤 | 珍珠、灵芝、人参根提取物、三七等 | 片仔癀 | 片仔癀珍珠霜、片仔癀祛痘贴 |
| 云南白药 | 口腔护理、防脱洗护 | 云南白药，皮哨子、侧柏叶、三七根提取物 | 云南白药 | 云南白药牙膏、养元清®洗发水 |
| 北京同仁堂 | 中草药和天然护肤产品 | 人参、何首乌提取物、侧柏叶提取物、姜根油、当归茯苓菊花提取物 | 同仁堂 | 人参维生素 E 乳、防脱育发洗发水 |
| 皮宝 | 多维度修复 | 亚麻籽提取物、卤虫提取物 | 太安堂 | 皮宝舒缓修护霜 |
| 马应龙八宝 | 年轻一族眼部护理 | 琥珀、麝香、硇砂、牛黄、炉甘石、冰片、珍珠 | 马应龙 | 马应龙八宝紧致眼部精华、马应龙八宝眼袋型眼霜 |
| 晓平 | 中高端国产护肤 | 牛蒡籽提取物（对痤疮丙酸杆菌和皮脂腺分泌具有抑制作用） | 鲁南制药 | 植萃臻颜清肌祛痘精华液 |
| 诗莉薇 | 天然凝萃、纯净至美 | 三七、马达加斯加哈伦加那提取物、北美金缕梅提取物、透明质酸钠 | 盘龙云海 | 三七洗面奶/面膜、龙血树爽肤水 |

## 14.3.3 中药化妆品面临的挑战[21,22]

### 14.3.3.1 法规许可空间有限

2019 年，国家药品监督管理局化妆品监管司整理发布《化妆品监督管理常见问题解答（一）》明确指出，我国现行《化妆品卫生监督条例》中第十二条、第十四条规定，化妆品标签、小包装或者说明书上不得注有适应症，不得宣传疗效，不得使用医疗术语；广告宣传中不得宣传医疗作用。对于以化妆品名义注册或备案的产品，宣称“药妆”“医学护肤品”

等“药妆品”概念的，属于违法行为。

2021 年开始施行的《化妆品监督管理条例》对化妆品的生产、经营和使用等各方面进行了规范，但对于中药化妆品并没有明确的定义和分类，容易导致市面上的产品良莠不齐。

#### 14.3.3.2　假冒伪劣产品泛滥

有些中药化妆品企业为了降低成本，采用劣质原料，简化生产工艺，甚至添加违禁成分，导致中草药化妆品的投诉事件和质量问题不断增多。有些消费者使用中草药化妆品后，出现了皮肤过敏、红肿、瘙痒等不良反应，不仅严重影响了中草药化妆品的整体形象，也严重损害了消费者的利益，给中药化妆品带来负面影响。

#### 14.3.3.3　研发投入不足

目前，国内化妆品生产企业普遍为中小型企业，自主创新水平低、产品同质化严重，研发投入不足，不能提供创新性强、体验感和效果好的高水平产品，导致我国化妆品企业在中高端市场的竞争力不强。

#### 14.3.3.4　关键技术有待突破

目前，中药化妆品尚有许多难题需要攻克。首先，有效成分的提取效率、成本以及环保等方面仍存在一定的局限性。其次，中药化妆品易受光照、温度、湿度、pH 等外界因素的影响，稳定性较差。最后，中药可能存在重金属、农药残留超标等安全性问题。据调查，近年来涉及中草药化妆品的质量问题和投诉事件中，约 30% 与产品的稳定性和安全性有关。

#### 14.3.3.5　市场监管不足

目前，没有确切的中药化妆品标准和定义，市场监管法规不清晰，部分中药化妆品企业存在虚假宣传、夸大事实的现象，使部分消费者对中药化妆品心存疑虑。

## 14.4 天然药物合成生物学

### 14.4.1 合成生物学在天然药物范围内的使用

植物来源的药用天然产物通常是植物的次级代谢产物。近年来，通过应用合成生物学的技术，我们成功设计出一系列发酵技术制造各种自然界的植物性成分，包括青蒿素、丹参酮、番茄红素、人参皂苷和吗啡等，这些成果为我们在这一领域的发展提供了强有力的支持。与以往的生产方法不同，采用最先进的资源开发技术，不仅能更好地实现可持续发展，还能带来更高的经济收益，从而成为一种全新的创业形态。

目前，生物合成可利用大范围分析、构筑元件库、实施高效率的集群构建、实施精准的人机交互以及运用先进的机器学习算法等手段来提升效率。然而，在某些生物合成方面仍存在研究基础薄弱、工程细胞异源合成效率偏低等问题，同时，所用到的发酵法在成本控制方面可能不及传统的化学合成方式，因此，天然药物的生物合成仍有待探索。当然，人工智能技术与高通量化学合成基因技术的日益成熟，将有助于我们迈入植物源天然产物人工合成的新时代。[23]

由于植物天然产物具备良好的生物活性功能，已被广泛地应用于医疗保健领域。目前，许多植物天然产物仍采用传统的方式进行提纯，这种方式虽然成本低，但效率及安全性不高，且会给自然界带来污染。化学合成手段在某些具有手性中心结构的植物天然产物应用中，由于局限性大、过程复杂、效率低、成本高、污染环境而不能投入商业生产。部分植物天然药较多地采用化学半合成方法，即从植物中提取前体化合物，再进一步化学合成获得天然产物。伴随着基因组学及蛋白组学的发展，通过解析天然产物合成途径，应用合成生物学技术，不仅能有效地控制原材料的来源，还能减少对自然资源的破坏，从而实现对环境的有益维持。此外，该技术也受到了国内外专家的一致好评。近年来，随着合成生物学技术的飞跃式进步，微生物合成的天然植物产品的多样性和数量都有了显著增长。

天然药物合成生物学是以基因组解析与化学合成作为基石的现代生物技术，是工程学和系统生物学的有机结合，涵盖分子生物学和生物信息学，以及制药技术基础专业药物化学、药物合成、药物分析、药理学等科目，是具备规模化和程序化生产纯天然药品的工程化生物合成工艺。由于具有绿色可持续发展的特点，天然药物合成生物学极可能是未来纯天然药品生产的方向所在。天然药物合成生物学研究一般分为两个模块，一是天然药物固定新陈代谢路径的分析、重建与过程化，二是全新天然药物合成路径的工艺设计、筛选、重组与程序化。[24]

萜类化合物生物合成阶段特点[25]及其合成图分别见表 14 – 12 和图 14 – 1。

**表 14 – 12　萜类化合物生物合成阶段特点**

| 内容 | 具体特点 |
| --- | --- |
| 异戊烯基焦磷酸（IPP）及其异构体二甲基烯丙基焦磷酸（DMAPP）的生成（两种途径） | MVA 途径中的关键酶是 3 – 羟基 – 3 – 甲基戊二酰辅酶 A 还原酶（HMGR） |
| | MEP 途径的关键酶是 1 – 脱氧 – D – 木酮糖 – 5 – 磷酸合酶（DXS）和 1 – 脱氧 – D – 木酮糖 – 5 – 磷酸还原异构酶（DXR） |
| 萜类化合物前体牻牛儿基焦磷酸（GPP）、法尼基焦磷酸（FPP）和牻牛儿基牻牛儿基焦磷酸（GGPP）等的生成 | 不同数目的 IPP 和一分子 DMAPP 在异戊烯基转移酶的催化下形成萜类化合物的前体 GPP、FPP 和 GGPP，其中，牻牛儿基焦磷酸合酶（GPPS）催化一分子 IPP 和一分子 DMAPP 形成 GPP，作为单萜的前体；两分子 IPP 和一分子 DMAPP 在法尼基焦磷酸合酶（PPS）的催化下生成 FPP，作为倍半萜和三萜前体；牻牛儿基牻牛儿基焦磷酸合酶（GGPPS）催化三分子 IPP 和一分子 DMAPP 生成 GGPP，作为二萜和四萜的前体[26] |
| 萜类合酶环化及 CYP450 酶等的修饰 | GPP、FPP 和 GGPP 通过不同的萜类合酶的催化及细胞色素 P450 单加氧酶（CYP450）的修饰形成多种多样的萜类化合物 |

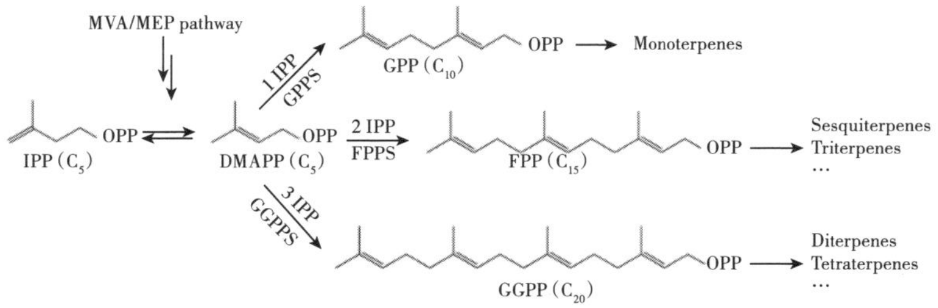


**图 14－1　萜类化合物生物合成**

## 14.4.2　合成生物学应用

### 14.4.2.1　青蒿素

萜类化合物普遍生存于自然环境中，目前发掘的萜类化合物已达到5万种，它们大多是药材植株中的高效成分，而青蒿素、紫杉醇等物质均属此类。[27]高效抗疟疾新药青蒿素，有着生物学活性高、副作用较小、市场需求量大、来源范围窄小的特点，是屠呦呦及其研发队伍在20世纪70年代基于国内常规中草药青蒿中发掘的倍半萜类化合物。青蒿素早期的生产方法一直是从黄花蒿中萃取，由于产能缺陷严重供不应求，不能满足人类需求，寻找一种规模化大批量生产且成本低的技术十分必要，而纯天然药物合成生物技术是最佳路线。Westfall 等在酿酒酵母中过表达了 MVA 途径的每个基因，通过对酿酒酵母发酵的过程进行优化，包括降低磷酸盐浓度、使用葡萄糖/乙醇混合碳源饲喂等方法，最终使工程菌中青蒿素前体紫穗槐二烯（Amorphadiecne）的产量达到40g/L。[28]美国科学家经过10年的深入研究，成功利用酵母细胞工厂通过发酵产出青蒿酸，再进一步经简单化学工艺制备青蒿素，在不大于100m$^3$ 的发酵车间中，每年可产出青蒿素不少于35t，约等于中国5万亩农田的种植产量。此项研发在人工合成细胞制备植物萜类天然产物板块有着标志性的意义。[29]

青蒿素的生物合成属于类异戊二烯途径，FPP 是主要的前体化合物。紫穗槐二烯合酶（ADS）催化 FPP 环化生成紫穗槐二烯，随后，紫穗槐二烯经过三步氧化逐次生成青蒿醇（Artemisinic alcohol）、青蒿醛（Artemisinic aldehyde）、青蒿酸（Artemisinic acid），该步骤由单一的 CYP450 酶（CYP71AV1）催化完成。目前，商业上通过以青蒿酸为前体，化学半合成青蒿素满足市场供应。而天然的青蒿素生物合成是在形成青蒿醛后，被关键酶青蒿醛还原酶（DBR2）催化，生成双氢青蒿醛（Dihydroartemisinic aldehyde），再由醛脱氢酶（ALDH1）催化，生成青蒿素的直接前体双氢青蒿酸（Dihydroartemisinic acid），最后经过一步非酶促的光氧化步骤生成青蒿素。青蒿酸经过光氧化最终生成青蒿素 B（见图 14－2）。[30]

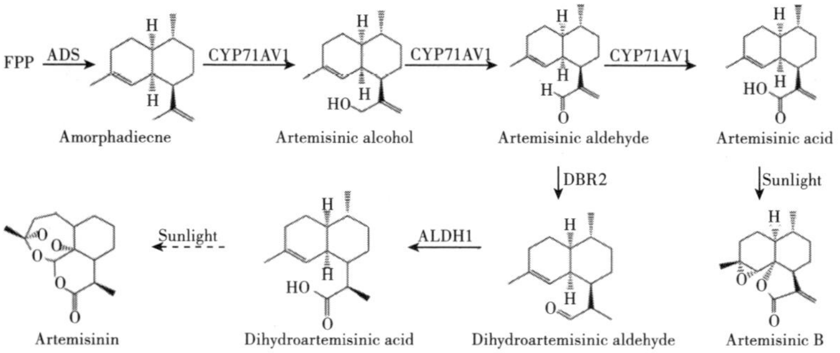


**图 14－2　青蒿素合成路线**

近年来，随着科技的进步，青蒿素合成的生物学研究取得了长足的进步。目前，人类已经能够通过代谢工程合成许多种类的原料。青蒿素合成生物学研究特点如表 14－13 所示，工程菌目的产物产量提高办法如表 14－4 所示。

**表 14－13　青蒿素合成生物学研究特点**

| 特点 | 代表 | 性能或结果 |
|---|---|---|
| 底盘细胞种类多样 | 大肠杆菌 | 早而成熟，遗传背景清楚，生长快，周期短、安全，高密度培养，表达基因产物多样，成本低、易操作 |
| | 酿酒酵母 | 真核生物具有内膜系统，适合次生代谢酶基因表达 |
| | 植物细胞 | 调控系统精细，光合作用获得代谢前体物，产量低，获得代谢产物种类多 |
| | 其他微生物 | 构巢曲霉等 |

**续表**

| 特点 | 代表 | 性能或结果 |
|---|---|---|
| 实现多种产物的制备 | 烟草等异源宿主 | 紫穗槐-4，11-二烯、青蒿醇、二氢青蒿醇、青蒿酸、青蒿酸糖苷和二氢青蒿酸 |
| 重构中间体代谢途径方式多样 | 固有途径转移、重构与工程化（主要） | 代谢途径解析明确，与原植物代谢途径一致 |
| | | 代谢途径解析明确，与原植物代谢途径一致，导入合成特异基因及底物供应限速酶基因 |
| | 模块化设计另导入底物供应途径 | 无论有无底盘细胞均可制备中间体 |

**表 14-14　工程菌目的产物产量提高办法**

| 方法 | 具体措施 |
|---|---|
| “开源”增加前体供应 | 增加基因的拷贝数；<br>增加辅酶数量；<br>启动子修饰；<br>选择不同的区室；<br>密码子优化；<br>优化或平衡多基因控制的代谢途径；<br>基因替换 |
| “节流”增加前体供应 | 抑制或下调竞争代谢途径，从而限制或减少流入竞争代谢途径的 FPP 供应 |
| 提高底物利用效率 | 增加基因拷贝数；<br>密码子优化；<br>启动子修饰；<br>基因替换；<br>提高基因之间的偶联效率；<br>质粒替换；<br>底盘细胞替换 |
| 优化培养和生产条件（内外因） | 条件优化应根据对象设计培养基的成分 |

利用合成生物学制备青蒿素及其中间体的成功，无论是对青蒿素自身还是对未来天然药物的制造布局都会产生深远的影响。它不受自然环境和土壤的限制，能在短时期内获取大量青蒿素，从而平衡全球金融市场上青蒿素的供给，有效降低青蒿素的产品价格，有助于控制疟疾在贫困国家的肆虐。同时，它对一些稀缺药品的绿色制备也极具借鉴意义，能有效促进

天然药物的发展，并带动一些天然药物的绿色制备。更为关键的是，利用合成生物学制取青蒿素的经验和科学技术，能够转移到一些化工产品、能耗与建筑材料的合成生物学研发中，可有效解决人口剧增导致的土地供应困难，以及化学合成和土壤过度施肥导致的环境污染问题，对“绿色中国”的构建和“健康全球”的目标实现都有着十分重大的意义。

### 14.4.2.2　紫杉醇

研究表明，紫杉醇作为一种萜类次生代谢产物，可以抑制肿瘤的生长。这种物质的结构十分复杂，由 11 个立体中心和 1 个 17 碳的 4 环骨架组成。20 世纪 70 年代，当时紫杉醇首次被发现存在于红豆杉植物内。由于次生代谢产物的存在限制了紫杉醇的生产数量，仅能从原红豆杉的树皮中提取出 500mg/kg，这显然无法满足患者的需求。一些科学家尝试了化学合成紫杉醇的方法，但这种方法操作复杂、反应条件难以掌握，产出相当有限，故后续研究主要是用半合成法制备紫杉醇。

美国麻省理工学院的科学家首次成功地将二萜抗癌药物紫杉二烯合成酶引入大肠杆菌中。通过精确地操纵上游 MEP 和下游萜类合成模块，他们成功建立了一个可以每天产出 1g/L 紫杉二烯的细胞工厂。当前，工业化生产主要是通过从紫杉树枝叶中提取 10－去乙酰巴卡亭Ⅲ和巴卡亭Ⅲ，再经过一系列精心的化学反应，获得具有纯度极佳、价格实惠、技术水平可靠的紫杉醇，而这种生产方式的应用范围也越来越广。利用合成生物学的新思路，我们不仅能利用巴卡亭Ⅲ进行半合成紫杉醇的制备，还能大规模地保护濒危植物红豆杉，进而实现对其的长期持续利用。[31]

紫杉醇生物合成途径主要包括以下 3 个步骤：①紫杉烷环母核结构的合成，以生成巴卡亭Ⅲ为产物；②苯基异丝氨酸侧链的合成；③侧链与紫杉烷母核的 $C_{13}$ 位酰化连接，然后在侧链 $C_2$’位和 $C_3$’位分别被羟化和苯甲酰化，最终形成紫杉醇（见表 14－15、图 14－3）。

**表 14－15　紫杉醇生物合成途径**

| 合成途径 | 具体过程 |
| --- | --- |
| 三环二萜骨架构建——异戊二烯前体的合成 | 1. 细胞质中甲羟戊酸途径（MVA）或质体中的磷酸甲基赤藓糖醇途径（MEP）合成异戊烯焦磷酸（IPP）。<br>（1）MVA 由乙酰辅酶 A 经过 6 步酶促反应生成 IPP。<br>（2）MEP 途径起始于丙酮酸和甘油醛－3－磷酸，经过 7 步酶促反应生成 IPP。<br>2. IPP 在异戊烯基焦磷酸异构酶（IDI）的作用下，部分 IPP 可以转化为双键异构体甲基丙烯基焦磷酸（DMAPP）。<br>3. IPP 和 DMAPP 缩合，生成二萜化合物的共同前体——GGPP，GGPP 在紫杉烯合成酶（TS）的催化下，环化生成紫杉烯（三环二萜骨架结构）。<br>4. 骨架上的官能团反应修饰：$C_1$、$C_2$、$C_4$、$C_5$、$C_7$、$C_9$、$C_{10}$和$C_{13}$位修饰后形成紫杉醇的前体巴卡亭Ⅲ（包含羟基化，羟基组上的酰基化、酮基化和环氧丙烷） |
| 苯基异丝氨酸侧链的合成 | $C_{13}$位侧链是保证紫杉醇抗癌活性的关键，而且侧链明显影响终产物的合成。C－13苯基异丝氨酸侧链起源、侧链的连接次序和方式、组装至巴卡亭Ⅲ形成紫杉醇的路径都已清楚，绝大部分相关酶基因也已被克隆。侧链的合成由两步反应完成：首先，α－苯丙氨酸（α－Phenylalanine）在苯丙氨酸氨基变位酶（Phenylalanine Aminomutase，PAM）的作用下异构化为β－苯丙氨酸（β－Phenylalanine），再与乙酰辅酶 A 结合生成β－Phenylalanoyl CoA |
| 紫杉醇的形成 | β－phenylalanoyl CoA 作为酰基供体，巴卡亭Ⅲ 3－氨基 3－苯丙醇基转移酶（BAPT）催化巴卡亭Ⅲ的$C_{13}$位酰化形成β－phenylalanoyl baccatin Ⅲ，然后其侧链羟化作用形成 3’N－去苯甲酰紫杉醇，再由 3’－N－去苯甲酰－2’－脱氧紫杉醇 N－苯甲酰基转移酶（DBTNPT）催化侧链上 $C_3$’位 N 原子发生苯甲酰化生成终产物紫杉醇 |

Huang 等在大肠杆菌中过表达异戊烯基焦磷酸异构酶（Isoprenyl diphosphate isomerase，IDI）和 GGPPS，同时表达 TS，实现了紫杉烯在大肠杆菌中的生物合成，产量为 1.3mg/L。[32] Ajikumar 等采用一种代谢途径工程的多元模块化方法，将紫杉烯生物合成途径分为两部分：一部分是天然的 MEP 途径形成 IPP 和 DMAPP，另一部分是下游的萜类合成途径。通过优化平衡两个模块，成功地将工程化大肠杆菌中的紫杉烯产量提高了 15000 倍，达到约1g/L。[33] Biggs 等在大肠杆菌中表达氧化紫杉烯合成所需的基因，通过调整质粒拷贝数及启动子优化 CYP450 酶的表达，对 CPR 进行优化以及对膜结合蛋白的 N 末端进行修饰，以提高蛋白表达及可溶性，在 2L 发酵罐中，工程化大肠杆菌中氧化紫杉烯的产量达到 570 mg/L。[34]

Ding 等在酿酒酵母中表达基因 ERG20 和 tHMGR，并引入 TS 基因，构建了紫杉烯生物合成途径。通过酶－底物分子对接策略分析了 6 种不同来源的 GGPPS 与 FPP 的结合能力，其中，南方红豆杉和东北红豆杉杂交种来源的 GGPPS 在对接分析及体内验证中都表现出了较高的活性，最终使工程菌中紫杉烯产量达到 72.8 mg/L。[35] Li 等通过丙氨酸扫描、半饱和突变及组合突变的方法获得了双突变体 DBATG38R/F301V，提高了 DBAT 对 DT 的催化效率，并结合 LXYL－P1－2，成功构建了从 XDT 到紫杉醇转化的双酶催化一锅法反应体系，在15h时 50mL 体系中，紫杉醇产量达到 0.64mg/mL。[36]

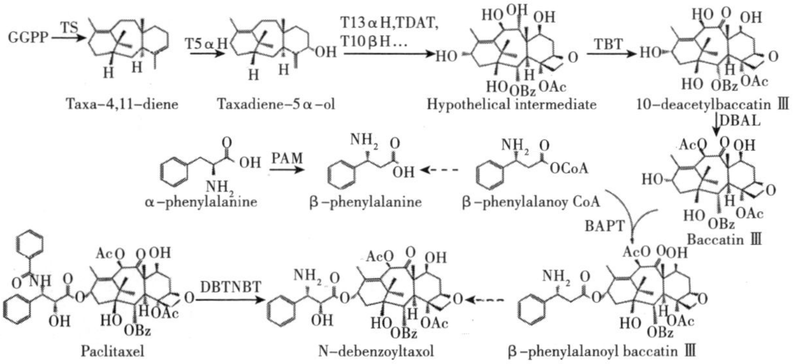


**图 14－3　紫杉醇合成路线**

随着紫杉醇代谢途径研究的不断深入，通过大肠杆菌和酿酒酵母菌等异源表达系统生物合成的紫杉醇中间体（如紫杉烯和 5α－羟基紫杉烯），收率已得到显著提升。然而，紫杉醇生物合成途径尚未完全揭示，从紫杉烯到紫杉醇的过程研究仍处于萌芽阶段，因此要想实现紫杉醇的长期供应，仍需付出巨大的努力。

（赵志峰　高玉静）

## 参考文献

[1] 刘洪宇，刘明，郭新光，等．部分国家和地区保健食品类似产品市场

准入制度概况及对我国的启示[J]. 中国食品添加剂,2023,34(11):212-219.

[2]闫志刚,边晓慧,隋霄. 中美保健食品监管:比较与启示[J]. 食品科学,2023,44(7):372-379.

[3]孙昱,孙国祥,李焕德. 保健食品相关的原料范围界定和注册管理研究[J]. 中南药学,2021,19(1):1-6.

[4]高静. 大健康产业背景下中药保健食品发展浅析[J]. 现代食品,2023,29(24):123.

[5]曾德金. 营养健康产业呈现六大发展趋势[N]. 经济参考报,2024-03-06.

[6]戴莹,于春媛,周立新,等. 中药类保健食品质量安全主要风险因子分析[J]. 首都食品与医药,2018,25(12):142-144.

[7]幸春容,胡彦君,李柏群,等. 大健康产业背景下中药保健食品发展浅析[J]. 中国药业,2020,29(18):19-21.

[8]叶祖光,侯红平. 保健食品和传统的中医药[J]. 中国现代中药,2015,17(12):1233-1236.

[9]植提桥. 药食同源产业洞察报告[R]. 2022.

[10]孙蓉,齐晓甜,陈广耀,等. 中药保健食品研发、评价和产业现状及发展策略[J]. 中国中药杂志,2019,44(5):861-864.

[11]石云,张磊,张彪. 中药保健食品存在的问题与管理对策[J]. 中医药管理杂志,2020,28(20):7-8.

[12]中国医药保健品进出口商会,汤臣倍健股份有限公司. 膳食营养补充剂行业发展报告(2023)[R]. 2023.

[13]US Sales of Herbal Supplements Decline Slightly in 2022.

[14]刘洪宇,张铂瑾,李美英,等. 中日保健食品备案管理制度比较研究[J]. 中国食品卫生杂志,2023,35(4):600-606.

[15]刘洪宇,张铂瑾,李美英,等. 韩国健康功能食品市场准入制度及

其对我国的启示[J]. 食品安全质量检测学报,2022,13(20):6713－6723.

[16]唐雪阳,谢果珍,周融融,等. 药食同源的发展与应用概况[J]. 中国现代中药,2020,22(9):1428－1433.

[17]李峰杰,石贺,马晓娟. 药食同源产品开发思路探讨[J]. 中国药业,2024,33(1):1－4.

[18]叶青,周晨,孙佳敏,等. 药食同源食品的安全监管研究[J]. 食品安全导刊,2023(30):45－49,53.

[19]毛佳汶. 新食品原料批准品种及现状分析[J]. 现代食品,2020(2):75－78.

[20]李锦聪,钟柱宏,何秋星,等. 化妆品安全评估基础数据分析和挑战探讨[J]. 日用化学品科学,2024,47(3):15－22.

[21]胡建海,刘霄霆. 中药化妆品挑战与发展的策略研究[J]. 中医药管理杂志,2022,30(15):243－245.

[22]黎钊坪. 中草药化妆品发展现状及策略研究[J]. 数字化用户,2024,11:256－257.

[23]姜逢霖,巩婷,陈晶晶,等. 植物来源药用天然产物的合成生物学研究进展[J]. 生物工程学报,2021,37(6):1931－1951.

[24]李清清,刘志斋,张洁,等. 中药药用活性成分的生物合成研究进展[J]. 中成药,2022,44(11):3603－3608.

[25]时敏, 王瑶, 周伟, 等. 药用植物萜类化合物的生物合成与代谢调控研究进展[J]. 中国科学: 生命科学, 2018, 48(4): 352－364.

[26]LI Y, ZHANG G, PFEIFER B A. Current and emerging options for taxol production[J]. Adv biochem eng biotechnol, 2015, 148: 405－425.

[27]孙丽超,李淑英,王凤忠,等. 萜类化合物的合成生物学研究进展[J]. 生物技术通报,2017,33(1):64－75.

[28]WESTFALL P J, PITERA D J, LENIHAN J R, et al. Production of amorphadiene in yeast, and its conversion to dihydroartemisinic acid, precursor to

the antimalarial agent artemisinin[J]. Proc Natl Acad Sci USA, 2012, 109(3): E111 -118.

[29]孔建强,王伟,程克棣,等. 青蒿素的合成生物学研究进展[J]. 药学学报,2013,48(2):193 -205.

[30]TANG K X, SHEN Q, YAN T X, et al. Transgenic approach to increase artemisinin content in *Artemisia annua L*[J]. Plant cell rep, 2014, 33(4): 605 -615.

[31]匡雪君,王彩霞,邹丽秋,等. 紫杉醇生物合成途径及合成生物学研究进展[J]. 中国中药杂志,2016,41(22):4144 -4149.

[32]HUANG Q, ROESSNER C A, CROTEAU R, et al. Engineering Escherichia coli for the synthesis of taxadiene, a key intermediate in the biosynthesis of taxol[J]. Bioorg med chem, 2001, 9(9): 2237 -2242.

[33]AJIKUMAR P K, XIAO W H, TYO K E, et al. Isoprenoid pathway optimization for Taxol precursor overproduction in Escherichia coli[J]. Science, 2010, 330(6000): 70 -74.

[34]BIGGS B W, LIM C G, SAGLIANI K, et al. Overcoming heterologous protein interdependency to optimize P450 - mediated taxol precursor synthesis in Escherichia coli[J]. Proc Natl Acad Sci USA, 2016, 113(12): 3209 -3214.

[35]DING M Z, YAN H F, LI L F, et al. Biosynthesis of taxadiene in Saccharomyces cerevisiae: selection of geranylgeranyl diphosphate synthase directed by a computer - aided docking strategy[J]. PLoS ONE, 2014, 9(10): e109348(10): 1122 -1132.

[36]LI B J, WANG H, GONG T, et al. Improving 10 - deacetylbaccatin Ⅲ -10 - β - O - acetyltransferase catalytic fitness for Taxol production[J]. Nat commun, 2017, 8(1): 15544.

# 附　录

## 附录1　95个中医优势病种

附表1　95个中医优势病种

| 编号 | 中医病种 | 定义 | 西医相关疾病 |
|---|---|---|---|
| 1 | 风温肺热病（重症肺炎） | 是以发热、咳嗽、胸痛等为主要临床表现的外感疾病。因风温病与肺热病的临床症状相似，故合称“风温肺热病” | 急性肺炎、支气管周围炎和急性支气管炎等急性肺部感染疾患，均可参照风温肺热病辨证论治 |
| 2 | 登革热 | 登革病毒经蚊媒传播引起的急性虫媒传染病。典型的临床表现为起病急骤，高热，头痛，肌肉、骨关节剧烈酸痛，部分患者出现皮疹、出血倾向、淋巴结肿大、白细胞计数减少、血小板减少等 | 登革病毒感染后可导致隐性感染、登革热、登革出血热 |
| 3 | 颤病（帕金森叠加综合征） | 帕金森叠加综合征是以头部及肢体摇动、颤抖、不能自主为主要临床表现的一种病症。比较轻的患者表现为头部摇动或者手足的微动；重的患者可以见到头部的震摇和肢体的震颤不止，甚至肢体拘挛，失去生活自理的能力，本病又可以叫作“颤震”和“震颤” | 帕金森病、帕金森综合征、特发性震颤、小脑性的震颤、肝豆状核的变性以及甲状腺功能的亢进等，凡是表现出有颤震临床特征的这组疾病，均可参照颤病辨证论治 |
| 4 | 亨特综合征 | 一种临床上常见的周围性面瘫，主要是由潜伏在面神经膝状神经节内的水痘－带状疱疹病毒侵犯面神经，造成神经感染引起的面神经麻痹。通常表现为剧烈的耳周疼痛、眩晕、面部表情肌肉瘫痪三大临床症状。归属于中医中“面瘫”范畴，中医认为其病因是患者正气不足、风寒痰浊侵袭于面部络脉 | 中耳炎、带状疱疹、脑出血、面神经炎、格林巴利综合征等疾病可引起面瘫 |

**续表**

| 编号 | 中医病种 | 定义 | 西医相关疾病 |
| --- | --- | --- | --- |
| 5 | 咳嗽病（急性气管－支气管炎） | 急性气管－支气管炎是由感染、理化刺激或过敏因素引起的气管－支气管黏膜急性炎症，常发生于寒冷季节或气温突然变冷时。临床表现以咳嗽为主，起病先有鼻塞、流涕、咽痛、声音嘶哑等上呼吸道感染症状或伴有发热、恶寒、头痛、全身酸痛等全身症状，持续时间一般不超过3周。归属于中医中“咳嗽”范畴，中医认为是由邪犯肺气、肺失宣肃、肺气上逆所致的以咳嗽为主要症状的一种肺系病症 | 急性气管－支气管炎、肺炎、慢性气管－支气管炎、咳嗽变异性哮喘等疾病可参照咳嗽病辨证论治 |
| 6 | 痿病（视神经脊髓炎） | 视神经脊髓炎是视神经与脊髓同时或相继受累的急性或亚急性脱髓鞘病变，临床特征为急性或亚急性起病的，单眼或双眼失明，其前或其后数周伴发横贯性或上升性脊髓炎，好发于青年。归属于中医的“痿病”范畴，中医认为痿病是以四肢筋脉弛缓，软弱无力，日久不用，渐至肌肉萎缩，不能随意运动为主要表现的疾病，基本病机是肺、胃、肝、肾等脏腑精气受损，肢体筋脉失养 | 重症肌无力、肌营养不良症、运动神经元疾病、多发性肌炎及皮肌炎、周期性麻痹、多发性神经炎、脊髓空洞症、代谢性疾病、甲亢性疾病、强直性疾病、风湿类风湿疾病、阳痿、早泄、遗精、肺纤维化、肺不张、骨质疏松、关节炎、牙齿松动脱落等疾病均属于痿病范畴 |
| 7 | 支气管扩张症 | 支气管及其周围肺组织因慢性炎症损害管壁，以致支气管扩张变形的一种病症。以慢性咳嗽、咳吐脓痰和间断反复咯血为主要临床表现。归属于中医“肺痈”的范畴，中医认为肺痈是指由于热毒瘀结于肺，肺叶生疮，肉败血腐，形成脓疡，以发热、咳嗽、胸痛、咯吐腥臭浊痰，甚则咯吐脓血痰为主要临床表现的一种病证 | 肺脓肿、化脓性肺炎、肺结核空洞以及支气管扩张等疾病可参照肺痈辨证论治 |
| 8 | 风温肺热病（医院获得性肺炎） | 医院获得性肺炎是指患者入院时不存在也不处于感染潜伏期，而于入院48h后发生的，由细菌、真菌、支原体、病毒或原虫等病原体引起的各种类型的肺实质炎症，归属于中医的“风温肺热病” | 急性肺炎、支气管周围炎和急性支气管炎等急性肺部感染疾患，均可参照风温肺热病辨证论治 |

**续表**

| 编号 | 中医病种 | 定义 | 西医相关疾病 |
|---|---|---|---|
| 9 | 儿童病毒性心肌炎 | 一种病毒性感染性疾病，主要由病毒侵袭感染人体心肌，导致心肌细胞变性、坏死引起。病轻微者症见心慌心悸；病重者，有的出现心房纤颤。以学龄前和学龄儿童最为常见 | 可引起心律失常、心力衰竭、心源性休克等疾病 |
| 10 | 儿童紫癜性肾炎 | 一种以 IgA 沉积于血管壁为特征的小血管炎，如侵犯肾脏，则称为“紫癜性肾炎”。以皮疹、血尿、蛋白尿为典型表现 | 可能引起肠套叠、肠梗阻，甚至肠坏死穿孔，偶见面神经瘫痪、神经炎；还可能引起肺出血、蛛网膜下腔出血、高血压、心肌炎等疾病 |
| 11 | 肺炎喘嗽（毛细支气管炎） | 由多种致病原感染定期急性毛细支气管炎症，以喘憋、三凹征和喘鸣为主要临床特点，炎症常可累及肺泡、肺泡壁和肺间质，故可以认为是肺炎的一种特殊类型——“喘憋性肺炎”。归属于中医的“肺炎咳嗽”，主要症状表现为发热、咳嗽、痰壅、气急、鼻煽等 | 支气管肺炎、支原体肺炎、间质性肺炎、大叶性肺炎等疾病可参照肺炎咳嗽辨证论治 |
| 12 | 小儿腹痛（小儿肠系膜淋巴结炎） | 好发于 7 岁以下小儿，多属于病毒感染，常在急性上呼吸道感染病程中并发或者继发于肠道炎症之后。典型症状为发热、腹痛、呕吐，有时伴腹泻或者便秘。腹痛最早出现，可在任何部位，多以右下腹常见。腹痛性质可表现为隐痛或痉挛性疼痛。属于中医的“小儿腹痛”范畴，中医认为小儿因形气未充，卫外不固，对寒暖不能自调，易受外邪或食积，导致中焦气机瘀滞，湿痰食互结，搏结肠间，经脉不通，故产生腹痛 | 肠痉挛、胃肠炎、寄生虫病、肠套叠、阑尾炎、肠梗阻、痢疾等均可导致小儿腹痛 |
| 13 | 小儿急乳蛾（小儿急性扁桃体炎） | 小儿急性扁桃体炎是指腭扁桃体的急性非特异性炎症，常继发于上呼吸道感染，并伴有程度不等的咽部黏膜和淋巴组织的急性炎症。中医称为“小儿急乳蛾”，认为是由风热邪毒侵袭喉核所致，以发热，喉核急发红肿疼痛、状如乳蛾或蚕蛾为主要表现的咽喉疾病 | 小儿急性扁桃体炎可参照小儿急乳蛾辨证论治 |

续表

| 编号 | 中医病种 | 定义 | 西医相关疾病 |
|---|---|---|---|
| 14 | 传染性单核细胞增多症 - 无严重并发症 | 由单传时邪（EB 病毒）引起的急性自限性传染病，临床表现为发热、咽峡炎、淋巴结肿大、肝脾肿大，外周血中淋巴细胞增多并出现异性淋巴细胞增多等症状。归属于中医的“温病”范畴，为感受温邪所引起的一类外感急性热病 | 发热、感染类疾病均可参照温病辨证论治 |
| 15 | 肺炎喘嗽（支原体肺炎） | 支原体肺炎是由肺炎支原体感染引起的肺部炎症性疾病，主要临床表现为发热、咳嗽、身体乏力、食欲不振、肌肉酸痛等。归属于中医的“肺炎咳嗽” | 支气管肺炎、支原体肺炎、间质性肺炎、大叶性肺炎等疾病可参照肺炎咳嗽辨证论治 |
| 16 | 急性肾小球肾炎 | 以急性肾炎综合征为主要临床表现的一组原发性肾小球肾炎。特点为急性起病，血尿、蛋白尿、水肿和高血压，可伴一过性氮质血症，具有自愈倾向。归属于中医的小儿水肿中“阳水”范畴。中医认为是感受风、湿、热之邪，或与病后元气大伤有关，病位主要在肺、脾、肾 | 肾病综合征、肾小球肾炎 |
| 17 | 尿频（神经性尿频） | 神经性尿频是指非感染性尿频、尿急，以小便频数增多、每次尿量小为特征。患儿年龄一般在 2 ~ 11 岁，多发生在学龄前儿童 | 泌尿系统感染、结石、肿瘤、白天尿频综合征等疾病均可出现尿频 |
| 18 | 水肿病（小儿原发性肾病综合征） | 小儿原发性肾病综合征是一种常见的儿科肾脏疾病；是多种病因造成紧小球基底膜通透性增高，大量蛋白从尿中丢失的临床综合征。主要特点是大量蛋白尿、低白蛋白血症、严重水肿和高胆固醇血症。属于中医的小儿水肿中“阴水”范畴 | 肾病综合征、肾小球肾炎 |
| 19 | 恶阻病（妊娠剧吐） | 妊娠剧吐，是指妊娠早期，恶心呕吐不食，恶闻食气，食入即吐。口淡，呕吐清涎或食糜。头晕纳呆，神疲倦怠，嗜卧嗜睡。舌淡苔白，脉缓滑或细滑无力。中医称为“恶阻”“子病”“病儿”“阻病”等，主要由胎气上逆、胃失和降所致 | 妊娠呕吐可参照恶阻病辨证论治 |

续表

| 编号 | 中医病种 | 定义 | 西医相关疾病 |
| --- | --- | --- | --- |
| 20 | 盆腔瘀血综合征 | 一种由慢性盆腔静脉血液流出不畅、盆腔静脉充盈、瘀血引起的病症，主要症状表现为盆腔坠痛、低位腰痛、性交痛，月经多、白带多，极度疲劳等 | 子宫肌瘤、慢性盆腔炎、哺乳期闭经、中及重度宫颈糜烂等也会造成盆腔瘀血 |
| 21 | 狼疮性肾炎 | 系统性红斑狼疮合并双肾不同病理类型的免疫性损害，同时伴有明显肾脏损害临床表现的一种疾病 | 急性肾炎、原发性肾小球肾炎、隐匿性肾炎、慢性肾炎等与狼疮性肾炎症状相似 |
| 22 | 纤维肌痛症 | 一种非关节性风湿病，临床表现为肌肉骨骼系统多处疼痛与发僵，并在特殊部位有压痛点。属于中医的“痹证”范畴，中医认为这是由外邪，如湿、寒、风等侵入人体导致体内气血瘀滞引起的一类疾病 | 风湿病、风湿性关节炎、类风湿性关节炎、强直性脊柱炎、骨性关节炎等骨关节疾病均可参照痹证辨证论治 |
| 23 | 病毒性脑炎 | 多种病毒引起的颅内急性炎症，常见的临床表现为发热、头痛、呕吐、腹泻、意识障碍，甚至惊厥、昏迷等 | 流行性脑脊髓膜炎、流行性乙型脑炎、中毒性脑病等疾病与病毒性脑炎相关 |
| 24 | 呆病（典型阿尔茨海默病） | 阿尔茨海默病是一种起病隐袭、呈进行性发展的神经退行性疾病，临床特征主要为认知障碍、精神行为异常和社会生活功能减退。归属于中医的“呆病”范畴，中医认为痴呆由很多原因导致，主要与肾衰，如脑髓空虚、肾精亏虚有关，也可能与心血不足、痰瘀痹阻有关 | 阿尔茨海默病、血管性痴呆、路易体痴呆、额颞叶痴呆、帕金森病痴呆、麻痹性痴呆、中毒性脑病等，具有典型阿尔茨海默病特征者，可参考呆病辨证论治 |
| 25 | 痿病（慢性炎症性脱髓鞘性多发性神经根神经病） | 慢性炎症性脱髓鞘性多发性神经根神经病是以周围神经近端慢性脱髓鞘为主要病变的自身免疫性运动感觉性周围神经病，临床常见的症状为肌无力、四肢麻木，部分伴有疼痛、腱反射减弱或消失等。归属于中医的“痿病”范畴，中医认为痿病是以四肢筋脉弛缓，软弱无力，日久不用，渐至肌肉萎缩，不能随意运动为主要表现的疾病，基本病机是肺、胃、肝、肾等脏腑精气受损，肢体筋脉失养 | 重症肌无力、肌营养不良症、运动神经元疾病、多发性肌炎及皮肌炎、周期性麻痹、多发性神经炎、脊髓空洞症、代谢性疾病、甲亢性疾病、强直性疾病、风湿类风湿疾病、阳痿、早泄、遗精、肺纤维化、肺不张、骨质疏松、关节炎、牙齿松动脱落等疾病均属于痿病范畴 |

**续表**

<table>
<tr><th>编号</th><th>中医病种</th><th>定义</th><th>西医相关疾病</th></tr>
<tr><td>26</td><td>痿病（进行性肌营养不良）</td><td>进行性肌营养不良是一组由遗传因素所致的原发性骨骼肌疾病，临床主要表现为缓慢进行的肌肉萎缩、肌无力及不同程度的运动障碍。归属于中医的“痿病”范畴，中医认为痿病是以四肢筋脉弛缓，软弱无力，日久不用，渐至肌肉萎缩，不能随意运动为主要表现的疾病，基本病机是肺、胃、肝、肾等脏腑精气受损，肢体筋脉失养</td><td rowspan="3">重症肌无力、肌营养不良症、运动神经元疾病、多发性肌炎及皮肌炎、周期性麻痹、多发性神经炎、脊髓空洞症、代谢性疾病、甲亢性疾病、强直性疾病、风湿类风湿疾病、阳痿、早泄、遗精、肺纤维化、肺不张、骨质疏松、关节炎、牙齿松动脱落等疾病均属于痿病范畴</td></tr>
<tr><td>27</td><td>痿病（运动神经元病）</td><td>运动神经元病是以损害脊髓前角，桥延脑颅神经运动核和锥体束为主的一组慢性进行性变性疾病。临床中以上和/或下运动神经元损害引起的瘫痪为主要表现，其中，以上、下运动神经元合并受损者最为常见。归属于中医的“痿病”范畴，中医认为痿病是以四肢筋脉弛缓，软弱无力，日久不用，渐至肌肉萎缩，不能随意运动为主要表现的疾病，基本病机是肺、胃、肝、肾等脏腑精气受损，肢体筋脉失养</td></tr>
<tr><td>28</td><td>痿病（重症肌无力）</td><td>重症肌无力是一种由神经肌肉接头处传递功能障碍引起的自身免疫性疾病，临床主要表现为部分或全身骨骼肌无力和易疲劳，活动后症状加重，经休息后症状减轻。归属于中医的“痿病”范畴，中医认为痿病是以四肢筋脉弛缓，软弱无力，日久不用，渐至肌肉萎缩，不能随意运动为主要表现的疾病，基本病机是肺、胃、肝、肾等脏腑精气受损，肢体筋脉失养</td></tr>
<tr><td>29</td><td>喉痈（咽喉部脓肿）</td><td>因脏腑蕴热，复感外邪，热毒客于咽喉，腐血败肉，酿成痈脓。以咽喉局部红肿、疼痛剧烈、吞咽困难、高热等为主要表现的痈病类疾病</td><td>扁桃体周围脓肿、急性会厌炎及会厌脓肿、咽后脓肿、咽旁脓肿等疾病可参考喉痈进行辨证论治</td></tr>
<tr><td>30</td><td>不育症（精索静脉曲张）</td><td>因精索静脉血流淤积造成精索蔓状丛（静脉血管丛）血管扩张，迂曲和变长，可伴有睾丸萎缩和精子生成障碍，造成男性不育</td><td>不孕不育症可参照不育症辨证论治</td></tr>
</table>

**续表**

| 编号 | 中医病种 | 定义 | 西医相关疾病 |
|---|---|---|---|
| 31 | 血精（精囊炎） | 为热入精室、脾肾气虚引起的精室血络受损、血溢脉外，随精而出的肾系疾病。主要临床表现为精液呈粉红色、红色、棕红色或带有血丝 | 精囊炎可参照血精论治 |
| 32 | 子痈（急慢性睾丸附睾炎） | 急慢性睾丸附睾炎为睾丸及附睾的感染性疾病，主要临床表现为睾丸或附睾肿大疼痛，阴囊皮肤红肿，皱纹消失，掀热疼痛，小腹抽痛，局部压痛明显，脓肿形成时，按之应指；伴有恶寒发热等，因中医称睾丸和附睾为“肾子”，故以名之 | 急慢性睾丸附睾炎可参照子痈辨证论治 |
| 33 | 精癃（良性前列腺增生症） | 良性前列腺增生症，中医病名为“精癃”，是指为精室肥大引起的一种常见老年男性泌尿生殖系统疾病。临床特点以尿频、夜尿次数增多、排尿困难为主，严重者可发生尿潴留或尿失禁，甚至出现肾功能受损 | 前列腺增生症可参照精癃辨证论治 |
| 34 | 石淋（尿石症） | 小便涩痛，尿出砂石，又称“砂淋”“沙石淋”。多为下焦积热，煎熬水液所致 | 尿路结石病 |
| 35 | 黄水疮（脓疱疮） | 又名“传染性脓疱病”，是一种常见的、通过接触传染的浅表皮肤感染性疾病，以发生水疱、脓疱，易破溃结脓痂为特征 | 根据临床表现不同，分为大疱性脓疱疮和非大疱性脓疱疮两种类型 |
| 36 | 慢性光化性皮炎 | 又称“光线性类网织细胞增生症”，是一种慢性、持续性在曝光和非曝光部位出现慢性皮炎改变的光过敏性疾病。多见于长年累月在阳光下暴晒的中老年男性，常于头面、躯干及双上肢出现弥漫性、对称性、融合性和浸润性红斑，可有丘疹、结节 | 光线性类网织细胞增生症是一种光过敏性疾病 |
| 37 | 葡萄疫（变应性皮肤血管炎） | 一般指紫癜，亦称“紫斑”，以血液溢于皮肤、黏膜之下，出现瘀点、瘀斑，压之不褪色为其临床特征，是小儿常见的出血性疾病之一。常伴有鼻衄、齿衄，甚至呕血、便血、尿血。属“血证”范畴，中医古籍中记载的“葡萄疫”“肌衄”“斑毒”等病证，与本病有相似之处 | 包括过敏性紫癜和血小板减少性紫癜 |

**续表**

| 编号 | 中医病种 | 定义 | 西医相关疾病 |
| --- | --- | --- | --- |
| 38 | 红皮病型银屑病 | 又名“银屑病性红皮病”“银屑病性剥脱性皮炎”，多由治疗不当或其他原因使原来寻常型银屑病或脓疱性银屑病转变为红皮症。常见的原因是在银屑病进行期应用刺激性剧烈的外用药，或因内服某些免疫抑制药物突然停用而发生急剧扩散成为本病 | 临床表现为剥脱性皮炎 |
| 39 | 脓疱型银屑病 | 为泛发性脓疱型银屑病，临床上最重的一种，较少见，约占银屑病患者的 0.77%。外用刺激性药物、感染、应用糖皮质激素或免疫抑制剂过程中骤然停药等均为促发原因 | 一般可分为泛发性及掌跖脓疱型银屑病两种 |
| 40 | 前列腺癌（前列腺恶性肿瘤）围手术期 | 是指从患者和医生决定手术治疗前列腺恶性肿瘤之日开始到术后 28 天（基本康复）为止的一段时间 | 95% 以上为腺癌，其余为移行细胞癌、鳞癌和肉瘤 |
| 41 | 胁痛（胆囊结石） | 又称“胆总管结石”，是指位于胆总管内的结石，根据来源可分为原发性胆总管结石和继发性胆总管结石 | 临床表现及病情的轻、重、危，完全取决于结石阻塞时的程度和有无胆道感染。发作时阵发性上腹部绞痛、寒战发热和黄疸三者并存（夏科三联征），是结石阻塞继发胆道感染的典型表现 |
| 42 | 乳岩（乳腺癌巩固期） | 发生在乳房部的恶性肿瘤。临床特点是乳房肿块质地坚硬，凹凸不平，边界不清，推之不移，按之不痛，或乳头溢血，晚期可见溃烂凸如泛莲或菜花。是女性最常见的恶性肿瘤之一 | 相当于西医学乳腺癌、乳腺肉瘤、恶性叶状肿瘤等范畴 |
| 43 | 粉刺性乳痈（浆细胞性乳腺炎） | 是一种以乳腺导管扩张、浆细胞浸润为病变基础的慢性非细菌性感染的乳腺化脓性疾病 | 根据临床表现及特点，与西医病名“浆细胞乳腺炎”或“乳腺导管扩张症”基本相同 |

**续表**

| 编号 | 中医病种 | 定义 | 西医相关疾病 |
|---|---|---|---|
| 44 | 难治性幽门螺杆菌相关性胃病 | 中医将其归属于“胃脘痛”范畴，由外感邪气使脾胃虚弱所致，对应症应以升阳解毒、健脾益胃治之 | 主要包括慢性浅表性胃炎、糜烂性胃炎、胃及十二指肠溃疡、萎缩性胃炎、胃黏膜相关性淋巴样组织淋巴瘤等 |
| 45 | 风牵偏视（眼外肌麻痹） | 是指以眼珠突然偏斜，转动受限，视一为二为主要表现的眼病。主要由风中经络所致 | 相当于西医学之麻痹性斜视。若伴有半身不遂，口眼㖞斜，语言不利，甚至猝然昏仆者，属内科中风病 |
| 46 | 视网膜分支动脉阻塞 | 属于内障眼病的“暴盲”范畴，是视网膜分支动脉发生阻塞，导致视力下降、视野缺损的眼底病变，多由栓子或血栓形成导致，部分患者发病前可有一过性黑蒙 | 是视网膜动脉阻塞的一种，以颞侧分支动脉易阻塞 |
| 47 | 视瞻昏渺病（年龄相关性黄斑变性－浆液性 PED 期） | 是指以眼外观无异常，而视力逐渐减退，至视物模糊不清为主要表现的眼病 | 类似于西医学的脉络膜、视网膜炎，以及慢性球后视神经炎 |
| 48 | 血灌瞳神（玻璃体积血） | 是由目内之血不循经，溢于瞳神前后所致。以视力骤降，眼前阴影飘荡，窥不进眼底为主要表现的内障类疾病 | 相当于西医学所说的“前房积血”或“玻璃体积血” |
| 49 | 脏躁（解体转换障碍） | 是指以神情抑郁、烦躁不宁、悲伤欲哭等为主要表现的心神疾病。发生与禀赋不足、产后血虚、劳倦过度、情志过极等有关。以青中年妇女较为多见，与体质因素关系密切 | 西医学的女性癔病可参照脏躁辨证论治 |
| 50 | 惊病（急性应激反应） | 是指异乎寻常的躯体或心理应激引起的一过性障碍 | 相当于西医的意识障碍、精神运动兴奋、器质性病变以及其他症状等 |
| 51 | 酒厥（酒精中毒所致精神障碍和行为障碍） | 是指因一次过量饮酒，酒气上攻，神明失主，以烦躁、欲呕、气喘、酣睡昏厥为主要表现的厥病类疾病 | 相当于西医学的急性酒精中毒 |

续表

| 编号 | 中医病种 | 定义 | 西医相关疾病 |
|---|---|---|---|
| 52 | 糖尿病脂代谢异常 | 是指糖尿病引起的以甘油三酯（TG）升高和高密度脂蛋白（HDL）降低为主的脂代谢异常 | 特征性表现为脂质三联征，即血浆TG和小而密低密度脂蛋白（sdLDL）颗粒增高、HDL数值降低。在糖尿病患者中，发生血脂代谢异常与患者胰岛素抵抗密切相关。由于胰岛素抵抗，糖尿病患者脂蛋白的结构和功能发生明显改变，最终使动脉发生粥样硬化的风险增大 |
| 53 | 糖尿病周围血管病 | 包括大血管病变和微小血管病变，是一种发病率较高的下肢静脉血栓性疾病 | 主要表现为下肢动脉硬化闭塞，是导致糖尿病患者残疾的重要原因 |
| 54 | 脱疽（糖尿病足破溃期） | 又称“脱骨疽”，是指发于四肢末端的血管栓塞导致坏疽脱落的一种慢性周围血管疾病。临床以初起时患肢末端发凉、怕冷、疼痛、麻木、间歇性跛行，继而出现夜间痛、疼痛剧烈难忍，后期以患肢出现坏死，趾（指）节脱落为主要表现 | 相当于西医学的血栓闭塞性脉管炎、动脉硬化性闭塞症和糖尿病足 |
| 55 | 血栓性静脉炎 | 包括血栓性浅静脉炎及深部血栓形成。常先有静脉内血栓形成以后，发生静脉对血栓的炎性反应。病因主要是血管壁的损伤（由外伤或静脉插管或输入刺激性液体所致）及静脉曲张引起的静脉内血液瘀滞 | 主要临床表现为沿静脉走行的红、肿、痛和明显的压痛，并可触及索状静脉；全身反应少见 |
| 56 | 热淋病（急性肾盂肾炎） | 以起病急、尿频、尿急、尿道灼热涩痛、尿黄为主要表现的病症。热淋因湿热蕴结下焦而成 | 包括现代医学的急慢性前列腺炎、前列腺增生肥大、急慢性肾盂肾炎、膀胱炎、尿道炎等疾患 |

**续表**

| 编号 | 中医病种 | 定义 | 西医相关疾病 |
|---|---|---|---|
| 57 | 耳眩晕（梅尼埃病） | 是指以头晕目眩、天旋地转，甚或恶心呕吐为主要特征的疾病。各种年龄均可发生，尤其以成年人为多见。其发生与风邪外袭、饮食不节、情志内伤、先天不足、脾气虚弱等有关 | 西医学的耳源性眩晕，如良性阵发性位置性眩晕、梅尼埃病、前庭神经炎、药物中毒性眩晕等疾病可参考耳眩晕进行辨证治疗 |
| 58 | 卵巢癌 | 女性生殖系统常见的肿瘤之一，是指生长在卵巢上的恶性肿瘤 | 包括胚上皮（副中肾体腔上皮）来源、胚细胞来源、性未分化间叶来源、性分化间叶来源、发生自中肾残迹的、发生自卵巢内异位组织的卵巢恶性肿瘤 |
| 59 | 乳岩（乳腺癌）围手术期 | 乳腺导管上皮细胞在多种致癌因素的作用下，细胞失去正常特性而异常增生，以致超过自我修复的限度而发生癌变的疾病，为女性最常见的恶性肿瘤之一 | 包括非浸润性癌、早期浸润性癌、浸润性特殊型癌、浸润性非特殊癌四大类 |
| 60 | 肉芽肿性乳痈（肉芽肿性小叶性乳腺炎） | 一种非细菌感染的非干酪样坏死、局限于乳腺小叶，以形成肉芽肿为主要特征的乳腺慢性炎症性疾病，常形成微脓肿、溃疡、窦道 | 西医认为肉芽肿性小叶性乳腺炎多发生在非哺乳期，是乳房慢性、非细菌感染性炎症 |
| 61 | 天疱疮 | 一种慢性、大疱性皮肤病。中医文献中又称“火赤疮”“天疱”等。以皮肤或黏膜上出现大疱、自觉瘙痒为临床特征 | 相当于西医的天疱疮和类天疱疮 |
| 62 | 手足口病（重型） | 由倡导病毒感染引起的一种急性传染病，集中病发于学龄前儿童。常见的症状有发热、口痛、疱疹等，病情严重时可导致呼吸衰竭、休克、肺水肿等，甚至死亡 | 重症手足口病可对患儿中枢神经系统造成损伤，表现为肺出血、脑干脑炎、休克、神经源性肺水肿等症状 |
| 63 | 颤病小便失调（帕金森病膀胱功能障碍） | 以头部和四肢颤抖、震颤和不能自主活动为特征的颤病所引起的小便失调。帕金森病是最常见的震颤形式 | 分为刺激症状和梗阻症状两种 |

续表

| 编号 | 中医病种 | 定义 | 西医相关疾病 |
|---|---|---|---|
| 64 | 眩晕<br>（后循环缺血） | 以头晕、目眩为主要表现的疾病 | 临床上可分为前庭系统性眩晕（真性眩晕）和非前庭系统性眩晕（头昏），病因较复杂 |
| 65 | 恶性淋巴瘤 | 又称“淋巴瘤”，是起源于淋巴结和淋巴组织的恶性肿瘤，也是最早发现的血液系统恶性肿瘤 | 肿瘤可发生在身体的任何部位，临床表现具有多样性，通常以无痛性进行性淋巴结肿大为特征，还常伴有发热、消瘦、盗汗等全身症状。有时可侵犯扁桃体、鼻咽部、胃肠道、骨骼或皮肤等部位，引起相应组织器官受损症状 |
| 66 | 化疗后白细胞减少症 | 化疗药物大多具有一定的生物毒性，在杀灭癌细胞时，也会杀灭人体内的正常细胞，导致机体内主要功能为防卫的白细胞被破坏及消耗明显，从而出现化疗后白细胞数量减少的情况。白细胞减少症是指外周血液中白细胞计数持续 $<4.0\times10^9/L$，属于常见血液病。临床上常见食欲减退、精神不振、发热等 | 良性血液病（如巨幼细胞贫血、阵发性睡眠性血红蛋白尿症等）、恶性血液病（如白血病、淋巴瘤、骨髓增生异常综合征、骨髓增殖性疾病等） |
| 67 | 化疗后血小板减少症 | 由于化疗药物多为细胞毒类抗肿瘤药物，在消灭癌细胞的同时，可诱导骨髓中分裂旺盛的造血细胞凋亡，导致血小板减少症发生。容易有瘀青；伤口出血时间延长；可见红色或紫色点，自发鼻出血、牙龈出血等临床症状 | 自身免疫功能异常、骨髓抑制、再生障碍性贫血等 |

**续表**

| 编号 | 中医病种 | 定义 | 西医相关疾病 |
|---|---|---|---|
| 68 | 急性淋巴细胞白血病（ALL） | 一种起源于淋巴细胞的B系或T系细胞在骨髓内异常增生的恶性肿瘤性疾病。异常增生的原始细胞可在骨髓内聚集并抑制正常造血功能，同时可侵及骨髓外的组织，如脑膜、淋巴结、性腺、肝等 | 贫血（表现为乏力、疲劳、心悸、头晕等，表现程度主要与贫血的严重程度和下降的速度相关），发热与感染（①白血病为细胞释放细胞因子所致，包括白介素-1、白介素-6等，引起反应性发热；②粒细胞缺乏及功能异常导致感染，感染部位常见于口腔、牙龈、肺部、皮肤及软组织、肛周等，如不及时控制易发展为败血症），出血（皮肤瘀点瘀斑、鼻出血、牙龈出血、女性月经过多、消化道出血，甚至危及生命的中枢神经系统出血），器官组织浸润（淋巴结、肝、脾肿大，骨及关节痛；表现为头痛、呕吐、颅神经损害、视物模糊、精神失常、嗜睡、癫痫发作等） |
| 69 | 急性早幼粒细胞白血病（低中危组） | 是急性髓细胞性白血病的一种特殊类型。临床表现：与正常骨髓造血功能衰竭相关的表现，如贫血、出血、感染；与白血病细胞浸润相关的表现。除了这些白血病一般表现外，出血倾向为其主要临床特点 | 早期出血；弥漫性血管内凝血。例如，肝脾和淋巴结肿大、骨痛等。败血症、感染中毒性休克，高白细胞症等均可能与此相关 |

续表

| 编号 | 中医病种 | 定义 | 西医相关疾病 |
|---|---|---|---|
| 70 | 巨幼细胞贫血 | 是由DNA合成障碍引起的一种贫血，主要系体内缺乏维生素 $B_{12}$ 和/或叶酸所致，也可因遗传性或药物等获得性DNA合成障碍引起 | 贫血；轻度黄疸，可同时有白细胞数和血小板减少，患者偶有感染及出血倾向；舌炎，乳突及味觉消失、食欲不振，腹胀、腹泻及便秘偶见。<br>神经系统症状表现：乏力、手足对称性麻木、感觉障碍、下肢步态不稳、行走困难。小儿及老年人常表现脑神经受损的精神异常、无欲、抑郁、嗜睡或精神错乱。<br>特殊临床表现：麦胶肠病及乳糜泻，热带口炎性腹泻，乳清酸尿症，恶性贫血 |
| 71 | 老年急性髓系白血病（非APL） | 急性髓系白血病是髓系造血干/祖细胞恶性疾病。以骨髓与外周血中原始和幼稚髓性细胞异常增生为主要特征，临床表现为贫血、出血、感染和发热、脏器浸润、代谢异常等，多数病例病情急重，预后凶险，不及时治疗常可危及生命 | 贫血性心力衰竭；皮肤黏膜（鼻、口腔及牙龈）出血，血尿；皮肤浸润；牙龈改变；肝、脾、淋巴结肿大；骨关节痛；抽搐、瘫痪，甚至发生癫痫样发作，意识障碍；色盲 |
| 72 | 原发性血小板增多症 | 相对慢性骨髓增殖性疾病的一种，也称“出血性”、“真性”或“特发性”血小板增多症。与其他骨髓增殖性疾病相似，为多能造血干细胞克隆疾病。特征为骨髓中巨核细胞异常增生，血小板计数显著升高。主要临床表现为出血和血栓形成倾向 | 出血（自发性出血以鼻、口腔和胃肠道黏膜多见。泌尿道、呼吸道等部位也可有出血。脑出血偶有发生，可引起死亡。出血症状一般不严重，但严重外伤或手术后的出血可能危及生命。阿司匹林或其他抗炎药物可引起或加重出血）和血栓（暂时性脑缺血、视觉障碍、感觉障碍、头痛）形成；偶见头晕、失眠、视觉障碍、肺血栓、心肌梗死、习惯性流产、阴茎异常勃起；罕见脾萎缩和脾梗塞，淋巴结肿大 |

**续表**

| 编号 | 中医病种 | 定义 | 西医相关疾病 |
|---|---|---|---|
| 73 | 真性红细胞增多症 | 一种造血干细胞的克隆性慢性骨髓增殖性疾病。起病隐袭，进展缓慢，通常经历以下两个进展阶段：①增殖期或红细胞增多期；②红细胞增多后期。出血和血栓是真性红细胞增多症的两个主要临床表现。<br>综合20年来发表的20多篇临床报道来看，病因主要有嗜酒和恣食肥甘等。主要病机为“血瘀”，痰湿偏盛，与热搏结，化燥灼津，以致血行不畅，脉络受阻而成瘀血 | 神经症；痛风性关节炎；皮肤瘙痒；消化红斑性肢痛病；血栓形成、栓塞或静脉炎；皮肤瘀斑、牙龈出血，有时可见创伤或手术后出血不止均可与此相关 |
| 74 | 肿瘤相关性贫血 | 指肿瘤患者在疾病发展过程中以及治疗过程中发生的贫血，是恶性肿瘤常见的伴随症状之一。具体表现为低热、乏力、消瘦、出血等，其中，出血是比较常见的症状，皮肤黏膜可出现瘀点、瘀斑 | 出血时还可能引起肝脾肿大、腹痛、呼吸困难等 |
| 75 | 肝瘟（慢性肝衰竭） | 从中医学角度来看，属于痉病，肝瘟病有两个突出的表现，即“颈筋挛牵”和“身重直强”，“阳明毒，先寒后热”提示其为急性温热性外感病，说其病位在肝脏，临床以发热、黄疸迅速加深、神志昏蒙、出血为主要表现的疫病类疾病。<br>而慢性肝衰竭是在肝硬化基础上，肝功能进行性减退导致的以腹水、门静脉高压、凝血功能障碍和肝性脑病等为主要表现的慢性肝功能失代偿性疾病。慢性肝衰竭是一种肝脏长期损害、慢性积累所致的肝衰竭，具有缓慢、渐进的病理生理特征，组织学以弥漫性肝纤维化以及假小叶形成为主要表现。一般来说，慢性肝衰竭是指严重的失代偿性肝硬化 | 复发性肝性脑病、进行性代谢紊乱（低蛋白血症、骨营养不良、血钠减低、酸中毒、高胆红素血症、葡萄糖耐受不良、低血糖症）、门静脉高压加剧及其危及生命的合并症（静脉曲张出血、腹水、自发性细菌性腹膜炎）、剧烈瘙痒、血液学异常（凝血障碍、白细胞减少、血小板减少、贫血、叶酸缺乏、出血）、内源性激素和药物代谢改变，以及功能性肾衰（肝肾综合征）均可与其相关 |

**续表**

| 编号 | 中医病种 | 定义 | 西医相关疾病 |
| --- | --- | --- | --- |
| 76 | 肝瘟（乙肝相关肝衰竭前期） | 乙肝病毒性早期肝衰竭，是指患者感染乙肝病毒后引起了急性肝衰竭，但并没有发展到肝衰竭的地步。主要由病毒性肝炎引起。患者的主要症状为乏力、恶心、腹胀、食欲减退等 | 黄疸、肝掌、蜘蛛痣、腹水、成人多囊肝等症状均可与其相关 |
| 77 | 鼓胀（酒精性肝硬化腹水） | 肝病日久，肝、脾、肾功能失调，气滞、血瘀、水停于腹中导致的以腹胀大如鼓、皮色苍黄、脉络暴露为主要临床表现的一种病证。在古医籍中又称“单腹蛊”“臌”“蜘蛛蛊”等，为临床上常见病。<br>酒精性肝硬化首次出现腹水通常提示疾病已经到了肝硬化失代偿期阶段，即终末期肝病。除出现腹水外，还可能伴有肝组织再生能力下降、肝组织广泛纤维化、肝脏代谢功能不能满足机体需求等 | 肠道感染、胆道感染，以及原发性腹腔感染，或继发性腹腔感染；现消化道出血，应激性溃疡、胃十二指肠溃疡；肝肺综合征，肝癌 |
| 78 | 鼓胀（乙肝肝硬化腹水） | 肝硬化腹水是一种失代偿期的表现，说明肝硬化已经到了中晚期 | 水钠潴留、低蛋白血症、门静脉高压等 |
| 79 | 黄疸（戊型病毒性肝炎，重度） | 黄疸，病症名。目黄，皮肤黄、小便黄之证。又称“黄瘅”。<br>黄疸是常见症状与体征，由胆红素代谢障碍引起血清内胆红素浓度升高所致。临床上表现为巩膜、黏膜、皮肤及其他组织被染成黄色。戊型病毒性肝炎是指由戊型肝炎病毒引起的肠道传播性疾病，主要经粪—口途径传播，是我国法定的乙类传染病，主要危害是急性肝功能受损，临床表现主要是疲乏、食欲减退、厌油、黄疸等 | 急性黄疸型肝炎、急性无黄疸型肝炎、淤胆型肝炎，急性肝衰竭、亚急性肝衰竭等 |

**续表**

| 编号 | 中医病种 | 定义 | 西医相关疾病 |
|---|---|---|---|
| 80 | 黄疸（瘀胆型肝炎） | 瘀胆型肝炎是由多种原因引起的肝细胞和/或毛细胆管胆汁分泌障碍，导致部分或完全性胆汁阻滞的综合征。占黄疸型肝炎的2%~8%。病毒性瘀胆型肝炎约占病毒性肝炎患者的3%，甲、乙、戊型肝炎均可引起，多发生于急性肝炎发病数周后，主要表现为较长时期的肝内梗阻性黄疸，表现有黄疸较深，不易消退，自觉症状较轻，皮肤瘙痒或有灼热感，抓后有细小出血点及瘀斑，右胁胀痛，肝脏肿大，稍感乏力，口咽干燥，小便深黄，大便色浅或灰白 | 自身免疫性肝炎、原发性胆汁性肝硬化、原发性硬化性胆管炎、药物性肝炎和病毒性瘀胆型肝炎等 |
| 81 | 黄疸（原发性硬化性胆管炎） | 原发性硬化性胆管炎是慢性胆汁淤积性疾病，其特征为肝内外胆管进行性炎症和纤维化，进而导致多灶性胆管狭窄 | 炎性肠病、门脉高压、肝衰竭、肝硬化、骨质疏松等均可与其相关 |
| 82 | 乙型肝炎病毒相关性肾炎 | 简称“乙肝相关性肾炎”，是指乙型肝炎病毒感染人体后通过免疫反应形成免疫复合物，导致肾小球损伤的疾病。主要表现为大量的蛋白尿或者肾病综合征，少数患者可能出现肉眼血尿 | 肾病综合征或肾炎综合征；可合并为慢性迁延性肝炎、慢性活动性肝炎、重症肝炎甚至肝硬化；极少数可能出现低补体血症和冷球蛋白血症 |
| 83 | 水肿病（成人微小病变肾病） | 水肿病是指因感受外邪，饮食失调，或劳倦过度等，使肺失宣降通调，脾失健运，肾失开合，膀胱气化失常，导致体内水液潴留，泛滥肌肤，以头面、眼睑、四肢、腹背，甚至全身浮肿为临床特征的一类病证。<br>成人微小病变肾病是指肾小球仅有轻度病变，病理以轻度系膜细胞增生，不伴有足突融合或局灶性节段性肾小球硬化的一组肾小球疾病，好发于中老年人。病因尚不明确，可能与遗传、感染、免疫等因素有关，好发于男性 | 无症状性蛋白尿和血尿，高血压、水肿等均可与此相关 |

续表

| 编号 | 中医病种 | 定义 | 西医相关疾病 |
|---|---|---|---|
| 84 | 水肿病（特发性膜性肾病） | 指原发性的膜性肾病，临床上表现出大量蛋白尿、低蛋白血症、水肿、高脂血症等相关特点 | 乙肝病毒相关性肾炎、丙型肝炎病毒会引起膜性肾病、系统性红斑狼疮。此外，狼疮性肾炎也可引起膜性肾病。常见的肿瘤，如肺癌、结肠癌、乳腺癌等，干燥综合征肾损害、类风湿性关节炎，也可以引起膜性肾病 |
| 85 | 头痛（颈源性头痛） | 头痛，病症名。凡整个头部以及头的前、后、偏侧部疼痛，总称“疼痛”。凡外感六淫，内伤脏腑，导致阳气阻塞，浊邪上锯，肝阳上亢，精髓气血亏损，经络运行失常者，均能发生头痛。按病因分，头痛有外感、内伤之别。外感头痛，有感冒风寒、风热、风湿、伤暑、火邪致痛及伤寒头痛等。内伤头痛，有气虚、血虚、阳虚、阴虚、肝阳、伤食、瘀血致痛等。按经络分，有三阳头痛（太阳头痛、阳明头痛、少阳头痛）、三阴头痛（太阴头痛、少阴头痛、厥阴头痛）等。按病情轻重、病程长短、发作规律及疼痛部位分，有真头痛、头风、偏头痛、雷头痛、脑风、巅顶痛、久头痛等。<br>颈源性头痛是指由颈椎或颈部软组织的器质性或功能性病损引起的，以慢性、单侧头部疼痛为主要表现的综合征。疼痛性质是一种牵涉痛 | 筋膜炎、颈椎病如骨质增生，或椎间盘突出、颈动脉体瘤、颈部脊髓损伤均可与此相关 |
| 86 | 伤筋病（腕管综合征） | “伤筋病”主要为中医范畴骨伤科的名词，也为疾病的一种类型。在西医方面，伤筋病主要是指由于长时间的劳累，或者活动、运动，引起局部肌肉、韧带，甚至腱鞘炎症。故伤筋病属于慢性运动系统损伤的范畴，主要由腰或者大的关节周围的韧带、肌肉、筋膜劳损带来。<br>腕管综合征是最常见的周围神经卡压性疾患，也是手外科医生最常进行手术治疗的疾患。病理基础是正中神经在腕部的腕管内受卡压 | 肌肉、韧带，甚至腱鞘炎症；软组织，包括筋膜、韧带、肌腱、腱鞘等一系列的复合体劳损均与此有关 |

**续表**

| 编号 | 中医病种 | 定义 | 西医相关疾病 |
| --- | --- | --- | --- |
| 87 | 伤筋病（踝管综合征） | 踝管综合征是由胫神经或其终末支（足底内侧或外侧神经）在小腿或踝关节处卡压引起。屈肌支持带位于胫神经走行区的浅层，构成踝管的顶部。起自内踝后方，止于跟骨。根据踝管内神经卡压的位置不同，临床表现多样，典型表现为行走、长久站立或劳累后足底出现边界不清的针刺、烧灼及麻木等不适感，以及对温度和触觉的感觉异常 | 踝部外伤、踝管炎症、踝管肿瘤、踝关节劳损、扁平足、足外翻、足踝位置不良、糖尿病等。踝部急性扭伤、劳损、骨折畸形愈合或腱鞘炎等，尤其是长屈肌腱受到反复牵拉，引起腱鞘充血、水肿、鞘壁增厚，使管腔相对变窄，压迫管内胫神经而产生神经功能障碍症状均与此有关 |
| 88 | 臀肌挛缩症 | 由多种原因引起的臀肌及其筋膜纤维变性、挛缩，引起髋关节功能受限所表现的特有步态、体征的临床症候群 | 髋关节功能障碍、骨盆变形等 |
| 89 | 青少年特发性脊柱侧弯症 | 一种脊柱结构性的侧弯，生长发育期间原因不清楚的脊柱侧凸称为“特发性脊柱侧凸”。临床表现为肺功能下降、后背痛、感觉性共济失调、脊柱侧弯等 | 脊髓灰质炎、神经纤维瘤、脊髓空洞症、骨质疏松性脊柱侧弯等 |
| 90 | 腰痹病（退变性腰椎管狭窄症） | “腰痹病”是中医病名，属于痹证的一种，专指腰部出现的痹证。中医中，痹证主要是气血为病邪闭阻所致，或者由正气亏虚、肾气不足导致经脉失于濡养，不荣则痛，从而引起肌肉、关节等部位发生不适，多数患者病情迁延、缠绵不愈。<br>退变性腰椎管狭窄症一般是由椎间盘退化、骨赘和关节退变、韧带肥厚、椎体滑脱或畸形等引起的，可能导致下背疼痛、腿部疼痛（坐骨神经痛）、腿部麻木、刺痛或无力感、行走时疼痛或不适（腰部腿痛综合征）等症状 | 下腰痛、神经根压迫症、马尾神经压迫症等均与此有关 |

续表

| 编号 | 中医病种 | 定义 | 西医相关疾病 |
|---|---|---|---|
| 91 | 腰痛（腰椎滑脱症） | 腰为肾之府，经脉大多贯络于肾及腰背部位，故久病者、老年及劳乏过度、房事不节、腰脊椎病，或感邪、情志、外伤等因素均可引起腰痛。<br>腰痛是临床常见的症状，以腰部一侧或两侧疼痛为主，常可放射到腿部，常伴有外感或内伤症状。正常人的腰椎排列整齐，如果由于先天或后天的原因，其中一个腰椎的椎体相对于邻近腰椎向前滑移，就为腰椎滑脱 | 神经根牵拉刺激症状、下肢深静脉血栓、坠积性肺炎、褥疮、泌尿系感染等均与此有关 |
| 92 | 鹳口疽（骶尾部藏毛窦） | 由三阴亏损，督脉经浊气湿痰流结而成。初起形似鱼肫，色赤坚痛，溃破后口若鹳嘴，朝寒暮热，夜重日轻 | 骶尾部急性浅表脓肿，破溃后为一窦道，反复破溃，经久难愈。囊肿内常含毛发，伴有肉芽组织 |
| 93 | 悬珠痔（肛乳头肥大） | 因湿热下注，或长期秽毒刺激，气血瘀滞而成。以肛乳头纤维结缔组织增生，可有排便不畅或下坠感、里急后重感，或见以痔核脱出肛外为主要表现的痔病类疾病。西医称为“肛乳头纤维瘤” | 炎症肛管炎、肛窦炎、肛门瘢痕性狭窄、肛裂等均与此有关 |
| 94 | 脏毒（肛隐窝炎） | 脏中积毒所致的痢疾，以肛门内疼痛、灼热、坠胀感，排便后向会阴、臀部放射，肛窦红肿、有脓样物等为主要表现的痈病类疾病。脏毒又名“肛痈”。西医称为“肛隐窝炎”或“肛窦炎” | 易积存粪便引起感染，以致肛门括约肌痉挛，使肛窦引流不畅。感染不易控制，引起肛乳头发炎和肥大 |
| 95 | 足底病（跖骨痛） | 一种常见的脚病，是指前脚掌区的炎症反应和疼痛。正常结构的脚，第一跖骨应该长于或者等于第二跖骨，而跖骨痛症者却是第二跖骨长于第一跖骨。长的第二跖骨导致脚和踝关节的不稳定性增加、运动效率低下，而且容易导致触发点和长期疼痛。跖骨痛通常由前足过度受压或劳损引起，损伤了跖骨下面的脂肪垫，主要表现出长期的、慢性的、严重的疼痛。经常参加跑、跳远等运动，或者穿不合脚的鞋，就有可能因脚掌受冲击而引起跖骨痛 | 跖骨骨折、跗跖关节脱位、跖趾关节脱位、跖骨骨软骨病、骨关节炎等均与此有关 |

## 附录2　相关毒性药材

（1）《医疗用毒性药品管理办法》（中华人民共和国国务院令第23号）规定的28种毒性中药材。

砒石（红砒、白砒）、砒霜、水银、生马钱子、生川乌、生草乌、生白附子、生附子、生半夏、生南星、生巴豆、斑蝥、红娘虫、青娘虫、生甘遂、生狼毒、生藤黄、生千金子、生天仙子、闹阳花、雪上一枝蒿、红升丹、白降丹、蟾酥、洋金花、红粉、轻粉、雄黄。

（2）《中国药典》收载的毒性中药材。

大毒：川乌、马钱子、马钱子粉、天仙子、巴豆、巴豆霜、红粉、闹羊花、草乌、斑蝥。

有毒：干漆、土荆皮、山豆根、千金子、千金子霜、制川乌、天南星、制天南星、木鳖子、甘遂、仙茅、白附子、白果、半夏、朱砂、华山参、全蝎、芫花、苍耳子、两头尖、附子、苦楝皮、金钱白花蛇、京大戟、制草乌、牵牛子、轻粉、香加皮、洋金花、常山、商陆、硫黄、雄黄、蓖麻子、蜈蚣、罂粟壳、蕲蛇、蟾酥、三棵针、白屈菜、臭灵丹草、狼毒。

小毒：丁公藤、九里香、土鳖虫、川楝子、小叶莲、水蛭、艾叶、北豆根、地枫皮、红大戟、两面针、吴茱萸、苦木、苦杏仁、草乌叶、南鹤虱、鸦胆子、重楼、急性子、蛇床子、猪牙皂、绵马贯众、绵马贯众炭、蒺藜、鹤虱、大皂角、飞扬草、金铁锁、紫萁贯众、榼藤子、翼首草。

# 附录3　项目推荐书模板

**××××××公司项目推荐书**

| | | | |
|---|---|---|---|
| 项目名称 | | 项目推荐人 | |
| 项目推荐日期 | | | |
| 项目来源 | | | |
| 立项必要性 | | | |
| 项目概述 | | | |

# 附录4 项目立项申请表模板

## ××××××公司项目立项申请表

| | |
|---|---|
| 项目名称 | |
| 项目简介 | |
| 技术创新项目管理委员会意见 | |

技术创新项目管理委员会参会人员意见及签名

| | |
|---|---|
| 技术创新项目管理委员会副主任意见 | 签 名： |
| 技术创新项目管理委员会主任意见 | 签 名： |
| 备 注 | |

年 月 日

# 附录5　项目调研报告模板

## ××××××公司项目调研报告

| | |
|---|---|
| 项目名称 | |
| 项目负责人 | |
| 项目联系人 | |
| 联系电话 | |
| 电子邮件 | |

××××××公司

年　　月　　日

**一、新药项目概况**

1. 项目名称、处方组成、适应症、作用机制、副作用、规格、用量用法等。

2. 项目来源和基础研究情况。

3. 项目知识产权情况。

**二、药品生产成本估算及经济效益分析**

1. 药品生产所需原料组成。

2. 原料来源。

3. 成本（包括原料及水、电、气）。

4. 本技术的先进性及竞争优势。

5. 同类药品国内情况及经济效益分析。

**三、项目药政咨询**

1. 同类药品临床申请受理及批准情况。

2. 同类药品已获得药品注册证书的情况。

3. 同类药品国家审评审批政策及风险分析。

**四、项目技术分析**

1. 工艺技术路线（包括工艺流程）和研究试验方法及技术难点。

2. 质量标准初步方案和研究试验方法及技术难点。

3. 药理毒理研究初步方案和研究试验方法及技术难点。

4. 临床试验初步方案及难点。

**五、项目产业化基础评估**

1. 原材料供应情况。

2. 设备配套情况。

3. 初步成本分析。

4. 项目对环境影响的分析。

**六、计划进度指标（分阶段解决的主要技术问题、达到的目标和完成时间）**

**七、项目经费预算（不包括人工费、水电气费、仪器折旧费等）**

1. 处方或临床批件转让费。

2. 工艺研究预算（含中试、生产转移）。

3. 质量标准研究预算（含稳定性研究）。

4. 药理毒理研究预算。

5. 临床试验预算（含统计、软件使用等费用）。

6. 注册审评费预算。

7. 差旅费预算。

8. 其他（咨询费、文章专利费、专用仪器设备购置费等）。

**八、与项目提供方初步沟通情况**

1. 预期工作计划。

2. 合作方式及费用。

**九、项目风险与措施**

1. 技术风险与措施。

2. 政策风险与措施。

3. 管理风险与措施（质量和进度）。

## 十、需公司协助解决的问题

1. 研发条件（设备仪器、人员等）。

2. 资金、机制等。

## 十一、专家论证会记录及意见

项目报告人：________

# 附录 6 项目责任书模板

××××××公司项目责任书

| | | | |
|---|---|---|---|
| 项目名称 | | 项目负责人 | |
| 项目组成员 | | | |
| 项目起始时间 | | 预定完成时间 | |
| 项目奖金数额 | | | |
| 项目目标 | | | |
| 项目验收标准 | | | |
| 阶段性目标<br>及完成时间 | | | |

项目负责人签字： 年 月 日

项目管理委员会副主任（技术研发副总裁）签字： 年 月 日

项目管理委员会主任（总裁）签字： 年 月 日

# 附录7　保密协议模板

## 保密协议

本保密协议（以下简称“本协议”）于______年____月____日，由以下双方签署并生效：

甲方：××××××公司　　　　　　　　　　　　乙方：

鉴于甲、乙双方将展开在________项目上的合作，在此过程中，甲方将向乙方提供研究场所和条件、企业相关信息、系统数据等企业信息秘密。乙方承诺遵守国家相关法律法规及本协议约定，保守甲方企业秘密并愿意承担因泄露甲方企业信息秘密而导致的赔偿责任。双方在此确认本协议确定的企业信息秘密具有价值，有必要采取措施对该信息进行保护。为此，根据《中华人民共和国民法典》及其他有关法律法规，甲、乙双方在平等自愿的基础上，经充分友好协商，就相关的保密事宜达成如下协议。

1. **定义**

本协议所称“保密信息”是指甲方向乙方提供的，或乙方参与研究活动获取的项目任何信息，或乙方从甲方处知悉或获取的任何及所有与项目有关的技术性或非技术性信息，以及承担或负有保密义务的第三方所拥有的信息，包括但不限于技术方案、设计、配方、工艺流程、制造方法、标准、技术指标、计算机软件、数据库、研究开发记录、技术报告、检测报告、试验数据、试验结果、图纸、影像、照片、样品样机、模型、模具、操作手册、技术文档、相关函电、客户名单、合同、行销计划、采购资料、定价政策、财务资料、进货渠道等，但不包括下列信息。

1.1 公共领域的信息，即为公众所知悉的信息，或在本协议签署后非因一方的原因进入公共领域的信息。

1.2 经双方书面证实，在本协议签署时乙方并非通过甲方提供的途径已获取的信息。

如甲方口头向乙方提供了涉及保密的信息，要求承担保密责任的，甲方应当及时向乙方提供书面的说明，要求乙方承担保密责任。

上述保密信息包括乙方为履行合同所获悉的信息，以及虽与合同无关，但通过其他合法途径获得的甲方商业秘密。

**2. 保密义务**

乙方对保密信息承担保密义务，应严格履行并同时保证切实履行下列保密义务。

2.1 保密信息仅限于双方约定目的的使用。

2.2 保证采取必要措施对甲方提供的保密信息进行保密。

2.3 除参加本协议针对的项目组成员外，乙方不能将保密信息透露给其他任何人，包括其他无关员工。

2.4 其他乙方应妥善保密而应尽的义务。

**3. 保密信息的交回**

当甲方以书面形式提出要求时，乙方应立即根据其要求向甲方返还一切包含保密信息的报告、文件、数据、录音录像资料、备忘录、记录、图表或其他有形的表述，无论是书面的还是存储在计算机中的抑或以其他方式保存的。

**4. 否认许可**

本协议双方确认，甲方是保密信息的所有者，并拥有保密信息的所有知识产权。乙方及其代理人不得因为履行本协议而认为对保密信息拥有或获得任何所有权或知识产权，亦不得有任何侵犯甲方所有权或知识产权的行为。

**5. 违约责任**

双方承诺遵守并严格履行本协议，若乙方违反本协议，应赔偿甲方遭受的一切直接和间接损失。乙方或者因乙方违反保密义务而获利的第三方的实际收益高于甲方损失的，甲方可选择以此额度要求赔偿。

6. **保密期限**

本协议期限自本协议生效之日起，至本协议规定企业信息秘密进入公知领域止。

7. **适用法律**

本协议的成立、有效性、解释、修改、执行、终止和争议的解决均受中国有效的法律管辖。

8. **争议解决**

本协议产生的一切争议由双方友好协商解决。如果在任何一方提出书面协商30日内未解决有关争议，任何一方均有权向甲方所在地人民法院提起诉讼。

9. **生效及其他事项**

9.1 本协议一式2份，甲、乙双方各执1份，每份具有同等法律效力。

9.2 本协议于双方签字盖章之日起生效。

（本页以下无正文，为协议签署页）

甲方（盖章）：××××××公司　　　　乙方（签字）：

授权代表（签字）：

签字日期：　　　　签字日期：

# 附录8 年度绩效责任书模板

## ××研发中心年度绩效责任书

发约人信息　　　　　　　　受约人信息

组织：____________　　　　组织：____________

职位：____________　　　　职位/姓名：____________

**一、考核期限**

年　　月　　日至　　年　　月　　日

**二、年度考核内容**

1. 组织年度考核得分

组织年度考核得分 = 年度 KPI 指标得分（30%） + 全年重点工作评价得分（70%）

2. 计算口径与指标定义

（1）年度 KPI 指标，见下表。

| 考核项目 | 权重/% | 年度指标/% |
| --- | --- | --- |
| 管理费用控制率 | 30 | 100 |
| 人员编制空置率 | 30 | 100 |
| 重点工作完成率 | 60 | 100 |

（2）年度重点工作，见下表。

（%）

| 重点工作任务 | 考核目标（含季度时间节点） | 考核权重 |
| --- | --- | --- |
| | | |
| | | |
| | | |
| | | |

3. 否决性指标

（1）重大经济损失：因工作失职导致直接经济损失在5万元以上的。

（2）重大安全责任事故：造成2人以上、5人（含）以下重伤，或经济损失满30万元、不满100万元的事故（特大事故：造成人员死亡，或5人以上重伤，或经济损失满100万元的事故）。

（3）重大质量事故：接到药检所抽检不合格信息未妥善处理，受到国家药品监督管理部门通报批评，给企业声誉造成不良影响的。

（4）重大环保事故：接到区生态环境主管部门处罚通知未妥善处理，受到市生态环境主管部门通报批评，给企业声誉造成不良影响的。

**三、周期考核约定**

1. 年度绩效考核

（1）考核得分 = 100分（满分），全额计发年度绩效薪酬。

（2）考核得分（≥70分、<100分），年度绩效薪酬 = 年度考核得分 × 年度绩效薪酬标准。

（3）考核得分 < 70分，扣除全部年度绩效薪酬。

2. 季度绩效考核

（1）考核得分 = 100分（满分），全额计发当季绩效薪酬。

（2）考核得分（≥70分、<100分），当季绩效薪酬 = 当季考核得分 × 季度绩效薪酬标准。

（3）考核得分 < 70分，扣除当季绩效薪酬。

3. 月度绩效考核

月度重点工作按月考核、季度结算。

4. 发生"否决性指标"描述的情形

当发生"否决性指标"描述的情形时，将扣除责任人全部绩效奖金，同时责任人必须根据公司相关规定及国家法律规定承担相应的行政或法律责任。

**四、绩效考核程序**

按公司相关制度执行。

**五、附加说明**

（1）依合约约定薪资者，其薪资可按合约规定执行。但对其经营绩效仍然需要严格按照本责任书考评。

（2）本绩效责任书重点工作计划分解见附页（略）。

（3）本责任书一式2份，各方各执1份。

**六、约定各方签字**

被考核方同意承担本责任书中规定的目标责任及考核计算方式，考核结果将依据本责任书中的约定计算与发放季度考核/年度考核薪酬（季度考核/年度考核比例按职等职级现行标准和结构执行）。

发约人签字：　　　　　　　　　　受约人签字：

签订日期：　年　月　日　　　　　签订日期：　年　月　日

# 后 记

在经历了近一年的努力和不断修改、完善后，《中药企业研究开发管理与实践》一书终于呈现在大家面前。作为本书的作者之一，回顾整个写作和编纂的过程，我感到无比充实和欣慰。中药研发是一个需要坚持、耐心、细致和不断探索的领域，而本书的诞生正是基于这些品质和努力。希望它能在你们实际工作中起到真正的帮助作用。

**写作初衷与目的**

在中药研发的道路上，我们遇到了很多机遇和挑战。在与众多行业同仁的交流中，我注意到大家在研发过程中普遍遇到一些难题：中药研发过程复杂、涉及环节众多，如何高效地进行研发；政策法规不断变化，如何及时、准确地把握最新动向；国际市场广阔，如何把握机遇拓展市场？这些问题亟待我们一一探索解决。

正是基于这些实际问题，我们萌生了写作本书的想法。我们希望通过系统梳理中药研发的各个环节，提供详细的操作指南和实践案例，帮助广大中药研发同仁在实际工作中少走弯路，提升工作效率和研发水平。同时，我希望通过本书的前瞻性探讨，帮助大家洞悉未来中药研发的趋势，为中药产业的持续发展贡献一份力量。

**写作过程中的挑战与收获**

在本书的写作过程中，我们面临了诸多挑战。

首先是资料的收集和整理。中药研发涉及的知识面广、内容繁多，我们需要从大量的文献、法规文件和技术标准中提取关键内容，并进行系统的整理和分析。这一过程既费时又费力，但让我对中药研发有了更加深入的理解和认识。

其次是案例的选择和分析。为了增强本书的实用性，我们选择了许多实际案例进行详细分析。这些案例不仅具有代表性，还能充分反映中药研发过程中的关键问题和解决方案。在案例的选择和分析过程中，我们与许多业内专家进行了深入交流，收集了大量的宝贵经验和建议。这些宝贵的经验和建议不仅丰富了本书的内容，也让我获益匪浅。

**对读者的期望**

中药研发是一项复杂而充满挑战的工作，需要我们不断学习和探索。本书只是一个起点，希望通过本书的引导，激发大家对中药研发的兴趣和热情，不断提高自己的专业水平和实践能力。

在未来的中药研发道路上，将会有更多挑战和机遇等待着我们，我们需要更多的创新和突破。无论是在基础研究、技术开发方面，还是市场推广方面，我们都需要不断探索和创新。希望广大中药研发从业者能够在本书的指导下，提升自身的专业水平和创新能力，共同推动中药事业的繁荣与发展。

**感谢与致敬**

在本书的写作过程中，我们得到了许多业内专家和同行的支持与帮助。在此，我要向所有为本书付出辛勤劳动和智慧的朋友表示衷心的感谢！正是有了你们无私的帮助和支持，本书才能顺利完成。

特别感谢参与本书编写的各位同仁，你们的辛勤付出和专业素养，使本书的内容更加丰富和全面。感谢各位审稿专家，你们的宝贵意见和建议，使本书在专业性和实用性方面得到了很大提升。

感谢每一位读者，感谢你们对本书的关注和支持。希望本书能够在你们的实际工作中起到真正的帮助作用，成为你们中药研发道路上的得力助手。

由于作者水平有限，书中难免存在不妥、错误和疏漏之处，敬请读者批评指正，以便我们不断改进和完善！

黄志军

2024 年 6 月